Katko

Checklisten zur Datenschutz–
Grundverordnung
(DS-GVO)

Checklisten zur Datenschutz-Grundverordnung (DS-GVO)

Implementieren, Mitigieren, Auditieren

Herausgegeben von

Dr. Peter Katko

Rechtsanwalt, Partner, Licencié en droit, CIPP/E

Bearbeitet von

RA Daniel Kaiser; RA Dr. Peter Katko; RA Dr. Stefan Krüger;
RAin Monika Menz; Ibrahim H. Sagdic, Senior Manager;
RA Tobias Schall; RA Dr. Jyn Schultze-Melling, LL.M.

2020

C.H.BECK

Zitiervorschlag: Katko DS-GVO-Checklisten/*Bearbeiter*

www.beck.de

ISBN 978 3 406 72831 0

© 2020 Verlag C.H. Beck oHG
Wilhelmstraße 9, 80801 München
Druck: Druckhaus Nomos
In den Lissen 12, 76547 Sinzheim

Satz: 3w+p GmbH, Rimpar
Umschlaggestaltung: Martina Busch, Grafikdesign, Homburg Saar

chbeck.de/nachhaltig

Gedruckt auf säurefreiem, alterungsbeständigem Papier
(hergestellt aus chlorfrei gebleichtem Zellstoff)

Vorwort des Herausgebers

Die EU Datenschutz-Grundverordnung (DS-GVO) erwies sich als eines der komplexesten und umstrittensten Akte von EU Gesetzgebung. Unstrittig bedarf das Recht auf Privatheit und informationelle Selbstbestimmung gesetzlichen Schutzes. Ohne Zweifel werden durch die immer stärkere Rolle der Datennutzung in digitalen Prozessen und Geschäftsmodellen erhebliche Risiken für die personenbezogenen Daten jedes einzelnen gesetzt. Doch die Mitigierung dieser Risiken fand mit der DS-GVO verallgemeinernd für sämtliche Unternehmen und öffentliche Stellen statt. Resultat ist eine EU Verordnung mit 173 Erwägungsgründen und 99 Artikeln – und der äußerst fordernden Rechenschaftspflicht. Nicht zuletzt dieses Prinzip der Accountability ist auch der Auslöser für die Erarbeitung vorliegenden Werks. Denn Verantwortliche müssen fortan nachweisen, wie sie die Einhaltung des Datenschutzes sicherstellen. Die daraus resultierende Notwendigkeit der aktiven Implementierung von entsprechenden Maßnahmen fördert das Bedürfnis die Inhalte und Anforderungen der DS-GVO durch Checklisten besser abarbeitbar zu machen.

Im Sinn einer Fokussierung auf das praktisch Relevante haben wir diejenigen Teile der DS-GVO bewusst ausgelassen, die im Alltag der Datenschutzpraxis eher wenig bedeutsam sind. Somit eignen sich die Checklisten für das leichtere Verständnis der Inhalte der DS-GVO, aber insbesondere auch zur Überprüfung der konkreten Implementierung. Nutzer können somit auch die Verantwortlichen der operativen Fachbereiche in Unternehmen und Behörden sein – natürlich genauso wie Datenschutzbeauftragte sowie die Bereiche Interne Revision, Compliance und Recht.

Wir bedanken uns beim Verlag C.H.BECK und insbesondere Herrn Ulrich Pawlik, der unsere Arbeit vertrauensvoll begleitete und uns dieses Werk ermöglichte. Als Autorinnen und Autoren haben wir ein multidisziplinäres Team gewonnen mit umfassender rechtlicher und beraterischer Expertise in der operativen Datenschutzpraxis – wir danken für ihr Engagement. Wir bedanken uns auch bei den wissenschaftlichen Mitarbeitern Jonathan Hoffmann, Justus Helfrich und Aryan Chaprehari, die unsere Arbeit kompetent unterstützten, und bei unserer Assistentin Katharina Beitler, die uns stets wohlwollend zur Seite stand.

Dr. Peter Katko

Geleitwort

Im Jahr 2008 ist die 1. Auflage der „Corporate Compliance Checklisten" im Verlag C.H. Beck erschienen – da war für viele der angelsächsische Begriff der Compliance noch völliges Neuland. Im Zuge der Aufarbeitung diverser Skandale in verschiedenen Unternehmen wegen Bestechung/Korruption, schwarzen Kassen, illegalen Marktabsprachen, Verstößen gegen Wirtschaftssanktionen etc. sowie der nachfolgenden Entwicklungen hat sich das Bewusstsein für Compliance in den Unternehmen gehörig gewandelt – ohne Compliance und ohne Compliance-Management-Systeme geht es heute jedenfalls in börsennotierten und großen Unternehmen nicht mehr.

Der Datenschutz gehörte schon immer zu den Compliance-Themen, er führte in Deutschland unter der Geltung des alten Bundesdatenschutzgesetzes bis 2018 aber eher ein „Schattendasein" – Anforderungen an die Implementierung fehlten. Dies änderte sich – auch für nicht-europäische Unternehmen – abrupt durch die von der EU verabschiedete Datenschutz-Grundverordnung (DS-GVO), die in vielerlei Hinsicht eine Zäsur in der Entwicklung des europäischen Datenschutzes darstellt. Neu sind ua erweiterte datenschutzrechtliche Vorgaben sowie Dokumentationspflichten und neue Grundsätze der DS-GVO, hohe Anforderungen an technische und organisatorische Maßnahmen – oftmals lediglich beschrieben in vielen unbestimmten Rechtsbegriffen, mit nicht einheitlicher Terminologie (zB gibt es mehr als 20 Informationspflichten/Unterrichtungspflichten/Mitteilungspflichten/Benachrichtigungspflichten), die durch ein drastisch verschärftes Sanktionsregime (Bußgelder bis zu EUR 20 Mio. oder 4% des weltweiten Vorjahresumsatzes) flankiert werden. Angesichts der möglichen gravierenden finanziellen Folgen hat dies auch in vielen internationalen Unternehmen, die in Europa vertreten sind, dazu geführt, dass komplexe Datenschutzprojekte initiiert wurden, um Compliance sicherzustellen und eine effektive Datenschutzorganisation aufzubauen. Und die damit einhergehenden Kosten sind immens: nach einer Schätzung von Tim Worstall vom Adam Smith Institute auf computerweekly.com vom 5.6.2019 gaben die 500 größten US Unternehmen (Fortune 500) ca. US$ 7,8 Mrd. für die Gewährleistung von Compliance mit der DS-GVO aus.

Wie kann man angesichts dieser Komplexität sowie den mit der neuen Rechtslage verbundenen vielen offenen Fragen und Unsicherheiten der Praxis eine praktische Hilfestellung für die aktive Implementierung datenschutzrechtlicher Maßnahmen an die Hand geben? Mit systematischen Aufarbeitungen und Darstellungen ist den Unternehmen im operativen Tagesgeschäft wenig geholfen. Und so wurde die Anregung aufgegriffen, dieses Buch nach dem „Checklisten-Prinzip" zu konzipieren, welches mit dem im Verlag C.H. Beck mittlerweile in der 4. Auflage vorliegendem Buch „Corporate Compliance Checklisten" von der Praxis sehr gut angenommen wurde (und nach Kenntnis des Herausgebers in zahlreichen unternehmensspezifischen Compliance-Checklisten umgesetzt worden ist): im Sinne einer Fokussierung auf die in der Praxis relevantesten Handlungsfelder bei der DS-GVO-Implementierung werden (auch für den Laien) die Inhalte und Anforderungen der DS-GVO in Form von Checklisten „abarbeitbar" aufbereitet und geben damit dem Praktiker in den Unternehmen einen hilfreichen Leitfaden an die Hand.

Das ist den Autoren des vorliegenden Buches in hervorragender Weise gelungen und man kann deshalb diesem Werk nur eine große Verbreitung und den Praktikern in den Unternehmen und öffentlichen Stellen eine erfolgreiche Nutzung dieses Leitfadens zur Gewährleistung datenschutzrechtlicher Compliance wünschen.

München, im März 2020   *Rechtsanwalt Dr. Karsten Umnuß*

Inhaltsverzeichnis

Kapitel 1. Einleitung

Kapitel 2. Accountability: die Rechenschaftspflicht

Kapitel 5. Die Information der betroffenen Personen

Kapitel 6. Auskunft

Kapitel 7. Sonstige Betroffenenrechte

Kapitel 8. Löschen von Daten

Kapitel 9. Datensicherheit sowie technische und organisatorische Maßnahmen

Kapitel 10. Meldungen und Benachrichtigung von Sicherheitsvorfällen

Kapitel 11. Auftragsverarbeitung und gemeinsame Verantwortlichkeit

Kapitel 12. Drittlandtransfers

Abkürzungsverzeichnis

f., ff. .... folgende bzw. fortfolgende

GDD .... Gesellschaft für Datenschutz und Datensicherheit
gem. .... gemäß
GenDG .... Gendiagnostikgesetz
GewO .... Gewerbeordnung
ggf. .... gegebenenfalls
GmbH .... Gesellschaft mit beschränkter Haftung
GmbHG .... Gesetz betreffend die Gesellschaften mit beschränkter Haftung
GrCh .... Charta der Grundrechte der Europäischen Union
grds. .... grundsätzlich
GwG .... Geldwäschegesetz

HGB .... Handelsgesetzbuch
HIS .... Hinweis- und Informationssystem
HIV .... Humanes Immundefizienz-Virus
Hs. .... Halbsatz
HWG .... Heilmittelwerbegesetz

IAPP .... International Association of Privacy Professionals
idR .... in diesem Rahmen
IDW PS .... Institut der Wirtschaftsprüfer Prüfungsstandard
IEC .... International Electrotechnical Commission
IKT .... Informations- und Kommunikationstechnik
insbes. .... insbesondere
iRd .... im Rahmen des/der
iRv .... im Rahmen von
iSd .... im Sinne des/der
ISO .... Internationale Organisation für Normung
iSv .... im Sinne von
IT .... Informationstechnik
iÜ .... im Übrigen
iVm .... in Verbindung mit

Kap. .... Kapitel
KG .... Kammergericht Berlin
KMU .... kleine und mittlere Unternehmen
KPI .... Key Performance Indicator
KUG .... Gesetz betreffend das Urheberrecht an Werken der bildenden
                     Künste und der Photographie

LG .... Landgericht

mwH .... mit weiteren Hinweisen
mwN .... mit weiteren Nachweisen

NGO .... Nichtregierungsorganisation
Nr. .... Nummer

OECD .... Organisation für wirtschaftliche Zusammenarbeit und Entwicklung

PassG .... Passgesetz
PAuswG .... Personalausweisgesetz
PbD .... Personenbezogene Daten
PC .... Personal Computer

PRISM .... Planning tool for Resource Integration, Synchronization and Management

RACI .... Responsible, Accountable, Consulted, Informed
RL .... Richtlinie
Rn. .... Randnummer

s. .... so
S. .... Seite
sa .... siehe auch
Schufa .... Schutzgemeinschaft für allgemeine Kreditsicherung
SDM .... Standarddatenschutzmodell
SGB .... Sozialgesetzbuch
SMS .... Short Message Service
sog. .... sogenannte
StGB .... Strafgesetzbuch

TKG .... Telekommunikationsgesetz
TMG .... Telemediengesetz
TOM .... technische und organisatorische Maßnahmen

ua .... unter anderem
UN .... Vereinte Nationen
Urt. .... Urteil
USA .... Vereinigte Staaten von Amerika
UWG .... Gesetz gegen den unlauteren Wettbewerb

v. .... von/vom
Var. .... Variante
vgl. .... vergleiche
VwVfG .... Verwaltungsverfahrensgesetz

WADA .... Welt-Anti-Doping-Agentur
WP29 .... Artikel 29-Datenschutzgruppe

zB .... zum Beispiel

Verzeichnis der (abgekürzt) zitierten Literatur

Auernhammer/*Bearbeiter* .. *Eßer/Kramer/v. Lewinski*, DSGVO/BDSG, 6. Aufl. 2018
Auer-Reinsdorff/Conrad
IT-R-HdB/*Bearbeiter* ...... *Auer-Reinsdorff/Conrad*, Handbuch IT- und Datenschutz-
recht, 2. Aufl. 2016
BeckOK Datenschutz
recht/*Bearbeiter* .... *Wolff/Brink*, BeckOK Datenschutzrecht, 27. Ed. 1. 5. 2018
Calliess/Ruffer/*Bearbeiter* . *Calliess/Ruffer*, EUV/AEUV, 5. Aufl. 2016
Ehmann/Selmayr/
Bearbeiter .... *Ehmann/Selmayr*, Datenschutz-Grundverordnung, 2. Aufl.
2018
FGO/*Bearbeiter* .... *Franzen/Gallner/Oetker*, Kommentar zum europäischen
Arbeitsrecht, 2. Aufl. 2018
GJSS/*Bearbeiter* .... *Gantschacher/Jelinek/Schmidl/Spanberger*, Datenschutz-Grund-
verordnung, 2017
Gola/*Bearbeiter* .... *Gola*, Datenschutz-Grundverordnung, 2. Aufl. 2018
Gola/Heckmann/
Bearbeiter .... *Gola/Heckmann*, Bundesdatenschutzgesetz, 13. Aufl. 2019
Grützner/Jakob, Compliance von A–Z, 2. Aufl. 2015
GSSV/*Bearbeiter* .... *Gierschmann/Schlender/Stentzel/Veil*, Kommentar
Datenschutz-Grundverordnung, 2017
Härting .... *Härting*, Datenschutz-Grundverordnung, 2016.
HK-DS-GVO/*Bearbeiter* .. *Sydow*, Europäische Datenschutzgrundverordnung, 2. Aufl.
2018
Jarass GRCh/*Bearbeiter* .... *Jarass*, Charta der Grundrechte der Europäischen Union,
3. Aufl. 2016
KKS/*Bearbeiter* .... *Kühling/Klar/Sackmann*, Datenschutzrecht, 4. Aufl. 2018
Koreng/Lachenmann
DatenschutzR-FormHdB/
Bearbeiter .... *Koreng/Lachenmann*, Formularhandbuch Datenschutzrecht,
2. Aufl. 2018
Kühling/Buchner/
Bearbeiter .... *Kühling/Buchner*, Datenschutz-Grundverordnung, Bundesda-
tenschutzgesetz, 2. Auf. 2018
KSG .... *Kranig/Sachs/Gierschmann*, Datenschutz-Compliance nach
der DS-GVO, 2017
Laue/Kremer Neues
DatenschutzR/*Bearbeiter* .. *Laue/Kremer*, Das neue Datenschutzrecht in der
betrieblichen Praxis, 2. Aufl. 2019
Musielak/Voit/*Bearbeiter* .. *Musielak/Voit*, Zivilprozessordnung, 16. Aufl. 2019
NK-BDSG/*Bearbeiter* ...... Simitis, Bundesdatenschutzgesetz, 8. Aufl. 2014
NK-DatenschutzR/
Bearbeiter .... *Simitis/Hornung/Spiecker gen. Döhmann*, Datenschutzrecht,
2019
Paal/Pauly/*Bearbeiter* .... *Paal/Pauly*, Datenschutz-Grundverordnung Bundes-
datenschutzgesetz, 2. Aufl. 2018
Piltz .... *Piltz*, BDSG, 2017.
Plath/*Bearbeiter* .... *Plath*, DSGVO/BDSG, 3. Auf. 2018

Schaffland/Wiltfang/
Bearbeiter .... *Schaffland/Wiltfang,* Datenschutz-Grundverordnung
(DS-GVO)/Bundesdatenschutzgesetz (BDSG),
Loseblattwerk
Schantz/Wolff Neues
DatenschutzR/*Bearbeiter* .. *Schantz/Wolff,* Das neue Datenschutzrecht, 2017
Schläger/Thode .... *Schläger/Thode,* Handbuch Datenschutz und IT-Sicherheit,
2018
Spindler/Schmitz/
Bearbeiter .... *Spindler/Schmitz,* Telemediengesetz, 2. Aufl. 2018
Taeger/Gabel/*Bearbeiter* ... Taeger/Gabel, DSGVO – BDSG, 3. Aufl. 2019
Voigt/von dem Bussche ...... *Voigt/von dem Bussche,* The EU General Data Protection
Regulation (GDPR), 2017
Wächter Datenschutz .... *Wächter,* Datenschutz im Unternehmen, 5. Aufl. 2017

Kapitel 1. Einleitung

A. Zielsetzung und Handhabung der Checklisten

Instrumente der Rechtsetzung wie die DS-GVO werden üblicherweise durch thematisch **1** gegliederte Handbücher oder juristische Kommentare mit Anmerkungen zu jedem Artikel erläutert. Vorliegendes Werk weicht mit dem Checklisten-Format bewusst davon ab. Denn die DS-GVO mit ihrer universellen Geltung und Relevanz bis hin zu Kleinstunternehmen und deren externen Kommunikation beansprucht besondere Aufmerksamkeit im nicht-juristischen Umfeld. Insbes. die Implementierungslast durch die Rechenschaftspflicht → Kapitel 2 § 2 Rn. 5 ff. erzeugt nach unserer Erfahrung ein Bedürfnis für das **einfacher handhabbare Checklisten-Format.** So sollen die Listen etwa bei Implementierungsprojekten, Datenschutz-Auditierungen, aber auch im Tagesgeschäft bei der Formulierung von Informationen oder Einwilligungen als Arbeitshilfe die Umsetzung der DS-GVO unterstützen.

Im Sinn der Praxisnähe wurde bezüglich der ausgewählten Themen wie auch im Hin- **2** blick auf die Detailtiefe selektiert und priorisiert. Daher haben die nachfolgenden Listen **keinen Anspruch auf Vollständigkeit** und ersetzen keinesfalls eine umfassende Analyse der relevanten Regelungen sowie eine Subsumtion im Einzelfall.

I. Ziele und Genese der DS-GVO

Die EU erkannte, dass die Ziele des freien Waren-, Kapital- und Dienstleistungsverkehrs **3** sowie der Personenfreizügigkeit nicht ohne *freien Datenverkehr* zu verwirklichen sind. Mit der **Richtlinie 95/46/EG** machte die EU daher im Jahr 1995 **den ersten Schritt, die nationalen Datenschutzregeln zu harmonisieren.** Unterschiedliche Schutzniveaus für personenbezogene Daten in den Mitgliedstaaten sollten den Fortschritt in der Informationstechnik und insbes. den freien Dienstleistungsverkehr nicht beschränken.[1]

Seitdem haben technologische Entwicklungen das wirtschaftliche und gesellschaftliche **4** Leben verändert sowie den internationalen Datenaustausch beflügelt, wie es in der RL 95/46/EG vorhergesagt war.[2] Lange Zeit standen den Benutzern nur *dezentrale PC-Systeme* zur Verfügung, die nur diejenigen Daten verarbeiteten, die auch am jeweiligen Gerät eingegeben wurden. Durch die Vernetzung der vereinzelten Rechnerstrukturen wurde das Internet ein globales Phänomen. Im Zeitalter von *Big Data* und *Internet of things* ist der Einzelne Datenverarbeitungssystemen gleichsam ausgeliefert, die permanent eine gigantische Datenmasse sammeln, verknüpfen, auswerten und ggf. sogar selbständig Entscheidungen treffen. Die **Gefahr des Kontrollverlustes** über personenbezogene Daten ist mit sozialen Netzwerken, Sprachsteuerung, modernen Smartphones und künstlicher Intelligenz allgegenwärtig.

Neben dem freien Wettbewerb zielte das damalige Datenschutzrecht daher zugleich auf **5** die Sicherung von Grundrechten und wollte das **„digitale Persönlichkeitsrecht"** auf ein einheitlich hohes Niveau heben. Konzeptionell war die RL 95/46/EG eine Binnenmarktvorschrift, die aber auch den **Persönlichkeitsschutz in einem „Europa der Bürger"** gewährleisten sollte (doppelte Zielsetzung).[3] Die Kommission bezeichnete diese als „zwei der ältesten, gleichermaßen wichtigen Ziele des europäischen Integrationsprozesses.[4] Grundrechte sind nicht nur subjektive Abwehrrechte, sondern beauftragen zu-

---

[1] Erwgr. 3 ff. RL 95/46/EG.
[2] Erwgr. 5 RL 95/46/EG.
[3] So auch Ehmann/Selmayr/*Ehmann/Selmayr* DS-GVO Einführung Rn. 14.
[4] Ehmann/Selmayr/*Ehmann/Selmayr* DS-GVO Einführung. 18; Mitteilung der *Kommission* v. 4. 11. 2010, Gesamtkonzept für den Datenschutz in der Europäischen Union, KOM(2010) 609 endgültig.

gleich den Gesetzgeber, auch private Akteure zur Beachtung der Grundfreiheiten zu verpflichten. Die RL 95/46/EG bedurfte einer Umsetzung durch die nationalen Gesetzgeber, die den Gestaltungsspielraum nutzten. Der durch die RL 95/46/EG beabsichtigte Harmonisierungseffekt und die **Angleichung des Datenschutzniveaus wurde nur bedingt erreicht.**[5] Dies lag an der unterschiedlichen Umsetzung der Richtlinie und an der teilweise erheblich unterschiedlichen Anwendung durch die Mitgliedstaaten. Am 25.1.2012 unterbreitete die EU-Kommission daher den ersten Vorschlag zur Vollharmonisierung durch eine Verordnung.[6] Rund vier Jahre später wurde mit der DS-GVO eine Einigung gefunden.

6 Wesentliche Ziele der Modernisierung waren die Schaffung einer einheitlichen Rechtsgrundlage zur Datenverarbeitung (Rechtssicherheit, Wettbewerbsgleichheit, **kein Forum-Shopping**), eindeutige Zuständigkeit einer einzelnen Datenschutzbehörde **(One-Stop-Shop)** sowie ein einheitlich hohes Datenschutzniveau. Der Verordnungsgeber berücksichtigte die **Besonderheiten von Polizei und Justiz in der Rechtsarchitektur (bereichsspezifische EG-Richtlinie)** und würdigte die besonderen Umstände für kleinere und mittlere Unternehmen (KMU). Als Ergebnis sollte die DS-GVO alle Grundrechte ausgewogen berücksichtigen, und einen offenen Rechtsrahmen für zukünftige technologische und wirtschaftliche Entwicklungen stellen.[7]

7 Ein starker **Datenschutz wird aber auch als Innovationsbremse** kritisiert, wenn jede Neuerung zunächst anhand ihrer Datensparsamkeit bewertet wird. Im Hinblick auf Big Data wird gerade US-amerikanischen Unternehmen ein Wettbewerbsvorteil bescheinigt, da das US-Datenschutzrecht als deutlich *liberaler* gilt auch wenn das Niveau durch den neuen California Consumer Privacy Act (CCPA) partiell ansteigt.[8] Andererseits dürften das Bekanntwerden von Datenmissbrauch wie durch *Snowden* und iRv *PRISM* letztendlich die Akzeptanz eines hohen Schutzniveaus gefördert haben. Der Vorwurf einer *Wettbewerbsverzerrung* und die Forderung nach Angleichung und Übernahme des (niedrigen) US-Standards für die EU sind jedoch verfehlt. In einer freiheitlichen Welt kann der Wettbewerb nicht über einen „Grundrechte race to the bottom" ausgefochten werden.[9] Das ist auch gar nicht nötig, weil die **DS-GVO als digitale Selbstbehauptung Europas**[10] **international Standards** setzt. Nach dem Marktortprinzip unterliegen nun alle Unternehmen die am europäischen Datenmarkt teilnehmen, den Anforderungen der DS-GVO. Um der internationalen datenschutzregulatorischen Isolierung zu entgehen,[11] ging die EU sogar einen Schritt weiter und zwingt bzw. motiviert Staaten außerhalb der EU und des EWR dazu, den Datenschutzstandard anzuheben, um ein *angemessenes Schutzniveau* bescheinigt zu bekommen. Verantwortliche dürfen personenbezogene Daten in sichere Drittländer (→ Kapitel 12 Rn. 1 ff.) mit weniger Auflagen transferieren. Durch konsequente Durchsetzung sind außereuropäische Staaten dem Druck ausgesetzt, das eigene Schutzniveau Stück für Stück anzuheben. Auch im asiatisch-pazifischen Raum zeigt die DS-GVO Wirkung. So haben bspw. Thailand[12] und Neuseeland[13] nach Inkrafttreten der DS-GVO die eigenen Datenschutzgesetze angepasst. Für europäische Verantwortliche entwickelt sich so der vermeintliche *Wettbewerbsnachteil* teilweise zu einem *Standortvorteil*.[14]

---

[5] Gola/*Gola* DS-GVO Einleitung Rn. 13.
[6] Angesichts der vielen Öffnungsklauseln ist der Ausdruck „Voll"-Harmonisierung etwas weitgehend.
[7] Gola/*Gola* DS-GVO Einleitung Rn. 16.
[8] *Schwarz/Reidenberg,* Data Privacy Law, 1996.
[9] Der Vertrag von Lissabon erhob die EU von einer reinen Wirtschaftsunion auch auf eine Werte und Grundrechteunion.
[10] *Selmayr* ZD 2018, 197.
[11] Ehmann/Selmayr/*Selmayr/Ehmann* DS-GVO Einführung Rn. 24.
[12] Einführung einer Verbrauchereinwilligung.
[13] Einführung einer Meldepflicht für Datenschutzverletzungen.
[14] *Albrecht* DuD 2013, 10.

II. Die DS-GVO als EU-Verordnung

Die DS-GVO trat an die Stelle der RL 95/46/EG. Als Verordnung ist sie in allen ihren 8 Teilen verbindlich und gilt unmittelbar in jedem Mitgliedstaat, Art. 288 Abs. 2 AEUV. Im Gegensatz zu einer Richtlinie, die nur hinsichtlich der Ziele verbindlich ist, gibt die Verordnung die Normen direkt vor.[15] Aufgrund dieses **Anwendungsvorrangs**[16] ist kollidierendes nationales Recht unanwendbar, es wird jedoch nicht ungültig. Dies ergibt sich primär aus dem Unionsrecht selbst und wird in § 1 Abs. 5 BDSG klarstellend wiederholt. Aufgrund der hohen Zahl an Öffnungsklauseln ist ein nationales Datenschutzgesetz auch nicht unnötig geworden. Bestimmte Situationen der Verarbeitung personenbezogener Daten sind von vornherein aus dem Anwendungsbereich der DS-GVO genommen, Art. 2 Abs. 2 DS-GVO. In diesen Bereichen gilt (allein) mitgliedstaatliches Recht. Im Einzelnen sind das: Tätigkeiten die nicht in den Anwendungsbereich des Unionsrechts fallen, gemeinsame Außen- und Sicherheitspolitische Angelegenheiten, präventive und repressive Strafverfolgung und Gefahrenabwehr für die nationale Sicherheit. Ausschließlich persönliche oder familiäre Tätigkeiten sind sowohl aus dem Anwendungsbereich der DS-GVO als auch dem BDSG ausgenommen („household exemption").

III. Öffnungsklauseln – Nationales Datenschutzrecht (BDSG)

Aufgrund der **zahlreichen Öffnungsklauseln der DS-GVO** blieb weiterhin Raum für 9 nationale Regelungen, so dass das BDSG als deutsches Gesetz synchron zur DS-GVO neu gefasst wurde. An vielen Stellen des BDSG wird die DS-GVO nur wiederholt. Das BDSG beinhaltet aber auch allerhand konkreterer Bestimmungen und Ergänzungen, wie zB für die Videoüberwachung (§ 4 BDSG)[17], Verarbeitung besonderer Kategorien personenbezogener Daten (§ 22 ff. BDSG), Beschäftigungsverhältnisse (§ 26 BDSG), Verbraucherkredite (§ 30 BDSG) oder auch Scoring und Bonitätsauskunft (§ 31 BDSG). Ausführlich geregelt sind Befugnisse und Aufgaben des Bundesbeauftragen für Datenschutz und Informationsfreiheit (§§ 8 ff. BDSG). In Anlehnung an die Anlage 1 BDSG aF zu § 9 BDSG aF sind in § 64 BDSG mögliche technische und organisatorische Maßnahmen detailliert. Da sich die Norm in Teil 3 des BDSG befindet, gilt dies im Bereich Strafverfolgung- und Prävention, doch kann die Spezifizierung als allgemeine Richtschnur dienen.

Mit der DS-GVO werden nicht nur nationale Datenschutzgesetze, sondern auch Normen 10 überlagert, die primär auf andere Rechtsgüter zielen, zB das Recht am eigenen Bild. § 22 KUG (Gesetz betreffend das Urheberrecht an Werken der bildenden Künste und der Photographie) zielt auf die urheberrechtliche Verwertung von Bildnissen auf denen Personen erkennbar sind ab, regelt dadurch jedoch auch die Verarbeitung personenbezogener Daten.[18] Nationale Normen, die Aufbewahrungsfristen beinhalten, konkretisieren die Löschfristen der DS-GVO.

IV. ePrivacy-Richtlinie

Mit Erlass der DS-GVO ist die digitale Agenda für Europa[19] und speziell die Strategie für 11 einen digitalen Binnenmarkt im Bereich Datenschutz nicht erschöpft. In Erwgr. 173 DS-GVO verpflichtete sich der Verordnungsgeber die sog. ePrivacy-Richtlinie zu über-

---

[15] Calliess/Ruffer/*Ruffer* AEUV Art. 288 Rn. 19 ff.
[16] Dazu ausführlicher: Calliess/Ruffer/*Ruffer* AEUV Art. 1 Rn. 16.
[17] Laut BVerwG NJW 2019, 255b nicht mehr anwendbar.
[18] Ausführlich dazu: *Krüger/Wiencke* MMR 2019, 76.
[19] Mitteilung der Kommission KOM(2010)245 endgültig; COM(2015)192 final.

prüfen und Kohärenz zu gewährleisten. Als Spezialverordnung mit dem Schwerpunkt elektronische Kommunikationsmittel, wird die ePrivacy-VO der DS-GVO vorgehen.[20] Die RL 2002/58/EG (auch ePrivacy Richtlinie genannt) regelt auch Datenschutz, jedoch spezifisch im Hinblick auf die **elektronische Kommunikation.** Auch sie befindet sich in Überarbeitung, was auch in einer Verordnung münden soll. Bereits im Januar 2017 hat die Kommission einen Vorschlag für eine *Verordnung über die Achtung des Privatlebens und den Schutz personenbezogener Daten in der elektronischen Kommunikation* (ePrivacy-VO) unterbreitet. Ursprünglich sollten DS-GVO und ePrivacy-Verordnung gleichzeitig in Kraft treten. Angesichts massiver Kritik verzögert sich die Verabschiedung der ePrivacy-VO. Die RL 2002/58/EG bleibt daher in Kraft bis eine ePrivacy-VO sie ablöst.

12   In den Anwendungsbereich sollen nach dem Territorialprinzip alle Anbieter fallen, die in der EU elektronische Kommunikationsdienste anbieten. Umfasst sind **Over-the-Top-Dienste,** Datentransfer zwischen Maschinen und IoT insgesamt, wie zB Messenger, Tracking-Tools, Cookies und Direkt-Marketing.[21] Leider wurde die ePrivacy-RL nicht nur ins Telekommunikationsgesetz (TKG) adaptiert, sodass sich auch an anderen Stellen Regelungen zur elektronischen Kommunikation finden.[22]

13   Als Spezialgesetz wird die zu erwartende ePrivacy-Verordnung nicht an den Umfang der DS-GVO herankommen. Aber auch inhaltlich zeichnen sich bereits Unterschiede ab. So scheint die ePrivacy-Verordnung vom **Primat der Einwilligung** auszugehen. Das differenzierte System von Rechtsgrundlagen in Art. 6 DS-GVO findet kein Pendant. Das EU-Parlament will im Rahmen seiner Version die Erhebung von Informationen nur zulassen, wenn sie für den alleinigen Zweck der elektronischen Kommunikation *unbedingt* nötig ist, eine *ausdrückliche* Einwilligung erteilt wurde oder für die Bereitstellung eines von Nutzer ausdrücklich angeforderten Dienstes *technisch zwingend* nötig ist.[23] Berechtigte Interessen oder Abwägungen scheinen keine Rolle zu spielen.

B. Die Auslegung der DS-GVO

14   Als europäische Verordnung liegt **die Entscheidungskompetenz in Auslegungsfragen beim Europäischen Gerichtshof (EuGH).** Bisher entschied er noch keinen echten DS-GVO-Fall, Entscheidungen zur RL 95/46/EG sind jedoch richtungsweisend, da sich die Definitionen der RL 95/46/EG in der DS-GVO wiederfinden. Nach Art. 256 AEUV ist das Europäische Gericht Erster Instanz (EuG) ua zuständig für Nichtigkeitserklärungen von Handlungen von Organen der EU und Klagen in Bereichen des geistigen Eigentums. Da an personenbezogene Daten kein immaterielles Ausschließlichkeitsrecht besteht und Bußgelder von nationalen Behörden verhängt werden, spielt das EuG datenschutzrechtlich keine Rolle. Für datenschutzrechtliche Streitigkeiten mit Behörden ist der Verwaltungsrechtszug auf nationaler Ebene zuständig. Die Auslegungshoheit von Rechtsbegriffen der Verordnung ist den nationalen Gerichten entzogen. Bestehen auf nationaler Seite Unklarheit, wird der EuGH im *Vorlageverfahren* angerufen und um Auslegung gebeten.

15   Die Artikel-29-Datenschutzgruppe ist ein unabhängiges Beratungsgremium der EU-Kommission gewesen. Ihr Aufgabenfeld ergab sich aus Art. 29, 30 RL 95/46/EG und bestand im Wesentlichen in der Sicherstellung eines europaweit einheitlichen Schutzni-

---

[20] *Dix/Kipker* ZD-Aktuell 2018, 04281; HK-DS-GVO/Sydow DS-GVO Art. 95 Rn. 7; so iErg auch *Maier/Schaller* ZD 2017, 373 (376); letztlich ebenso *Engeler* ZD 2017, 549, 550, der jedoch die Gesetzessystematik (ausdrücklicher Verweis auf die Vorgaben der Einwilligung und gleichzeitiges Schweigen zu anderen Bereichen der DS-GVO) für misslungen hält.
[21] *Pohle* ZD-Aktuell 2017, 05452.
[22] Spindler/Schmitz/*Schmitz* TMG § 15 Rn. 142.
[23] Art. 8 des Entwurfs einer legislativen Entschließung des Europäischen Parlaments vom 23.10.2017, A8−0324/2017.

veaus. Sie erarbeitete Verhaltensregeln im Umgang mit personenbezogenen Daten, und veröffentliche diese als Beschlüsse, Guidelines und Workingpaper.[24] Mittlerweile wurde als Nachfolger der **Europäische Datenschutzausschuss (EDSA)** gegründet, der diese und weitere Aufgaben übernimmt, Art. 70 DS-GVO. Als zentrale Datenschutzbehörde für die EU[25] kann der EDSA verbindliche Entscheidungen treffen und ist rechtlich unabhängig. Gegen die Entscheidungen des Ausschusses steht der Rechtsweg vor dem EuGH offen.[26] Nationale Gerichte dürfen die Beschlüsse daher nicht selbst überprüfen.[27] Die Behörde tritt auch als Vermittler zwischen den nationalen Aufsichtsbehörden auf *(Kohärenzverfahren)*. Mitglieder sind die mitgliedsstaatlicher Aufsichtsbehörden sowie der europäische Datenschutzbeauftragte bzw. dessen Vertreter. Der EDSA hat eine Reihe von Entschließungen der Artikel-29-Datenschutzgruppe übernommen.[28]

C. Anwendbarkeit der DS-GVO

Zentraler Anknüpfungspunkt für die DS-GVO Verarbeitung personenbezogener Daten (Art. 2 Abs. 1 DS-GVO). Die Definition der „personenbezogenen Daten" gem. Art. 4 Nr. 1 DS-GVO ist denkbar weit und umfasst alle Informationen, die sich auf eine identifizierte oder identifizierbare natürliche Person beziehen. Hierzu gehören alle Daten, die ein Wiedererkennen ermöglichen. Um festzustellen, ob eine natürliche Person identifizierbar ist, sollten alle Mittel berücksichtigt werden, die nach allgemeinem Ermessen wahrscheinlich genutzt werden, um die natürliche Person direkt oder indirekt zu identifizieren (Erwgr. 26 DS-GVO). Auch IP-Adressen und Cookies-Kennungen stellen Daten dar, die eine natürliche Person identifizierbar machen (Erwgr. 30 DS-GVO).[29] **16**

Das Marktortprinzip (Art. 3 Abs. 2 DS-GVO) erstreckt den Anwendungsbereich der DS-GVO auch auf außereuropäische Datenverarbeitungen. Es soll im Gebiet der EU befindliche Personen (EU-Bürger oder nicht) schützen, unabhängig davon, wo die Datenverarbeitung erfolgt oder wo der Sitz der verarbeitenden Stelle liegt (Erwgr. 23 DS-GVO). Die Datenverarbeitung muss sich gezielt auf Personen in der EU beziehen, nämlich mit dem Angebot von Waren oder Dienstleistungen oder mit der Beobachtung deren Verhaltens. Damit werden auf dem europäischen Binnenmarkt gleiche Bedingungen geschaffen – auch gegenüber Wettbewerbern außerhalb der Europäischen Union. **17**

Das Marktortprinzip wurde darüber hinaus als starkes politisches Signal der EU gewertet, digitale Geschäftsmodelle weltweit zu steuern. Tatsächlich hat die DS-GVO erhebliche Ausstrahlungswirkung entfaltet. Etwa der „California Consumer Privacy Act" (CCPA) oder das brasilianische *„Lei Geral de Proteção de Dados"* (LGPD) beziehen sich explizit auf die DS-GVO. **18**

---

[24] Die archivierten Stellungnahmen der Art. 29-Datenschutzgruppe WP 1 bis WP 260 abrufbar unter https://ec.europa.eu/justice/article-29/documentation/opinion-recommendation/index_en.htm und https://ec.europa.eu/newsroom/article29/news.cfm?item_type=1360 (jeweils zuletzt abgerufen am 24.6.2019).

[25] NK-BDSG/*Schiedermair* DS-GVO Art. 68 Rn. 1.

[26] *Schantz* NJW 2016, 1841 (1847).

[27] Kühling/Buchner/*Dix* DS-GVO Art. 68 Rn. 6.

[28] Endorsement of GDPR WP29 guidelines by the EDPB, abrufbar unter https://edpb.europa.eu/sites/edpb/files/files/news/endorsement_of_wp29_documents_en_0.pdf (zuletzt abgerufen am 24.6.2019).

[29] S. dazu auch EuGH NJW 2016, 3579 – Breyer.

Kapitel 2. Accountability: die Rechenschaftspflicht

Literatur:
Art. 29-Datenschutzgruppe, WP 168 zum Zukunft des Datenschutzes vom 1. 12. 2009; *Art. 29-Datenschutz-gruppe,* WP 173 zum Grundsatz der Rechenschaftspflicht vom 13.7. 2010; *Art. 29-Datenschutzgruppe,* WP 218 Statement on the role of a risk-based approach in data protection legal frameworks vom 30. 5. 2014; *Art. 29-Datenschutzgruppe,* WP 243 Leitlinien in Bezug auf Datenschutzbeauftragte („DSB“) vom 5. 4. 2017; *Gardyan-Eisenlohr/Knöpfle,* Accountability für Datenschutz in einem globalen Unternehmen, DuD 2017, 69; *Jung/Hansch,* Die Verantwortlichkeit in der DS-GVO und ihre praktischen Auswirkungen, ZD 2019, 143; *Löschhorn/Fuhrmann,* „Neubürger“ und die Datenschutz-Grundverordnung: Welche Organisations- und Handlungspflichten treffen die Geschäftsleitung in Bezug auf Datenschutz und Datensicherheit?, NZG 2019, 161; *Veil,* Accountability – Wie weit reicht die Rechenschaftspflicht der DS-GVO?, ZD 2018, 9.

A. Einführung

Der englische Begriff **„Accountability"** (Rechenschaftspflicht) drückt hauptsächlich aus, **1** wie Verantwortung überprüfbar wahrgenommen wird – wenngleich es schwierig ist, seine exakte Wort-Bedeutung in der Praxis zu definieren.[1] Dabei zeigt sich, dass es weniger um die Terminologie geht, als darum, die Verantwortung der für die Verarbeitung Verantwortlichen zu bekräftigen und zu stärken[2]: **„Accountability is the glue that ties commitment to results"** (zu Deutsch: „Rechenschaftspflicht ist der Stoff, der die Verpflichtung an das Ergebnis bindet").

B. Erläuterungen zur Checkliste

I. Das Prinzip der Accountability

1. Explizite Verpflichtung zu Rechenschaft und Nachweis in Art. 5 DS-GVO und Art. 24 DS-GVO

Die Rechenschaftspflicht betrifft sämtliche Pflichten des Verantwortlichen nach der **2** DS-GVO. Diese Pflicht des Verantwortlichen hat zwei Dimensionen: Zum einen die **Einhaltung der Datenschutzgrundsätze,** womit aktiv Maßnahmen zu ergreifen sind, um die Datenschutzkonformität in den Datenverarbeitungsvorgängen **umzusetzen.**

„Der Verantwortliche ist für die Einhaltung des Absatzes 1 verantwortlich …" (Art. 5 Abs. 2 DS-GVO) und „sicherzustellen […], dass die Verarbeitung gemäß dieser Verordnung erfolgt" (Art. 24 Abs. 1 DS-GVO).

Zum anderen begründet die Regelung Art. 5 Abs. 2 DS-GVO die Pflicht, die Einhal- **3** tung der materiellen Pflicht zu **dokumentieren.**

„Der Verantwortliche […] muss dessen Einhaltung nachweisen können …" (Art. 5 Abs. 2 DS-GVO) und „… den Nachweis dafür erbringen zu können …" (Art. 24 Abs. 1 DS-GVO)

Die DS-GVO hat für beide Pflichten die Bezeichnung **„Rechenschaftspflicht"** ge- **4** wählt.[3]

---

[1] *Art. 29-Datenschutzgruppe* WP 173 Stellungnahme 3/2010 Rn. 21.
[2] *Art. 29-Datenschutzgruppe* WP 173 Stellungnahme 3/2010 Rn. 25.
[3] NK-DatenschutzR/*Roßnagel* DSGVO Art. 5 Rn. 174.

2. Accountability als übergreifendes Prinzip der DS-GVO im Kontext von Managementprozessen

5 Die Regelungen zur Rechenschaftspflicht können als eine **„vor die Klammer" gezogene Pflicht** verstanden werden, wonach die Einhaltung der konkreten Einzelanforderungen der Verordnung übergreifend zu steuern ist.[4]

6 Ergänzt wird Art. 5 Abs. 2 DS-GVO durch Art. 24 DS-GVO, der die Datenschutzgrundsätze des Art. 5 Abs. 1 DS-GVO mit relativ konkreten technischen und organisationsrechtlichen verknüpft:[5]

„… unter Berücksichtigung der Art, des Umfangs, der Umstände und der Zwecke der Verarbeitung sowie der unterschiedlichen Eintrittswahrscheinlichkeit und Schwere der Risiken für die Rechte und Freiheiten natürlicher Personen geeignete technische und organisatorische Maßnahmen umzusetzen, um sicherzustellen und den Nachweis dafür erbringen zu können, dass die Verarbeitung rechtmäßig erfolgt." (Art. 24 Abs. 1 DS-GVO)

7 Die Regelung stellt die Rechenschaftspflicht insbes. in den Kontext des **PDCA-Zyklus** (Demingkreis), aus Planen (Plan), Umsetzen, Betreiben (Do) – und Nachweisen, Überprüfen, Bewerten (Check) und Verbessern (Act).[6]

„Diese [umgesetzten] Maßnahmen werden erforderlichenfalls überprüft und aktualisiert." (Art. 24 Abs. 1 DS-GVO)

8 Ferner erläutert Erwgr. 74 DS-GVO, dass die Verantwortung und Haftung des Verantwortlichen für jedwede Verarbeitung personenbezogener Daten *„geregelt werden sollte"*.

9 In Unternehmen funktioniert dies regelmäßig in der Weise, dass ein Gesamtverantwortlicher die Aufgaben nicht selbständig betreut, sondern oftmals die Durchführung delegiert. Demgemäß kann es für das Datenschutzrecht nur bedeuten, dass sowohl Aufgaben als auch Verantwortlichkeiten iSd Durchführungsverantwortung klar dokumentiert und hinsichtlich der Einzelprozessschritte abgebildet werden[7] Mit RACI wird eine Technik zur Analyse und Darstellung von Verantwortlichkeiten bezeichnet. Der Name leitet sich aus den Anfangsbuchstaben der englischen Begriffe Responsible, Accountable, Consulted und Informed ab:

10 **(A) Accountable** (Einstandspflichtig, Gesamtverantwortlich) – Die Person mit der letztendlichen Einstandspflicht, verantwortlich iSv „genehmigen", „billigen" oder „unterschreiben", dh die Person, die für das Ergebnis verantwortlich ist und das Risiko trägt. Es sollte nur einen Punkt der Accountability bzw. der Gesamtverantwortlichkeit pro Aktivität geben.

(R) Responsible (Verantwortlich) – Die Person(en), die die Tätigkeit tatsächlich ausführen im Sinne einer Durchführungsverantwortung, bzw. Verantwortung im disziplinarischen Sinne. Es muss mindestens eine verantwortliche Partei pro Aktivität geben (anderenfalls „lack of responsibility"), obwohl es mehrere sein dürfen (dann aber zumindest „overlap in responsibility").

(C) Consulted (Konsultiert) – Eine Person, die konsultiert werden muss, bevor eine Entscheidung oder Maßnahme getroffen wird. Typischerweise gibt es eine Zweiwegeverbindung zwischen R und C. Es handelt sich um eine Person, die vielleicht nicht direkt an der Umsetzung beteiligt ist, aber relevante Informationen für die Umsetzung hat und deshalb befragt werden soll oder muss.

---

[4] GSSV/*Buchholtz*/*Stenzel* DS-GVO Art. 5 Rn. 8; GSSV/*Veil* DS-GVO Art. 24 Rn. 22.
[5] NK-DatenschutzR/*Petri* DSGVO Art. 24 Rn. 1 „darin dürfte die eigentliche Bedeutung des Art. 24 liegen".
[6] *KSG* S. 25, 26.
[7] Jung/Hansch ZD 2019, 143.

(I) Informed (Informiert) – Eine Person, die über den Verlauf bzw. das Ergebnis einer Tätigkeit zu informieren ist oder die die Berechtigung besitzt Informationen nachzufragen. Typischerweise ist die Kommunikation ein eingleisiger Weg von R nach I.

Zur entsprechenden unternehmensinternen **Rollenaufteilung** wird üblicherweise das **11** „**three-lines-of-defense Modell**" verwendet, das Konzept der drei Verteidigungslinien (abgekürzt als „Three LoD"). Das Modell erlaubt die genaue Aufgabenidentifikation einzelner Personen und damit ein systematisches Herangehen an Risiken im Unternehmen.

Die erste Verteidigungslinie bildet das operative Management, ihr ist die Funktion des „risk taking" zugeschrieben, als operativer Fachbereich verfolgt sie das Alltagsgeschäft. Die zweite Verteidigungslinie dient der Überwachung und Unterstützung der first line. Außerdem erfolgt hier das Reporting der Risiken innerhalb des gesamten Unternehmens. Die second line als Compliancefunktion prüft zusätzlich die Konformität des Unternehmens mit Gesetzen und Regeln des Unternehmens.

Die dritte Verteidigungslinie ist eine unabhängige Instanz, die das Risikomanagement eines Unternehmens überwacht. Sie bildet die interne Revision, die die Effektivität, interne Kontrollmechanismen sowie die Arbeit der ersten beiden Linien objektiv bewertet. Somit unterstützt die third line die Geschäftsleitung und die Überwachungsinstanzen bei den Überwachungs- und Risikomanagementaufgaben.

Zudem stellt Erwgr. 74 DS-GVO den Bezug zum **IDW PS 980** (Prüfungsstandard 980 **12** des Instituts der Deutschen Wirtschaftsprüfer: „Grundsätze ordnungsmäßiger Prüfung von Compliance Management Systemen") her: Der IDW PS 980[8] unterstützt Führungs- und Aufsichtsorgane (Vorstand bzw. Geschäftsführung sowie ggf. Aufsichtsrat), ihre Pflichten bezüglich der Corporate Governance zu erfüllen (→ Rn. 115). Der IDW PS 980 beschreibt für sieben inhaltliche Elemente drei prüfbare Ausbaustufen: „**Konzeption**", „**Angemessenheit**" und „**Wirksamkeit**" (→ Rn. 87). Dieses Element reflektiert Erwgr. 74:

„… nachweisen zu können, dass die Verarbeitungstätigkeiten im Einklang mit dieser Verordnung stehen und die Maßnahmen auch wirksam sind." (Erwgr. 74 DS-GVO)

3. Accountability bezüglich der einzelnen Datenschutzgrundsätze gem. Art. 5 DS-GVO

Die **Datenschutzgrundsätze** sind als **allgemeine Strukturprinzipien** formuliert, die **13** sämtliche Einzelregelungen des EU-Datenschutzrechts als „roten *Faden* durchweben"[9]. Die Datenschutzgrundsätze beinhalten die wesentlichen Zielsetzungen des Schutzkonzepts der DS-GVO und stellen als solche trotz ihres konkretisierungsbedürftigen Inhalts ihrerseits Konkretisierungen der Ziele in Art. 1 DS-GVO dar.[10]

Die Regelungen des materiellen Datenschutzrechts sind auf die Umsetzung der Datenschutzgrundsätze ausgerichtet.[11] Umgekehrt sind die Datenschutzgrundsätze abstrakt und bedürfen für ihre Anwendung der Konkretisierung.[12] Sie zeigen somit den **Hybridcharakter der DS-GVO** als „Richtlinie im Gewand einer *Verordnung*".[13] Die Datenschutzgrundsätze werden in Einzelvorschriften der DS-GVO sowie in Erwgr. 39 DS-GVO konkretisiert.[14] Sie können jedoch nicht gegen den klaren Wortlaut einer der Regelungen der DS-GVO zur Anwendung gebracht werden.[15]

---

[8] S. zu Details betr. IDW PS 980: Koreng/Lachenmann DatenschutzR-FormHdB/*Koglin* A. II. 3.
[9] Gola/*Pötters* DS-GVO Art. 5 Rn. 4.
[10] NK-DatenschutzR/*Roßnagel* DSGVO Art. 5 Rn. 20.
[11] NK-DatenschutzR/*Roßnagel* DSGVO Art. 5 Rn. 15.
[12] Paal/Pauly/*Frenzel* DS-GVO Art. 5 Rn. 55: *„Die Regelungen changieren zwischen originären Wertungsbegriffen und vermeintlich eindeutigen und strikten Begrifflichkeiten."*.
[13] NK-DatenschutzR/*Roßnagel* DSGVO Art. 5 Rn. 25.
[14] Ehmann/Selmayr/*Heberlein* DS-GVO Art. 6.
[15] NK-DatenschutzR/*Roßnagel* DSGVO Art. 5 Rn. 15.

15   Dennoch zählen Verstöße gegen die Datenschutzgrundsätze zu den besonders scharf sanktionierten Verletzungen der DS-GVO, die mit Geldbußen von bis zu 20 Mio. EUR oder von bis zu 4 Prozent des weltweit erzielten Jahresumsatzes eines Unternehmens geahndet werden (Art. 83 Abs. 5 Buchst. a DS-GVO). Es handelt sich nicht lediglich um eine Ansammlung von Programmsätzen; vielmehr vermitteln die Datenschutzgrundsätze schutzfähige Rechtspositionen.[16] Entsprechend wird auch teilweise der Begriff *„Grundpflichten bei der Datenverarbeitung"* vorgeschlagen,[17] der vorliegend jedoch nicht übernommen wird.

16   Allerdings wird geltend gemacht, dass die Datenschutzgrundsätze als Bußgeldtatbestände zu unbestimmt seien, um in einem Bußgeldverfahren vollzogen werden zu können.[18] Praktisch relevant dürften sie aber iRd Art. 83 Abs. 6 DS-GVO werden, wenn Aufsichtsbehörden die Grundsätze anwendungsspezifisch in einer Anweisung nach Art. 58 Abs. 2 DS-GVO konkretisiert haben; bei der Nichtbefolgung einer solchen Anweisung der Aufsichtsbehörde drohen die gleichen Geldbußen wie nach Art. 85 Abs. 5 DS-GVO.[19]

17   Der erste Datenschutzgrundsatz *„Rechtmäßigkeit*, Verarbeitung nach Treu und Glauben, Transparenz" Art. 5 Abs. 1 Buchst. a DS-GVO nennt gleich mehrere Prinzipen, die unterschiedlich konkret in der DS-GVO definiert sind: die Rechtmäßigkeit wird vor allem in den Vorschriften über die Rechtmäßigkeit der Datenverarbeitung ausgestaltet (Art. 6 Abs. 1 DS-GVO; → Kap. 4 Rn. 74).

18   Das **Transparenzprinzip** ist Grundlage für die Anforderungen an die Art und Weise und den Inhalt der Information und Benachrichtigung der betroffenen Personen (va in Art. 7 Abs. 2 DS-GVO; Art. 12–15 DS-GVO und Art. 34 DS-GVO). Transparenz setzt voraus, dass die Datenverarbeitung auch (prospektiv) vorhersehbar sein muss.[20] Die betroffene Person besitzt dann die Kontrolle über ihre eigenen Daten (Erwgr. 7 S. 2 DS-GVO) und kann sich informiert ggf. gegen den Datenschutz entscheiden.

19   Die **Verarbeitung nach Treu und Glauben** erfordert insbesondere, dass bei der Rechtsanwendung in bestimmten Verarbeitungssituationen auf die „vernünftigen Erwartungen" der betroffenen Person abzustellen ist (Erwgr. 47 S. 1, 3 DS-GVO, Erwgr. 50 S. 6) DS-GVO. Treuwidrige, unfaire Verhaltensweisen bei der Datenverarbeitung widersprechen zugleich regelmäßig dem Grundsatz der Transparenz (s. etwa Erwgr. 60 DS-GVO) und dem Zweckbindungsgrundsatz.[21]

20   Der **Zweckbindungsgrundsatz** Art. 5 Abs. 1 Buchst. b DS-GVO (→ Kap. 4 Rn. 82) kommt auch in den Rechtsgrundlagen für die Datenverarbeitung zum Ausdruck (Art. 6 Abs. 1 DS-GVO). Die Festlegung des Zwecks hat für den Verantwortlichen selbst eine Hinweis- und Warnfunktion, denn sie zwingt ihn, bereits vor der Datenerhebung zu prüfen, welche Ziele mit der Verarbeitung beabsichtigt sind. Teilweise wird das Gebot der Zweckfestlegung insoweit auch als ein Instrument der Selbstregulierung verstanden.[22] Wann der Zweck einer Weiterverarbeitung mit dem Erhebungszweck vereinbar ist, konkretisiert Art. 6 Abs. 4 DS-GVO. Ferner sind vom Grundsatz der Zweckbindung Ausnahmen vorgesehen: die Weiterverarbeitung für im öffentlichen Interesse liegende Archivzwecke, für wissenschaftliche oder historische Forschungszwecke oder für statistische Zwecke erfolgt (Art. 5 Abs. 1 Buchst. b Hs. 2 DS-GVO), wenn und soweit die betroffene Person eingewilligt hat (Art. 6 Abs. 4 DS-GVO) oder eine Rechtsvorschrift des Unions-

---

[16] Paal/Pauly/*Frenzel* DS-GVO Art. 5 Rn. 55.
[17] HK-DS-GVO/*Reimer* DS-GVO Art. 5 Rn. 2.
[18] NK-DatenschutzR/*Roßnagel* DSGVO Art. 5 Rn. 18, 189: *„Ein Verstoß gegen die Grundsätze wird ohne unmittelbaren eindeutigen Handlungsbefehl nicht festzustellen sein. Art. 83 Abs. 5 Buchst. a ist daher insoweit keine vollziehbare Vorschrift.".*
[19] NK-DatenschutzR/*Roßnagel* DSGVO Art. 5 Rn. 22.
[20] Paal/Pauly/*Frenzel* DS-GVO Art. 5 Rn. 21.
[21] Gola/*Pötters* DS-GVO Art. 5 Rn. 9.
[22] BeckOK DatenschutzR/*Schantz* DS-GVO Art. 5 Rn. 14.

rechts oder des nationalen Rechts dies erlaubt, die notwendig und verhältnismäßig zum Schutz eines der Ziele ist, die Art. 23 Abs. 1 DS-GVO nennt.

Der Grundsatz der **Datenminimierung** Art. 5 Abs. 1 Buchst. c DS-GVO ist in den 21 Vorschriften des Datenschutzes durch Technikgestaltung und datenschutzfreundlichen Voreinstellungen ausgeprägt (Art. 25 DS-GVO; → Kap. 4 Rn. 98). Eine weitere Ausprägung in zeitlicher Hinsicht findet sich im Grundsatz der Speicherbegrenzung Art. 5 Abs. 1 Buchst. e DS-GVO.[23]

Der Grundsatz der **Richtigkeit** Art. 5 Abs. 1 Buchst. d DS-GVO ist ausgebaut im Be- 22 richtigungsanspruch (Art. 16 DS-GVO) und dem entsprechenden Löschungsanspruch wenn die Unrichtigkeit sich auf die Rechtmäßigkeit der Verarbeitung auswirkt (Art. 17 Abs. 1 Buchst. d DS-GVO und dem Recht auf Einschränkung der Verarbeitung, wenn die Richtigkeit der Daten streitig ist (Art. 18 Abs. 1 Buchst. a DS-GVO).

Der Grundsatz der **Speicherbegrenzung** Art. 5 Abs. 1 Buchst. e DS-GVO ist eine 23 Konkretisierung des Grundsatzes der Datenminimierung, personenbezogene Daten sind nicht länger zu speichern, als dies für die Zwecke ihrer Verarbeitung notwendig ist (Datenminimierung in zeitlicher Hinsicht).[24] Eine Ausprägung sind zudem die Regelungen zu Löschung (Art. 17 DS-GVO). Umfasst sind aber auch Fälle der Zweckerreichung (Art. 5 Abs. 1 Buchst. e Hs. 1 DS-GVO), oder des Verlusts der Relevanz der Daten für den Zweck, zu dem sie verarbeitet werden.[25] Ebenso wie bei dem Grundsatz der Zweckbindung (Art. 5 Abs. 1 Buchst. b Hs. 2 DS-GVO) besteht für im öffentlichen Interesse liegende Archivzwecke, für wissenschaftliche oder historische Forschungszwecke oder für statistische Zwecke eine Ausnahme, wonach eine Speicherfrist nicht zu nennen ist (Art. 5 Abs. 1 Buchst. e Hs. 2 DS-GVO).

Der Grundsatz der **Integrität und Vertraulichkeit** Art. 5 Abs. 1 Buchst. f DS-GVO 24 findet seinen Niederschlag in den technischen und organisatorischen Anforderungen an die Sicherheit der Verarbeitung (Art. 32 Abs. 1 Buchst. a–d DS-GVO), in der Verpflichtung, die unbefugte Offenlegung, den unbefugten Zugang und die unbefugte Verarbeitung personenbezogener Daten zu verhindern (Art. 32 Abs. 2, 4 DS-GVO; Art. 28 Abs. 3 S. 2 Buchst. b DS-GVO und Art. 29 DS-GVO)[26] und in den technischen und organisatorischen Pflichten zu Privacy by Design and Default (Art. 25 DS-GVO).

Ein weiterer Grundsatz, der durchaus eine übergreifende und in der Praxis immens 25 wichtige Verpflichtung darstellt, ist die **Pflicht zur Zusammenarbeit des Verantwortlichen mit der Aufsichtsbehörde** (Art. 31 DS-GVO), diese ist jedoch nicht unmittelbar auf Betroffene bezogen, so dass sie nicht zum „Kanon" nach Art. 5 Abs. 1 DS-GVO gehört.

II. Sicherstellung der Einhaltung der DS-GVO

1. Grundlagen der Sicherstellung

Die **Sicherstellungspflicht** des Art. 24 DS-GVO bezieht sich nicht lediglich auf die 26 Pflicht zu rechtmäßiger Verarbeitung. Richtigerweise besteht die Sicherstellungspflicht nach Art. 24 Abs. 1 DS-GVO darin, technische und organisatorische Maßnahmen zu ergreifen, die insbes. **geeignet und wirksam** sind, um rechtmäßiges Verhalten zu gewährleisten.[27] Bloße Rechtmäßigkeitsanforderungen sind ihrerseits bereits als Pflichten ausgestattet und in Art. 5 Abs. 1 Buchst. a DS-GVO ist die Pflicht zu Rechtmäßigkeit als

---

[23] BeckOK DatenschutzR/*Schantz* DS-GVO Art. 5 Rn. 25.
[24] BeckOK DatenschutzR/*Schantz* DS-GVO Art. 5 Rn. 32; Ehmann/Selmayr/*Heberlein* DS-GVO Art. 5 Rn. 25.
[25] S.: EuGH NJW 2014, 2257 Rn. 93f. – Google Spain.
[26] Ehmann/Selmayr/*Heberlein* DS-GVO Art. 5 Rn. 28.
[27] GSSV/*Veil* DS-GVO Art. 24 Rn. 41.

Grundprinzip ohnehin nochmals erwähnt. Zudem verweist Erwgr. 74 DS-GVO auf die Wirksamkeit der Maßnahmen.

27   Zum Teil wird abweichend lediglich auf geeignete (und nicht notwendigerweise auch wirksame) technische und organisatorische Maßnahmen abgestellt.[28] Dem ist jedoch entgegenzuhalten, dass die Rechenschaftspflicht als solche auch bessere praktische Wirksamkeit der Datenschutzprinzipien abzielt. Außerdem ist nicht definiert, dass die gesetzlich vorgesehene Überprüfung und Aktualisierung der umgesetzten Maßnahmen auf Konzept und Angemessenheit reduziert wäre – und die Wirksamkeit nicht betrachtet würde.

28   Die Sicherstellungspflicht (wie auch die Nachweispflicht) sind übergreifende Pflichten (→ Rn. 5). Insbes. die Regelung Art. 24 Abs. 1 DS-GVO unterstreicht dieses Verständnis. Danach sind technische und organisatorische Maßnahmen zu ergreifen, was die **Verfahrensverantwortlichkeit** (und nicht lediglich die Ergebnisverantwortlichkeit) betont iS einer effektiven Steuerung der Anläufe sowie der Entwicklung und wirksamen Umsetzung von Prozeduren zum Datenschutz[29] (→ Rn. 31).

2. Vornahme geeigneter technischer und organisatorischer Maßnahmen (TOMs) und Datenschutzvorkehrungen

29   Ziel der zu ergreifenden **Maßnahmen** und **Datenschutzvorkehrungen** ist die Einhaltung der DS-GVO, insbes. des Grundsatzes der Rechtmäßigkeit und der Einhaltung der Datenschutzgrundsätze.[30]

30   Zur Sicherstellung der Einhaltung der Datenschutzgrundsätze hat der Verantwortliche geeignete technische und organisatorische Maßnahmen zu treffen (Art. 24 Abs. 1 DS-GVO). Dies sind alle Vorkehrungen und Verfahrensweisen, die sich auf den Vorgang der Verarbeitung von Daten erstrecken. Organisatorische Maßnahmen betreffen die äußeren Rahmenbedingungen zur Gestaltung des technischen Verarbeitungsprozesses. Eine strenge Unterscheidung zwischen technischen und organisatorischen Maßnahmen lässt sich nur schwer vornehmen.[31] Es geht im Kern um die **Vornahme ausreichender Compliance- und Datensicherheitsmaßnahmen.**[32]

31   Der Begriff „technische und organisatorische Maßnahmen" ist insoweit nicht eng iSv Art. 32 Abs. 1 DS-GVO oder Art. 25 Abs. 1 DS-GVO zu verstehen, denn es geht nicht allein um Datensicherheit.[33] Zu konzipieren und umzusetzen sind vielmehr übergreifend *„Instrumente und Maßnahmen zur Accountability"*, dazu gehören etwa *„Datenschutz-Folgenabschätzung, Datenschutz durch Design, Meldung von Datenschutzverletzungen, Sicherheitsmaßnahmen und Zertifizierungen"*.[34]

32   Nach Art. 24 Abs. 2 DS-GVO sind zudem geeignete „Datenschutzvorkehrungen" zu treffen, wenn diese in einem angemessenen Verhältnis zu den Verarbeitungtätigkeiten stehen. Aus anderssprachigen Fassungen des Abs. 2 wird deutlich, dass dieser Datenschutzrichtlinien bzw. **Privacy Policies** meint.[35]

33   Zwar kann in der Praxis zwischen „Datenschutzvorkehrungen" und technischen und organisatorischen Maßnahmen, wenn sie umgesetzt sind, kaum unterschieden werden. Dennoch haben die Datenschutzvorkehrungen eine eigenständige Bedeutung, denn eine Organisation, die eine Datenschutzrichtlinie verabschiedet, definiert verbindlich interne

---

[28] Gola/*Piltz* DS-GVO Art. 24 Rn. 16.

[29] GSSV/*Veil* DS-GVO Art. 24 Rn. 41, 42.

[30] Kühling/Buchner/*Hartung* DS-GVO Art. 24 Rn. 17; Gola/*Piltz* DS-GVO Art. 24 Rn. 7.

[31] GSSV/*Veil* DS-GVO Art. 24 Rn. 69.

[32] Kühling/Buchner/*Hartung* DS-GVO Art. 24 Rn. 17; Gola/*Piltz* DS-GVO Art. 24 Rn. 58; GSSV/*Veil* DS-GVO Art. 24 Rn. 73.

[33] NK-DatenschutzR/*Petri* DSGVO Art. 24 Rn. 16.

[34] *Art. 29-Datenschutzgruppe* WP 218 v. 30.5.2014, S. 3: *„accountability tools and measures (e.g. impact assessment, data protection by design, data breach notification, security measures, certifications)"*.

[35] NK-DatenschutzR/*Petri* DSGVO Art. 24 Rn. 22.

Datenschutzstandards und Vorgaben, die sie nach innen und nach außen vertritt.[36] Art. 24 Abs. 2 DS-GVO verweist somit auf Privacy Policies als ein Instrument des organisationsinternen Datenschutzmanagements. Die Regel könne somit als eine Rechtspflicht des Verantwortlichen verstanden werden, erforderlichenfalls und im angemessenen Rahmen organisationsinterne Datenschutzrichtlinien zu erlassen,[37] um Datenschutzstrategien verbindlich anzuwenden.

Technische und organisatorische Maßnahmen bzw. Datenschutzvorkehrungen – auch **34** wenn diese geeignet und angemessen sind – stellen als solches **nicht die Rechtgrundlage** oder einen Erlaubnistatbestand der Datenverarbeitung dar. Die Rechtsgrundlagen ergeben sich ausschließlich aus den gesetzlichen Vorschriften zB der Rechtmäßigkeit der Verarbeitung (insbes. Art. 6 ff. DS-GVO). Umgesetzte Maßnahmen bzw. Datenschutzvorkehrungen können aber dazu beitragen, übrige Anforderungen an die Zulässigkeit der Verarbeitung zu erfüllen, etwa bei Abwägungstatbeständen wie Art. 6 Abs. 1 Buchst. f DS-GVO, als **„flankierende" Maßnahmen.** Sie sind somit auch als **Vehikel der Pflichtenerfüllung** übriger Vorgaben der DS-GVO zu verstehen.[38]

Beispiele für technische Maßnahmen:[39]
- Vorhandensein eines internen Beschwerdebearbeitungssystems;
- Klassifizierung des Datenbestandes;
- Etablierung von Reaktionsplänen, und Verfahrensweisen, die eine frist- und sachgerechte Bearbeitung der Betroffenenrechte und Gestaltungsansprüche der Betroffen ermöglichen.

Beispiele für organisatorische Maßnahmen:[40]
- Benennung der für die Einhaltung der datenschutzrechtlichen Anforderungen zuständigen Person(en) in der Organisation (Datenschutzbeauftragter, Privacy Counsel, Datenschutz-Koordinatoren);
- Prozessvorgaben, nach denen die Prüfung neuer Verarbeitungen personenbezogener Daten beurteilt und kontrolliert wird;
- Regelmäßige Überprüfung der Wirksamkeit der getroffenen Maßnahmen, dazu gehören verschiedene Möglichkeiten etwa Monitoring, interne oder externe Audits, vollständige Prüfungen oder Negativprüfungen, interne Berichtspflichten.

Ganz allgemein kann man technische und organisatorische Maßnahmen bzw. Da- **35** tenschutzvorkehrungen als Arbeitsmittel („Tools") und Prozeduren verstehen, dazu gehören bspw. Handlungsanweisungen, Guidelines, auszufüllende Muster-Vorlagen, vorgefertigte Textblöcke, Entscheidungsbäume, Schulungseinheiten und Trainingsprogramme, technische Komponenten (bspw. ein Software-Tool zur Pseudonymisierung), usw.

3. Risikobasierter Ansatz: Angemessenheit der Maßnahme

Ausgangspunkt für die Ermittlung der konkret zu treffenden technischen und organisato- **36** rischen Maßnahmen ist eine **Risikoanalyse** unter Berücksichtigung der Art, des Umfangs, der Umstände und der Zwecke der Verarbeitung sowie der unterschiedlichen Eintrittswahrscheinlichkeit und Schwere der Risiken für die Rechte und Freiheiten natürlicher Personen (zur Risikoanalyse in Detail → Kap. 3 Rn. 33 ff.).

---

[36] NK-DatenschutzR/*Petri* DSGVO Art. 24 Rn. 22; aA Gola/*Piltz* DS-GVO Art. 24 Rn. 58; GSSV/*Veil* DS-GVO Art. 24 Rn. 73.
[37] NK-DatenschutzR/*Petri* DSGVO Art. 24 Rn. 24.
[38] Gola/*Piltz* DS-GVO Art. 24 Rn. 8 ff.
[39] GSSV/*Veil* DS-GVO Art. 24 Rn. 71.
[40] Beispiele nach GSSV/*Veil* DS-GVO Art. 24 Rn. 72; weitere Beispiele in *Art. 29-Datenschutzgruppe* WP 173 vom 13. 7. 2010, S. 12.

37   Das **Verhältnismäßigkeitsprinzip** ergibt sich aus Art. 52 Abs. 1 S. 2 GrCh als unge-
schriebene Voraussetzung, auch wenn es im Wortlaut des Art. 24 Abs. 1 DS-GVO nicht
explizit genannt ist. Zudem erfordert die Rechenschaftspflicht als übergreifende Steue-
rungspflicht ein entsprechendes Korrektiv.

> Bei Verantwortlichen mit nur geringem Verarbeitungsrisiko könnte es als ausreichend
> angesehen werden, dass der Verantwortliche grds. überhaupt Ressourcen vorhält, die
> die datenschutzrechtlichen Anforderungen dann erforderlichenfalls erfüllen können,
> bspw. ein Auskunftsverlangen dann individuell und händisch abzuarbeiten.[41]

38   Die Regel des Art. 24 Abs. 2 DS-GVO hebt das Verhältnismäßigkeitsprinzip für die
Vornahme von Datenschutzvorkehrungen zusätzlich hervor (**„in einem angemessenen
Verhältnis"**). Der Wert des Abs. 2 besteht darin, die Umsetzung der technischen und
organisatorischen Maßnahmen vom Verhältnismäßigkeitsprinzip abhängig zu machen.[42]
Konkret bedeutet das, dass der Verantwortliche **prüfen darf – aber auch prüfen muss
–,** wie er die Einhaltung der Datenschutzprinzipien angesichts der Risiken für die Betroffenen sicherstellt.[43]

39   Einen guten Überblick zu den **Prüfungskriterien** geben insoweit die Erwgr. 75
DS-GVO und 76. Erwgr. 75 DS-GVO nennt relevante Risiken. Die Kriterien und die
Methodik der Risikoanalyse sind in Erwgr. 76 DS-GVO kurz angerissen. Aus Erwgr. 75
DS-GVO und der darin enthaltenen, recht detaillierten Aufzählung relevanter Risiken er-
gibt sich eine erhebliche Indizwirkung für oder gegen das Bestehen eines relevanten Risi-
kos.[44] Danach soll anhand einer objektiven Bewertung beurteilt werden, ob bei einer Da-
tenverarbeitung ein Risiko oder ein hohes Risiko für den Schutzgegenstand (Rechte und
Freiheiten der Betroffenen) auftreten kann.

40   Es sind die Art, der Umfang, die Umstände und die Zwecke der Verarbeitung sowie
die unterschiedliche Eintrittswahrscheinlichkeit und Schwere der Risiken im Detail zu
berücksichten. Methodisch kann hier an Art. 32 DS-GVO (→ Kap. 9 Rn. 24) und an die
Datenschutz-Folgenabschätzung nach Art. 35 DS-GVO (→ Kap. 3 Rn. 51 ff.) angeknüpft
werden, da diese Kriterien bei der Prüfung der Angemessenheit des Datensicherheitsni-
veaus gleichfalls zu prüfen sind.

> Das bedeutet, dass etwa die Ausbautiefe eines Auskunftsprozesses davon abhängt, wie
> viele/wie komplexe Anfragen aufgrund einer objektiven Bewertung zu erwarten sind.

4. Komponenten der Konzeptionierung („Plan")

a) Existiert ein Konzept, das die Einhaltung der Datenschutzgrundsätze sicherstellt?

41   Die Sicherstellung der Datenschutzgrundsätze erfordert konkrete, umsetzbare Konzepte. Ausgangspunkt ist eine **vollumfängliche Identifizierung der relevanten Komponenten.** Dazu gehört die umfassende Stoffsammlung (gesetzliche Grundlagen, Empfehlungen und Stellungnahmen der Artikel-29-Datenschutzgruppe (Art. 29 WP) bzw. des
Europäische Datenschutzausschuss (EDSA), der Konferenz der unabhängigen Datenschutzbehörden des Bundes und der Länder (DSK), der Landesdatenschutzbeauftragten

---

[41] Beispiele nach GSSV/Veil DS-GVO Art. 24 Rn. 43; weitere Beispiele in *Art. 29-Datenschutzgruppe*
WP 173 vom 13.7.2010, S. 12.
[42] Gola/*Piltz* DS-GVO Art. 24 Rn. 58; Paal/Pauly/*Martini* DS-GVO Art. 5 Rn. 24, 25.
[43] GSSV/*Veil* DS-GVO Vor Art. 24.
[44] Kühling/Buchner/*Hartung* DS-GVO Art. 24 Rn. 13–16.

sowie entsprechende DIN-Normen), die Erfassung der relevanten Stakeholder, die Darstellung der fachlichen Herausforderungen, der Abhängigkeiten und die Einbettung der geplanten Regelungsmechanismen in die Datenschutz-Governance.

Das Konzept beinhaltet einen **Vorschlag zur Abarbeitung** der relevanten Themen 42 von der Analyse, über Entscheidungsvorschläge zur Planung der Ausarbeitung der Arbeitspakete, bis zur Operationalisierung und Umsetzung. Ergebnisse auf dem Weg von Konzept bis zur Umsetzung sind Analysen, Entscheidungsvorlagen und -empfehlungen sowie Prozessmodelle, Richtlinien und Arbeitsmittel wie Vorlagen und (Vertrags-) Muster.

Ein Beispiel für ein derartiges Konzept ist ein Löschkonzept: Grundlagen sind die Anforderungen aus Art. 17 DS-GVO, die entsprechenden Kommentierungen sowie eine Analyse von DIN 66398 „Leitlinie zur Entwicklung eines Löschkonzepts mit Ableitung von Löschfristen für personenbezogene Daten", die Identifikation der anwendbaren gesetzlichen Aufbewahrungsfristen und der IT-Landschaft. Davon abgeleitet gilt es, einen Datenkatalog (Data-Dictionary) zu erstellen und eine Zuordnung zu entwickeln, um einzelnen Datenfeldern Löschfristen zuzuordnen. Am Ende stehen die Planung der Definition von Löschklassen, eines Prozessmodells mit zugeordneten Verantwortlichkeiten, die Entwicklung einer entsprechenden Richtlinie und die technische Beschreibung (Lastenheft).

b) Sind die Tatsachen, auf denen das Konzept zur Sicherstellung der Datenschutzgrundsätze aufsetzt, zutreffend erhoben?

Essentiell für die erfolgreiche Konzeptionierung ist die erschöpfende Erfassung des zu- 43 treffenden Sachverhalts.

> Für die Konzeptionierung von Prozeduren zur Bearbeitung von Betroffenenrechte ist vorab aufzuklären, welche Eingangskanäle für Anfragen existieren (verschieden Email-adressen, Kundenservice, etc), damit die notwendigen Arbeitsabläufe richtig skizziert werden können.

c) Sind die Vorgaben, auf denen das Konzept zur Sicherstellung der Datenschutzgrundsätze aufsetzt, zutreffend und vollständig identifiziert?

Zu den **Rechtsgrundlagen** für das Konzept zur Sicherstellung der Datenschutzgrund- 44 sätze gehören die Artikel der DS-GVO, die Erwägungsgründe sowie auch nationale Gesetze (insbes. Aufgrund von Öffnungsklauseln) und die spezialgesetzliche Regulatorik (zB für Banken und Versicherungen, etc.). Als Rechtsgrundlagen iSv **„Soft Law"** können Empfehlungen und Stellungnahmen der Artikel-29-Datenschutzgruppe (Art. 29 WP) bzw. des Europäische Datenschutzausschuss (EDSA), der Konferenz der unabhängigen Datenschutzbehörden des Bundes und der Länder (DSK), der Landesdatenschutzbeauftragten sowie entsprechende DIN-Normen gelten.

> Im Bereich der Werbung gehören zu den relevanten Rechtsgrundlagen (nur um einige zu nennen): Art. 6 Abs. 1 Buchst. f DS-GVO; Art. 22 Abs. 2 DS-GVO, Erwgr. 47 DS-GVO aber auch Art. 13 Abs. 1 RL 2002/58/EG, § 7 UWG, TMG und E-Privacy-Richtlinie, sowie ggf. Spezialregelungen (etwa § 203 StGB, oder § 67 SGB X (für Sozialdaten), Heilmittelwerbegesetz (HWG)). Im Bereich des „Soft Law" sind zu nennen: die „Orientierungshilfe der Aufsichtsbehörden zur Verarbeitung von personenbezogenen Daten für Zwecke der Direktwerbung" (des DSK) und die „Leitlinien in Bezug auf die Einwilligung gemäß Verordnung 2016/679" (WP259 rev.01 der Art. 29 WP).

d) Sind betroffene Fachbereiche und weitere Stakeholder (Rechtsberater, Datenschutz-beauftragter, IT-Verantwortliche) in die Entwicklung des Konzepts eingebunden?

45   Bereits zu Beginn der Entwicklung der Konzepte sollten sämtliche relevanten Personen, die ein berechtigtes Interesse am Verlauf oder Ergebnis des Prozesses oder des Projekts haben **(Stakeholder)** nach Möglichkeit eingebunden werden. Sie sollten auch die Verpflichtung und die die reale Möglichkeit haben, zu der Konzeption fachlich beizutragen, damit sämtliche relevanten Tatsachen und die rechtlichen und fachlichen Anforderungen entsprechend berücksichtigt werden und das spätere Konzept planungsgemäß, zeitgerecht umgesetzt werden kann (→ Rn. 152).

> Bei der Entwicklung eines Konzepts zur Sicherstellung von Transparenz sind die Kommunikationswege, entsprechende Sicherheitsanforderungen und das Ticketing mit dem Fachbereich und der IT gemeinsam festzulegen. Die Fristen (bspw. Art. 12 Abs. 3 DS-GVO) und die erforderlichen Textbausteine definieren die Rechtsberater und der Datenschutzbeauftragte steht ggf. beratend zur Seite (oder ist sogar als Anlaufstelle für Betroffenenanfragen nominiert).

e) Sind Verantwortlichkeiten zur Entwicklung des Konzepts verbindlich zugeordnet?

46   Die Verantwortlichkeiten für die Entwicklung der Fundamente zur Sicherstellung der Datenschutzgrundsätze sind festzulegen und die Abarbeitung zu organisieren um verbindlich planen zu können. Die **Organisation** ist ein wichtiger Bestandteil der Haftungsbegrenzung, insbes. für das Management (→ Rn. 107). Die Verantwortlichkeit für die Konzeptionierung ist abzugrenzen von der Implementierung und auch von der Durchführung im Regelbetrieb, insoweit sollten abweichende Verantwortlichkeiten gelten.

47   Für die Zuordnung der Verantwortlichkeiten und einfache Nachvollziehbarkeit eignet sich besonders gut das **„RACI-Modell"** (→ Rn. 9).

> Etwa für die Konzeption der Sicherstellung der „Rechtmäßigkeit" sind meist die Rechtsberater verantwortlich, da insoweit Prüfungsverfahren und Arbeitshilfen erstellt werden. Im späteren Regelbetrieb dagegen trägt oftmals die Fachabteilung eigenständig Verantwortung, Rechtsberater sind unterstützend tätig und der Datenschutzbeauftragte ist jedenfalls bei der Datenschutz-Folgenabschätzung zwingend zu involvieren (Art. 35 Abs. 2 DS-GVO).

f) Wird bei der Definition des Detaillierungsgrades und bei der Rangfolge (Priorisierung) der Abarbeitung der risikobasierte Ansatz berücksichtigt?

48   Der risikobasierte Ansatz durchzieht die Planung der Maßnahmen wie ein roter Faden, von Auswahl des datenschutzrechtlichen Themen-Clusters über die Definition der Ausbautiefe bis zur konkreten Abarbeitung.

> Sollen Prozeduren zur Sicherstellung der Datenschutzgrundsätze entwickelt werden, so dürfte regelmäßig mit den Verfahrensweisen zur Meldung von Datenschutzverstößen und zur Bearbeitung der Transparenzrechte begonnen werden. Inwieweit diese Prozeduren jeweils in die Tiefe auszudetaillieren sind und, ob für Antwortschreiben etwa Textmuster zu erstellen sind, hängt vom spezifischen Risikogehalt ab. Es genügt zunächst ggf., die Einhaltung der Fristen durch Zuordnung von Workflows abzusichern.

Auch eine dezidierte Unterteilung etwa in die Betroffenenrechte Auskunft, Berichtigung und Löschung könnte zunächst ggf. verzichtbar sein.

g) Beinhalten die entwickelten Ergebnisse definierte Prozeduren und Arbeitsmittel?

Die Konzeptionierung muss verbindliche Ergebnisse liefern, die sodann konkret umzu- **49** setzen sind. Insoweit kommen unterschiedliche **Ergebnistypen** in Betracht, insbes. Mustertexte, Richtlinien und interne Vorgaben, sowie Prozessdefinitionen und zugeordnete Verantwortlichkeiten.

So gehörten zur Sicherstellung der Transparenz die Muster der Datenschutzinformation (nach Art. 12–14 DS-GVO) und ein beschriebener Workflow mit Darstellung der zuständigen Ansprechpartner. Je nach Risikogehalt der Verarbeitung, Komplexität des Unternehmens und Umfang und Anzahl der zu bearbeitenden „Geschäftsvorfälle" (bspw. Anzahl von Anfragen, unterschiedlichen Kommunikationskanälen, verschiedenen Informationsmustern, etc.) ergibt sich die Notwendigkeit weiterer Ausdetaillierung und zusätzlicher Muster, etwa vorbereitete Antwortschreiben, ein elektronisches Ticketing-System oder gar die Etablierung der „Auskunft auf Knopfdruck".

h) Werden die entwickelten Ergebnisse kompetent qualitätsgesichert und überprüft, insbes. auf Widersprüche und Redundanzen?

Die Ergebnisse müssen kompetent qualitätsgesichert sein. Was eigentlich eine Selbstver- **50** ständlichkeit sein sollte, ist aufgrund der schieren Masse in der Praxis oftmals nicht einfach flächendeckend zu etablieren.

Entsprechend sollte verbindlich klargestellt sein, welche Ergebnistypen stets einer Qua- **51** litätssicherung bedürfen und auch, wer diese zu besorgen hat und verantwortet. Dies läuft auf eine Definition von Rollen und Verantwortlichkeiten hinaus, wobei zu beachten ist, dass der Datenschutzbeauftragte nach der gesetzlichen Aufgabendefinition (Art. 39 DS-GVO) nicht zuständig ist für die **„Prüfung"** oder gar **„Freigabe"** von Vorhaben.

Wichtige Faktoren sind Arbeitsanfall, Kapazität und Praktikabilität, wobei jedoch Or- **52** ganisationen, die in stabile Muster, intuitive Workflows, verständliche Erklärungen und zielgerichtete Schulungen investieren, in der Lage sind, mehr Verantwortung in den Fachbereichen zuzulassen und somit mittelfristig Arbeitsaufwand der Rechtabteilung einzusparen.

Für komplexere Vorhaben erfolgt die Qualitätssicherung meist abgestuft in verschiedenen Schritten, etwa sind mehrere vordefinierte „Quality-Gates" zu durchlaufen.

i) Werden die entwickelten Ergebnisse vorab getestet und erprobt?

Eine Erprobung der entwickelten Lösungen ist insbes. bei neu entwickelten Arbeitsab- **53** läufen sinnvoll, zum einen als Praxistest der Prozedur selbst zum anderen auch als Vorbereitung für etwaige spätere Überprüfungen der Prozesstreue bzw. Stresstests etc.

j) Werden die qualitätsgesicherten Ergebnisse (formell ordnungsgemäß) durch die zuständige Funktion freigegeben und versioniert?

54   Die Freigabe ist ein formeller Akt, mit mehreren Funktionen: es wird bestätigt, dass der Entwicklungsprozess formgerecht abgeschlossen wurde, also gleichsam als Bestätigung des fachgerechten Ablaufs von Konzeptionierung bis zum Ergebnis. Darüber hinaus enthält die Freigabe auch ein „voluntatives" Element also eine Entscheidung, nämlich gerade, dass die entwickelte Lösung so und nicht anders zugelassen wird.

55   Schließlich enthält die Freigabe auch eine **Zuordnung und Übernahme von Verantwortlichkeit** für die Entscheidung. Im Sinne der Rechenschaftspflicht äußert sich darin nachweisbar die Rechenschaft innerhalb des Unternehmens für den Datenschutz, weswegen die Entscheidungen nachweisbar dokumentiert sein sollten.

> Bei umfangreicheren Entscheidungen können je nach Zuordnung der Befugnisse auch Gremienbeschlüsse Freigabevoraussetzung sein. Einige Unternehmen verwenden in diesem Zusammenhang Matrizen, wonach die Freigabe je nach Risikogehalt hierarchisch nach oben eskaliert wird.

5. Komponenten der Umsetzung („Do")

a) Sind die entwickelten Ergebnisse verbindlich schriftlich definiert?

56   Damit die Ergebnisse umgesetzt werden können, ist eine verbindliche Konkretisierung erforderlich. Die Fixierung bietet dem für die Implementierung zuständigen Personen Verlässlichkeit, Planungssicherheit und Transparenz über die Erwartungen und Vorgaben.

> Die definierten Ergebnisse können sich darstellen als Umsetzungsvorhaben mit detaillierten Projektplänen, umfangreichen Arbeitspaketen und hohen Umsetzungsaufwänden, wobei ein Umsetzungs-Team für einen längeren Zeitraum tätig ist. Ein Beispiel ist die Umsetzung von Löschvorgaben.
>
> Andere Umsetzungen beinhalten lediglich die tatsächliche Anwendung von vorgefertigten Mustern und die Verwendung des entsprechend individualisierten Musters gegenüber dem Betroffenen. Diese wäre bspw. der Fall bei der Anpassung der Musterantwort nach Art. 15 DS-GVO und der Versendung des Auskunftsschreibens an den Betroffenen.

b) Sind die entwickelten Ergebnisse einfach und zielgruppenorientiert verständlich formuliert?

57   Ob die Umsetzung „richtig" und somit auch effizient und zutreffend erfolgt, entscheidet sich oftmals danach, ob der Planer, seinen Adressaten auch „erreicht". Aus der definierten Vorgabe muss erkennbar sein, was konkret zu tun ist und vor allem, wie es umzusetzen ist. Es ist im Einzelfall dafür zu sorgen, dass die Verwendung des Arbeitsmittels für den Anwender nachvollziehbar und verständlich ist. Daran entscheidet sich im Regelbetrieb die Akzeptanz, die **Praxistauglichkeit** und langfristig auch die Prozesstreue im täglichen Einsatz.

> Zur Sicherstellung der Rechtmäßigkeit können etwa Leitplanken eine gewisse Steuerung vorsehen. Je nachdem, inwieweit die Anwender datenschutzrechtlich vorgebildet sind, ist mehr Handreichung notwendig. Ein Entscheidungsbaum (decision tree) – bspw. zur Abgrenzung zwischen Auftragsvereinbarung (Art. 28 DS-GVO) und Joint Controller

(Art. 26 DS-GVO) (→ Kapitel 11 Rn. 1 ff.) – dürfte hingegen selbst für Anfänger nutzbar sein.

Bei der technischen Umsetzung von Datenlöschungen ist sehr detaillierte Konkretisierung notwendig, da rechtlich abstrakte Vorgaben in technische Routinen „übersetzt" werden müssen, die IT-Fachleute in die Systeme programmieren können.

c) Sind die einzuhaltenden Vorgaben bekanntgemacht und konkret vermittelt?

Die anwenderfreundlichen Ergebnisse (Muster, Prozeduren, Lastenhefte, etc.) sind den Nutzern zur Verfügung zu stellen und sollten auch grds. verstanden sein – zumindest betreffend ihren Nutzungskontext.

Insbes. bei manuellen Prozeduren wie etwa der Vorgabe, spezielle Muster zu benutzen, sollte es einen zentralen Punkt geben (etwa einen Sharepoint im Intranet), wo die jeweils aktuellen Muster zu finden sind, nebst einer kurzen Erläuterung zum Anwendungsszenario und den etwaigen Anpassungsmöglichkeiten.

d) Sind die einzuhaltenden Vorgaben zielgruppenorientiert vermittelt und trainiert?

Die jeweilig einzuhaltenden Prozeduren oder die Verwendung der zu nutzenden Arbeitsmittel sind zu schulen und einzuüben. Es bietet sich an, diese Trainings mit der allgemeinen „Schulung und Sensibilisierung" nach Art. 39 Abs. 1 Buchst. b DS-GVO zu verbinden. Die Trainingsmethoden sind dabei – wie auch in anderen Compliance-Bereichen ebenfalls – sehr vielfältig. Es gibt „web-based trainings" mit Verständnisfragen zum Abschluss und einem Teilnahmezertifikat, „Feuerwehrübungen" bei Prozeduren oder zentrale „train the trainer"-Konzepte als Multiplikatoren-Schulungen. **58**

e) Sind Verantwortlichkeiten zur Einhaltung der Vorgaben zugeordnet und verbindlich kommuniziert?

Zusätzlich zu Kommunikation und Training der umzusetzenden Vorgaben ist die Zuordnung der **Umsetzungs- und Einhaltungs-Verantwortung** erforderlich, um die Vorgabe wirksam „zum Leben zu erwecken". Entsprechend sind der Stellenwert des Datenschutzes zu unterstreichen, Prozesstreue zu fördern und aktiv Rechenschaft im Unternehmen abzulegen, demgegenüber geht es nicht lediglich darum, Mitarbeiter für Nichteinhaltung zu sanktionieren (zumal etwa bei der Tätigkeit eines Datenanalysten wohl hohes „Betriebsrisiko" besteht). **59**

Die Zuordnung sollte sich dabei an Rollen festmachen. Insbes. in großen Unternehmen sind hierbei die Abgrenzungen zwischen verschiedenen Unternehmensbereichen und den damit verknüpften Aufgaben und Pflichten komplex, zumal gerade an den Schnittstellen Grauzonen entstehen können, in denen aufgrund der Arbeitsteilung „Verantwortungslosigkeit" herrscht. Hier können definierte Übergabepunkte Abhilfe schaffen. **60**

Zur Sicherstellung der Rechtmäßigkeit von Verarbeitungen könnte festgelegt sein, welcher Fachbereich bzw. welche Rolle die Richtigkeit des Sachverhalts verantwortet, wer sodann die Evaluierung und Entscheidung trägt, sowie schließlich wer die Rahmenbedingungen und Folgeanforderungen umzusetzen und einzuhalten hat(→ Rn. 9) .

f) Sind geregelte Prozeduren errichtet und verankert, die die Anwendung der Vorgaben sicherstellen?

61   Erfahrungsgemäß lässt sich die **Einhaltungsquote** verbessern, wenn Prozeduren die Umsetzung unterstützen. Dies gilt in besonderem Maße für manuelle Tätigkeiten und für Situationen, die nicht tagtäglich eintreten. Die Prozeduren können sich etwa aus Checklisten ergeben, die dem Verwender anzeigen welche Schritte wie zu befolgen sind.

> Insbes. komplexe Vorgaben etwa aus dem Bereich „privacy by design" erfordern stabile Arbeitsabläufe für die Produktentwickler, um ein strukturiertes Vorgehen zu erleichtern. Bei den Vorgaben zur Meldung von Datenschutzverstößen sind Prozeduren insbes. deswegen wichtig, weil angesichts der Fristen ein hoher Zeitdruck herrscht.

g) Sind die freigegebenen Arbeitsmittel, die die Anwendung der Vorgaben sicherstellen, leicht auffindbar und für den Anwender zentral verfügbar?

62   Sämtliche anzuwendenden Vertragsmuster, Textblöcke, Hilfsmittel, Prozessbeschreibungen, etc. sollten – zumindest dann, wenn sie wiederkehrend genutzt werden müssen – leicht auffindbar und zentral verfügbar sein. Dies ermöglicht es, sicherzustellen, dass stets ausschließlich aktuelle und **„autorisierte" Muster** im Umlauf sind.

> Eine wichtige Komponente um Nachhaltigkeit zu fördern, ist ein Prozess zur Dokumentenlenkung und die Versionierung von publizierten Dokumenten.

III. Nachweis der Sicherstellung der Einhaltung der DS-GVO

1. Grundlagen zur Nachweispflicht

63   Im Vergleich zur bisherigen Praxis statuiert Art. 5 Abs. 2 DS-GVO umfangreichere Nachweispflichten. Die Nachweispflicht dient der effektiven Umsetzung der Datenschutzprinzipien. Zum einen verbessert die Nachweispflicht die **Beweislage** von Datenschutzaufsichtsbehörden (siehe etwa auch Art. 58 Abs. 1 Buchst. a DS-GVO), zum anderen erlauben dokumentierte Regelungen und Prozeduren die **interne Überprüfung, Bewertung und Verbesserung** der Wirksamkeit des Datenschutzes beim Unternehmen.[45]

64   Der Nachweis der Einhaltung entsprechend Art. 5 Abs. 2 DS-GVO erfolgt durch den Nachweis der umgesetzten Maßnahmen und ggf. zusätzlich durch den Nachweis der zugrundeliegenden Konzepte. Im Kern geht es um die **nachvollziehbare Dokumentation** der Regeln und Prozeduren, die zu Sicherstellung angewendet werden.

65   Bereits aus rechtssystematischen Gründen wird jedoch oft betont, dass damit **keine formale allumfassende Dokumentationsanforderung** für alles und jedes statuiert sei. Anderenfalls verbliebe für die **speziellen Dokumentationspflichten** (etwa aus Art. 7 Abs. 1 DS-GVO oder aus Art. 30 DS-GVO) ohnehin kein eigenständiger Regelungsgehalt mehr.[46]

66   Neben dem (allgemeinen) Nachweis unter dem Gesichtspunkt der Rechenschaftspflicht existieren entsprechend vielfältige (besondere) „Dokumentationspflichten", die klar abzugrenzen und in der DS-GVO als **Spezialregelungen** explizit festgelegt sind, Die Dokumentationspflichten haben einen klar umgrenzten Anwendungsbereich und einen formalen Anspruch. So ist etwa unter den Voraussetzungen des Art. 30 DS-GVO ein Verzeichnis der Verarbeitungstätigkeiten zu führen, unabhängig davon ob es sich dort um riskante oder weniger riskante Verarbeitungen handelt.

---

[45] BeckOK DatenschutzR/*Schmidt/Brink* DS-GVO Art. 24 Rn. 11–21.
[46] *Veil* ZD 2018, 9: die Nachweispflicht des Art. 24 darf nicht dazu führen, dass in Verantwortlicher sich eigenhändig „ans Messer liefern" muss.

Zu den Dokumentationspflichten gehören etwa[47]
- Einwilligung (Art. 7 Abs. 1 DS-GVO; Erwgr. 42 S. 1 DS-GVO)
- Identitätsfeststellung (Art. 11 Abs. 2 DS-GVO, Art. 12 Abs. 2 DS-GVO)
- Widerspruch (Art. 21 Abs. 1 S. 2 DS-GVO; Erwgr. 69 S. 2 DS-GVO)
- „Privacy by design" (Art. 25 Abs. 1 DS-GVO; Erwgr. 78 S. 2 DS-GVO)
- Verzeichnis aller Verarbeitungstätigkeiten (Art. 30 DS-GVO; Erwgr. 82 S 1 DS-GVO)
- Datensicherheit (Art. 32 Abs. 3 DS-GVO)
- Datenschutzverletzung (Art. 33 Abs. 5 DS-GVO; Erwgr. 85 S. 2 DS-GVO)
- Datenschutz-Folgenabschätzung (Art. 35 Abs. 7 Buchst. d DS-GVO; Erwgr 84 S. 2 DS-GVO)
- Drittstaatentransfer (Art. 49 Abs. 1, 6 DS-GVO)
- Haftung (Art. 82 Abs. 3 DS-GVO)

Aus Perspektive der Organisation des Datenschutzes im Unternehmen dient der Nach- **67** weis auch der **Stabilisierung:** Je nach Komplexität der Maßnahme, müssen Prozeduren sorgfältig fixiert sein, um wiederholbare, gleichmäßige Ergebnisse zu erzielen. Unter dem Postulat der kontinuierlichen Verbesserung müssen diese Prozeduren auch ihrerseits prüfbar sein, um sie bewerten und fortentwickeln zu können. Datenschutz wird damit Teil der unternehmerischen Compliance und ist entsprechend nachzuweisen[48]. Darüber hinaus ist der Nachweis angemessener Maßnahmen und effektiver Steuerung ein wesentliches Element bei der **Abwehr von Bußgeldern.**

Form des Nachweises ist nicht festgelegt und auch eine zeitliche Grenze der Nachweis- **68** pflicht ist nicht vorgesehen.[49]

2. Risikobasierter Ansatz: Umfang der Nachweispflicht

Die Nachweispflicht unterliegt ihrerseits Einschränkungen von Erforderlichkeit und An- **69** gemessenheit.[50]

Entsprechend ist die allgemeine Nachweispflicht inhaltlich getrieben, abhängig von den **70** Einzelumständen, ausgehend von **Risikogehalt.** Umfang und Detailtiefe der Nachweise sind entsprechend beschränkt auf den objektiven Verantwortungsbereich des Verantwortlichen und abhängig von den Risiken der Datenverarbeitung für den Betroffenen.[51]

3. Komponenten des Nachweises

a) Sind die entwickelten Prozeduren und Arbeitsmittel zur Sicherstellung der Datenschutzgrundsätze schriftlich und für außenstehende Dritte verständlich, nachvollziehbar und widerspruchsfrei dokumentiert?

Der Nachweis der Rechenschaftspflicht bezieht sich auf den Nachweis, dass die Sicher- **71** stellung sachgerecht betrieben wird. Damit der Nachweis prüfungssicher gelingt, ist eine Dokumentation erforderlich. Es gilt allerdings die freie Beweiswürdigung. **Zwingende Formvorschriften existieren nicht.** Textform oder auch systemisch generierte Zeitstempel oder Logfiles können somit ausreichend sein. Unterschriften sind nicht erforderlich. Gleichwohl ist es sinnvoll, die gemäß Aufbauorganisation (→ Rn. 115) zuständigen Rollen auszuweisen und bei der Dokumentation mit aufzunehmen, welche Rolle den nachzuweisenden Vorgang verantwortet, und dass es sich um die ordnungsgemäß zuständige Rolle handelte. Damit dient die Dokumentation dem Nachweis der ordnungsgemä-

---

[47] *Veil* ZD 2018, 9.
[48] NK-DatenschutzR/*Roßnagel* DSGVO Art. 5 Rn. 182.
[49] NK-DatenschutzR/*Roßnagel* DSGVO Art. 5 Rn. 183.
[50] GSSV/*Veil* DS-GVO Art. 48; GSSV/*Buchholz/Stentzel* DS-GVO Art. 5 Rn. 47 mit Beispiel.
[51] GSSV/*Veil* DS-GVO Vor Art. 24.

ßen Befolgung der inhaltlichen Vorgaben und zusätzlich ist die Einhaltung der internen Zuständigkeiten im Sinne einer organisierten Aufgabenverteilung und Verantwortlichkeit festgehalten. Der Nachweis dient zwar zunächst auch der **internen Eigenkontrolle,** jedoch ist der Nachweis ggf. gegenüber den **Datenschutzaufsichtsbehörden** zu führen, was bedeutet, dass die Aufzeichnung zumindest nachvollziehbar sein sollte.

> Die Nachvollziehbarkeit ist dann gegeben, wenn die Vorgänge aus sich selbst heraus erklärlich sind, auch unter Zuhilfenahme ergänzender, erklärender Dokumente. Sind hingegen erst zusätzliche (bspw. mündliche) Erläuterungen notwendig um der Vorgang nachzuzeichnen, so ist das wohl nicht ausreichend, zumal das Unternehmen damit schleichend abhängig wird von Wissensträgern. In der Praxis tauglich sind somit auch etwa elektronische Aktennotizen über erfolgte Validierungen wobei der Ersteller erkennbar sein sollte.

b) Wird bei der Auswahl der nachzuweisenden Maßnahmen und bei Definition von Umfang und Detaillierungsgrad der Dokumentation der risikobasierte Ansatz berücksichtigt?

72 Der risikobasierte Ansatz gilt auch für den Umfang der Nachweispflicht.

Zum Nachweis von Prozeduren kann es zu zunächst ausreichend sein, eine gute Visualisierung des Ablaufs und einen Nachweis der Schulungen und Übungen bereitzuhalten. Je nach Größe der Organisation, Umfang und Risiko der Datenverarbeitung kann eine weitere Ausformulierung und Verschriftlichung erforderlich werden.

73 **c) Sind für Prozeduren Prüfschritte definiert, über welche die geregelte Verfolgung des Ablaufs und die Prozesstreue nachvollziehbar dokumentiert wird?**

74 Für den Nachweis der Einhaltung von Prozeduren sind Prozessdarstellungen und entsprechende elektronische Logfiles und Daten zum zuständigen Bearbeiter ein einfacher, nachvollziehbarer Nachweis. Für manuelle Prozeduren ist dies weniger einfach. Nützlich sind **abgezeichnete Checklisten** oder auch explizit definierte Prüfschritte, deren Ablauf durch dokumentierte Freizeichnungen durch den zuständigen Beteiligten eindeutig festgehalten wird. Im Zweifel könnte je nach Einzelfall sogar lediglich die nachweislich erfolgte Schulung zu der Prozedur und das erstellte Endprodukt genügen – diese letzte Variante ist aber weniger sicher.

d) Werden die Trainings dokumentiert?

75 Der Nachweis von Trainings war bereits vor der DS-GVO üblich und wird auch iRd allgemeinen **„Schulung und Sensibilisierung"** nach Art. 39 Abs. 1 Buchst. b DS-GVO seitens des **Datenschutzbeauftragten** weiterhin dokumentiert werden (→ Rn. 157). Bewährte Nachweise sind Logfiles bei „web-based trainings", Unterschriftenlisten, oder aber elektronische oder physische „Mitarbeiter-Zertifikate" etc.

76 Die Trainings zur Sicherstellung der Einhaltung der Datenschutzgrundsätze können über derartige Schulungen klar hinausgehen. Die Dokumentation solcher weitergehenden, spezifischeren Trainings dient dem Nachweis der **effektiven Verankerung** von Prozeduren und der zielgruppenorientierten Vermittlung definierter Vorgaben. Darüber hinaus kann unter Umständen sogar lediglich die nachweislich erfolgte Schulung zu der Prozedur auch deren Einhaltung nachweisen – oder zumindest indizieren.

> Ein anderer wichtiger Anlass dafür, erfolgte Trainings, zu dokumentieren, sind etwa erfolgte Datenschutzverstöße die auf Prozessschwächen beruhen und bei denen sich das Unternehmen Abhilfe durch verbesserte Trainings selbst auferlegt hat.

e) Ist dokumentiert, dass und wie die Arbeitsmittel und Prozeduren entwickelt, qualitätsgesichert und freigegeben wurden?

Der Nachweis von formellen Freigaben ist häufig zu finden, er dokumentiert den erfolgreichen Abschluss eines Vorgangs und **entlastet die Durchführungsverantwortlichen.** Ein Nachweis der in der Praxis leider etwas weniger häufig vorkommt, ist der Nachweis sachgerechter Konzeptionierung und Qualitätssicherung. **77**

> Insbes. bei rechtlich nicht eindeutigen Vorgängen kann es von Vorteil sein, die möglichen rechtlichen Interpretationen, das Für und Wider sowie die Entscheidung für die eine Seite transparent nachzuzeichnen und zu dokumentieren – etwa durch eine gute Aktennotiz. Gesetzt den Fall, dass die Datenschutzaufsicht den Fall aufgreift und sich eine Fehlbeurteilung herausstellte, kann dann nachgewiesen werden, dass keine Fahrlässigkeit, sondern lediglich ein (wohl verzeihlicher) wertungsmäßiger Missgriff trotz iÜ tadellosen Verhaltens vorlag.

f) Ist für außenstehende Dritte verständlich und nachvollziehbar dokumentiert, dass der Datenschutzbeauftragte und weitere Stakeholder eingebunden wurden?

Für Vorgänge bei denen der Datenschutzbeauftragte **zwingend** einzubeziehen ist, etwa bei der Datenschutz-Folgenabschätzung (Art. 35 DS-GVO) oder bei der Zusammenarbeit mit der Aufsichtsbehörde (Art. 39 Abs. 1 Buchst. e DS-GVO) sollte die Einhaltung der gesetzlichen Anforderungen nachweisbar dokumentiert werden. Aber auch soweit es um den Nachweis sachgerechter Konzeptionierung geht ist der Nachweis der Einbindung sämtlicher relevanter Stakeholder sinnvoll. **78**

> Bei Produktentwicklungsprozessen sollte der Nachweis der Einhaltung von Prinzipien des „privacy by design" auch durch die Dokumentation der Beteiligung der entsprechenden Funktionen und Rollen geführt werden. Darüber hinaus ist der Nachweis darüber, dass und wie bestimmte Funktionen regelhaft in Vorgänge involviert waren, ein geeigneter Nachweis für die Existenz einer definierten Prozedur und der entsprechenden Prozesstreue.

IV. Überprüfungspflicht und Anpassung

1. Grundlagen der kontinuierlichen Verbesserung

Der in Art. 24 DS-GVO formulierte Kreislauf aus Implementierung, Durchführung, Überprüfung und Anpassung von Maßnahmen (→ Rn. 7) kann nur durch **aktive Kontrollhandlungen** umgesetzt werden. Ferner können die Ziele der Datenschutzgrundsätze – angesichts der Abstraktheit – immer mehr oder weniger gut erreicht sein. Entsprechend ist auf eine **Optimierung** der Verwirklichung des von ihnen angestrebten Idealzustands hinzuwirken.[52] Dies ermöglichen Prozeduren. Bei der Durchführung dieser Kontrollauf- **79**

---

[52] NK-DatenschutzR/*Roßnagel* DSGVO Art. 5 Rn. 21.

gaben sind die Risiken zu berücksichtigen, die für die Betroffen eintreten können. Zusätzlich geht es um die Kontrolle der Wirksamkeit der zur Sicherstellung getroffenen technischen und organisatorischen Maßnahmen.

80   Um die Einhaltung der Anforderungen der gesetzlichen Vorgaben zum Datenschutz regelmäßig zu überprüfen, sind **Datenschutz-Audits** erforderlich. Demgegenüber wird etwa aus Art. 32 Abs. 1 Buchst. d DS-GVO, der die Einrichtung eines Verfahrens zur regelmäßigen Überprüfung der Sicherheitsmaßnahmen vorsieht, gefolgert, eine regelmäßige Überprüfung sämtlicher (übriger) Maßnahmen sei nicht erforderlich. Da aber die internen und äußeren Bedingungen von Verarbeitungen einem ständigen Wandel unterliegen, trifft den Verantwortlichen richtigerweise sehr wohl eine stetige Beobachtungspflicht.[53]

81   Die Überprüfungen zielen ab auf die Sicherstellung und den Nachweis einer **angemessenen Risikoabdeckung.** Entsprechend ist es geboten, bei der Auswahl der Gegenstände der Überprüfungen mittels einer gesetzesorientierten, ganzheitlichen und nachvollziehbaren Risikomatrix und mit standardisierten Checklisten zu arbeiten. Orientierungshilfe bietet insoweit der „Leitfaden zur Auditierung von Managementsystemen" (ISO 19011:2018). Für große Unternehmen bedeutet das in der Praxis, dass sie ein eigenes Auditprogramm für die Durchführung von Datenschutzaudits etablieren.

> In Anlehnung an Methoden der Internen Revision bilden entsprechende Risikomatrizen üblicherweise die Dimensionen „potentieller Schaden" und „Qualität des Kontrollumfeldes" ab. Werden beide Werte kombiniert, so ergibt sich daraus eine Kennzahl für das Restrisiko.
>
> Faktoren für die Bestimmung des potentiellen Schadens, sind bspw. rechtliche Kriterien wie potenzielle Bußgelder nach Art. 83 Abs. 4, 5 DS-GVO, Verarbeitung besonderer Kategorien von Daten Art. 9 DS-GVO; faktische Gesichtspunkte wie Umfang der Verarbeitungen, Anzahl an Kunden, Mitarbeitern, Auftragsverarbeitern und das Reputationsrisiko. Die „Qualität des Kontrollumfeldes" bezeichnet die Beschaffenheit der Kontrolllandschaft zur Reduzierung der Eintrittswahrscheinlichkeit eines potenziellen Schadens. Es bestimmt sich etwa an erlittenen Datenpannen, Ermittlung durch Aufsichtsbehörden und der vergangenen Zeit seit der letzten Überprüfung (→ Kap. 3 Rn. 56, 57).

82   Die Überprüfungen selbst werden mittels Checklisten durchgeführt, wobei neben Detailbewertungen zusätzlich Erfüllungsgrade zugeordnet und Prüfungsdomänen untereinander gewichtet werden können. Dies führt zu einer Standardisierung, die Resultate werden vergleichbar und sind später einfacher zu visualisieren.

83   Von den Überprüfungen sind Anpassungen abzuleiten. Diese können von einer punktuellen Erneuerung bis hin zu vollständig neuen Maßnahmen reichen.[54]

84   Hinsichtlich der funktionalen Verantwortung für Planung und Umsetzung der Anpassungen empfiehlt sich eine Funktionstrennung, um die **Unabhängigkeit der Überprüfungsfunktion** zu wahren. Je nach Dimensionierung des Unternehmens bzw. der Unternehmensgruppe und der personellen Ausstattung der Datenschutzfunktion übernimmt die Auditfunktion danach keine Ausführungsverantwortung oder Entscheidungsverantwortung für die Anpassungen. Dennoch ist es sinnvoll, dass aus der Überprüfung ggf. auch Anpassungsempfehlungen seitens der Prüfer folgen können.

85   Die Durchführung von Datenschutz-Audits ist eine **unabhängige, objektive Prüfungs- und Beratungstätigkeit.** Zu empfehlen ist insoweit eine enge Zusammenarbeit mit dem Datenschutzbeauftragten. Zu dessen gesetzlich vorgeschriebenen Aufgaben gem. Art. 39 Abs. 1 Buchst. b DS-GVO gehört ohnehin die:

---

[53] NK-DatenschutzR/*Petri* DSGVO Art. 24 Rn. 19–21.
[54] NK-DatenschutzR/Petri DSGVO Art. 24 Rn. 19–21.

„Überwachung der Einhaltung dieser Verordnung, anderer Datenschutzvorschriften der Union bzw. der Mitgliedstaaten sowie der Strategien des Verantwortlichen oder des Auftragsverarbeiters für den Schutz personenbezogener Daten, einschließlich der Zuweisung von Zuständigkeiten, der Sensibilisierung und Schulung der an den Verarbeitungsvorgängen beteiligten Mitarbeiter und der diesbezüglichen Überprüfungen". (Art. 39 Abs. 1 Buchst. b DS-GVO)

Daraus wird zutreffend gefolgt, dass im Ergebnis bereits der **Datenschutzbeauftrag-** 86 **te** zur Datenschutz-Audits verpflichtet werden könne[55] weil die Beratungsfunktion erst dadurch ausgefüllt wird, dass der Datenschutzbeauftragte eine übergreifende Beaufsichtigung der Sicherstellung der Datenschutzgrundsätze wahrnehmen kann. Unternehmen bauen insoweit eigene Kompetenzen beim Datenschutzbeauftragten auf.

Betreffend der Prüfungstiefe ist grds. zu unterscheiden nach den drei prüfbaren Aus- 87 baustufen wie sie auch **IDW PS 980** vorgibt: **„Konzeption"**, **„Angemessenheit"** und **„Wirksamkeit"** (→ Rn. 12). Davon sind die Prüfungshandlungen abzuleiten.

Prüfungsthema:[56]
Die Verantwortlichkeiten für die Erfassung und Pflege bzw. die Qualitätssicherung der Verzeichniseinträge im Verzeichnis von Verarbeitungstätigkeiten gem. Art. 30 DS-GVO sind eindeutig definiert.
Beispielhafte Prüfungshandlungen
Prüfung der Angemessenheit: Durchsicht der Vorgaben, zB Verantwortlichkeiten-Matrix (RACI Matrix)
Prüfung der Wirksamkeit: Beurteilung, ob die Maßnahmen von den dafür vorgesehenen Mitarbeitern durchgeführt wurden durch Befragung der Mitarbeiter und Abgleich der Vorgaben mit der tatsächlichen Organisations-Struktur bzw. durch Einsichtnahme in die erfassten Verarbeitungstätigkeiten

2. Komponenten von Überprüfungspflicht und Anpassung („Check" und „Act")

a) Wird bei der Überprüfung sichergestellt, dass sämtliche relevanten Risiken adressiert werden, und eine angemessene Risikoabdeckung gegeben ist?

Da Überprüfungen sehr aufwändig sein können, gilt es, die vorgegebenen Ressourcen 88 bestmöglich zu allokieren. Das Prinzip des risikobasierten Ansatzes (ebenso wie die grds. anerkannten Prinzipen ordnungsgemäßer Audits) erfordern somit eine risikobasierte Auswahl der Prüfungsgegenstände.

Zudem ist eine **angemessene Risikoabdeckung** in der Gesamtheit erforderlich, das 89 heißt, dass etwa bei mehreren identifizierten Bereichen mit besonders hohem Risiko wichtiger ist, sämtliche dieser Bereiche mit weniger Aufwand zu untersuchen, als lediglich einen auszuwählen und tiefgründig zu prüfen während die Übrigen trotz hohen Risikos gänzlich unbeachtet bleiben.

Während noch im ersten Prüfungszyklus eine allgemeine Querschnittprüfung über das Unternehmen als Ganzes sinnvoll sein kann, sollten weitere, spätere Überprüfungen zielgerichteter Prüfungsgegenstände identifizieren. Arbeitsmittel dazu kann eine Risikomatrix sein, die etwa hilft, anhand des Verzeichnisses der Verarbeitungstätigkeiten und

---

[55] GSSV/*Kirchberg-Lennartz* DS-GVO Art. 16.
[56] Beispiel nach: IDW Prüfungshinweis „Prüfung der Grundsätze, Verfahren und Maßnahmen nach der EU-Datenschutz-Grundverordnung und dem Bundesdatenschutzgesetz" (IDW PH 9.860.1).

weiteren Kennzahlen Fachbereiche oder Verarbeitungen mit hohen Risiken zu identifizieren und zu priorisieren.

Entsprechend ist auch von der Überprüfung ausschließlich zu Optimierungszwecken dann abzuraten, wenn dadurch eine risikoorientierte Prüfung vollends entfällt oder Bereiche mit hohen Risiken unbeachtet bleiben.

b) Bezieht sich die Überprüfung vollumfänglich auf sämtliche relevanten, geänderten tatsächlichen und rechtlichen Umstände des Prüfgegenstandes?

90 Ein Aspekt der Überprüfung ist die **Sicherstellung der Aktualität.** Hinsichtlich der zugrunde gelegten sachlichen Umstände ist dies ohnehin stetig erforderlich. Richtigerweise erfolgt die Aktualisierung über die fortlaufende Pflege des Verzeichnisses der Verarbeitungstätigkeiten und die entsprechende Umsetzungen der daraus abgeleiteten Maßnahmen. Somit sind Anpassungen nicht lediglich in regelmäßigen Prüfungszyklen, sondern bereits immer dann vorzunehmen, wenn neue Datenverarbeitungen hinzukommen oder bestehende Verarbeitungen relevant verändert werden.

91 Ein weiterer Prüfbereich ist die rechtliche Aktualität. Die Interpretation der Verordnung ist derzeit immer noch in der Ausformung und nahezu täglich kommen neue Verlautbarungen der Behörden sowie erste gerichtliche Entscheidungen hinzu, so dass der Rechtsbestand weiter anwächst. Hinzu kommen neue bereichspezifische Gesetzesinitiativen, wie etwa die ePrivacy-VO. Entsprechend ist zu prüfen, ob die rechtlichen Grundlagen der Konzeptionierungen weiterhin Bestand haben.

c) Werden die Prozeduren und Arbeitsmittel zur Sicherstellung der Datenschutzgrundsätze regelmäßig in angemessenen Zeitabständen überprüft?

92 Die regelmäßige Überprüfung betrifft sämtliche Umsetzungen und zielt auf die Nachhaltigkeit des Datenschutzes im Unternehmen.

d) Sind die Zyklen der Überprüfung risikobasiert festgelegt?

93 Die **Prüfungszyklen** sollten regelmäßig wiederkehrend sein. Gesetzliche Vorgaben zum Rhythmus existieren nicht, jedoch ist aus dem Prinzip des risikobasierten Ansatzes abzuleiten, dass die Häufigkeit einzelfallbezogen vom Risiko abzuleiten ist. Unabhängig davon ist es zwingend, zumindest die Möglichkeit einer anlassbezogenen Ad-hoc-Überprüfung grds. immer in Betracht zu ziehen. Entsprechender Anlass zur Überprüfung kann sich insbes. aus (vermuteten) Datenschutzverstößen, Beschwerden oder Behördenanfragen ergeben.

e) Berücksichtigt die Überprüfung die faktische Verwendung, Praktikabilität und Prozesstreue bei der Anwendung der entsprechenden Prozeduren und Arbeitsmittel?

94 Die Prüfung zielt vor allem auch auf die **Angemessenheit** und die **Wirksamkeit** der Vorgaben zur Sicherstellung und zum Nachweis der Einhaltung der Datenschutzgrundsätze. Das bedeutet, dass die Umsetzungen als solche geprüft werden. So kann eine Veränderung von allgemeiner Bedrohungslage, von Aufsichtsbehördenfokus und Aufgreifrisiko, oder die Änderung des Stands der Technik oder schlicht Optimierungsbedarf bei dem verantwortlichen Unternehmen zu Anpassungen führen. Dabei sind die genannten Gründe nicht zwingend der Anlass der Überprüfung (denn diese erfolgt zunächst anlasslos, risikobezogen und regelmäßig). Stattdessen sind diese Änderungen der Grund für Prüfungsfeststellungen und führen dann zur Anpassung und zu Verbesserung.

Vor diesem Hintergrund erklärt sich auch, weswegen eine Überprüfung auf Aktualität **95** der sachlichen Umstände zugleich einen systemischen Sinn hat: Die entsprechende Untersuchung dient der Überprüfung der Prozeduren betreffend Instandhaltung und Pflege des Verarbeitungsverzeichnisses. Sie dient damit der Überprüfung der Vorgaben zur Sicherstellung der beiden Datenschutzgrundsätze „Richtigkeit" und „Rechtmäßigkeit".

f) Sind Verantwortlichkeiten zur regelmäßigen Überprüfung verbindlich festgelegt?

Die Überprüfungen werden grds. vom Unternehmen verantwortet. Gleichzeitig ist **96** aber auch der Datenschutzbeauftragte dazu verpflichtet, seinerseits Überprüfungen durchzuführen (Art. 39 Abs. 1 Buchst. b DS-GVO) → Rn. 85.

g) Ist sichergestellt, dass Interessenkollisionen vermieden werden?

Im **three-lines-of-defense Modell** (→ Rn. 11) hat die Überwachungsfunktion die **97** internen Kontrollmechanismen und damit die Einhaltung der Vorgaben zur Sicherstellung und zum Nachweis der Einhaltung der Datenschutzgrundsätze unabhängig und objektiv zu prüfen. Entsprechend liegt diese Aufgabe im Unternehmen bei der internen Revision.

Darüber hinaus sollte auch der Datenschutzbeauftrage als weisungsfreie Instanz seiner- **98** seits Überprüfungen vornehmen.

> Interessenkonflikte können dagegen insbes. dann auftreten, wenn das Rechtswesen, die Compliance-Funktion oder das operative Management bzw. Fachbereich ihrerseits die Einhaltung der Vorgaben, die Verwendung, Praktikabilität und Prozesstreue untersuchen. Einen guten Überblick bietet DIIR Revisionsstandard Nr. 3 „Prüfung von Internen Revisionssystemen".

h) Existiert ein Berichtswesen mit Reportings, definierten Kennzahlen und geregelten Berichtswegen um kontinuierlich Veränderungen und Anpassungsbedarf zu identifizieren?

Zusätzlich zu den regelmäßigen Überprüfungen können kontinuierliches Monitoring **99** und Reporting dabei helfen, Schwachstellen zu identifizieren und Risiken frühzeitig zu erkennen. Dieses Reporting dient auch dem kontinuierlichen Verbesserungsprozess, wobei es fachlich von den Audits der internen Revision zu trennen ist.

Grundlage sind definierte Berichtswege und aussagekräftige **Kennzahlen („Key Per-** **100** **formance Indicators" (KPIs)).**

> Eine Methode könnte es sein, die Anzahl von Auskunftsverlangen zu erfassen und entsprechend zu beurteilen, welche Ausbautiefe die entsprechenden Prozeduren erfordern und inwieweit die Ressourcenausstattung (personell, zeitlich und finanziell) angemessen ist. Die Anzahl initiierter Projekte mit Datenschutz-Relevanz könnte mit der Anzahl der Freigaben verglichen werden. Es wird reportet, ob und wie oft die Datenschutzfunktion bzw. der Datenschutzbeauftragte von welcher Abteilung in Datenschutzfragen hinzugezogen und eingebunden wurde, um die Akzeptanz und der Durchdringungsgrad zu messen.

Um Datenschutz „messbar" zu machen, sollten abgesehen von den Fragestellungen über die zu berichten ist, besonderen Wert auf die vorgegebenen Antwort-Typen gelegt werden. Umfangreiche Freitextfelder sind hier weniger geeignet, weil die kontinuierliche Befüllung und vor allem die Auswertung zu aufwändig sind. Einfache „Ja/Nein-Ant-

worten" sind praktikabler aber ggf. zu eindimensional, als dass sie tiefere Einblicke zulie-
ßen. Bewährt hat sich eine Abfrage nach der **„Likert–Skala"** (etwa. trifft zu (1), trifft
eher zu (2), teils-teils (3), trifft eher nicht zu (4), trifft nicht zu (5)).

i) Werden aus den Überprüfungen Handlungen zur Verbesserung abgeleitet, verbindlich definiert und dokumentiert?

101   Interne Überprüfungen haben zu Konsequenzen zu führen. Es ist zwingend, dass Verbesserungen abgeleitet und verbindlich umgesetzt werden: Art. 24 DS-GVO ordnet an,
dass Maßnahmen erforderlichenfalls „überprüft und aktualisiert" werden.

> Im Sinne der Konsistenz ist es sinnvoll, bei Definition von Feststellungen und Verbind-
> lichkeit von Verbesserungen dieselben Mechanismen einzuhalten, wie sie die interne
> Revision in anderen Compliance-Bereichen pflegt.
>
> In weniger verbindlichem Umfang können darüber hinaus „Prüfungen" als Schulungs-
> und Sensibilisierungs-Initiativen durchgeführt werden, die stärker auf Eigenverant-
> wortung und Eigeneinschätzung zielen. Diese haben dann einen weniger formellen
> Rahmen. Denkbar sind hier gemeinsame „Prozessübungen" mit Bewertung, „Feuer-
> wehrübungen" oder „Dry-Runs", die gegenüber dem Audit stärker auf Kommunikati-
> on und Lernen setzen. Diese ersetzen jedoch nicht formelle Auditierungen.

102   Die **Überprüfungen durch den Datenschutzbeauftragten** sind von den **Auditierungen der internen Revision** zu trennen. Wie der Datenschutzbeauftragte seine Prüfungshandlungen gestaltet, ist ihm selbst überlassen, er ist weisungsfrei. Umgekehrt hat der
Datenschutzbeauftragte in dieser Rolle keine Befugnis, das Unternehmen oder untersuch-
te Bereiche anzuweisen, wie bzw. bis wann sie Ergebnisse (Prüfungs-„Feststellungen" im
technischen Sinne sind es gerade nicht) umsetzen. Stattdessen dient die Überprüfung insoweit nur dem effektiven „Unterrichten" und „Beraten" (Art. 39 Abs. 1 Buchst. a
DS-GVO; → Rn. 85, 155).

103   Die Verbesserungen können sich auf sämtliche Umsetzungen beziehen, etwa die Aktualisierung von Mustern, die Anpassung von Prozeduren, die Neuordnung von Verantwortlichkeiten oder auch Neudefinition von Rollen oder die Aufstockung von Ressourcen.

j) Sind zur Umsetzung der Verbesserungen und Aktualisierungen Verantwortlichkeiten zugeordnet und wird der Abschluss nachverfolgt?

104   Die DS-GVO legt nicht explizit fest, wie „Überprüfung" und „Aktualisierung" organisiert sein muss. Für die Überprüfung sind Interessenkollisionen vorzubeugen. Für die Aktualisierung und die **Nachverfolgung** sind (ebenso wie bei Auditierungen in anderen
Compliance-Bereichen auch) unterschiedliche Modelle denkbar und vorab festzulegen.

105   So kann es dem geprüften Bereich überlassen sein, eigenständig Verbesserungen zu entwickeln, oder diese werden durch das Prüfungsteam verbindlich vorgegeben, oder als
Mittelweg wird Unterstützung angeboten bzw. zwingend zur Seite gestellt.

106   Für welches Vorgehen sich ein Unternehmen entscheidet, ist nicht verbindlich vorgegeben. Um allerdings sicherzustellen, dass tatsächlich eine Aktualisierung bzw. Verbesserung stattfindet, sind Verantwortlichkeiten zuzuordnen und die Abstellung der Prüfungs-
feststellung nachzuverfolgen.

Es ist sinnvoll, dieselben Mechanismen einzuhalten, wie sie die interne Revision in anderen Compliance-Bereichen pflegt. Üblicherweise werden Termine zur Umsetzung festgelegt und die interne Revision untersucht die Umsetzung bei der Nachverfolgung, nachdem der relevante Fachbereich gemeinsam mit den Unterstützungsfunktionen iRd üblichen Vorgehens ein verbessertes Konzept entwickelt und die Lösungen umgesetzt hat.

V. Datenschutzmanagement und Datenschutzorganisation

1. Pflicht, ein Datenschutzmanagement zu etablieren und zu unterhalten

Seit der **„Neubürger"-Entscheidung**[57] ist allgemein bekannt, dass Unternehmen ein **107** Compliance-Management-System einrichten müssen. Das LG München I urteilte damals, dass ein Vorstandsmitglied im Rahmen seiner Legalitätspflicht (§ 93 AktG und § 43 GmbHG) dafür Sorge zu tragen hat, dass das Unternehmen so organisiert und beaufsichtigt wird, dass keine Gesetzesverstöße erfolgen. Somit hat die Installation eines entsprechenden **Kontrollsystems** haftungsrechtliche Implikationen.

Seiner **Organisationspflicht** genügt ein Vorstandsmitglied bei entsprechender Gefähr- **108** dungslage nur dann, wenn es eine auf Schadensprävention und Risikokontrolle angelegte Compliance-Organisation einrichtet.[58] Danach sind **Organisationsstrukturen** zu schaffen und zu unterhalten, die sicherstellen, dass (i) aus dem Unternehmen heraus Dritte nicht in ihren Rechten verletzt werden, (ii) zwingende öffentlich-rechtliche Normen eingehalten werden und (iii) Dritte das Unternehmen und dessen Kunden möglichst nicht in ihren Rechten beeinträchtigen können.[59]

Da Datenschutz Teil der Compliance ist, wird hier vom **Datenschutz-Management-** **109** **System (DSMS)** gesprochen

Das Bayerische Landesamt für Datenschutzaufsicht fragt den Verantwortlichen mit dem „Fragebogen zur Umsetzung der DS-GVO zum 25.5.2018" (BayLDA DS-GVO Fragebogen) nach der Existenz eines DSMS:

„Haben Sie ein Datenschutzmanagementsystem installiert, um sicherzustellen und den Nachweis erbringen zu können, dass Ihre Verarbeitung gemäß der DS-GVO erfolgt (Art 24 Abs. 1 DS-GVO)?"

Zwar ist es rechtlich umstritten, ob aus der Rechenschaftspflicht auch die Pflicht ein **110** nachhaltiges, ganzheitliches Datenschutzmanagementsystem betreffend die Einhaltung sämtlicher Vorgaben der Verordnung gefolgert werden kann.[60] Im Ergebnis ist ein solches System jedoch unbedingt zu empfehlen, um die anstehenden Aufgaben durch eine Aufbauorganisation und entsprechende Zuordnungen und Systemgestaltung in einen gesteuerten Regelbetrieb zu überführen.

Die Steuerung der funktionalen Prozeduren zur Einhaltung der Datenschutzgrundsätze **111** und des übergeordneten Kreislaufs aus Planung, Umsetzung und Durchführung, Überprüfung und Anpassung von Maßnahmen erfordert einen systematischen Ansatz und entsprechende Organisation, um die Anforderungen zu bedienen. Nicht zu verwechseln ist dies mit **Datenschutz-Tools bzw. Software,** die aber das Datenschutzmanagement **unterstützen und erleichtern** können (→ Rn. 147). Ein effektives Datenschutzmanage-

---

[57] LG München NZG 2014, 345 – Neubürger.
[58] LG München NZG 2014, 345 – Neubürger.
[59] *Löschhorn/Fuhrmann* NZG 2019, 161.
[60] Dafür: NK-DatenschutzR/*Roßnagel* DSGVO Art. 5 Rn. 52; Paal/Pauly/*Frenzel* DS-GVO Art. 5 Rn. 55, kritisch: GSSV/*Buchholtz/Stenzel* DS-GVO Art. 5 Rn. 42, mwN.

mentsystem und insbesondere ein Integrated Compliance Management erfordern eine einheitliche Struktur. Unternehmen nutzen hierzu üblicherweise Managementsystem-Standards. Als **Rahmenwerk** werden etwa **IDW PS 980** (Prüfungsstandard 980 des Instituts der Deutschen Wirtschaftsprüfer: „Grundsätze ordnungsmäßiger Prüfung von Compliance Management Systemen"), oder **ISO 19600** vorgeschlagen.[61] Datenschutzstandards erleichtern die Sicherstellung von Leading Practices, die Vergleichbarkeit und die Auditierbarkeit, zu nennen sind insoweit **ISO 27701, ISO 29100,** oder **IDW PH 9.860.1.**[62]

112   Die nicht delegierbare[63] Verantwortung für den Datenschutz liegt bei der **obersten Unternehmensleitung** (und nicht beim Datenschutzbeauftragten):[64]

„der Verantwortliche [das Unternehmen] ist für die Einhaltung des Absatzes 1 [der Datenschutzgrundsätze] verantwortlich (…) („Rechenschaftspflicht")" (Art. 5 Abs. 2 DS-GVO).

113   Die Grundsätze der „Neubürger"-Entscheidung können somit für Geschäftsleiter persönliche Haftungs- und Bußgeldrisiken mit sich bringen. Bußgelder nach Art. 83 DS-GVO können auch natürlichen Personen auferlegt werden (siehe auch Erwgr. 150 DS-GVO). Gegenüber dem Unternehmen haftet der Geschäftsleiter zudem gem. § 93 AktG und § 43 GmbHG, wenn das Unternehmen aufgrund der Verletzung von Datenschutzbestimmungen einen Schaden erleidet und der Geschäftsführer dabei seine Pflichten verletzt hat.[65]

114   Das Unternehmen sollte somit eine Organisation einrichten und unterhalten, die, gemessen an der Unternehmensgröße und -struktur, in der Lage ist, die für die zu verarbeiteten Daten und die erklärte Strategie erforderlichen Datenschutzmaßnahmen umzusetzen. Dazu zählen insbes. die Ausstattung (Budget und Personal) und die fachliche Qualifikation der damit beauftragten Personen. Zu organisieren sind die funktionalen Datenschutzprozesse, wie etwa der Melde-Prozess nach Art. 33, 34 DS-GVO (→ Kap. 10 Rn. 1 ff.) oder der Auskunftsprozess nach Art. 15 DS-GVO (› Kap. 6 Rn. 1 ff.). Zudem sind die Prozeduren zu organisieren, die die Arbeit der Datenschutzorganisation selbst betreffen, also die Planung der Komponenten Konzeptionierung, Umsetzung, Nachweis, Überprüfung und Verbesserung.[66]

2. Elemente eines Datenschutzmanagements und die Datenschutzorganisation

115   Elemente eines effektiven und effizienten Datenschutzmanagements orientieren sich üblicherweise am Prüfungsstandard 980 des Instituts der Deutschen Wirtschaftsprüfer, „Grundsätze ordnungsmäßiger Prüfung von Compliance Management Systemen" (IDW PS 980, → Rn. 12). Das Compliance-Management strukturiert sich danach in sieben inhaltliche Elemente (Compliance-Ziele, Kultur, Organisation, Risiko, Programm, Kommunikation und Überwachung), diese gelten auch für Datenschutz und Datensicherheit.

116   Das Element Datenschutzorganisation – angelehnt an das Element Compliance-Organisation – ist das „Herzstück".[67] Die Datenschutzorganisation besteht aus einer **Aufbauorganisation** mit definierten Rollen und zugeordneten Verantwortlichkeiten und Befugnissen. Sie beinhaltet auch die **Ablauforganisation** also die Definition der Abläufe, die Zuordnung von Rollen zu den verschiedenen Prozessschritten und die Festlegung der Verantwortlichkeiten.

---

[61] *Gardyan-Eisenlohr/Knöpfle* DuD 2017, 69; *KSK* S. 166.
[62] Viele weitere Nachweise bei: *KSG* S. 170.
[63] NK-DatenschutzR/*Roßnagel* DSGVO Art. 5 Rn. 175; *Gardyan-Eisenlohr/Knöpfle* DuD 2017, 69.
[64] *KSG* S. 31.
[65] *Löschhorn/Fuhrmann* NZG 2019, 161 mit weiteren Risikoszenarien.
[66] *Gardyan-Eisenlohr/Knöpfle* DuD 2017, 69.
[67] *Löschhorn/Fuhrmann* NZG 2019, 161.

Verantwortlich für den Datenschutz im Unternehmen ist nicht der Datenschutzbeauf- 117
tragte. Die Rolle des **Datenschutzbeauftragten** ist in der DS-GVO explizit definiert
(→ Rn. 149 ff.). Seine Aufgaben sind in Art. 39 DS-GVO festgelegt. Der Datenschutzbeauftragte ist weisungsfrei und seine Tätigkeit zielt nicht ausschließlich auf die Absicherung
des Unternehmens durch Einhaltung und Ausbau von Datenschutzkonformität.

Die „**Datenschutzfunktion**" ist zuständig für den Datenschutz, weisungsgebunden 118
und mit Entscheidungs- und Vollzugskompetenz ausgestattet. Sie ist mit der Aufgabe
betraut, den Datenschutz im Unternehmen übergreifend zu organisieren und die funktionalen Prozesse zumindest zu planen. Sie hat Vorgaben zum Datenschutz zu setzen,
die sodann durch die Geschäftsführung in Kraft gesetzt werden. Das bedeutet, dass die
Datenschutzfunktion die gesetzlichen Anforderungen zum Datenschutz sammelt und für
das Unternehmen übersetzt und anwendbar gestaltet. Ergebnis sind Richtlinien und
Handlungsanweisungen. Eine weitere Aufgabe ist das Hinwirken also die Unterstützung
und Beratung bei der Umsetzung der Vorgaben im Fachbereich.

Die Vorgaben können so konkret sein, dass sie unmittelbar umsetzbar sind, etwa wenn
die Datenschutzfunktion ein Vertragsmuster zur Auftragsverarbeitung publiziert nebst
der Weisung an die Fachbereiche diese fortan zu verwenden (Umsetzung). Es kann sich
aber auch um eine lediglich allgemeine Richtlinie handeln mit der Zuordnung, dass die
Fachbereiche die Sicherstellung der Rechtmäßigkeit von Auftragsverarbeitungen eigeständig sicherzustellen haben (Konzeptionierung und Umsetzung). Ob die Verantwortlichkeiten überwiegend in der Spitze der Datenschutzfunktion liegen, oder ob sie stärker
in die Fachbereiche verteilt sind, hängt vom Governance Modell ab: Soll es zentral oder
dezentral gestaltet sein?

Wie sich das Unternehmen organisiert, ist **gesetzlich nicht vorgeschrieben.** Teilwei- 119
se nimmt der Datenschutzbeauftragte zusätzlich zu seiner gesetzlichen Funktion auch die
Rolle wahr, als Leitung der Datenschutzfunktion, den Datenschutz im Unternehmen
übergreifend zu organisieren und Sicherstellung, Nachweis und Überprüfung der Datenschutzgrundsätze zu durchzuführen. Diese Zuordnung ist soweit ersichtlich nicht gesetzlich unzulässig und auch wenn der weitere Fokus auf die Betroffenen gerichtet ist, besteht
in der Praxis regelmäßig keine Interessenkollision. Diese Doppelrolle, Personalunion von
benanntem Datenschutzbeauftragten und Leiter Datenschutzfunktion wird manchmal
auch „**monistisches Modell**" genannt – im Gegensatz zum „**dualistischen Modell**",
wenn Datenschutzbeauftragter und Datenschutzfunktion voneinander getrennt sind.

In der Praxis werden zudem in den Fachbereichen „**Datenschutzkoordinatoren**" 120
installiert, die dem Leiter der Datenschutzfunktion zuarbeiten.[68] Meist handelt es sich um
Mitarbeiter, die in dem Fachbereich gut vernetzt sind. Als Ansprechpartner auf operativer
Ebene sind sie einfach erreichbar und umgekehrt können sie die Leitung der Datenschutzfunktion informiert halten. Regelmäßig ist es lediglich eine Teilzeittätigkeit, damit
der Datenschutzkoordinator auch im operativen Geschäft weiterhin gut verankert bleibt.
In seiner Rolle als Datenschutzkoordinator gehört er zur Datenschutzfunktion.

Um Doppelstrukturen zu vermeiden, werden Personen, die bereits andere fachlich na- 121
heliegende Rollen besetzen, zum Leiter der Datenschutzfunktion ernannt, etwa der
Compliance Officer, der Information Security Officer, der Leiter des Rechtswesens oder
der Datenschutzbeauftragte.

---

[68] Sa *KSG* S. 34 f. mit weiteren Beispielen, etwa „Datenschutz-Multiplikatoren".

3. Komponenten entlang der 7 Elemente des Datenschutzmanagements nach IDW PS 980

a) Element 1: Gibt es eine Datenschutzstrategie und ist die Strategie in das Governance-Modell des Unternehmens eingebettet?

122   Die **Datenschutzstrategie** legt fest, wie der Datenschutz im Unternehmen gelebt werden soll und wie die perspektivische Entwicklung des Datenschutzes verlaufen soll. Eine Perspektive könnte sein, dass Datenschutz ein Kern-Geschäftsprinzip sein soll und die Datenschutzfunktion als anerkannter Partner und durch aktive Geschäftsunterstützung zum Gelingen der digitalen Transformation beiträgt. Allerdings ist es nicht zwingend, dass die Datenschutzfunktion zum Geschäftsunterstützer und vertrauensvollen Berater wird, über die „Rechtskonformität" hinaus. Stattdessen kann es ausreichen, die Einhaltung der relevanten internen und externen Bestimmungen, Gesetze und Branchenregelungen im Datenschutz sicherstellen, klare Governance mit geschäftsorientierter Anleitung bereitzustellen und etablierte Anforderungen risikoorientiert zu überwachen.

123   Es kommt darauf an, ob im Unternehmen eine übergeordnete verbindliche Richtlinie (**„Top Level Policy"**, Organisations-Richtlinie, etc.) existiert und diese ggf. durch sonstige Datenschutzrichtlinien und -standards (zu Sonderthemen, zB Umgang mit Betroffenenanfragen) in einem klaren, verständlichen und praktikablen Rahmenwerk überschneidungsfrei weiter ausdetailliert wird. Die Vorgaben müssen in Summe aufeinander abgestimmt sein und sicherstellen, dass Mussvorgaben bzw. die strengsten Vorgaben das Regelungsminimum („Leitplanken") bedeuten. Weitere wichtige Aspekte einer effektiven Zielbestimmung sind Messbarkeit des Grades der Zielerreichung (→ Rn. 100) und die Abstimmung mit den verfügbaren Ressourcen (vgl. Element 3, → Rn. 127).

b) Element 2: Inwieweit wird Datenschutz als Unternehmenswert wahrgenommen und Datenschutz gefördert und gelebt?

124   Die **Datenschutz-Kultur** wird vor allem durch die Grundeinstellungen und Verhaltensweisen des Managements sowie durch die Rolle des Aufsichtsorgans („tone at the top") geprägt. Sie beeinflusst die Bedeutung, die die Mitarbeiter des Unternehmens der Beachtung von Regeln beimessen und damit die Bereitschaft zu regelkonformem Verhalten. Dazu zählen insbesondere Verhaltensgrundsätze, die Datenschutz als Unternehmenswert vermitteln sowie Anreizsysteme, mit denen regelkonformes Verhalten gefördert wird.

> Solange der Datenschutz nicht Teil der gemeinsamen Werte und Praktiken einer Organisation wird, und solange die Verantwortung für den Datenschutz nicht ausdrücklich zugewiesen wird, ist die tatsächliche Einhaltung der Vorschriften gefährdet und es wird weiterhin zu Pannen kommen.[69]

125   Maßgeblich ist das Bestehen einer aktiven **internen Kommunikation** zum Datenschutz, die ermöglicht, dass sich Mitarbeiter der Relevanz des Datenschutzes nachhaltig bewusst sind.

126   Es geht aber auch um eine aktive **externe Kommunikation** zum Datenschutz, und darum, ob versucht wird, das Thema Datenschutz im Zusammenhang mit dem Unternehmen positiv in Verbindung zu bringen.

---

[69] *Art. 29-Datenschutzgruppe* WP 168 zum Zukunft des Datenschutzes, S. 22 („Einbetten des Datenschutzes in Organisationen"), sa *KSG* S. 32.

c) Element 3: Sind Rollen, Verantwortlichkeiten und Geschäftsauftrag für den Datenschutz nachweislich definiert, abgegrenzt und geregelt?

Die Rollendefinition sollte sich an den Zuständigkeiten der **Datenschutzorganisation entlang Aufgaben** „Vorgabedefinition", „Umsetzung" und „Kontrolle" orientieren. Diese Aufgaben lassen sich dann weiter herunterbrechen (etwa „Vorgabe" in: Definition der Strategie, Erstellung von Richtlinien, Ausarbeitung von „Leitplanken", Bestimmung von Berichtswegen).[70] Entsprechend den Aufgaben ist der Zuschnitt und die Dimensionierung der Aufbauorganisation zu bestimmen und es sind die notwendigen Ressourcen sicherzustellen. **127**

Festzulegen sind **organisatorische Grundlagen,** etwa ob die Rolle *„Datenschutzbeauftragter"* und die Rolle *„Leitung der Datenschutzfunktion"* in Personalunion wahrgenommen werden sollen („monistisches Modell") (→ Rn. 119) und etwa wieviel Eigenverantwortung bei den Fachbereichen liegen soll. **128**

Die Zuordnung hat sich am three-lines-of-defense Modell (→ Rn. 11) zu orientieren. Entsprechend wird definiert, welche Aufgaben in der Organisation zentral oder dezentral zu erledigen sind. Daraus ergibt sich auch das Aufgabenprofil des Datenschutzkoordinators. **129**

Das Aufgabenprofil des Datenschutzkoordinators kann umfassen:

„Unterstützung und erster Ansprechpartner für Datenschutzfragen"; „Unterstützung beim Ausfüllen des VVZ"; „Rechtliche Erstbewertung von Datenverarbeitungen"; „Unterstützt bei Datenschutz-Folgenabschätzungen"; „Erstellung/Überprüfung individueller Datenschutzhinweise und -verträge"; und „Unterstützung bei den zugewiesenen operativen Aufgaben in Datenschutzprozessen (zB Löschen von Daten)"; und

„Unterstützung des Datenschutzbeauftragten bei der Erfüllung seiner Aufgaben zur Sicherstellung der lokalen „Vor-Ort"-Kompetenz (Delegierter)".

d) Element 4: Existiert ein Prozess zum Management von Datenschutzrisiken für Rechte und Freiheiten von Betroffenen?

Das Unternehmen hat die zentralen **Datenschutzrisiken** in der Breite zu ermitteln und diese Risiken übergreifend gegen die Datenschutzstrategie zu reflektieren. Ein Beispiel ist Transparenz über Zielkonflikte (etwa zwischen Marketing- und Rechtsabteilung) und daraus abgeleitete Maßnahmen zur Risikoreduzierung. Alle Prozesse sollten darauf angelegt sein, dass die höchsten Risiken am intensivsten bearbeitet werden, um entsprechen Aufwand und erforderliche Regelungsdichte risikobasiert und effizient zu allokieren. **130**

Um **Eintrittswahrscheinlichkeit und Schwere** der Risiken für die Rechte und Freiheiten der Betroffenen – bezogen auf die konkreten Verarbeitungen – zu erheben und zu bewerteten, bietet es sich an, Fachbereich für Fachbereich bzw. Verarbeitung für Verarbeitung, aufzunehmen, ob etwa besondere Kategorien personenbezogener Daten verarbeitet werden, die Anzahl der Betroffenen, ob sich Risiken multiplizieren könnten (bspw. bei zentralen IT-Systemen) etc, sowie insbes. auch die Erfassung von Querverbindungen zu anderen Compliance-Bereichen, wie etwa den Regelungen regulierter Bereiche (zB § 203 StGB, Bankgeheimnis, Sozialdatenschutz, MaRisk, usw). **131**

Daraus lässt sich eine Übersicht **(Risiko-Landkarte)** erstellen. Die festgestellten Risiken werden im Hinblick auf Eintrittswahrscheinlichkeit und mögliche Folgen (zB Schadenshöhe) analysiert. Entsprechend sollte ein Verfahren zur systematischen Risikoerkennung und -berichterstattung eingeführt werden (→ Rn. 89, 99) **132**

---

[70] *Gardyan-Eisenlohr/Knöpfle* DuD 2017, 69 mit Beispielen zur möglichen Ausdifferenzierung.

133   Abgeleitet von Datenschutzstrategie kann festgelegt werden, welche Ressourcen erforderlich sind, und wie diese verteilt werden könnten.

e) Element 5: Existiert ein Datenschutzprogramm?

134   Es ist zu bestimmen, welche Grundsätze und Maßnahmen die Geschäftsleitung festgelegt hat, durch die die Datenschutzkonformität (bzw. Datenschutz-Compliance) im Unternehmen eingehalten und die Einhaltung überwacht werden kann. Das **Datenschutzprogramm** umfasst somit die Gesamtheit der materiellen Anforderungen. Entsprechend wird auf den Fragenkatalog den Bereichen „Sicherstellung", „Nachweis" und „Überprüfung und Verbesserung" verwiesen. Soweit lediglich eine spezifische Rechtmäßigkeitskomponente der DS-GVO Prüfgegenstand ist, so wird auf das jeweilige Themengebiet, bspw. „Rechtmäßigkeit der Verarbeitung" (→ Kap. 4 Rn. 1 ff.), „Datenschutzfolgenabschätzung" (→ Kap. 3 Rn. 33 ff.), „Betroffenenrechte" (→ Kap. 5 Rn. 1 ff.), (→ Kap. 6 Rn. 1 ff.), (→ Kap. 7 Rn. 1 ff.), etc. verwiesen. Wertvoll ist insoweit auch der „Prüfkatalog Rechenschaftspflicht nach Art. 5 ABS 2 DS-GVO bei Großkonzernen und Datengetriebenen Unternehmen (Version 10)" des Bayerischen Landesamts für Datenschutzaufsicht, in dem die wichtigsten Anforderungen der einzelnen Themengebiete dargestellt sind.

> Soll lediglich das Datenschutzmanagement von Datenübermittlungen geprüft werden, so sind die Bereiche Auftragsverarbeitung (→ Kap. 11 Rn. 1 ff., → Kap. 12 Rn. 1 ff.), Datenschutzverträge und Joint-controller sinngemäß an dieser Stelle abzuprüfen.

f) Element 6: Existiert ein Kommunikationskonzept, in dem das Zusammenspiel zwischen den verschiedenen Rollen in der Datenschutzorganisation geregelt und kanalisiert ist?

135   Die jeweils betroffenen Mitarbeiter und ggf. Dritte werden über die Datenschutzorganisation, das Datenschutzmanagement, sowie die festgelegten Verantwortlichkeiten informiert, damit sie ihre Aufgaben ausreichend verstehen und sachgerecht erfüllen können. Berichtswege im Unternehmen, Reportinhalte, -zyklen und -formate sowie der Kommunikationsprozess insbes. mit der Datenschutz-Aufsichtsbehörde werden festgelegt.

g) Element 7: Werden die Datenschutz-Ziele und Datenschutz-Risiken regelmäßig anhand eines verbindlich definierten und dokumentierten internen Prozesses überprüft und entsprechende Anpassungen vorgenommen?

136   Die Grundelemente sind nicht als starre Anforderungskriterien oder Messgrößen zu verstehen, sondern als Rahmenkonzept, in dem absichtlich Handlungs- und Gestaltungsspielräume gelassen werden, um die Datenschutzorganisation speziell auf die unternehmensspezifischen Anforderungen auszurichten. Zudem stehen die genannten Grundelemente in Wechselwirkung miteinander. Um die notwendigen Aktualisierungen zu identifizieren und nachzuverfolgen und auch um Nachhaltigkeit sicherzustellen, ist eine **stetige objektive Prüfung durch unabhängige Dritte** (zB „interne Revision", Partner, Aufsichtsbehörden, vom Unternehmen beauftragte Externe) notwendig.

VI. Die Bestellung eines Datenschutzbeauftragten

1. Element der Accountability

IRv § 36 BDSG ist die Bestellung eines DSB für die meisten Unternehmen in Deutsch- 137
land verpflichtend, da der Schwellwert bei 20 Mitarbeitern liegt. Dagegen wird die allgemeine Bestellpflicht nach Art. 37 DS-GVO mit dem Anknüpfungspunkt der umfangreichen Verarbeitungen eher selten erfüllt sein. Unabhängig davon zeugt die Bestellung eines
DSB von einem **Willen zu einer entwickelten Datenschutzorganisation** und hilft
somit die Rechenschaftspflicht zu erfüllen.[71] Daher wird die Bestellung des DSB auch
innerhalb dieses Kapitels zur Accountability behandelt.

2. Pflicht zur Bestellung des DSB

a) Handelt es sich um einen Verantwortlichen oder um einen Auftragsverarbeiter?

Gem. Art. 37 Abs. 1 DS-GVO trifft die DSB-Bestellpflicht nicht nur den Verantwortli- 138
chen der Datenverarbeitung, sondern auch den Auftragsverarbeiter nach Art. 28
DS-GVO. Somit sind etwa auch auf Krankenhausverwaltung spezialisierte Software-Be-
treiber verpflichtet, einen DSB zu bestellen.

b) Besteht eine Pflicht zur DSB-Bestellung nach BDSG?
aa) Sind in einem Unternehmen mindestens 20 Personen ständig mit der automatisier- ten Verarbeitung personenbezogener Daten beschäftigt?

Der deutsche Gesetzgeber hat von der **Öffnungsklausel** in Art. 37 Abs. 4 DS-GVO 139
Gebrauch gemacht und in **§ 38 Abs. 1 S. 1 BDSG** festgelegt, dass nicht-öffentliche Stellen, die idR mind. **20 Personen** ständig mit der automatisierten Verarbeitung personenbezogener Daten beschäftigen, einen DSB bestellen müssen. Automatisierte Verarbeitung
bedeutet insofern die IT-gestützte Verarbeitung. Etwa eine Bäckerei mit 20 Mitarbeitern,
die allesamt mit Herstellung und Verkauf der Backwaren, nicht aber mit IT beschäftigt
sind, wäre dann freigestellt.

bb) Nimmt der Verantwortliche DSFA-pflichtige Verarbeitungen vor oder verarbeitet er personenbezogene Daten geschäftsmäßig zum Zweck der Übermittlung, der an- onymisierten Übermittlung oder für Zwecke der Markt- oder Meinungsforschung?

Handelt es sich um eine **Hochrisikoverarbeitung,** die gem. Art. 35 Abs. 1 DS-GVO 140
einer Datenschutz-Folgenabschätzung (DSFA) bedarf, so ist gem. **§ 38 Abs. 1 S. BDSG
ein DSB zu bestellen.** Gleiches gilt bei Markt- oder Meinungsforschung oder bei Verarbeitung zum Zweck der Übermittlung. Letzteres ist bspw. bei Bonitätsdienstleistern (wie
etwa der Schufa) der Fall.

c) Ist eine der Fallgruppen nach Art. 37 Abs. 1 DS-GVO erfüllt?
aa) Handelt es sich um eine Behörde oder öffentliche Stelle (außer Gerichte; Art. 37 Abs. 1 Buchst. a DS-GVO)?

Wird die Verarbeitung von einer Behörde oder öffentlichen Stelle durchgeführt, ist ein 141
DSB zu bestellen. Der Begriff **„Behörde und öffentliche Stellen"** ist nach Maßgabe
des einzelstaatlichen Rechts zu bestimmen. Er schließt landesweite, regionale und lokale

---

[71] *Art. 29-Datenschutzgruppe* WP 173 v. 13.7.2010, S. 6.

Behörden ein, beinhaltet jedoch nach geltendem einzelstaatlichem Recht außerdem üblicherweise noch eine Reihe weiterer dem öffentlichen Recht unterliegende Stellen.[72] Im nationalen Recht findet diese Pflicht in § 5 Abs. 1 BDSG ihren Niederschlag. Wie Art. 37 Abs. 1 Buchst. a iVm Erwägungsgrund 97 verdeutlicht, sind allerdings Gerichte und unabhängige Justizbehörden, die im Rahmen ihrer justiziellen Zuständigkeit handeln, von einer Bestellungspflicht ausgenommen.

> bb) Macht die Kerntätigkeit aufgrund von Art, Umfang oder ihrer Zwecke eine umfangreiche regelmäßige und systematische Überwachung erforderlich (Art. 37 Abs. 1 Buchst. b DS-GVO)?

142   Besteht die Kerntätigkeit des Verantwortlichen oder des Auftragsverarbeiters in der **Durchführung von Verarbeitungsvorgängen,** welche aufgrund ihrer **Art, ihres Umfangs und/oder ihrer Zwecke** eine **umfangreiche regelmäßige und systematische Überwachung** (englisch: „**monitoring**") von betroffenen Personen **erforderlich** machen, ist ein DSB zu bestellen. Bedeutsam ist hier, dass nicht schon die Kerntätigkeit in der Überwachung liegen muss (etwa der Fall bei einem Bonitätsdienstleister). Es reicht, wenn diese Tätigkeit die Überwachung erforderlich macht (etwa der Fall bei einem E-commerce-Unternehmen, bei dem zielgruppengenaue Werbung über Social Media erforderlich ist).[73]

> cc) Besteht entsprechend Art. 37 Abs. 1 Buchst. c DS-GVO die Kerntätigkeit in der umfangreichen Verarbeitung besonderer Kategorien von Daten gem. Ar. 9 DS-GVO oder von personenbezogenen Daten über strafrechtliche Verurteilungen und Straftaten gem. Art. 10 DS-GVO?

143   Gem. Art. 9 DS-GVO sind besonderen Kategorien personenbezogener Daten solche, aus denen die rassische und ethnische Herkunft, politische Meinungen, religiöse oder weltanschauliche Überzeugungen oder die Gewerkschaftszugehörigkeit hervorgehen, sowie genetische Daten, biometrische Daten zur eindeutigen Identifizierung einer natürlichen Person, Gesundheitsdaten oder Daten zum Sexualleben oder der sexuellen Orientierung.

144   In der Praxis sind vor allem Gesundheitsdaten relevant. IÜ erforderlich ist eine **umfangreiche Verarbeitung, was Zahl, das Datenvolumen, die Dauer oder die geografische Ausdehnung** bedingt sein kann.[74]

3. Materielle Anforderungen an die Bestellung des DSB

> a) Ist der DSB durch seine berufliche Qualifikation, sein Fachwissen auf dem Gebiet des Datenschutzrechts und der Datenschutzpraxis sowie seiner Fähigkeit, die Aufgaben nach Art. 39 DS-GVO zu erfüllen, ausreichend qualifiziert (Art. 37 Abs. 5 DS-GVO)?

145   Die DS-GVO stellt **keine harten formellen Anforderungen** an die Qualifikation des DSB. Möglich sind somit Zertifizierungen (zB durch die GDD oder die IAPP), praktische Erfahrung im durch Mitarbeit im Datenschutz oder auch als externer Rechtsanwalt bzw. Experte für IT Sicherheit. Bedeutsam ist auch die Datenschutzpraxis, alleine Rechtskenntnisse reichen nicht aus. Soweit etwa der DSB in Personalunion die Rolle „Leitung der Datenschutzfunktion" wahrnimmt oder etwa die Datenschutzstrategie mit spezifi-

---

[72] WP 243 S. 6f.
[73] *Art. 29-Datenschutzgruppe* WP 243 v. 5.4.2017, S. 24ff.
[74] *Art. 29-Datenschutzgruppe* WP 243 v. 5.4.2017, S. 25.

schen Ambitionen verbunden ist, erfordert dies auch eine weitere Professionalisierung (vgl. Element 2).

b) Bestehen keine Interessenkonflikte zu anderen Aufgaben des DSB (Art. 38 Abs. 6 S. 2 DS-GVO)?

Gem. Art. 38 Abs. 6 DS-GVO **kann der Datenschutzbeauftragte andere Aufga-** **146** **ben und Pflichten** wahrnehmen. Jedoch dürfen derartige Aufgaben und Pflichten **nicht zu einem Interessenkonflikt** führen. Der DSB mit seinen Überwachungsaufgaben soll möglichst nicht seine eigene Tätigkeit überprüfen. Daher sind gleichzeitige leitende Funktionen in Geschäftsbereichen wie auch die Positionen des IT-Leiters, Compliance-Beauftragten, Leiter Interne Revision, Geldwäschebeauftragte kritisch zu prüfen bzw. uU unvereinbar (→ Rn. 97 f., 119).[75]

c) Ist der DSB von jeder Niederlassung erreichbar?

Gem. Art. 37 Abs. 2 DS-GVO kann der DSB für eine Unternehmensgruppe bestellt **147** werden, sofern er von jeder Niederlassung leicht erreicht werden kann. Dies gilt dann als allgemeines Prinzip auch innerhalb eines einzigen Unternehmens.[76]

d) Sind die Kontaktdaten des DSB veröffentlicht und der zuständigen Aufsichtsbehörde gemeldet (Art. 37 Abs. 7 DS-GVO)?

Mit der Veröffentlichung soll den Betroffenen die direkte Kontaktaufnahme erleichtert **148** werden. Durch die Meldung soll den Behörden die direkte Kommunikation ermöglicht werden. Teilweise wird der **DSB auch als „Behördenvertreter"** beim Verantwortlichen gesehen.

4. Anforderungen an den Status des DSB gem. Art. 38 DS-GVO

a) Verfügt der DSB über die für die Ausübung seiner Tätigkeit und die Erhaltung seines Fachwissens erforderlichen Ressourcen (Art. 38 Abs. 2 DS-GVO)?

Je nach Größe der Organisation und Komplexität der personenbezogenen Datenverar- **149** beitung muss dem DSB ausreichend **Kapazität** im Rahmen seines eigenen Arbeitsverhältnisses (oder des Dienstverhältnisses bei Beauftragung externer DSB-Dienstleister) eingeräumt sein (nicht zusätzlich zu sonstigen Tätigkeiten – zB 40 % der Arbeitszeit). Weitere personelle und finanzielle Ressourcen (etwa für externe Beratung oder Management-Software) können erforderlich sein. Zudem muss ausreichende **Fortbildung** im Datenschutz gewährleistet sein.

b) Erhält der DSB Zugang zu personenbezogenen Daten und Verarbeitungsvorgängen (Art. 38 Abs. 2 DS-GVO)?

Entsprechend der Vorgabe in Art. 38 Abs. 2 DS-GVO muss der DSB Zugang zu den **150** IT-Systemen erhalten um Relevanz für den Datenschutz zu bewerten und Maßnahmen der Umsetzung zu überprüfen.

---

[75] *Art. 29-Datenschutzgruppe* WP 243 v. 5.4.2017, S. 28 f.
[76] *Art. 29-Datenschutzgruppe* WP 243 v. 5.4.2017, S. 13.

c) Ist sichergestellt, dass der DSB keine Anweisungen bezüglich der Ausübung seiner Aufgaben erhält (Art. 38 Abs. 3 S. 1 DS-GVO)?

151   Aufgrund der Kontrollfunktion des DSB gem. Art. 39 DS-GVO soll dieser weisungsfrei agieren (→ Rn. 86, 98). Nachdem die Verantwortung für die Einhaltung des Datenschutzes beim Verantwortlichen selbst liegt, kann er sich durchaus über Einschätzungen des DSB hinwegsetzen. Letztlich sollte die Weisungsfreiheit jedoch organisatorisch verankert sein – etwa durch eine betriebliche Richtlinie oder iRd Bestellungsdokuments.

d) Ist sichergestellt, dass der DSB wegen der Erfüllung seiner Aufgaben nicht abberufen oder benachteiligt wird (Art. 38 Abs. 3 S. 2 DS-GVO)?

152   Neben obigen Statusschutz zugunsten des DSB sieht § 38 Abs. 2 BDSG, § 6 Abs. 4 BDSG für das deutsche Recht sogar vor, dass dem DSB entsprechend § 626 BGB nur aus wichtigem Grund gekündigt werden darf.

e) Berichtet der DSB unmittelbar der höchsten Managementebene des Verantwortlichen oder des Auftragsverarbeiters (Art. 38 Abs. 3 S. DS-GVO)?

153   Durch die unmittelbare Berichtslinie zur höchsten Geschäftsleitungsebene (Vorstand bei AG, Geschäftsführer GmbH) soll sichergestellt werden, dass die Einschätzungen des DSB die Geschäftsleitung ungefiltert erreichen und diese auch entsprechend den Datenschutz angemessen zum Tragen bringen. Diese direkte Berichtslinie ist auch organisatorisch umzusetzen.

f) Ist sichergestellt, dass der DSB frühzeitig in alle mit dem Schutz personenbezogener Daten zusammenhängenden Fragen eingebunden wird (Art. 38 Abs. 1 DS-GVO)?

154   Die **Ablauforganisation** muss sicherstellen, dass operative Geschäftsbereiche wie Marketing oder Personal den DSB bei datenschutzrelevanten Projekten frühzeitig einbinden. Ziel hiervon ist sicherlich auch, dass dem allgemeinen Gebot der frühen Berücksichtigung des Datenschutzes in Form von Privacy by Design gem. Art. 25 DS-GVO entsprochen wird, bzw. dass etwa Anforderungen aus Art. 35 Abs. 2 DS-GVO erfüllt werden (→ Kap. 3 Rn. 70).

g) Ist sichergestellt, dass Betroffene den DSB zur Verarbeitung ihrer personenbezogenen Daten und die Wahrnehmung ihrer DS-GVO-Rechte zu Rate ziehen können (Art. 38 Abs. 4 DS-GVO)?

155   Zur Sicherstellung obiger Verpflichtung sollten die Kontaktdaten des DSB und seine Qualität als entsprechende Anlaufstelle im Unternehmen und nach außen breit bekannt gemacht sein (Intranet, Datenschutzinformation, relevante Geschäftsbereiche wie Personal oder Compliance).

h) Sind dem DSB die Pflichtaufgaben zugewiesen und reflektiert die Aufbau- und Ablauforganisation die Anforderungen der DS-GVO?

156   Die Aufgaben des DSB sind maßgeblich in Art. 39 DS-GVO beschrieben. Daneben können ihm weitere Aufgaben individuell zugewiesen. Gerade bei gruppenweiten DSB gem. Art. 37 Abs. 2 DS-GVO kann sich dies anbieten (→ Rn. 119, 127). Im Rahmen der durch die Rechenschaftspflicht gebotenen Datenschutzorganisation sollten die Einbindung

des DSB sowie die Definition seiner Aufgaben in entsprechenden Richtlinien und Prozessen festgehalten werden.

5. Die Aufgaben des DSB

a) Unterrichtet und berät der DSB den Verantwortlichen oder Auftragsverarbeiter zu seinen Pflichten nach DS-GVO und BDSG (Art. 39 Abs. 1 Buchst. a DS-GVO)?

Zur Erfüllung obigen Prinzips bietet es sich an, periodische Schulungen (→ Rn. 75), **157** schriftliche Mitteilungen oder unmittelbare Berichte an relevante Personengruppen wie Geschäftsleitung, datenschutzkritische Geschäftsbereiche oder Gesamtbelegschaft zu adressieren.

b) Überwacht der DSB die Einhaltung des Datenschutzrechts (Art. 39 Abs. 1 Buchst. b DS-GVO)?

Zur Umsetzung dieser Überwachungspflicht sollte der DSB periodisch den Reifegrad **158** der Datenschutzorganisation etwa durch Audits überprüfen. Dort ist vor allem eine Wirksamkeitsprüfung durch Stichproben angezeigt (→ Rn. 86). Bei kleineren Organisationen dürften auch durch konkrete Anlässe getriebene Überprüfungen einzelner Schwerpunkte ausreichen.

c) Wird der DSB in DSFAs eingebunden (Art. 39 Abs. 1 Buchst. c DS-GVO)?

Gem. Art. 35 Abs. 2 DS-GVO ist bei DSFA der Rat des DSB einzuholen. Dies wird **159** in Art. 39 Abs. 1 Buchst. c DS-GVO nochmals bekräftigt. Dem liegt die Perspektive zugrunde, dass eine DSFA durch den Verantwortlichen in Form des Geschäftsbereichs durchgeführt wird. Der DSB würde dann nur beigezogen. In der Praxis ist es jedoch häufig alleine der DSB, der die DSFA durchführt.

d) Steht der DSB als Kontakt für die Aufsichtsbehörden bereit und arbeitet mit diesen zusammen (Art. 39 Abs. 1 Buchst. d, e DS-GVO)?

Der DSB soll als Anlaufstelle der Aufsichtsbehörden fungieren. Damit muss der direkte **160** Kontakt für die Behörden einfach möglich sein. Aufgrund seiner fachlichen Expertise wird die Kommunikation für die Behörden vereinfacht. Der DSB kann den Sachverhalt besser eruieren und aufbereiten. Die Behörden müssen ihm den Datenschutz nicht erst „beibringen".

Kapitel 3. Der Kernprozess des Datenschutzes – neue Verarbeitungen erfassen, bewerten und überwachen

Literatur:
Art. 29-Datenschutzgruppe, Leitlinien zur Datenschutz-Folgenabschätzung (DEFA) und Beantwortung der Frage, ob eine Verarbeitung iSd Verordnung 2016/679 „wahrscheinlich ein hohes Risiko mit sich bringt", WP 248 vom 4.10.2017; *Baumgartner/Gausling,* Datenschutz durch Technikgestaltung und datenschutzfreundliche Voreinstellungen, ZD 2017, 308; *Cavoukian,* Privacy by Design – The 7 Foundational Principles, 2011; *Der Hessische Beauftragte für Datenschutz und Informationsfreiheit,* Liste von Verarbeitungsvorgängen nach Art. 35 Abs. 4 DS-GVO, August 2018; *DSK Datenschutzkonferenz,* Kurzpapier Nr. 1 Verzeichnis von Verarbeitungstätigkeiten – Art. 30 DS-GVO vom 29.6.2017; Kurzpapier Nr. 5 Datenschutzfolgeabschätzung nach Art. 35 DS-GVO vom 24.7.2017; Kurzpapier Nr. 9 Zertifizierung nach Art. 42 DS-GVO; *Ehmann/Kranig,* Fünf nach zwölf im Datenschutz, ZD 2018, 199; *Europäische Datenschutzbehörde* Preliminary Opinion on Privacy by Design vom 31.5.2018; *Konferenz der unabhängigen Datenschutzbehörden des Bundes und der Länder,* Das Standard-Datenschutzmodell V1.1 vom 25./26.4.2018;*Landesbeauftragte für den Datenschutz Niedersachen,* Hinweis von Verarbeitungtätigkeiten Art. 30 DS-GVO vom 30.6.2017.

A. Einführung

Die **Datenschutz-Folgenabschätzung (DSFA)** gem. Art. 35 DS-GVO ist ein **forma-** **1** **lisiertes Verfahren** zur Bewertung von neuen Verarbeitungen personenbezogener Daten und Definition entsprechender Maßnahmen.[1] Allerdings ist diese **nur bei hohen Risiken** für die Rechte der Betroffenen verpflichtend.[2] Tatsächlich sind jedoch auch bei Verarbeitungen ohne dieses hohe Risiko technische und organisatorische Maßnahmen zu definieren sowie die Datenschutzgrundsätze gem. Art. 5 DS-GVO einzuhalten. Dies kann dann durch frühzeitige Berücksichtigung iRv Datenschutz durch Technik (Privacy by Design) gem. Art. 25 DS-GVO oder iRd Erfassung als neue Verarbeitung im Verzeichnis nach Art. 30 DS-GVO erfolgen. Im Verarbeitungsverzeichnis muss ohnehin jede Verarbeitung dokumentiert werden. Insofern ist es aus der praktischen Erfahrung heraus zweckmäßig, bei der Implementierung der DS-GVO diese **drei Prozesse für Datenschutz-Folgenabschätzung, Verarbeitungsverzeichnis und Privacy by Design zusammenzufassen.** Entsprechend werden diese Pflichtenkreise vorliegend auch in einem Hauptkapitel erläutert.

B. Erläuterungen zur Checkliste

I. Rechenschaftspflicht (Accountability) und Datenschutz-Kernprozess

1. Die allgemeinen Anforderungen an die Implementierung

Das Prinzip der Rechenschaftspflicht (in der englischen Version der DS-GVO „Accounta- **2** bility") in Art. 5 Abs. 2 DS-GVO fordert von den Verantwortlichen den Nachweis der Einhaltung der in Art. 5 Abs. 1 DS-GVO enthaltenen Datenschutzprinzipien. Spezifiziert wird die Rechenschaftspflicht in Art. 24, 25 DS-GVO, wonach entsprechende **technische und organisatorische Maßnahmen zu treffen sind, damit die Verarbeitungen gem. den Datenschutzprinzipien und der DS-GVO insgesamt erfolgen.** Der Verantwortliche muss somit für die jeweiligen Pflichten entsprechende Maßnahmen treffen und implementieren. Verstöße gegen diese Pflichten sind gem. Art. 83 DS-GVO auch sanktionierbar. Das bedeutet also, dass es nicht reicht, Daten nicht entgegen der DS-GVO zu verarbeiten. Vielmehr müssen für die einzelnen Pflichten passende Maßnahmen defi-

---

[1] *Art. 29-Datenschutzgruppe* WP 248 v. 4.10.2017, S. 4; *DSK* Kurzpapier Nr. 5 v. 24.7.2017, S. 1.
[2] Paal/Pauly/*Martini* DS-GVO Art. 35 Rn. 1; *DSK* Kurzpapier Nr. 5 v. 24.7.2017, S. 1.

niert und umgesetzt werden, was sowohl eine Aufbau- wie auch eine Ablauforganisation erfordert. Behörden und Schrifttum fordern insofern ein Datenschutz-Management-System.[3] Die konkreten Abläufe, Organisationen und Verantwortlichkeiten sollten je nach Organisationsaufbau im Unternehmen in Richtlinien, Arbeitsanweisungen, Organisationshandbücher und Rollenbeschreibungen umgesetzt werden (→ Kapitel 2 Rn. 115 ff.).

2. Anforderungen an einen Prozess, der sicherstellt, dass neue datenschutzrelevante Verarbeitungen und Projekte erfasst und bewertet werden

3 Die Elemente zur spezifischen Umsetzung der Rechenschaftspflicht im Verarbeitungsverzeichnis, bei Privacy by Design sowie im Rahmen einer Datenschutz-Folgenabschätzung (Datenschutz-Kernprozess) werden nachfolgend dargestellt.

a) Sind die einzelnen Schritte des Kernprozesses definiert und mit Rollen und Verantwortlichkeiten hinterlegt?

4 Sofern eine relevante neue Verarbeitung identifiziert wurde, sollten die weiteren durchzuführenden Aktivitäten definiert und mit Verantwortlichkeiten hinterlegt werden.[4] Mögliche Prozessschritte sind die inhaltliche Erfassung einer Verarbeitung, die Bestimmung der für das Verarbeitungsverzeichnis sowie die Datenschutz-Folgenabschätzung erforderlichen Informationen sowie für iRv Datenschutz-Folgenabschätzung und PbD zu bestimmenden mitigierenden Maßnahmen. Hierfür verantwortliche oder zu beteiligende Stellen im Unternehmen können insbes. der Prozessverantwortliche, der Applikationsverantwortliche, die Rechtsabteilung, die IT oder der Datenschutzbeauftragte sein.

b) Sind die Mitarbeiter in den relevanten organisatorischen Einheiten dahingehend geschult und informiert, dass sie bei den neuen Projekten und Verarbeitungen den Kernprozess anstoßen?

5 Nur bei einer vollständigen Erfassung von (neuen) Verarbeitungen kann der Datenschutz-Kernprozess sichergestellt werden. Somit müssen diejenigen Fachmitarbeiter und Führungskräfte, die neue Projekte und Prozess verantworten, sich der Pflicht bewusst sein, bei Bedarf das Projekt an die im Unternehmen für Datenschutz Verantwortlichen zu melden bzw. selbst Maßnahmen zu definieren und umzusetzen.

c) Sind in den relevanten organisatorischen Einheiten Datenschutzverantwortliche benannt, die das Auslösen des Datenschutzkernprozesses sicherstellen?

6 Element einer angemessenen Datenschutzorganisation ist die Zuweisung von gesonderten Verantwortlichkeiten für Datenschutz in den einzelnen Geschäftsbereichen. Dabei werden iRd Datenschutzmanagementsystems sogenannte Datenschutzkoordinatoren benannt, die die Aktivitäten ihres Bereichs überblicken und bei Datenschutzrelevanz die erforderlichen Schritte einleiten (→ Kapitel 2 Rn. 119).[5]

d) Sind die weiteren Schritte und Besonderheiten für die Einzelprozesse Verarbeitungsverzeichnis, Datenschutz-Folgenabschätzung und Privacy by Design definiert und mit Rollen und Verantwortlichkeiten hinterlegt?

---

[3] *Ehmann/Kranig* ZD 2018, 201.
[4] *KSG* Kapitel 4.2; siehe auch → Kap. 2 Fn. 60.
[5] *KSG* Kapitel 4.2.

In aller Regel dürfte der Datenschutz-Kernprozess vor allem in der frühen Phase und **7** im Hinblick auf die relevanten Beteiligten einheitlich zu gestalten sein. Allerdings sollte er gleichwohl die Besonderheiten von Verarbeitungsverzeichnis, Datenschutz-Folgenabschätzung und Privacy by Design berücksichtigen. Solche Besonderheiten bedeuten also etwa für Privacy by Design eine Integration in Frühphasen von Projekten, für das Verarbeitungsverzeichnis eine vollständige Beschreibung der Pflichtangaben nach Art. 30 Abs. 1 DS-GVO sowie im Hinblick auf die Datenschutz-Folgenabschätzung eine Risikomitigierung sowie die Dokumentation nach Art. 35 Abs. 7 DS-GVO (→ Rn. 64 ff.).

II. Das Verarbeitungsverzeichnis als Kernstück der Datenschutz-Compliance

1. Die Funktion des Verarbeitungsverzeichnisses

Zielsetzung des Verarbeitungsverzeichnisses ist es, **den Aufsichtsbehörden einen ra-** **8** **schen Überblick über die Verarbeitung im Unternehmen zu geben,** die dann gezielt risikoreichere Verarbeitungen eingehender prüfen können.[6] Des Weiteren soll bei dem jeweils Verpflichteten Transparenz über die Datenverarbeitungen geschaffen werden. Denn nur wenn sämtliche relevanten Verarbeitungen im Unternehmen erfasst sind, kann Datenschutz umfassend gewährleistet werden. Zum anderen soll das Verarbeitungsverzeichnis aber auch als Übersicht zu Auftragsverarbeitungen, Übermittlungen oder als Quelle zur Beantwortung von Auskunftsersuchen dienen; es fungiert **als Rückgratprozess der Datenschutzorganisation** im Unternehmen. Laut den deutschen Aufsichtsbehörden sei das Verzeichnis über die reine Dokumentation hinaus zweckmäßigerweise auch **einzusetzen:**

- für eine **Festlegung der Verarbeitungszwecke** nach Art. 5 Abs. 1 Buchst. b DS-GVO;
- für Zwecke der **Rechenschafts- und Dokumentationspflicht,** Art. 5 Abs. 2 DS-GVO, Art. 24 DS-GVO;
- als geeignete Maßnahme zur **Erfüllung der Betroffenenrechte** nach Art. 12 Abs. 1 DS-GVO;
- zur Schaffung und als Nachweis geeigneter **technisch-organisatorischer Maßnahmen** nach Art. 24 Abs. 1 DS-GVO und Art. 32 DS-GVO;
- zur **Prüfung,** ob **eine Datenschutz-Folgenabschätzung** nach Art. 35 DS-GVO erfolgen muss;
- als Basis für die **Aufgabenerfüllung des Datenschutzbeauftragten** nach Art. 39 DS-GVO.[7]

2. Das Verarbeitungsverzeichnis des Verantwortlichen

a) Ist das Unternehmen als Verantwortlicher zur Führung eines Verarbeitungsverzeichnisses gem. Art. 30 DS-GVO verpflichtet oder besteht eine Ausnahme iSv Art. 30 Abs. 5 DS-GVO für Unternehmen unter 250 Mitarbeitern?

Jedes Unternehmen (und auch jeder andere Verantwortliche) ist zum Führen eines Verarbeitungsverzeichnisses verpflichtet.[8] Lediglich Unternehmen **mit weniger als 250 Mit-** **9**

---

[6] *Landesbeauftragte für den Datenschutz Niedersachsen,* Hinweise zum Verzeichnis von Verarbeitungstätigkeiten, Art. 30 DS-GVO, 30. 6. 2017, S. 1.
[7] *Landesbeauftragte für den Datenschutz Niedersachsen,* Hinweise zum Verzeichnis von Verarbeitungstätigkeiten, Art. 30 DS-GVO, 30. 6. 2017, S. 1.
[8] *DSK,* Kurzpapier Nr. 1, 29. 6. 2017, S. 1.

arbeitern sind davon ausgenommen.[9] Dabei ist gem. Art. 4 Nr. 18 DS-GVO auf die konkrete juristische Person abzustellen und nicht etwa auf einen Konzern (dieser ist als Unternehmensgruppe in Art. 4 Nr. 19 DS-GVO separat definiert).[10] Die Ausnahme für Kleinunternehmen gilt jedenfalls dann nicht, wenn im Unternehmen eine Verarbeitung mit einem erheblichen Risiko erfolgt.[11] Art. 30 Abs. 5 DS-GVO spricht zwar nicht von einem hohen Risiko, doch muss dies so ausgelegt werden, da die Rückausnahme sonst ins Leere laufen würde.[12] Die Risikoqualifizierung orientiert sich an Art. 35 DS-GVO (→ Kap. 3 Rn. 34 ff.). Gerade im HR-Bereich ist relativ häufig ein solches Risiko zu bejahen, so dass die **Rückausnahme für die Pflicht zum Verarbeitungsverzeichnis** gem. Abs. 5 in der Praxis häufig eher geringe Bedeutung haben dürfte. Auch bei Verarbeitungen von besonderen Kategorien besonderer Daten (insbes. Daten zur Gesundheit oder religiösen Anschauung) sowie Daten zu strafrechtlichen Verurteilungen (vgl. Art. 10 DS-GVO) greift die Ausnahme für Kleinunternehmen nicht.[13] Besondere Kategorien von Daten sind definiert in Art. 9 Abs. 1 DS-GVO als

„Daten, aus denen die rassische und ethnische Herkunft, politische Meinungen, religiöse oder weltanschauliche Überzeugungen oder die Gewerkschaftszugehörigkeit hervorgehen, sowie die Verarbeitung von genetischen Daten, biometrischen Daten zur eindeutigen Identifizierung einer natürlichen Person, Gesundheitsdaten oder Daten zum Sexualleben oder der sexuellen Orientierung."

b) Sind im Verarbeitungsverzeichnis die Zwecke der Verarbeitung beschrieben (Art. 30 Abs. 1 Buchst. b DS-GVO)?

10 Zu beschreiben sind gem. Art. 30 Abs. 1 Buchst. b DS-GVO die Zwecke der Verarbeitung personenbezogener Daten, wie sie auch in Erwgr. 39 DS-GVO und Art. 5 Abs. 1 Buchst. b DS-GVO zugrunde gelegt sind.

Zu bestimmen ist die konkrete Zielsetzung wie etwa der Online-Bewerbungsprozess für eine Stellenausschreibung, die Bestellung von Waren über das Internet oder die Marketing-Ansprache von Bestandskunden über E-Mail-Werbung.[14]

Anders als das Verfahrensverzeichnis nach §§ 4g, 4e BDSG aF **orientiert sich das Verarbeitungsverzeichnis** nach Art. 30 DS-GVO **nicht mehr an der IT-Applikation, sondern am relevanten Geschäftsprozess** des Unternehmens oder der sonstigen Organisation. Insofern kommt bei Ersterstellung des Verarbeitungsverzeichnisses auch eine Orientierung an anderweitiger Prozessdokumentation im Unternehmen in Frage. Aus der praktischen Erfahrung heraus sollte die jeweilige Verarbeitung umfassend und möglichst den gesamten Lebenszyklus einer Verarbeitung beinhalten.[15] Eine allzu hohe Granularität bietet eher geringen Mehrwert und das Unternehmen läuft Gefahr die Übersicht zu verlieren. Auch im Hinblick auf Auskunft und Information bietet eine Zusammenfassung Vorteile. Eingehendere Betrachtungen finden dann ohnehin etwa bei Handlungspflichten wie Löschen oder Berechtigungen statt.

---

[9] Paal/Pauly/*Martini* DS-GVO, Art. 26 ff.; *DSK,* Kurzpapier Nr. 1 S. 1; *Landesbeauftragte für den Datenschutz Niedersachsen,* Hinweise zum Verzeichnis von Verarbeitungstätigkeiten, Art. 30 DS-GVO, 30. 6. 2017, S. 3.
[10] Paal/Pauly/*Martini* DS-GVO Art. 30, Rn. 26 ff.
[11] *DSK,* Kurzpapier Nr. 1, 29. 6. 2017, S. 1.
[12] Paal/Pauly/*Martini* DS-GVO Art. 30, Rn. 32.
[13] Paal/Pauly/*Martini* DS-GVO Art. 30, Rn. 35; *DSK,* Kurzpapier Nr. 1, 29. 6. 2017, S. 1.
[14] Paal/Pauly/*Martini* DS-GVO Art. 30, Rn. 7; *Landesbeauftragte für den Datenschutz Niedersachsen,* Hinweise zum Verzeichnis von Verarbeitungstätigkeiten, Art. 30 DS-GVO, 30. 6. 2017, S. 4 f.
[15] Kühling/Buchner/*Hartung* DS-GVO Art. 30, Rn. 18.

c) Sind die Verarbeitungen in einer angemessenen Granularität beschrieben/zusammengefasst?

In der Praxis ist somit vor allem die Detailtiefe festzulegen, mit der in einzelne Verar- **11** beitungen unterschieden wird. Die DSK hat hierzu einen relativ umfangreichen Katalog vorgeschlagen.[16] Bei den hieraus resultierenden mehrere hundert bis tausend Verarbeitungen pro Konzern war dies vor allem in der zeitgedrängten Implementierungsphase vor dem Inkrafttreten der DS-GVO am 25. 5. 2018 kaum umsetzbar. Insofern ist aus hiesiger Sicht eine gröbere Beschreibung jedenfalls angemessen. Ohnehin erfolgt bei Hochrisiko-Verarbeitungen iRd Datenschutz-Folgenabschätzung gem. Art. 35 Abs. 7 Buchst. d DS-GVO eine umfangreiche Dokumentation der technischen und organisatorischen Maßnahmen. Am Ende **kommt es auch auf die Anwendung bzw. das IT-System und nicht auf die Dokumentation der Maßnahmen** an. So dient die Dokumentation der Aufsichtsbehörden und dem Datenschutzbeauftragten (Art. 39 Abs. 1 Buchst. b DS-GVO) eher zur ersten Übersicht. Zudem kann bei Aktualisierungen des Verzeichnisses weiter detailliert werden.

> Etwa bei einer E-Commerce-Bestellung sollte somit der Registrierungsprozess nicht getrennt betrachtet werden. Separate Verarbeitungen wären dann aber der Mahnprozess oder die Marketing-Ansprache des Kunden.

d) Enthält das Verarbeitungsverzeichnis die Identität des Verantwortlichen (Art. 30 Abs. 1 Buchst. a DS-GVO)?

Es müssen Name, die Kontaktdaten des Verantwortlichen (ggf. eines gemeinsam Ver- **12** antwortlichen) oder bei Unternehmen außerhalb der EU, dessen Vertreters (vgl. Art. 27 DS-GVO), sowie eines möglichen Datenschutzbeauftragten genannt sein. Der Aufsichtsbehörde muss dadurch eine unmittelbare Kontaktaufnahme ermöglicht werden.[17]

e) Sind im Verarbeitungsverzeichnis die Kategorien der personenbezogenen Daten und Personen beschrieben (Art. 30 Abs. 1 Buchst. c DS-GVO)?

Kategorien von personenbezogenen Daten können entsprechend der Datenschutz- **13** Kritikalität etwa Bonitätsdaten, Personenstammdaten oder auch Bewegungsdaten sein. Ein Sonderfall sind die besonderen Kategorien von Daten gem. Art. 9 DS-GVO. Eine Einordnung macht es dann für den Verantwortlichen augenfällig, wie die jeweiligen Daten zu verarbeiten sind (→ Kap. 5 Rn. 110 ff.).

Kategorien von Personen können Mitarbeiter, Kunden, Dienstleister oder auch **14** Businesspartner sein.[18] Die Spezifizierung dient dazu, der unterschiedlichen Kritikalität dieser Kategorien Rechnung zu tragen.[19] Hinzu kommt, dass in der Praxis die Kategorisierung von Personen etwa für Auskunftsbegehren von Nutzen ist, weil etwa bei einer Anfrage eines Verbrauchers dessen Daten leichter identifiziert werden können.

> Die **Aufsichtsbehörden empfehlen**, hinsichtlich der einzelnen Kategorien personenbe- **15** zogener Daten laufende Nummern zu vergeben, die so eine Zuordnung zu den weiteren konkreten Angaben gem. Art. 30 Abs. 1 S. 2 Buchst. d–f DS-GVO ermöglichen, zB

---

[16] https://datenschutz-hamburg.de/dsgvo-information/verzeichnis-verarbeitungszeitigkeiten/.
[17] Paal/Pauly/*Martini* DS-GVO Art. 30, Rn. 7.
[18] Kühling/Buchner/*Hartung* DS-GVO Art. 30, Rn. 19; Paal/Pauly/*Martini* DS-GVO Art. 30 Rn. 10–11.
[19] Kühling/Buchner/*Hartung* DS-GVO Art. 30 Rn. 19.

zu konkreten Löschregeln. Aufgegliedert zB in der Darstellung der „Kategorie Beschäftigte" in die Daten-Kategorien:

- Mitarbeiter-Stammdaten mit Adressdaten, Geburtsdatum, Bankverbindung, Steuermerkmale, Lohngruppe, Arbeitszeit, bisherige Tätigkeitsbereiche, Qualifikationen etc.
- Bewerbungen mit Kontaktdaten, Qualifikationsdaten, Tätigkeiten etc.
- Arbeitszeugnisse mit Adressdaten, Leistungsdaten, Beurteilungsdaten etc.
- Abmahnungen mit Adressdaten, Arbeitsverhalten, Leistungsdaten etc.
- Betriebsarztuntersuchungen mit Adressdaten, Gesundheitsdaten etc.
- Stundenplan als Einsatzplan für Lehrkräfte
- Videoüberwachung an Arbeitsplätzen etc. Aufgegliedert zB in der Darstellung der „Kategorie Kundendaten" in die Kategorien:
- Kunden-Kontaktdaten mit Adressdaten, Ansprechpartnern etc.
- Kundengruppe/-interesse
- Umsatzdaten bisher
- Bonitätsdaten
- Zahlungsdaten usw.
- für Schulen: Fehlzeiten, Schulleistungsnachweise.[20]

f) Sind im Verarbeitungsverzeichnis die Kategorien von Empfängern beschrieben (Art. 30 Abs. 1 S. 2 Buchst. d DS-GVO)?

16   Anzugeben sind die Kategorien von **Empfängern, gegenüber denen die personenbezogenen Daten offengelegt worden sind oder noch offengelegt werden,** einschließlich Empfängern in Drittländern oder internationalen Organisationen.[21] Als Empfänger gelten dabei echte Dritte, also etwa Übermittlung von Daten an einen Bonitätsdienstleister wie die Schufa. Aber auch Auftragsverarbeiter (vgl. Art. 4 Nr. 8 DS-GVO), also etwa IT-Dienstleister oder sonstige Outsourcer werden erfasst (vgl. Art. 4 Nr. 9, 10 DS-GVO). Dem Gesetzeswortlaut nach reicht es aus, lediglich die Kategorien und nicht die Empfänger selbst aufzunehmen. In der Praxis empfiehlt sich dies jedoch für ein effizientes Datenschutz-Management. Insofern erhält der Verantwortliche über diesen Arbeitsschritt auch einen Überblick über seine „Vendorenlandschaft", was unverzichtbar ist, um die Kontroll- und Dokumentationspflichten im Verhältnis zu Auftragsverarbeitern zu erfüllen (vgl. Art. 28 DS-GVO).

17   Sofern man bei den Kategorien von Empfängern bleibt, wären etwa für die Lohn- und Gehaltsabrechnung anzugeben
- Banken,
- Sozialversicherungsträger,
- Finanzämter und auch
- unternehmens- oder konzerninterne andere Datenempfänger (zB Betriebsrat, Fachvorgesetzte, Muttergesellschaften),
- Gläubiger bei Lohn-/Gehaltspfändungen
- Träger der Betriebsrente.[22]

---

[20] *Landesbeauftragte für den Datenschutz Niedersachsen,* Hinweise zum Verzeichnis von Verarbeitungstätigkeiten, Art. 30 DS-GVO, 30.6.2017, S. 5.
[21] Paal/Pauly/*Martini* DS-GVO Art. 30 Rn. 12 ff.; Gola/*Klug* DS-GVO Art. 30 Rn. 4 ff.
[22] *Landesbeauftragte für den Datenschutz Niedersachsen,* Hinweise zum Verzeichnis von Verarbeitungstätigkeiten, Art. 30 DS-GVO, 30.6.2017, S. 5 f.

Nach Ansicht der Aufsichtsbehörden können Empfänger **auch Teile eines Unternehmens oder einer Behörde** sein.[23] Dies wäre der Fall, sofern ein funktions- oder abteilungsübergreifender Zugriff auf die Daten möglich ist (zB ein Zugriff auf Unternehmens- oder Kundendaten durch eine andere Bankfiliale). Der Begriff „Datenempfänger" sei daher zu ergänzen durch „Zugriffsberechtigte"(aber → Rn. 10).[24] Zu „Drittländern" außerhalb der EU werden bereits durch Art. 30 Abs. 1 S. 2 Buchst. e DS-GVO Angaben gefordert, doch ist dies gleichwohl auch bei den Kategorien von Empfängern aufzunehmen.[25]   18

> **g) Sind im Verarbeitungsverzeichnis die Drittstaatentransfers von personenbezogenen Daten beschrieben (Art. 30 Abs. 1 S. 2 Buchst. e DS-GVO)?**

Übermittlungen von personenbezogenen Daten an Drittländer unterliegen nach   19
Art. 44 ff. DS-GVO besonderen Beschränkungen, weshalb das Verarbeitungsverzeichnis auch Angaben hierüber enthalten müssen (→ Kapitel 12 Rn. 2).[26] Erfasst werden sollen Übermittlungen von personenbezogenen Daten an ein Drittland oder an eine internationale Organisation, einschließlich der Angabe des betreffenden Drittlands oder der betreffenden internationalen Organisation.[27] „Drittland" ist in der DS-GVO nicht definiert, doch ist damit jeder Staat außerhalb von EU/EWR gemeint (→ Kap. 12 Rn. 3). Eine Übermittlung in Drittländer wird vor allem über **konzerninterne Sachverhalte** (Mutterunternehmen in den USA) oder **Auftragsverarbeitungen indiziert.** Etwa wenn sich dort der Server befindet oder der Mailversand hierüber abgewickelt wird. Ebenso kann eine Übermittlung in Drittländer vorliegen, wenn Supportdienstleistungen aus diesem erbracht werden; also etwa Mitarbeiter eines Callcenters in Indien auf personenbezogene Daten zugreifen. Jedenfalls bedarf der Drittstaatentransfer einer besondere Legitimation gem. Art. 44 ff. DS-GVO[28] (→ Kap. 12 Rn. 13 ff.). Sofern **individuelle Garantien zur Legitimation dieses Transfers** gem. Art. 49 Abs. 1 UAbs. 2 DS-GVO angewandt werden, sind diese Garantien und die Beurteilung des Verantwortlichen zu beschreiben (Art. 49 Abs. 6 DS-GVO).[29] Die **„Standardgarantien" nach Art. 45, 46 DS-GVO sind nicht aufzunehmen,** doch bietet sich dies wiederum in der Praxis an, um Transparenz zu schaffen und Compliance nachzuhalten.

> **h) Sind im Verarbeitungsverzeichnis die Löschfristen genannt (Art. 30 Abs. 1 S. 2 Buchst. f DS-GVO)?**

Wenn möglich, sollen die vorgesehenen Fristen für die Löschung der verschiedenen   20
Datenkategorien angegeben werden. Die Pflicht zur Löschung ergibt sich aus dem zentralen **Prinzip der Speicherbegrenzung** gem. Art. 5 Abs. 1 Buchst. e DS-GVO. Daten sind zu löschen, wenn ihre Speicherung für den Zweck nicht mehr erforderlich ist (→ Kap. 8 Rn. 1).[30] Die Verantwortlichen sind gehalten, Löschfristen und -konzepte zu bestimmen (Erwgr. 39 S. 10 DS-GVO).[31] Art. 25 Abs. 2 DS-GVO fordert die rechtskon-

---

[23] Kühling/Buchner/*Hartung* DS-GVO Art. 30 Rn. 20; *Landesbeauftragte für den Datenschutz Niedersachsen,* Hinweise zum Verzeichnis von Verarbeitungstätigkeiten, Art. 30 DS-GVO, 30.6.2017, S. 6.

[24] *Landesbeauftragte für den Datenschutz Niedersachsen,* Hinweise zum Verzeichnis von Verarbeitungstätigkeiten, Art. 30 DS-GVO, 30.6.2017, S. 6.

[25] *Landesbeauftragte für den Datenschutz Niedersachsen,* Hinweise zum Verzeichnis von Verarbeitungstätigkeiten, Art. 30 DS-GVO, 30.6.2017, S. 6.

[26] Paal/Pauly/*Martini* DS-GVO Art. 30 Rn. 15 f.; Kühling/Buchner/*Hartung* DS-GVO Art. 30 Rn. 21.

[27] Paal/Pauly/*Martini* DS-GVO Art. 30 Rn. 15 f.; Kühling/Buchner/*Hartung* DS-GVO Art. 30 Rn. 21.

[28] Paal/Pauly/*Martini* DS-GVO Art. 30 Rn. 15 f.

[29] Paal/Pauly/*Martini* DS-GVO Art. 30 Rn. 15 f.; *Landesbeauftragte für den Datenschutz Niedersachsen,* Hinweise zum Verzeichnis von Verarbeitungstätigkeiten, Art. 30 DS-GVO, 30.6.2017, S. 6.

[30] Paal/Pauly/*Martini* DS-GVO Art. 30 Rn. 17; Kühling/Buchner/*Hartung* DS-GVO Art. 30 Rn. 22 f.; Gola/*Klug* DS-GVO Art. 30 Rn. 9.

[31] Paal/Pauly/*Martini* DS-GVO Art. 30 Rn. 18.

forme Löschung durch datenschutzfreundliche Voreinstellungen (Privacy by default) (→ Kap. 3 Rn. 100).[32] Die Kategorien von Daten sind bereits nach Art. 30 Abs. 1 S. 2 Buchst. c DS-GVO zu erfassen; nun ist für diese die Löschfrist zu bestimmen. Bei Bestimmung dieser Fristen ist zuerst der Zweckfortfall relevant (zB Stellenbewerber wurde abgesagt – anschließend sind die Bewerberdaten zu löschen). Unabhängig vom **Zweckfortfall** bestehen jedoch häufig **Aufbewahrungsfristen,** die eine weitere Speicherung rechtfertigen (insbes. aus dem Handels- und Steuerrecht – § 147 AO, § 257 HGB). Die Aufsichtsbehörden nennen entsprechend die handels- und steuerrechtlichen Aufbewahrungspflichten für Personaldaten als rechtliches Löschhindernis (→ Kap. 8 Rn. 14 ff.). Ein allgemeiner Verweis auf Aufbewahrungspflichten genügt nicht, vielmehr sind präzise Angaben pro Datenkategorie erforderlich.

i) Sind im Verarbeitungsverzeichnis die technischen und organisatorischen Maßnahmen zur Datensicherheit beschrieben (Art. 30 Abs. 1 S. 2 Buchst. g DS-GVO)?

21   Das Verarbeitungsverzeichnis soll, wenn möglich, eine allgemeine Beschreibung der technischen und organisatorischen Maßnahmen gem. Art. 32 Abs. 1 DS-GVO enthalten.[33] Eine Verarbeitung darf nicht erfolgen, bevor der Verantwortliche seiner Pflicht nach Art. 32 DS-GVO nachgekommen ist.[34] Dabei sollten die obligatorischen Angaben des Verzeichnisses **einfach nachzuvollziehen sein.**[35] Denkbar sind Verweise auf bestehende Dokumente. Bei größeren Unternehmen genügt ggf. auch ein Verweis auf schon **vorhandene Dokumentationen und Sicherheitskonzepte** (zB Standarddatenschutzmodell (SDM)), ohne dass diese im Verarbeitungsverzeichnis in Gänze dargestellt werden.[36] Die in Art. 32 Abs. 1 DS-GVO unter anderem genannten Maßnahmenbereiche der Datensicherheit entsprechen im Wesentlichen dem bisherigen Katalog der technisch-organisatorischen Maßnahmen nach § 9 BDSG aF und der Anlage hierzu (→ Kapitel 9 Rn. 5 ff.).[37] Zweckdienlich kann dabei eine **Orientierung an § 64 BDSG** sein (auch wenn auf private Rechtsträger nicht direkt anwendbar). Die Beschreibung der jeweiligen Maßnahme ist konkret auf die Kategorie betroffener Personen bzw. personenbezogener Daten iSd Art. 30 Abs. 1 S. 2 Buchst. c DS-GVO zu beziehen.[38] Sofern besondere Arten personenbezogener Daten betroffen sind (also zB Daten über Gesundheit), bedarf es einer sorgfältigen Auswahl der technisch-organisatorischen Maßnahmen, was in § 22 Abs. 2 BDSG weiter spezifiziert wird.[39]

3. Das Verarbeitungsverzeichnis des Auftragsverarbeiters (Art. 32 Abs. 2 DS-GVO)

22   Das Verarbeitungsverzeichnis des Auftragsverarbeiters ist eine Neuerung durch die DS-GVO.[40] Dies ist Teil der gesteigerten Pflichten des Auftragsverarbeiters (→ Kapitel 11

---

[32] Paal/Pauly/*Martini* DS-GVO Art. 30 Rn. 18.
[33] Kühling/Buchner/*Hartung* DS-GVO Art. 30 Rn. 24; *Landesbeauftragte für den Datenschutz Niedersachsen,* Hinweise zum Verzeichnis von Verarbeitungtätigkeiten, Art. 30 DS-GVO, 30. 6. 2017, S. 7.
[34] *Landesbeauftragte für den Datenschutz Niedersachsen,* Hinweise zum Verzeichnis von Verarbeitungtätigkeiten, Art. 30 DS-GVO, 30. 6. 2017, S. 7.
[35] Paal/Pauly/*Martini* DS-GVO Art. 30 Rn. 18.
[36] *Landesbeauftragte für den Datenschutz Niedersachsen,* Hinweise zum Verzeichnis von Verarbeitungtätigkeiten, Art. 30 DS-GVO, 30. 6. 2017, S. 7.
[37] *Landesbeauftragte für den Datenschutz Niedersachsen,* Hinweis von Verarbeitungtätigkeiten nach Art. 30 DS-GVO, 30. 6. 2017, S. 7.
[38] *Landesbeauftragte für den Datenschutz Niedersachsen,* Hinweis von Verarbeitungtätigkeiten nach Art. 30 DS-GVO, 30. 6. 2017, S. 7.
[39] Paal/Pauly/*Martini* DS-GVO Art. 30 Rn. 19; *Landesbeauftragte für den Datenschutz Niedersachsen,* Hinweis von Verarbeitungtätigkeiten nach Art. 30 DS-GVO, 30. 6. 2017, S. 7.
[40] Kühling/Buchner/*Hartung* DS-GVO Art. 30 Rn. 25; *DSK,* Kurzpapier Nr. 1, 29. 6. 2017, S. 2.

Rn. 1 ff.).[41] Häufig haben IT Dienstleister ein wesentlich besseres Verständnis zu den Verarbeitungen und den technisch-organisatorischen Maßnahmen als der Verantwortliche selbst. Somit soll einerseits der Auftragsverarbeiter Transparenz zu seinen Aufträgen und damit Pflichten erhalten. Zum anderen sollen die **Aufsichtsbehörde einen schnelleren Überblick** über Maßnahmen, aber auch über Auftraggeber **erhalten,** um dann mit entsprechenden Prüfungen auf diese zuzugehen.

Das Verzeichnis muss sämtliche der in Art. 30 Abs. 2 Buchst. a – d DS-GVO enumerativ genannten Angaben enthalten und bildet so ein Auftragskataster mit Angabe der Auftraggeber und der Subunternehmer. **23**

a) Ist das Unternehmen als Auftragsverarbeiter zum Führen eines Verarbeitungsverzeichnisses verpflichtet?

Jeder Auftragsverarbeiter gem. Art. 4 Nr. 8 DS-GVO und ggf. sein Vertreter iSv Art. 4 **24** Nr. 17 DS-GVO sollen ein Verzeichnis zu allen Kategorien von im Auftrag eines Verantwortlichen durchgeführten Verarbeitungtätigkeiten führen.[42] Es kommt also darauf an, dass eine weisungsgebundene Auftragsverarbeitung und keine Verarbeitung als eigener Verantwortlicher stattfindet (was zB bei Berufsträgern wie Rechtsanwälten oder Steuerberatern der Fall ist). Dabei muss ein Subunternehmer **nur seine direkten Auftraggeber nennen** und nicht die dahinterstehende weitere Kette bis zu den Verantwortlichen zurück.[43]

Sofern der Auftragsverarbeiter **weniger als 250 Mitarbeitern beschäftigt** und keine **25** besonderen Risiken bestehen, **entfällt die Pflicht zur Führung des Verzeichnisses,** Art. 32 Abs. 5 DS-GVO.

b) Enthält das Verarbeitungsverzeichnis die Identität des Auftragsverarbeiters (Art. 30 Abs. 2 Buchst. a DS-GVO)?

Das **Verarbeiterverzeichnis** muss enthalten **Namen und Kontaktdaten** **26**
- des Auftragsverarbeiters
- eines **Vertreters** des Auftragsverarbeiters iSv Art. 4 Nr. 17 DS-GVO iVm Art. 27 DS-GVO (wird also relevant, wenn der Auftragsverarbeiter außerhalb der EU situiert und daher zur Bestellung eines EU-Vertreters verpflichtet ist).
- **jedes Verantwortlichen** iSv Art. 4 Nr. 7 DS-GVO, in dessen Auftrag der Auftragsverarbeiter tätig ist oder ggf. Namen und Kontaktdaten eines Vertreters des Verantwortlichen iSv Art. 4 Nr. 17 DS-GVO iVm Art. 27 DS-GVO (diese Anforderung macht deutlich, dass ein innereuropäischer Auftragsverarbeiter etwa die Datensicherheit gem. Art. 32 DS-GVO auch dann sicherstellen muss, wenn sein Auftraggeber außerhalb der EU residiert).
- eines etwaigen **Datenschutzbeauftragten** (gem. Art. 37 DS-GVO oder § 38 BDSG – gemeint ist der Beauftragte des Auftragsverarbeiters – nicht des Verantwortlichen).

c) Enthält das Verarbeitungsverzeichnis sämtliche Kategorien der Verarbeitung (Art. 30 Abs. 2 Buchst. b DS-GVO)?

Zu beschreiben sind Kategorien von Verarbeitungen, die im Auftrag jedes Verantwortlichen durchgeführt werden. Gemeint ist also der eigentliche Leistungsgegenstand. **27**

---

[41] *Landesbeauftragte für den Datenschutz Niedersachsen,* Hinweise zum Verzeichnis von Verarbeitungtätigkeiten, Art. 30 DS-GVO, 30.6.2017, S. 9.
[42] Paal/Pauly/*Martini* DS-GVO Art. 30 Rn. 20.
[43] *Landesbeauftragte für den Datenschutz Niedersachsen,* Hinweise zum Verzeichnis von Verarbeitungtätigkeiten, Art. 30 DS-GVO, 30.6.2017, S. 9.

28 | Das Auftragskataster ist nach den einzelnen Aufträgen zu differenzieren wie zB:
- Lohn- und Gehaltsabrechnung
- Finanzbuchhaltung
- eMail-Datenbank
- Übernahme der betrieblichen/behördlichen Telefonanlage
- Werbeadressenverarbeitung
- Einscannen von betrieblichen/behördlichen Schriftstücken
- Support-/Wartungsservice
- Rechnerservice mit Support und Datensicherung, bei denen allein der Auftraggeber den Zweck und die Verarbeitungen festlegen
- Archivierung von Datenbeständen
- Löschung sowie Entsorgung von Datenträgern
- Lernplattform
- Datenverarbeitung in einem externen Rechenzentrum.[44]

d) Enthält das Verarbeitungsverzeichnis sämtliche Drittstaatenübermittlungen (Art. 30 Abs. 2 Buchst. c DS-GVO)?

29   Ggf. zu nennen sind Übermittlungen von personenbezogenen Daten an ein Drittland oder an eine internationale Organisation, einschließlich der Angabe des betreffenden Drittlands oder der betreffenden internationalen Organisation, sowie bei den in Art. 49 Abs. 1 UAbs. 2 DS-GVO genannten Datenübermittlungen die Dokumentierung geeigneter Garantien (→ Kapitel 12 Rn. 45). Die Darstellung ist weitgehend identisch wie bei Art. 30 Abs. 1 Buchst. e DS-GVO mit Angabe der konkreten Datenempfänger im Drittland. Relevant werden solche Übermittlungen, wenn der Auftragsverarbeiter Subunternehmer außerhalb der EU beauftragt.[45]

e) Enthält das Verarbeitungsverzeichnis eine allgemeine Beschreibung der technischen und organisatorischen Maßnahmen (Art. 30 Abs. 2 Buchst. d DS-GVO)?

30   Gefordert wird eine allgemeine Beschreibung der technischen und organisatorischen Maßnahmen gem. Art. 32 Abs. 1 DS-GVO (→ Kapitel 9 Rn. 3 ff.).[46] Hinsichtlich der Erläuterungen und Begriffsbestimmungen wird auf die Ausführungen zu Art. 30 Abs. 1 S. 2 Buchst. g DS-GVO verwiesen (→ Kap. 3 Rn. 20). Zu berücksichtigen ist hier, dass die technische und organisatorische Maßnahme je nach Auftraggeber und Verarbeitung variieren, was auch im Verarbeitungsverzeichnis zu berücksichtigen ist.

4. Weitere Anforderungen an das Verarbeitungsverzeichnis

a) Wird das Verarbeitungsverzeichnis in der richtigen Form geführt?

31   Das Verarbeitungsverzeichnis kann **schriftlich oder elektronisch geführt werden** (Art. 30 Abs. 4 DS-GVO). Die seitens der Aufsichtsbehörden bereitgestellten papierhaften Muster bieten zwar Struktur, aber sind insofern keine echte Praxishilfe, als Auswertungen und Übersichten kaum möglich sind. Insofern hat sich in der Praxis bewährt Programme

---

[44] *Landesbeauftragte für den Datenschutz Niedersachsen,* Hinweise zum Verzeichnis von Verarbeitungtätigkeiten, Art. 30 DS-GVO, 30.6.2017, S. 9.

[45] Kühling/Buchner/*Hartung* DS-GVO Art. 30 Rn. 29; *Landesbeauftragte für den Datenschutz Niedersachsen,* Hinweise zum Verzeichnis von Verarbeitungtätigkeiten, Art. 30 DS-GVO, 30.6.2017, S. 10.

[46] Kühling/Buchner/*Hartung* DS-GVO Art. 30 Rn. 30; Paal/Pauly/*Martini* DS-GVO Art. 30 Rn. 22.

zur Tabellenkalkulation oder Datenbanken (etwa Microsoft Excel, Access oder Share-point) auf die Bedürfnisse anzupassen – oder aber gleich auf gesonderte „**Datenschutz-Tools**" zurückzugreifen. Die internationale Datenschutzvereinigung IAPP hat hierzu eine Übersicht veröffentlicht.[47] In diesen IT-Applikationen können dann über die gesetzlich verbindlichen Informationen hinaus weitere Inhalte zu den Verarbeitungen integriert und eine Verbindung zum Datenschutz-Folgenabschätzung hergestellt werden – etwa die Einschätzung, ob ein hohes Risiko iSv Art. 35 Abs. 1 DS-GVO vorliegt.

b) Wird das Verarbeitungsverzeichnis in der richtigen Sprache geführt?

Gerade für internationale Unternehmen bietet sich zur Vereinfachung ein Verarbei- **32** tungsverzeichnis in englischer Sprache an. Die deutschen Aufsichtsbehörden verlangen auf Grundlage von § 23 Abs. 1, 2 VwVfG **deutsche Sprache**.[48] Andere EU-Behörden sind da flexibler. In der Praxis könnte dann eine englische Grundversion mit einer kurzfristigen Übersetzung praktikabel sein.

c) Wird das Verarbeitungsverzeichnis in angemessenen Abständen auf Vollständigkeit und Richtigkeit überprüft?

Die Überprüfungspflicht entspringt der Rechenschaftspflicht. Risiken müssen kontinu- **33** ierlich überprüft und mitigiert werden (→ Kap. 2 Rn. 79 ff.). Um Änderungen der Eintragungen im Verzeichnis nachvollziehen zu können (zB wer war wann Verantwortlicher, Datenschutzbeauftragter, neue Verarbeitungen etc), sollte eine Dokumentation der Änderungen mit einem Prüf-Rhythmus von einem Jahr erfolgen. Auch dies lässt sich aus dem Grundsatz der Rechenschaftspflicht aus Art. 5 Abs. 2 DS-GVO herleiten (→ Kap. 2 Rn. 80).

III. Die Datenschutz-Folgenabschätzung

Gem. Art. 35 Abs. 1 S. 1 DS-GVO ist eine Datenschutz-Folgenabschätzung durchzufüh- **34** ren bei einer Verarbeitung mit einem **voraussichtlich hohen Risiko** für die Rechte des Betroffenen. **Auch bei einer gem. Art. 6 DS-GVO rechtmäßigen Verarbeitung** (→ Kap. 4 Rn. 3 ff.) personenbezogener Daten entstehen Risiken für die betroffenen Personen.[49] Deswegen sieht die DS-GVO unabhängig von sonstigen Voraussetzungen für die Verarbeitung vor, dass durch geeignete Abhilfemaßnahmen (insbes. durch technische und organisatorische Maßnahmen) diese Risiken eingedämmt werden.[50] Das Instrument einer Datenschutz-Folgenabschätzung kann hierfür systematisch eingesetzt werden.

1. Wird für jede (neue) Verarbeitung anhand geeigneter Kriterien geprüft, ob ein hohes Risiko gegeben ist, das zur Datenschutz-Folgenabschätzung verpflichtet?

a) Werden die Hochrisiko-Verarbeitungen vollständig erfasst?

---

[47] Abrufbar unter https://iapp.org/media/pdf/resource_center/2019-Privacy-Tech-Vendor-Report.pdf (zuletzt abgerufen am 20.11.2019).
[48] *Landesbeauftragte für den Datenschutz Niedersachsen*, Hinweise zum Verzeichnis von Verarbeitungstätigkeiten, Art. 30 DS-GVO, 30.6.2017, S. 6.
[49] *DSK*, Kurzpapier Nr. 5, 24.7.2017, S. 1.
[50] *DSK*, Kurzpapier Nr. 5, 24.7.2017, S. 1.

35   Ob eine Datenschutz-Folgenabschätzung vorzunehmen ist, ergibt sich aus einer entsprechenden Risikoabschätzung. Zur Erfüllung der Rechenschaftspflicht muss das Unternehmen einen Prozess implementieren, der bei jeder neuen (bzw. geänderten) Verarbeitung zur Risikoabschätzung verpflichtet.[51] Der Begriff der Verarbeitung ist dabei analog zur Erfassung im Verarbeitungsverzeichnis nach Art. 30 DS-GVO zu verstehen (→ Kap. 3 Rn. 10). Somit ist von einem gemeinsamen Zweck für jede Verarbeitung auszugehen. Allerdings kann eine Datenschutz-Folgenabschätzung sich auch auf mehrere gleichartige Verarbeitungen (Art. 30 Abs. 1 S. 2 DS-GVO) oder eine neue Technologie beziehen (zB digitale statt papierhafte Personalakte).[52] Die Parallelität zur Definition für das Verarbeitungsverzeichnis zeigt, dass es zweckmäßig ist, Verarbeitungen einheitlich zu erfassen. So sollte insbes. die Risikoabschätzung in das Verarbeitungsverzeichnis (technisch) integriert werden.[53]

b) Werden zur Bewertung, ob ein hohes Risiko gegeben ist, angemessene Kriterien zugrunde gelegt?

36   Sofern *„eine Form der Verarbeitung, insbes. bei Verwendung neuer Technologien, aufgrund der Art, des Umfangs, der Umstände und der Zwecke der Verarbeitung voraussichtlich ein hohes Risiko für die Rechte und Freiheiten natürlicher Personen zur Folge hat"*, ist gem. Art. 35 Abs. 1 DS-GVO eine Datenschutz-Folgenabschätzung durchzuführen. Zu dieser Risikoqualifizierung wurden seitens der deutschen Aufsicht wie auch der WP29 detaillierte Leitlinien herausgegeben.[54] Allerdings hat sich aus hiesiger Praxiserfahrung gezeigt, dass der Aufwand für die Abarbeitung dieser relativ komplexen Kriterien unverhältnismäßig scheint, nachdem häufig schon die Regelbeispiele gem. Art. 35 Abs. 3 DS-GVO oder die daraus abgeleitete Kumulationsmethode zur entsprechenden Qualifizierung führt. Infolgedessen werden nachfolgend die einfacheren Methoden wie etwa die Regelgruppen nach Art. 35 Abs. 3 DS-GVO vorangestellt und die komplexeren erst anschließend detailliert.

c) Führt das Vorliegen eine der Regel-Risikofallgruppen nach Art. 35 Abs. 3 DS-GVO zu einem hohen Risiko?

37   Bei einem hohen Risiko für den Betroffenen, ist die Datenschutz-Folgenabschätzung durchzuführen. Als wichtigste Indikation für das Risiko dienen die **unwiderlegbaren Regelbeispiele** gem. Art. 35 Abs. 3 DS-GVO, die entsprechend in eine Risikomatrix zu integrieren ist, die prioritär als Grundlage für eine Risikoabschätzung jeder neuen Verarbeitung dient.[55]

aa) Werden persönliche Aspekte als Grundlage von Entscheidungen mit rechtlicher Wirkung systematisch bewertet (Art. 35 Abs. 3 Buchst. a DS-GVO)?

38   Gem. Art. 35 Abs. 3 Buchst. a DS-GVO ist eine Datenschutz-Folgenabschätzung durchzuführen *bei systematischer und umfassender Bewertung persönlicher Aspekte natürlicher Personen, die sich auf* **automatisierte Verarbeitung einschließlich Profiling** *gründet und die ihrerseits als Grundlage für Entscheidungen dient, die Rechtswirkung gegenüber natürlichen Personen entfalten oder diese in ähnlich erheblicher Weise beeinträchtigen.* Diese Definition lehnt sich stark an Art. 22 DS-GVO an, wo *„ausschließlich automatisierte Entscheidungen im Einzelfall einschließlich Profiling"* beschränkt werden. Weitere Konkretisierung bietet Erwgr. 71 DS-GVO. **Profiling**

---

[51] Art. 29-Datenschutzgruppe WP 248 v. 4.10.2017, S. 4.
[52] Art. 29-Datenschutzgruppe WP 248 v. 4.10.2017, S. 8 f.; DSK Kurzpapier Nr. 5 v. 24.7.2017, S. 1.
[53] Paal/Pauly/*Martini* DS-GVO Art. 35 Rn. 4.
[54] *Art. 29-Datenschutzgruppe*, WP 248, 4.10.2017; DSK Kurzpapier Nr. 5 v. 24.7.2017.
[55] *DSK*, Kurzpapier Nr. 5, 24.7.2017, S. 1 f.

Katko

ist definiert in Art. 4 Nr. 4 DS-GVO als *„jede Art der automatisierten Verarbeitung personenbezogener Daten, die darin besteht, dass diese personenbezogenen Daten verwendet werden, um bestimmte persönliche Aspekte, die sich auf eine natürliche Person beziehen, zu bewerten, insbes. um Aspekte bezüglich Arbeitsleistung, wirtschaftliche Lage, Gesundheit, persönliche Vorlieben, Interessen, Zuverlässigkeit, Verhalten, Aufenthaltsort oder Ortswechsel dieser natürlichen Person zu analysieren oder vorherzusagen.“* Im E-Commerce wären etwa Applikationen einschlägig, die im Sinn der Betrugsprävention Verbraucher automatisch vom Erwerb von Waren ausschließen.

> **bb) Findet eine umfangreiche Verarbeitung von besonderen Kategorien personenbezogenen Daten oder Daten über strafrechtliche Verurteilungen statt (Art. 35 Abs. 3 Buchst. b DS-GVO)?**

Gem. Art. 35 Abs. 3 Buchst. b DS-GVO ist eine Datenschutz-Folgenabschätzung **39** durchzuführen bei **umfangreicher Verarbeitung besonderer Kategorien von personenbezogenen Daten** gem. Art. 9 Abs. 1 DS-GVO oder von **personenbezogenen Daten über strafrechtliche Verurteilungen und Straftaten** gem. Art. 10 DS-GVO.[56] Besondere Kategorien personenbezogener Daten sind definiert in Art. 9 Abs. 1 DS-GVO als *„[personenbezogene] Daten, aus denen die rassische und ethnische Herkunft, politische Meinungen, religiöse oder weltanschauliche Überzeugungen oder die Gewerkschaftszugehörigkeit hervorgehen, sowie die Verarbeitung von genetischen Daten, biometrischen Daten zur eindeutigen Identifizierung einer natürlichen Person, Gesundheitsdaten oder Daten zum Sexualleben oder der sexuellen Orientierung einer natürlichen Person.“* In der Praxis relevant sind vor allem Gesundheitsdaten (zB Krankmeldung gegenüber Arbeitgeber), religiöse Anschauung (zB bei Lohnsteuerabrechnung) oder Gewerkschaftszugehörigkeit. Die Verarbeitung strafrechtlicher Verurteilungen ist ohnehin durch Art. 10 DS-GVO limitiert. Entscheidend ist jedenfalls, dass es sich um eine **umfangreiche Verarbeitung** handelt. In Bezug auf Gesundheitsdaten sei dies etwa bei kleineren Arztpraxen nicht der Fall, dagegen schon bei Krankenhäusern.[57]

> **cc) Werden öffentlich zugängliche Bereiche umfangreich überwacht (Video-Überwachung etc.) (Art. 35 Abs. 3 Buchst. c DS-GVO)?**

Gem. Art. 35 Abs. 3 Buchst. b DS-GVO ist eine Datenschutz-Folgenabschätzung **40** durchzuführen bei einer systematischen umfangreichen **Überwachung** öffentlich zugänglicher Bereiche. Dies ist vor allem bei Überwachung durch **Video- und Photoaufnahmen** der Fall.[58] **Öffentlich zugänglich** sind Bereiche, die ihrem Zweck nach dazu bestimmt sind, von einer Vielzahl von Personen frei oder nach allgemein erfüllbaren Kriterien betreten und genutzt zu werden. Auch Eintrittsgelder wie bei öffentlichen Verkehrsmitteln, Theatern, Fußballstadien, Fitnessstudios oder Schwimmbädern ändern daran nichts. Für die Überwachung reicht die **objektive Möglichkeit,** die subjektive Absicht ist nicht erforderlich.

> **d) Wurden die Verarbeitungen im Hinblick zur Pflicht auf die Datenschutz-Folgeabschätzung mit entsprechenden Listen der Aufsichtsbehörden abgeglichen?**

Gem. Art. 35 Abs. 4, 5 DS-GVO können die (lokalen) Aufsichtsbehörden Listen zu **41** Datenschutz-Folgenabschätzung-pflichtigen oder Datenschutz-Folgenabschätzung-freien Verarbeitungen veröffentlichen. Die Liste der Verarbeitungsvorgänge, für die nach Art. 35 Abs. 4 DS-GVO eine Datenschutz-Folgenabschätzung durchzuführen ist, ist von der

---

[56] Paal/Pauly/*Martini* DS-GVO Art. 35 Rn. 30.
[57] Kühling/Buchner/*Jandt* DS-GVO Art. 35 Rn. 10; *Art. 29-Datenschutzgruppe*, WP 248, 4.10.2017, S. 11 ff.
[58] *Art. 29-Datenschutzgruppe*, WP 248, 4.10.2017, S. 10 f.

Webseite der Aufsichtsbehörden des jeweiligen Bundeslandes oder EU-Mitgliedstaats zu entnehmen.[59]

e) Führt das Vorliegen von mehreren in Art. 35 Abs. 3 DS-GVO enthaltenen Einzelrisiken zu einem hohen Risiko?

42 Aus den in Art. 35 Abs. 3 DS-GVO genannten Kriterien hat die WP29 die nachfolgenden **Einzelkriterien extrahiert.**[60] Erfüllt ein Verarbeitungsvorgang **zwei dieser Kriterien,** muss der für die Datenverarbeitung Verantwortliche **idR eine Datenschutz-Folgenabschätzung durchführen.** Nach Auffassung der WP29 steigt die Wahrscheinlichkeit, dass ein Verarbeitungsvorgang ein hohes Risiko für die Rechte und Freiheiten von Betroffenen mit sich bringt und somit eine Datenschutz-Folgenabschätzung erforderlich ist (und zwar unabhängig von den Maßnahmen, die der für die Verarbeitung Verantwortliche ins Auge fasst), je mehr Kriterien diese Verarbeitung erfüllt.[61] In einigen Fällen könne sogar nur eines dieser Kriterien ausreichen. Folgende Kriterien sind dabei zu berücksichtigen:

aa) Findet Profiling statt?

43 Profiling meint gem. Art. 4 Nr. 4 DS-GVO die **Erstellung eines nutzbaren Gesamtbildes einer Persönlichkeit,** also die Bewertung Betroffener, um ein nutzbares Gesamtbild einer Persönlichkeit, insbes. auf der Grundlage von Aspekten, die die Arbeitsleistung, wirtschaftliche Lage, Gesundheit, persönliche Vorlieben oder Interessen, die Zuverlässigkeit oder das Verhalten sowie den Aufenthaltsort oder Ortswechsel der Person betreffen, zu erstellen.

bb) Werden Entscheidungen automatisch getroffen?

44 Betroffene haben ein Recht darauf, dass Entscheidungen die ihnen gegenüber **rechtliche Wirkung** entfalten oder sie in anderer Weise erheblich beeinträchtigen, grds. nicht völlig frei von menschlicher Teilhabe erfolgen (vgl. Art. 22 DS-GVO). Automatische Online-Bonitätsprüfungen dahingehend, dass ein Verbraucher nur auf Rechnung und nicht auf Kreditkarte kaufen darf, wäre eine solche automatische Entscheidung. Insbes. Entscheidungen durch sog. **Künstliche Intelligenz (KI)** dürften auch hierunter fallen.

cc) Werden Betroffene systematisch überwacht?

45 **Systematische** Überwachung sind Verarbeitungsvorgänge, die die Beobachtung, Überwachung oder Kontrolle von Betroffenen zum Ziel haben und auf bspw. über Netzwerke erfasste Daten oder auf „eine systematische […] Überwachung öffentlich zugänglicher Bereiche" zurückgreifen.[62] Wenn die Login-Daten in bestimmten IT-Systemen gespeichert

---

[59] Abrufbar unter https://datenschutz.hessen.de/sites/datenschutz.hessen.de/files/HBDI_Verarbeitungsvorg%C3%A4nge%20-Muss-Liste%20Berlin%20%28002%29.pdf; https://www.autoriteitpersoonsgegevens.nl/nl/zelf-doen/data-protection-impact-assessment-dpia#wat-zijn-de-criteria-van-de-ap-voor-een-verplichte-dpia-6667; https://www.garanteprivacy.it/regolamentoue/DPIA; https://www.datainspektionen.se/lagar-regler/dataskyddsforordningen/konsekvensbedomningar-och-forhandssamrad/vem-maste-gora-en-konsekvensbedomning/; https://www.datainspektionen.se/lagar-regler/dataskyddsforordningen/konsekvensbedomningar-och-forhandssamrad/vem-maste-gora-en-konsekvensbedomning/ (jeweils zuletzt abgerufen am 20.11.2019).

[60] *Art. 29-Datenschutzgruppe,* WP 248, 4.10.2017, S. 10 ff.

[61] *Art. 29-Datenschutzgruppe,* WP 248, 4.10.2017, S. 13.

[62] Art. 35 Abs. 3 Buchst. c DS-GVO.

werden ist dies noch unbedenklich. Sofern diese Login-Daten dann jedoch zur Überprüfung der tatsächlichen Arbeitszeit genutzt werden, wäre das Risiko-Kriterium erfüllt.

dd) Werden besondere Kategorien personenbezogener Daten oder Daten über strafrechtliche Verurteilungen verarbeitet?

Besondere Kategorien personenbezogener Daten sind gem. Art. 9 Abs. 1 DS-GVO **46** personenbezogene Daten die **Rückschlüsse auf rassische und ethnische Herkunft, politische Meinungen, religiöse oder weltanschauliche Überzeugungen oder die Gewerkschaftszugehörigkeit** zulassen, sowie die Verarbeitung von genetischen Daten, biometrischen Daten zur eindeutigen Identifizierung einer natürlichen Person, Gesundheitsdaten oder Daten zum Sexualleben oder der sexuellen Orientierung.[63] Die Verarbeitung personenbezogener Daten über strafrechtliche Verurteilungen oder Straftaten unterliegt gem. Art. 10 DS-GVO ohnehin einem Behördenvorbehalt.[64]

ee) Werden personenbezogene Daten in großem Umfang verarbeitet?

Zwar ist das Merkmal „in großem Umfang" in der DS-GVO nicht weiter definiert; in **47** Erwgr. 91 DS-GVO finden sich aber einige Hinweise. In jedem Fall empfiehlt die WP29 die Berücksichtigung weiterer Faktoren, wenn ermittelt werden soll, ob die fragliche Verarbeitung in großem Umfang durchgeführt wird:

- **Zahl der Betroffenen,** entweder als konkrete Anzahl oder als Anteil der entsprechenden Bevölkerungsgruppe;
- **verarbeitete Datenmenge** bzw. Bandbreite der unterschiedlichen verarbeiteten Datenelemente;
- **Dauer oder Dauerhaftigkeit der Datenverarbeitung;**
- **geografisches Ausmaß der Datenverarbeitung.**

ff) Werden Datensätze abgeglichen oder zusammengeführt?

Der Verantwortliche ist verpflichtet, personenbezogene Daten nur zu den Zwecken zu **48** verarbeiten, über die bei der Datenerhebung informiert wurde.[65] Das Abgleichen oder Zusammenführen solcher Datensätze, die aus zwei oder mehreren Datenverarbeitungsvorgängen stammen, die zu **unterschiedlichen Zwecken** und/oder von **verschiedenen für die Datenverarbeitung Verantwortlichen** durchgeführt wurden, und zwar in einer Weise, **die über die vernünftigen Erwartungen** der Betroffenen **hinausgeht,** kann entsprechend ein hohes Risiko auslösen.

gg) Werden Daten von schutzbedürftigen Betroffenen verarbeitet (Kinder, Arbeitnehmer etc)?

Personenbezogene Daten von Kindern und anderen schutzbedürftigen genießen in der **49** DS-GVO einen besonderen Stellenwert.[66] Zwischen den Betroffen und dem für die Datenverarbeitung Verantwortlichen besteht ein größeres **Machtungleichgewicht;** dh den Personen ist es unter Umständen nicht ohne weiteres möglich, der Verarbeitung ihrer Daten zuzustimmen bzw. zu widersprechen oder ihre Rechte auszuüben (Kinder, Arbeitnehmer).

---

[63] Art. 9 DS-GVO.
[64] BeckOK DatenschutzR/*Bäcker* DS-GVO Art. 10 Rn. 7–9.
[65] FGO/*Franzen* DS-GVO Art. 6 Rn. 13.
[66] Erwgr. 75 DS-GVO.

hh) Werden innovative Technologien genutzt?

50   Innovative Nutzung und Anwendung neuer technologischer oder organisatorischer Lösungen, wie etwa die Kombination aus Fingerabdruck- und Gesichtserkennung zum Zwecke einer verbesserten Zugangskontrolle können zu einem höheren oder zumindest **noch nicht überschaubaren Risiko** führen.[67]

ii) Wird der Betroffene an der Ausübung eines Rechts oder der Nutzung einer Dienstleistung gehindert?

51   Fälle, in denen die Verarbeitung an sich „die betroffenen Personen an der Ausübung eines Rechts oder der Nutzung einer Dienstleistung bzw. Durchführung eines Vertrags hindert" (Art. 22 DS-GVO und Erwgr. 91 DS-GVO).[68] Über die automatisierten Entscheidungen in Art. 22 DS-GVO hinaus wäre an Entscheidungen zu denken, bei denen zwar noch ein **Mensch die Entscheidung ändern kann, dies aber faktisch nie tut** (zB Bonitätscheck bei Kreditvergabe).

f) Führt das Vorliegen sonstiger bzw. allgemeiner Kriterien zu einem hohen Risiko?

52   Auch wenn weder die Regelbeispiele nach Art. 35 Abs. 3 DS-GVO noch die daraus abgeleiteten Einzelrisiken zu einem hohen Risiko führen, ist die Pflicht zur Datenschutz-Folgenabschätzung nicht ausgeschlossen. Vielmehr muss dann festgestellt werden, ob nicht sonstige bzw. allgemeine Kriterien zu einem solchen Risiko führen.

53   Für die Risikoabschätzung ist Erwgr. 75 DS-GVO maßgeblich – dabei nicht nur iRd Datenschutz-Folgenabschätzung, sondern auch für Meldungen nach Art. 33, 34 DS-GVO, die Datensicherheit nach Art. 32 DS-GVO sowie Privacy by Design and by Default nach Art. 24 DS-GVO (→ Kapitel 3 Rn. 76 ff.).[69]

54   Gem. den deutschen Aufsichtsbehörden sei ein Risiko gegeben bei Bestehen der Möglichkeit des Eintritts eines Ereignisses, das selbst einen Schaden (einschließlich ungerechtfertigter Beeinträchtigung von Rechten und Freiheiten natürlicher Personen) darstellt oder zu einem weiteren Schaden für eine oder mehrere natürliche Personen führen kann.[70] Es bestehen somit zwei Dimensionen: Erstens die **Schwere des Schadens** und zweitens die **Wahrscheinlichkeit,** dass das Ereignis und die Folgeschäden eintreten.[71]

aa) Werden die Risiken angemessen identifiziert und beurteilt?

55   Zur Risikobeurteilung sind die folgenden Phasen zu durchlaufen: 1. **Risikoidentifikation** 2. Abschätzung von **Eintrittswahrscheinlichkeit** und **Schwere möglicher Schäden** 3. Zuordnung zu **Risikoabstufungen.** Grundlage der Risikobeurteilung muss dabei eine konkrete Beschreibung des zugrunde gelegten Sachverhalts sein, für den das Risiko abgeschätzt werden soll.[72]

56   Zur Identifikation von Datenschutzrisiken bietet es sich an, von folgenden Fragen auszugehen:
a. **Welche Schäden** können für die natürlichen Personen auf der Grundlage der zu verarbeitenden Daten bewirkt werden?
b. **Wodurch,** dh durch welche Ereignisse kann es zu dem Schaden kommen?

---

[67] *Art. 29-Datenschutzgruppe,* WP 248, 4.10.2017, S. 12.
[68] *Art. 29-Datenschutzgruppe,* WP 248, 4.10.2017, S. 10 ff.
[69] *DSK,* Kurzpapier Nr. 5, 24.7.2017, S. 3.
[70] *Art. 29-Datenschutzgruppe,* WP 248, 4.10.2017, S. 9; *DSK,* Kurzpapier Nr. 18, 26.4.2018, S. 1.
[71] *Art. 29-Datenschutzgruppe,* WP 248, 4.10.2017, S. 6; *DSK,* Kurzpapier Nr. 18, 26.4.2018, S. 1.
[72] *Art. 29-Datenschutzgruppe,* WP 248, 4.10.2017, S. 16; *DSK,* Kurzpapier Nr. 18, 26.4.2018, S. 2.

c. Durch welche Handlungen und Umstände kann es zum **Eintritt dieser Ereignisse** kommen?[73]

bb) Welche Schäden drohen der natürlichen Person?

Schäden können nach der DS-GVO physischer, materieller oder immaterieller Natur **57** sein (Erwgr. 75 S. 1 DS-GVO). Der Schadensbegriff ist somit in einem umfassenden Sinne zu verstehen und **nicht auf monetär bezifferbare Schäden** begrenzt. Beispiele möglicher Schäden sind unter anderem:

- Diskriminierung
- Identitätsdiebstahl oder -betrug
- finanzieller Verlust
- Rufschädigung
- wirtschaftliche oder gesellschaftliche Nachteile
- Erschwerung der Rechtsausübung und Verhinderung der Kontrolle durch betroffene Personen
- Ausschluss oder Einschränkung der Ausübung von Rechten und Freiheiten
- Profilerstellung oder -nutzung durch Bewertung persönlicher Aspekte
- körperliche Schäden infolge von Handlungen auf der Grundlage fehlerhafter oder offengelegter Daten.[74]

cc) Welche Ereignisse können zur Verwirklichung des Schadens führen?

Für jeden bereits identifizierten möglichen Schaden werden die Ereignisse ermittelt, **58** die zu seiner Verwirklichung führen können. Diese bestehen in der **Nichteinhaltung der Datenschutzgrundsätze nach Art. 5 Abs. 1** sowie der **Nichtgewährung der Betroffenenrechte nach Art. 12 ff.**, insbes.:

- Unbefugte oder unrechtmäßige Verarbeitung
- Verarbeitung wider Treu und Glauben
- Für den Betroffenen intransparente Verarbeitung
- Unbefugte Offenlegung von und Zugang zu Daten
- Unbeabsichtigter Verlust, Zerstörung oder Schädigung von Daten
- Verweigerung der Betroffenenrechte
- Verwendung der Daten durch den Verantwortlichen zu inkompatiblen Zwecken
- Verarbeitung nicht vorhergesehener Daten
- Verarbeitung nicht richtiger Daten
- Verarbeitung über die Speicherfrist hinaus[75]

Bei Schäden, die sich aus der Verarbeitung selbst ergeben, besteht das Ereignis in eben dieser Verarbeitung.

dd) Sind mögliche Risikoquellen identifiziert bzw. zugeordnet?

Ein relevanter Teil der Risikoquellen ist der plangemäß durchgeführten Verarbeitung **59** zuzuordnen. Etwa eine Vertriebsabteilung, die die Zweckbindung von Kundendaten ändern könnte, um eine Zielvorgabe zum Umsatz zu erfüllen oder Beschäftigte, die vorsätzlich gegen Anweisungen zum Umgang mit personenbezogenen Daten verstoßen.[76] Des Weiteren sind Risiken durch unbefugte Angreifer wie Cyberkriminelle zu berücksichti-

---

[73] *DSK,* Kurzpapier Nr. 18, 26.4.2018, S. 2.
[74] *DSK,* Kurzpapier Nr. 18, 26.4.2018, S. 3; Erwgr. 75 DS-GVO.
[75] *DSK,* Kurzpapier Nr. 18, 26.4.2018, S. 3.
[76] *DSK,* Kurzpapier Nr. 18, 26.4.2018, S. 4.

gen. Schließlich können Risikoquellen bei Kommunikationspartnern liegen, mit denen personenbezogene Daten befugt ausgetauscht werden, oder bei Herstellern und Dienstleistern, die Informationstechnik einschließlich der mit ihr verwendeten Software. Auch sind technische Fehlfunktionen und äußere Einflüsse, zB durch höhere Gewalt, als Risikoquellen zu berücksichtigen.[77]

ee) Wurden Eintrittswahrscheinlichkeit und Schwere möglicher Schäden ermittelt?

60   Sowohl für die Differenzierung der Eintrittswahrscheinlichkeit als auch für mögliche Schäden bieten sich jeweils folgende Abstufungen an:

- geringfügig
- überschaubar
- substanziell
- groß[78]

(1) Eintrittswahrscheinlichkeit?

61   Die Eintrittswahrscheinlichkeit eines Risikos beschreibt, mit welcher Wahrscheinlichkeit ein bestimmtes Ereignis (das selbst auch ein Schaden sein kann) eintritt und mit welcher weiteren Wahrscheinlichkeit es zu Folgeschäden kommen kann.[79] Die Wahrscheinlichkeiten der verschiedenen Wege, die zu einer solchen Offenlegung führen können, summieren sich hierbei.[80]

(2) Schwere des Schadens?

62   Die Schwere eines möglichen Schadens muss in jedem Einzelfall insbes. unter Berücksichtigung von Art, Umfang, Umständen und Zwecken der Verarbeitung bestimmt werden (Erwgr. 76 DS-GVO). Wesentliche Faktoren sind jedenfalls die schon oben dargestellten Einzelfaktoren gem. Art. 35 Abs. 3 DS-GVO (→ Kap. 3 Rn. 37 ff.):

- Die Verarbeitung besonders geschützter Daten iSv Art. 9, 10 DS-GVO.
- Verarbeitung von Daten schützenswerter Personengruppen (zB Kinder, Beschäftigte).
- Verarbeitung nicht veränderbarer und eindeutig identifizierenden Daten wie zB eindeutigen Personenkennzahlen im Vergleich zu pseudonymisierten Daten.
- Automatisierte Verarbeitungen, die eine systematische und umfassende Bewertung persönlicher Aspekte (zB Profiling) beinhalten und auf deren Grundlage dann Entscheidungen mit erheblichen Rechtswirkungen für betroffene Personen getroffen werden (vgl. Art. 35 Abs. 3 Buchst. a DS-GVO).
- Wenn der Schaden nicht oder kaum reversibel ist oder die betroffene Person nur wenige oder beschränkte Möglichkeiten hat, die Verarbeitung selbst zu prüfen oder gerichtlich prüfen zu lassen oder sich dieser Verarbeitung zu entziehen, etwa, weil sie von der Verarbeitung gar keine Kenntnis hat.
- Wenn die Verarbeitung eine systematische Überwachung ermöglicht.
- Die Anzahl der betroffenen Personen, die Anzahl der Datensätze und die Anzahl der Merkmale in einem Datensatz sowie die geographische Abdeckung, die mit den verarbeiteten Daten erreicht wird.[81]

---

[77] *DSK,* Kurzpapier Nr. 18, 26. 4. 2018, S. 4.
[78] *DSK,* Kurzpapier Nr. 18, 26. 4. 2018, S. 4.
[79] *DSK,* Kurzpapier Nr. 18, 26. 4. 2018, S. 4.
[80] *DSK,* Kurzpapier Nr. 18, 26. 4. 2018, S. 4.
[81] *DSK,* Kurzpapier Nr. 18, 26. 4. 2018, S. 5.

ff) Wurden die Risiken angemessen bewertet bzw. fand eine Zuordnung zu Risikoabstufungen im Rahmen einer Risikomatrix statt?

Nachdem die Eintrittswahrscheinlichkeit und die Schwere möglicher Schäden be- **63** stimmt wurden, müssen diese den Risikoabstufungen „geringes Risiko", „Risiko" und „hohes Risiko" zugeordnet werden.[82] Wie diese Abbildung konkret erfolgt, wird in der DS-GVO nicht näher beschrieben – es besteht daher grds. Spielraum für verschiedene Modelle. Als Risiko der Verarbeitung insgesamt sei nach der deutschen Aufsicht grds. die höchste Risikoklasse der Einzelrisiken anzunehmen. Sollten in der jeweiligen Risikoklasse viele Einzelrisiken vorhanden sein, kann es im Einzelfall erforderlich sein, eine höhere Risikoklasse anzunehmen. Für die Abschätzung des Risikos der Verarbeitung gemäß der Eintrittswahrscheinlichkeit und der Schwere des möglichen Schadens sollte eine entsprechende **Risikomatrix** entwickelt und verwendet werden.[83]

2. Durchführung, Dokumentation und Methodik der Datenschutz-Folgenabschätzung

a) Wird die Datenschutz-Folgenabschätzung zum richtigen Zeitpunkt durchgeführt?

Eine Datenschutz-Folgenabschätzung ist **vor der Aufnahme der zu betrachtenden** **64** **Verarbeitungsvorgänge durchzuführen.**[84] Nur so können Maßnahmen zur Risikoreduzierung rechtzeitig implementiert werden. Auch bereits bestehende Verarbeitungsvorgänge können unter die Pflicht einer Datenschutz-Folgenabschätzung fallen.[85] Da eine Datenschutz-Folgenabschätzung meist nicht ad hoc in wenigen Tagen erstellt werden kann, muss sie rechtzeitig auf den Weg gebracht werden.[86] Ggf. kann die Datenschutz-Folgenabschätzung (DSFA) auch mit der frühzeitigen Betrachtung iRv Privacy by Design verbunden werden (→ Kap. 3 Rn. 76 ff.).

b) Wird bei der Datenschutz-Folgenabschätzung eine entsprechende Methodik angewandt?

Die Aufsichtsbehörden fordern eine angemessene Methodik bei Durchführung der Da- **65** tenschutz-Folgenabschätzung. Diese ergibt sich jedoch allenfalls mittelbar aus dem Gesetz selbst. Alleine Art. 35 Abs. 7 DS-GVO gibt die Elemente der Datenschutz-Folgenabschätzung vor, die von den Unternehmen standardmäßig im Datenschutz-Folgenabschätzung-Prozess dokumentiert werden sollten.[87] Die inhaltlichen Anforderungen durch Aufsichtsbehörden und auch in der Literatur erscheinen dabei sehr ambitioniert (vgl. etwa das in WP 247 referenzierte Standard-Datenschutzmodell[88]) insbes., da die Praxis der Implementierung der DS-GVO gezeigt hat, dass bereits unter Zugrundelegung der „Kumulationsmethode" relativ viele Verarbeitungen hinsichtlich der Datenschutz-Folgen abschätzungspflichtig sind. Bereits durch Erwgr. 90 DS-GVO stehen Eintrittswahrscheinlichkeit, Risiko und mitigierende Maßnahmen im Fokus. So seien „die spezifische Eintrittswahrscheinlichkeit und die Schwere des hohen Risikos unter Berücksichtigung der Art, des Umfangs, der Umstände und der Zwecke der Verarbeitung und der Ursachen des Risi-

---

[82] *DSK,* Kurzpapier Nr. 18, 26. 4. 2018, S. 6.
[83] *DSK,* Kurzpapier Nr. 18, 26. 4. 2018, S. 6.
[84] *Art. 29-Datenschutzgruppe,* WP 248, 4. 10. 2017, S. 17; Paal/Pauly/*Martini* DS-GVO Art. 35 Rn. 22a.
[85] *DSK,* Kurzpapier Nr. 5, 24. 7. 2017, S. 2.
[86] *DSK,* Kurzpapier Nr. 5, 24. 7. 2017, S. 2.
[87] Paal/Pauly/*Martini* DS-GVO Art. 35 Rn. 44 ff.
[88] https://www.datenschutzzentrum.de/sdm/ (zuletzt abgerufen am 24. 6. 2019).

kos" zu bewerten.[89] Die **Methodik zur Bestimmung des hohen Risikos einer Verarbeitung** kann somit auch bei der eigentlichen Risikoerfassung zur Definition von mitigierenden Maßnahmen genutzt werden (→ Kap. 3 Rn. 51 ff.). Die Datenschutz-Folgenabschätzung sollte sich insbes. mit den **Maßnahmen, Garantien und Verfahren befassen,** durch die dieses Risiko eingedämmt, der Schutz personenbezogener Daten sichergestellt und die Einhaltung der Bestimmungen dieser Verordnung nachgewiesen werden.[90] Schlussendlich geht es darum, die bei der Risikobewertung zur Frage ob eine Datenschutz-Folgenabschätzung erforderlich ist, identifizierten Risiken (→ Kap. 3 Rn. 68) dann auch jeweils zu mitigieren. Bedeutsam ist, dass die mitigierenden Maßnahmen **auch bei ansonsten bereits nach Art. 6 Abs. 1 DS-GVO durch Einwilligung und Vertragserfüllung legitimierten Verarbeitungen identifiziert und umgesetzt werden** müssen. Insbes. jedoch bei einer Rechtfertigung aufgrund berechtigter Interessen gem. Art. 6 Abs. 1 Buchst. f DS-GVO dürfte die Systematik der Abwägung der Interessen des Verantwortlichen mit den Rechten des Betroffenen im Bereich der Risikomitigierung mit einer Datenschutz-Folgenabschätzung gleichlaufe. Und die **Maßnahmen entsprechen dabei idR dem üblichen Kanon von Löschen, Berechtigungen, Sicherheit und Information,** so dass insgesamt die Besonderheiten der Datenschutz-Folgenabschätzung in der Praxis vor allem in der Dokumentationstiefe liegen werden.

c) Wird die Datenschutz-Folgenabschätzung in der entsprechenden Abfolge nach Art. 35 Abs. 7 DS-GVO durchgeführt und dokumentiert?

66   Gerade im Fall eines Datenschutzverstoßes mit Ahndung durch die Aufsichtsbehörden ist die Dokumentation gem. Art. 35 Abs. 7 essentiell. Dabei muß sie vor Beginn der Verarbeitung erfolgen.

aa) Sind die Verarbeitungen, Zwecke und berechtigten Interessen systematisch beschrieben (Art. 35 Abs. 7 Buchst. a DS-GVO)?

67   In Art. 35 Abs. 7 Buchst. a DS-GVO fordert die DS-GVO eine systematische Beschreibung der geplanten Verarbeitungsvorgänge und der Zwecke der Verarbeitung, gegebenenfalls einschließlich der von dem Verantwortlichen verfolgten berechtigten Interessen.[91] Darin liegt auch ein gewisses „Scoping" bzw. eine Vorbereitungsphase für die Datenschutz-Folgenabschätzung.[92] Ggf. sind dabei die **Datenströme kleinteilig zu analysieren und Zwecke, Kategorien von Daten, Übermittlungen, Aufbewahrungsfristen sowie Rechtsgrundlagen analog zum Verarbeitungsverzeichnis** zu erfassen (→ Kap. 3 Rn. 8 ff.).[93] Die berechtigten Interessen und deren Beschreibung können dabei der Datenschutz-Folgenabschätzung-spezifischen Risikoabwägung wie auch der Legitimierung nach Art. 6 Abs. 1 Buchst. f DS-GVO sowie der Information darüber in Art. 13 Abs. 1 Buchst. d DS-GVO und Art. 14 Abs. 2 Buchst. b DS-GVO dienen.[94] Aus Sicht der Aufsichtsbehörden ist die Einbindung der für die Verarbeitung im Unternehmen Verantwortlichen essentiell (sog. Stakeholder), was das Prinzip der **„1st line responsibility"** (→ Kap. 2 Rn. 11, 128) bekräftigt, also der Verantwortlichkeit des jeweiligen Geschäftsbereichs für die Umsetzung des Datenschutzes. Entsprechende Teams für die Datenschutz-Folgenabschätzung seien zu bilden.

---

[89] *Art. 29-Datenschutzgruppe,* WP 248, 4.10.2017, S. 21.
[90] *Art. 29-Datenschutzgruppe,* WP 248, 4.10.2017, S. 21.
[91] *DSK,* Kurzpapier Nr. 18, 24.7.2017, S. 4.
[92] Paal/Pauly/*Martini* DS-GVO Art. 35 Rn. 45–47.
[93] Paal/Pauly/*Martini* DS-GVO Art. 35 Rn. 45–47.
[94] Paal/Pauly/*Martini* DS-GVO Art. 35 Rn. 45–47.

bb) Sind die Risiken für den Betroffenen sowie der Notwendigkeit und Verhältnismäßigkeit der Verarbeitungsvorgänge in Bezug auf den Zweck bewertet (Art. 35 Abs. 7 Buchst. b, c DS-GVO)?

Trotz der Trennung bietet es sich hier an, die **Anforderungen nach Art. 35 Abs. 7 Buchst. b, c DS-GVO zusammen abzuarbeiten,** da es schlussendlich um eine Gesamtbewertung bzw. **Verhältnismäßigkeitsprüfung geht.**[95] **Risiken und Eintrittswahrscheinlichkeit auf der einen Seite sowie Zwecke und deren Erforderlichkeit auf der anderen Seite sind gegenüberzustellen.** Sofern die anschließende Abwägung zugunsten des Verantwortlichen ausgeht, sind keine weiteren Maßnahmen zu treffen. Ansonsten sind die Risiken durch Maßnahmen gem. Art. 35 Abs. 7 Buchst. d DS-GVO abzuhelfen. Entsprechend ist dies zu dokumentieren. Anzuknüpfen ist dabei an die Risikoinventur bei der Beurteilung des „Ob" der Datenschutz-Folgenabschätzung (→ Kap. 3 Rn. 34 ff.). Sofern die Notwendigkeit der Datenschutz-Folgenabschätzung ohne detaillierte Risikoidentifikation erfolgt ist, sind die Risiken auf dieser Ebene der Risikobewertung zum Zwecke der Eindämmung entsprechend der gewählten Risikomatrix zu identifizieren (→ Kap. 3 Rn. 62 ff.). 68

cc) Werden risikoreduzierende Maßnahmen getroffen (Art. 35 Abs. 7 Buchst. d DS-GVO)?

Zur Bewältigung der Risiken sind Abhilfemaßnahmen zu definieren und dokumentieren.[96] Die **Datenschutzrisiken sind einzudämmen.**[97] Diese Abhilfe speist sich aus dem allgemeinen Repertoire bzw. den Handlungspflichten des Verantwortlichen. Erfahrungsgemäß sind das **etwa rasches Löschen (zB bei Videoüberwachung), eingeschränkte Berechtigungen oder erhöhte Datensicherheit** (→ Kap. 9 Rn. 7 ff.). Im Ergebnis divergieren diese allgemeinen Maßnahmen kaum von denjenigen bei nicht Datenschutz-Folgenabschätzung-pflichtigen Verarbeitungen. Dies führt in der Praxis aus hiesiger Sicht auch dazu, dass die Datenschutz-Folgenabschätzung-Pflicht eher die Dokumentationspflicht, nicht jedoch nicht die Art der Maßnahmen ändert.[98] 69

3. Einbindung von weiteren Akteuren und betroffenen Personen

a) Wird der Standpunkt des Betroffenen eingeholt (Art. 35 Abs. 9 DS-GVO)?

Gem. Art. 35 Abs. 9 DS-GVO ist ggf. der Standpunkt der Betroffenen oder ggf. deren Vertreter einzuholen. Dies versteht sich als Element des **Selbstdatenschutzes.**[99] Allerdings soll dies nur „gegebenenfalls" bzw „where appropriate" gem. der englischen Fassung erfolgen, was eine allgemeine Pflicht ausschließt.[100] Damit muss die Möglichkeit von Interessenvertretern auch bestehen, was insbes. bei **Betriebsräten, Verbraucherschutzverbänden oder etwa Automobilclubs** beim Thema vernetzte Mobilität der Fall sein kann. 70

b) Wird der Rat des Datenschutzbeauftragten eingeholt (Art. 35 Abs. 2 DS-GVO)?

---

[95] *DSK,* Kurzpapier Nr. 5, 26. 4. 2018, S. 3.
[96] BeckOK DatenschutzR/*Hansen* DS-GVO Art. 35 Rn. 50; Ehmann/Selmayr/*Baumgartner* DS-GVO Art. 35 Rn. 38.
[97] *DSK,* Kurzpapier Nr. 18, 26. 4. 2018, S. 6.
[98] Ehmann/Selmayr/*Baumgartner* DS-GVO Art. 35 Rn. 44.
[99] Kühling/Buchner/*Jandt* DS-GVO Art. 35 Rn. 54.
[100] Paal/Pauly/*Martini* DS-GVO Art. 35 Rn. 60 f.

71   Verpflichtend ist gem. Art. 35 Abs. 2 DS-GVO die Einhaltung des Rates des Daten-schutzbeauftragten (sofern vorhanden) einzuholen. Dies spiegelt sich auch in der **Pflicht des Datenschutzbeauftragten gem. Art. 39 Abs. 3 DS-GVO** wieder, **den Verant-wortlichen auf Anfrage** zu beraten. Allerdings bindet eine entsprechende Stellungnah-me des Datenschutzbeauftragten den Verantwortlichen nicht (→ Kap. 2 Rn. 112). In der Praxis dürfte alleine schon aufgrund der konzentrierten Datenschutz-Kompetenz eine in-tensive Beteiligung, wenn nicht sogar maßgebliche Bearbeitung seitens des Datenschutz-beauftragten der Fall sein. Wiederum gilt **die Pflicht zur Anhörung auch nur dann, wenn ein Datenschutzbeauftragter bestellt** ist. Dies ist aufgrund § 38 BDSG in Deutschland (wegen der 20-Mitarbeiter-Schwelle) der Regelfall, wohingegen aufgrund der höheren allgemeinen Hürden nach Art. 37 Abs. 1 DS-GVO in der übrigen EU eher die Ausnahme (→ Kap. 2 Rn. 137 ff.).

c) Wird der Auftragsverarbeiter eingebunden (Art. 28 Abs. 3 Buchst. f DS-GVO)?

72   Nach WP29 sollte auch der Auftragsverarbeiter − sofern vorhanden − in die Daten-schutz-Folgenabschätzung eingebunden werden.[101] So hat dieser häufig die **wesentlich tiefere Kenntnis der Verarbeitung,** wenn er Applikation zB als Software-as-a-Service bereitstellt. Dem trägt auch Art. 28 Abs. 3 Buchst. f DS-GVO Rechnung, wonach der Auftragsverarbeiter den Verantwortlichen bei der Erfüllung seiner Pflichten nach Art. 32 − 36 DS-GVO und damit auch bei der Datenschutz-Folgenabschätzung unterstützen soll (→ Kap. 11 Rn. 56 ff.).[102]

4. Konsultation der Aufsichtsbehörde nach Art. 36 DS-GVO

a) Wird die Aufsichtsbehörde konsultiert, wenn bei einer Datenschutz-Folgenabschät-zung keine risikoreduzierenden Maßnahmen getroffen wurden?

73   Gem. Art. 36 Abs. 1 DS-GVO hat der Verantwortliche die Aufsichtsbehörde zu kon-sultieren, wenn aus einer Datenschutz-Folgenabschätzung hervorgeht, dass die Verarbei-tung ein hohes Risiko zur Folge hätte, und der Verantwortliche keine Maßnahmen zur Eindämmung des Risikos trifft. **In der Praxis dürften die Verantwortlichen jedoch fast immer Maßnahmen treffen,** um die Risiken zu reduzieren bzw. dies zumindest in der Weise behaupten und dokumentieren.[103] Daher wird im Rahmen dieser Checkliste zu diesem fernliegenden Fall und den weiteren Rechtsfolgen des Art. 36 DS-GVO nicht de-taillierter erläutert.

b) Ist iRd Datenschutz-Folgenabschätzung ein Verfahrensschritt zur Konsultation der Aufsichtsbehörde vorgesehen?

74   Im Sinn der Accountability sollte im Datenschutz-Folgenabschätzung-Prozess die Kon-sultation der Aufsichtsbehörde definiert sein, auch wenn dies in der Praxis kaum relevant sein dürfte (→Rn. 72). Jedoch würde ein Verzicht auf die Möglichkeit der Konsultation der Aufsicht bei einer aufsichtlichen Überprüfung des Datenschutz-Folgenabschätzung-Prozesses zu selbstgefällig wirken.

---

[101] *Art. 29-Datenschutzgruppe,* WP 248, 4. 10. 2017, S. 19.
[102] *Art. 29-Datenschutzgruppe,* WP 248, 4. 10. 2017, S. 18.
[103] *DSK,* Kurzpapier Nr. 5, 24. 7. 2017, S. 5.

5. Auditierung und Wirksamkeitsprüfung (Art. 35 Abs. 9 DS-GVO)

a) Ist iRd Datenschutz-Folgenabschätzung eine Wirksamkeitsprüfung vorgesehen?

Laut Art. 35 Abs. 9 DS-GVO hat der Verantwortliche erforderlichenfalls zu überprüfen, 75
ob die Verarbeitung gemäß der Datenschutz-Folgenabschätzung durchgeführt wird. Auch
an anderer Stelle in der DS-GVO findet sich eine Pflicht zur Überprüfung der getroffenen Maßnahmen, in Art. 32 Abs. 1 Buchst. d DS-GVO etwa als Evaluierung bezeichnet.[104] **Zudem erfordert das Prinzip der Rechenschaftspflicht, dass identifizierte
Maßnahmen nicht nur auf dem Papier stehen, sondern auch umgesetzt sind.**
Dies kann grds. nur durch Auditierung, also eine Wirksamkeitsprüfung festgestellt werden
(→ Kap. 2 Rn. 79 ff., insbes. Rn. 87). Auch gem. Art. 24 Abs. 1 S. 2 DS-GVO sind die
technischen und organisatorischen Maßnahmen erforderlichenfalls zu überprüfen. Dies
betrifft auch Verarbeitungen, für die keine Datenschutz-Folgenabschätzung durchzuführen
war. Beispielhaft sind die Umsetzung von Löschungen oder Zugriffskontrollen zu überprüfen.

b) Wird die Entscheidung über die Wirksamkeitsprüfung aufgrund geeigneter Kriterien getroffen?

Durch die Formulierung „erforderlichenfalls" („if necessary" in der englischen Fassung) 76
in Art. 35 Abs. 9 S. 2 DS-GVO gilt die Wirksamkeitsprüfung nicht als Regelfall. Eine
Wirksamkeitsprüfung ist nach Art. 35 Abs. 9 S. 2 DS-GVO **zumindest dann durchzuführen, wenn hinsichtlich des mit den Verarbeitungsvorgängen verbundenen Risikos Änderungen eingetreten sind.** Auslöser sollen eben Änderungen des Risikos wie
auch der Rechtslage sein. Unabhängig davon ist die Auditierung ein zentrales Element
der Accountability und etwa iRd Datensicherheit nach Art. 32 DS-GVO ausdrücklich
gefordert (→ Kap. 2 Rn. 88 ff.). Insofern empfiehlt es sich die periodische Auditierung als
Regelfall zu definieren. Welche Verarbeitungen dann im jeweiligen Prüfungszeitraum Gegenstand von Auditierungen werden, ist dann risikoorientiert zu entscheiden.

IV. Privacy by Design and by Default – Datenschutz durch Technikgestaltung und durch datenschutzfreundliche Voreinstellungen (Art. 25 DS-GVO)

Art. 25 DS-GVO fordert **Datenschutz durch Technikgestaltung und durch daten-** 77
schutzfreundliche Voreinstellungen. In der englischen Fassung heißt es „data protection by design and by default", das sich inhaltlich am allgemeinen Prinzip von Privacy by
design and by default anlehnt, welches maßgeblich von der kanadischen Datenschützerin
Ann Cavoukian geprägt wurde.[105] In der DS-GVO ist es nun erstmals ausdrücklich und
umfassend als solches normiert worden.[106] **Zentrales Ziel ist es, dass schon in der
Entwicklung von Prozessen und Produkten (und nicht erst nachträglich) Datenschutz berücksichtigt wird.** Privacy by Design hängt somit eng mit der Pflicht zu
technischen und organisatorischen Maßnahmen nach Art. 32 DS-GVO sowie der Datenschutz-Folgenabschätzung bei Hochrisiko-Verarbeitungen nach Art. 35 DS-GVO zusammen. ISd Accountability ist **ein Prozess zu definieren und zu implementieren, der
Privacy by Design sicherstellt.**

---

[104] Paal/Pauly/*Martini* DS-GVO Art. 32 Rn. 43.
[105] *Cavoukian,* Privacy by Design – The 7 Foundational Principles, 2011.
[106] Kühling/Buchner/*Hartung* DS-GVO Art. 25 Rn. 2.

1. Grundlagen von Privacy by Design and Default

a) Ist die jeweilige Organisationseinheit zu Privacy by Design and Default verpflichtet?

78   **Adressat** der Verpflichtung von Privacy by Design and Default ist gem. Art. 25 Abs. 1 und Abs. 2 DS-GVO der **Verantwortliche** selbst. **Auftragsverarbeiter,** Produkthersteller und Dienstleister sollen gem. Erwgr. 78 DS-GVO **lediglich ermutigt** werden, die Konzepte Privacy by Design and Default umzusetzen. Für eine eigene Umsetzungspflicht auch der Auftragsverarbeiter spricht jedoch Art. 83 Abs. 2 Buchst. d DS-GVO wonach der „Grad der Verantwortung des Verantwortlichen oder des Auftragsverarbeiter" als entscheidendes Kriterium für die Höhe des Bußgeldes für Verstöße gegen Art. 25 DS-GVO herangezogen wird. Davon abgesehen bleibt es in der Risikosphäre des Verantwortlichen durch Definition von technischen und organisatorischen Maßnahmen die datenschutzrechtlichen Anforderungen an die Datenverarbeitung auch für Auftragsverarbeiter sicherzustellen und diese in Verträgen zur Einhaltung zu verpflichten. Kommt es etwa zu einer Datenpanne nach Art. 33 DS-GVO, obwohl der Verantwortliche der Verpflichtung des Art. 25 DS-GVO erfüllt und die Umsetzung der Vorgaben durch Auftragsverarbeiter und Dritte in angemessenem Umfang kontrolliert, dürfte diese Bemühungen bei der Festlegung der Bußgeldhöhe gegenüber dem Verantwortlichen wohlwollend berücksichtigt werden.

b) Hat der Verantwortliche einen Prozess implementiert, damit Privacy by Design and by Default bei neuen Projekten umgesetzt wird?

79   Wie oben beschrieben, ist ein gesamthafter Prozess sicherzustellen, damit neue Verarbeitungstätigkeiten im Verarbeitungsverzeichnis erfasst werden und eine ggf. erforderliche Datenschutzfolgeabschätzung durchgeführt wird (→ Kap. 3 Rn. 2 ff.). Dabei bietet es sich an, in diesen Prozess die in Art. 25 DS-GVO geforderten Maßnahmen von Datenschutz durch Technik und datenschutzfreundliche Voreinstellungen zu integrieren. **Im Gegensatz zu Verarbeitungsverzeichnis und Datenschutz-Folgenabschätzung setzt Privacy by Design and by Default jedoch früher an.** Noch bevor eine Verarbeitung in ihrer Gesamtheit feststeht, ist Datenschutz bereits in der Planung zu berücksichtigen.[107] Damit sind die hiesigen Adressaten mehr Projekt- und Entwicklungsverantwortliche, wohingegen die Inventarisierung im Verarbeitungsverzeichnis durch zentrale Instanzen erfolgen kann. Andererseits sind die dann getroffenen Maßnahmen im Verarbeitungsverzeichnis zu dokumentieren und können bei einer Datenschutz-Folgenabschätzung legitimieren. So ist bei der Wahl der Maßnahmen iSd Art. 25 Abs. 1 DS-GVO insbes. auch das mit der Verarbeitung verbundene Risiko für den Betroffenen zu berücksichtigen. Die Bewertungen dieses Risikos ist bei Hochrisiko-Verarbeitungen gem. Art. 35 Abs. 7 DS-GVO zu dokumentieren (→ Kap. 3 Rn. 35 ff. und Rn. 67).

Die im Verarbeitungsverzeichnis festgelegten Löschfristen sind etwa durch entsprechende Technikgestaltung und geeignete Voreinstellungen umzusetzen.[108]

2. Privacy by Design (Art. 25 Abs. 1 DS-GVO)

80   Art. 25 Abs. 1 DS-GVO verpflichtet zu Privacy by Design, also zu **Datenschutz durch Technikgestaltung.** Demnach hat der Verantwortliche **schon bei der Festlegung der Mittel für die Verarbeitung bestimmte technische und organisatorische Maßnah-**

---

[107] Paal/Pauly/*Martini* DS-GVO Art. 32 Rn. 43a.
[108] Paal/Pauly/*Martini* DS-GVO Art. 30 Rn. 18.

men zu treffen.[109] Hinter dieser Regelung steckt nicht zuletzt die Erkenntnis, dass die Datenschutzkonformität wesentlich von der eingesetzten Hard- und Software abhängt.[110] Eine nachträgliche Änderung dieser Komponenten aus Gründen des Datenschutzes wäre oftmals mit immensem Aufwand verbunden, sodass es auch im Interesse des Verantwortlichen ist, sich möglichst frühzeitig mit Datenschutz sowie Privacy by Design and Default zu befassen. Eine datenschutzfreundliche Technikgestaltung ist im digitalen Zeitalter essenziell für einen effektiven Datenschutz und kann auch einen Wettbewerbsvorteil bedeuten.[111] Auf europäischer Ebene hat die für die EU-Institutionen zuständige Aufsichtsbehörde EDPS im Mai 2018 zu Privacy by Design Stellung genommen.[112]

a) Erfolgt Privacy by Design zum richtigen Zeitpunkt?

Laut Art. 25 Abs. 1 DS-GVO hat der Verantwortliche die technischen und organisatorischen Maßnahmen **im Zeitpunkt der Festlegung der Verarbeitungsmittel** zu treffen. Die Maßnahmen sind mithin schon vor Verarbeitungsbeginn konkret zu planen und festzulegen.[113] Zudem muss der Verantwortliche die Maßnahmen natürlich **auch während der eigentlichen Verarbeitung umsetzen.** Insofern besteht der Regelungsgehalt von Art. 25 Abs. 1 DS-GVO gegenüber Art. 24 DS-GVO und Art. 32 DS-GVO insbes. in der Verpflichtung **zur frühzeitigen Identifikation** von Datenschutzrisiken und dem Design von entsprechend mitigierenden Maßnahmen.[114]

b) Trifft der Verantwortliche Maßnahmen zur Sicherstellung der Datenschutzgrundsätze gem. Art. 5 DS-GVO?

Die technischen und organisatorischen Maßnahmen iSd Art. 25 Abs. 1 DS-GVO müssen darauf ausgelegt sein, die Datenschutzgrundsätze des Art. 5 DS-GVO wirksam umzusetzen. In Betracht kommen daher grds. **alle Maßnahmen, die zur Erfüllung dieser datenschutzrechtlichen Vorgaben geeignet sind.**[115] Art. 25 DS-GVO nennt beispielhaft nur die Pseudonymisierung von Daten. Weitere technische und organisatorische Maßnahmen sind in Art. 32 Abs. 1 DS-GVO aufgezählt (→ Kap. 9 Rn. 7 ff.).[116] Eine gute Umsetzungshilfe ist zudem das Standard-Datenschutzmodell der Konferenz der unabhängigen Datenschutzbehörden des Bundes und der Länder.[117] Dieses soll künftig auch einen systematisierten Katalog praxiserprobter Referenzmaßnahmen enthalten, an welchem sich auch die Datenschutzbehörden selbst orientieren können.[118] Nachfolgend werden Maßnahmen in Bezug auf die einzelnen Datenschutzgrundsätze nach Art. 5 DS-GVO kursorisch erläutert.

aa) Wird die Information des Betroffenen technisch sichergestellt (Transparenz)?

---

[109] Die DS-GVO ist erst anwendbar, wenn Daten verarbeitet werden. So lange in diesem Zeitpunkt datenschutzrechtliche Anforderungen erfüllt sind, sind Konsequenzen gegen das „Vorbereitungsgebot" kaum zu befürchten.

[110] Auer-Reinsdorff/Conrad IT-R-HdB/*Conrad/Hausen* § 36 Rn. 165.

[111] Paal/Pauly/*Martini* DS-GVO Art. 25 Rn. 10.

[112] EDPS Preliminary Opinion on Privacy by Design, abrufbar unter https://edps.europa.eu/sites/edp/files/publication/18-05-31_preliminary_opinion_on_privacy_by_design_en_0.pdf (zuletzt abgerufen am 24.6.2019).

[113] Ehmann/Selmayr/*Baumgartner* DS-GVO Art. 25 Rn. 12.

[114] Ehmann/Selmayr/*Baumgartner* DS-GVO Art. 25 Rn. 12.

[115] Ehmann/Selmayr/*Baumgartner* DS-GVO Art. 25 Rn. 9.

[116] Siehe dazu: G. I. Datensicherheit nach Art. 32. → Rn.

[117] https://www.datenschutzzentrum.de/sdm/ (zuletzt abgerufen am 24.6.2019).

[118] *Konferenz der unabhängigen Datenschutzbehörden des Bundes und der Länder,* SDM V1.1, 25./26.4.2018, S. 5.

83   Art. 5 Abs. 1 Buchst. a DS-GVO fordert transparente Datenverarbeitung, also Informa-tion nach Art. 13, 14 DS-GVO (→ Kapitel 5). ISd Transparenzgebots ist sicherzustellen, dass **die Verarbeitung dem Betroffenen erkennbar ist und dass er über deren Mo-dalitäten detailliert aufgeklärt wird.** Auf Webseiten oder in Apps ist sicherzustellen, dass die Information gem. Art. 13, 14 DS-GVO iRd Registrierungsprozesses zur Verfü-gung gestellt wird. Dies kann über die technische Einbindung von Datenschutzerklärun-gen geschehen, etwa iRd Fahrens in einem vernetzten Fahrzeug durch einen entspre-chenden Hinweis auf dem Board-Display.[119] Grundlegende Voraussetzung für die Einhaltung des Transparenzgebots ist die detaillierte und abschließende Dokumentation der Datenverarbeitungsvorgänge.[120] Auch dies sollte schon bei der Technikgestaltung be-rücksichtigt werden. Bei tool-gestützter Erfassung von neuen Verarbeitungen wäre ein au-tomatisiertes Anstoßen der ggf. notwendigen Aktualisierung von Informationserklärungen denkbar.

bb) Ist technisch gewährleistet, dass die Datenverarbeitung nur in rechtmäßiger Weise und iRd Zweckbindung erfolgt?

84   Gem. Art. 5 Abs. 1 Buchst. a DS-GVO darf die Datenverarbeitung nur rechtmäßig und gem. Art. 5 Abs. 1 Buchst. b DS-GVO nur für die ursprünglichen Zwecke stattfinden (→ Kapitel 4 Rn. 82 ff.). Zur technischen Implementierung wäre eine IT-gestützte Kon-trolle dergestalt denkbar, dass neue Software-Tools **nur nach einer Datenschutz-Rechtmäßigkeits- und Zweckbindungsprüfung nach Art. 6 in DS-GVO Betrieb gehen darf.** Der Grundsatz der Zweckbindung gem. Art. 5 Abs. 1 Buchst. b DS-GVO kann technisch bspw. durch die konsequente Trennung der Daten nach Maßgabe des Er-hebungszwecks,[121] sowie durch das Erstellen eines entsprechenden Berechtigungskonzepts umgesetzt werden.[122]

85 | Unter die technische Gewährleistung der Rechtmäßigkeit der Datenverarbeitung fiele bspw. auch die Implementierung einer Alterskontrolle, damit ausgeschlossen wird, die Datenverarbeitung auf eine gem. Art. 8 DS-GVO unwirksame Einwilligung von Kindern unter 16 Jahren zu stützen. In diesen Fällen muss die Einwilligung durch den Träger der elterlichen Verantwortung für das Kind oder zumindest mit dessen Zustimmung erteilt werden.

cc) Wird die Datenminimierung technisch sichergestellt?

86   Gem. Art. 5 Abs. 1 Buchst. c DS-GVO muss die Datenverarbeitung **dem Zweck an-gemessen sowie auf das für die Zwecke der Verarbeitung notwendige Maß be-schränkt sein.** Dem kann technisch bspw. durch das Schaffen von Konfigurationsmög-lichkeiten iSd Art. 25 Abs. 2 DS-GVO Rechnung getragen werden.[123] Auch wären technische Maßnahmen denkbar, die bei Datenexporten automatisiert eine Datenschutz-prüfung anschieben (→ Kap. 4 Rn. 98).

dd) Wird die Richtigkeit der Daten technisch sichergestellt?

---

[119] Gola/Nolte/*Werkmeister* DS-GVO Art. 25 Rn. 15.
[120] HK-DS-GVO/*Mantz* DS-GVO Art. 25 Rn. 53.
[121] HK-DS-GVO/*Mantz* DS-GVO Art. 25 Rn. 58.
[122] Gola/Nolte/*Werkmeister* DS-GVO Art. 25 Rn. 16.
[123] Gola/Nolte/*Werkmeister* DS-GVO Art. 25 Rn. 15.

Gem. Art. 5 Abs. 1 Buchst. d DS-GVO müssen die Daten sachlich richtig und erfor- **87** derlichenfalls auf dem neuesten Stand sein. Technische Maßnahmen könnten technische Möglichkeiten sein, **damit der Betroffene seine Daten selbst ändert** oder seinen Berichtigungsanspruch nach Art. 16 DS-GVO effizient durchsetzen kann. IÜ wird die Richtigkeit durch Datensicherheit iSv Art. 32 DS-GVO sichergestellt (→ Kap. 4 Rn. 99).

Eine technische Gewährleistung der Richtigkeit der Daten kann zum Beispiel sicherge- **88** stellt werden, indem man dem Betroffenen über ein übersichtliches Menü die Möglichkeit gibt, seine Daten selbst zu berichtigen. Eine andere Maßnahme wäre die Implementierung automatischer Eingabekontrollen, welche es bspw. unmöglich machen, eine vierstellige deutsche Postleitzahl iRd Kontaktdaten anzugeben.

---

ee) Wird die Löschung der Daten technisch sichergestellt?

Hinsichtlich des Grundsatzes der Speicherbegrenzung gem. Art. 5 Abs. 1 Buchst. d **89** DS-GVO sollte ein geeignetes Löschkonzept implementiert sein (→ Kapitel 8).[124] Durch eine entsprechende Software kann dies gegebenenfalls auch automatisiert erfolgen. IÜ ist das Löschen geradezu ein Paradefall für die Zweckmäßigkeit von Privacy by Design. IRd DS-GVO-Implementierung hat sich das Löschen bei IT-Anwendungen als besonders komplex herausgestellt, da es nicht von Anfang an mit konzipiert war. Nachträgliche Work-Arounds waren dann ungleich aufwändiger. Löschfunktionen iRv Privacy by Design von Anfang an zu integrieren ist dagegen wesentlich effizienter.

ff) Wird die Integrität und Vertraulichkeit der Daten technisch sichergestellt?

Gem. Art. 5 Abs. 1 Buchst. f DS-GVO müssen Daten in einer Weise verarbeitet wer- **90** den, die eine angemessene Sicherheit der personenbezogenen Daten gewährleistet, einschließlich des **Schutzes vor unbefugter oder unrechtmäßiger Verarbeitung und vor unbeabsichtigtem Verlust, unbeabsichtigter Zerstörung oder unbeabsichtigter Schädigung** durch geeignete technische und organisatorische Maßnahmen, was dann unter Integrität und Vertraulichkeit beschrieben wird (→ Kapitel 9). Diese Begriffe finden ihre zentrale Bedeutung in der Datensicherheit gem. Art. 32 DS-GVO, so dass auf die dortige Kommentierung verwiesen wird. Mit Integrität ist insbes. die Unversehrtheit und Unverfälschtheit der Daten gemeint.[125] Vertraulichkeit meint, dass Unbefugte keinen Zugriff zu den Daten haben dürfen.[126] Die technische Umsetzung wäre bspw. durch eine Eingabekontrolle, den Einsatz elektronischer Signaturen, Verschlüsselung sowie geeigneter Zutritts-, Zugangs- oder Zugriffskontrollen möglich.[127]

c) Werden bei den getroffenen Maßnahmen die durch Art. 25 Abs. 1 DS-GVO vorgegebenen Kriterien berücksichtigt?

Gem. Art. 25 Abs. 1 DS-GVO sind die Maßnahmen „**unter Berücksichtigung des** **91** **Stands der Technik, der Implementierungskosten und der Art, des Umfangs, der Umstände und der Zwecke der Verarbeitung sowie der unterschiedlichen Eintrittswahrscheinlichkeit und Schwere der mit der Verarbeitung verbundenen Risiken für die Rechte und Freiheiten natürlicher Personen**" zu treffen. Dies entspricht der in Art. 32 DS-GVO verwendeten Formulierung (→ Kapitel 9 Rn. 19 ff.).

---

[124] Gola/Nolte/*Werkmeister* DS-GVO Art. 25 Rn. 16.
[125] Paal/Pauly/*Frenzel* DS-GVO Art. 5 Rn. 47.
[126] Erwgr. 39 S. 12 DS-GVO.
[127] Paal/Pauli/*Martini* DS-GVO Art. 32 Rn. 35 ff.

Diese Risikoorientiertheit bietet den Verantwortlichen die Chance bei risikoarmen Verarbeitungen entsprechend zurückhaltend Maßnahmen vorzusehen. Andererseits ist auch dann eine entsprechende Risikoanalyse vorzunehmen und zu dokumentieren, um diese Zurückhaltung zu rechtfertigen.

aa) Wird der Stand der Technik berücksichtigt?

92   Die Wahl der entsprechenden Maßnahmen soll gem. Art. 25 Abs. 1 DS-GVO unter Berücksichtigung des Standes der Technik erfolgen. Das heißt, dass prinzipiell die vorhandenen technischen Möglichkeiten genutzt werden sollten (→ Kapitel 9 Rn. 20 f.).[128] So sollte etwa grds. das aktuell sicherste Verschlüsselungsverfahren angewandt werden.[129] Dieser Grundsatz wird jedoch durch die in Art. 25 Abs. 1 DS-GVO nachfolgend genannten Kriterien, insbes. der Verhältnismäßigkeit eingeschränkt. Kurzum müssen unter Berücksichtigung der Umstände des Einzelfalls keine unverhältnismäßigen Maßnahmen eingesetzt werden, auch wenn sie die optimale, das heißt datenschutzfreundlichste Lösung wären.[130]

bb) Werden Art, Umfang, Umstände, Zwecke der Verarbeitung berücksichtigt?

93   Des Weiteren sind Art, Umfang und Zwecke der Verarbeitung zu berücksichtigen. So wird man etwa höhere Anforderungen an die Maßnahmen stellen müssen, wenn eine Vielzahl von Daten verarbeitet wird. Gleiches gilt bei der Verarbeitung besonderer Kategorien personenbezogener Daten iSd Art. 9 DS-GVO oder bei Profiling, das entsprechend Art. 35 DS-GVO idR hohe Risiken auslöst (→ Kap. 9 Rn. 24 f.).

cc) Werden Eintrittswahrscheinlichkeit und Schwere der Risiken berücksichtigt?

94   Zuletzt muss natürlich auch das Risiko für Rechte und Freiheiten natürlicher Personen berücksichtigt werden. Unter Risiko iSd Art. 25 Abs. 1 DS-GVO versteht man die Möglichkeit physischer, materieller oder moralischer Schäden (→ Kap. 9 Rn. 30).[131] Sofern die Verarbeitung voraussichtlich ein hohes Risiko für Rechte und Freiheiten natürlicher Personen zur Folge hat, ist vorab eine Datenschutzfolgeabschätzung gem. Art. 35 DS-GVO durchzuführen. Je nachdem, ob ein geringes, mittleres oder hohes Risiko besteht, wirkt sich dies wiederum auf die auf Anforderungen an die gem. Art. 25 Abs. 1 DS-GVO zu treffenden Maßnahmen aus (→ Kapitel 3 Rn. 68).

dd) Werden die Implementierungskosten berücksichtigt?

95   Als einschränkendes Kriterium können die Implementierungskosten dienen. Folgekosten, also Kosten welche sich nicht schon bei der Integration ergeben, können dabei wohl nicht berücksichtigt werden.[132] Bei den Implementierungskosten handelt es sich jedoch nur um eines unter mehreren Abwägungskriterien. Angesichts der **betroffenenfreundlichen Ausrichtung** der DS-GVO dürfte ihnen nur begrenzte Bedeutung zukommen. Um dies weiter konkretisieren zu können wird man erst abwarten müssen, welchen Stellenwert die Aufsichtsbehörden oder Gerichte dem Aspekt der Implementierungskosten bei der Beurteilung der Verhältnismäßigkeit geben.[133]

---

[128] Paal/Pauli/*Martini* DS-GVO Art. 25 Rn. 39.
[129] Ehmann/Selmayr/*Baumgartner* DS-GVO Art. 25 Rn. 11.
[130] Ehmann/Selmayr/*Baumgartner* DS-GVO Art. 25 Rn. 11.
[131] Erwgr. 75 DS-GVO.
[132] Paal/Pauly/*Martini* DS-GVO Art. 25 Rn. 41.; aA: Gola/Nolte/*Werkmeister* DS-GVO Art. 25 Rn. 23.
[133] Ehmann/Selmayr/*Baumgartner* DS-GVO Art. 25 Rn. 11.

3. Privacy by Default (Art. 25 Abs. 2 DS-GVO)

Art. 25 Abs. 2 DS-GVO normiert das Konzept des **Datenschutzes durch datenschutz-** 96 **freundliche Voreinstellungen** – Privacy by Default. Dieses zielt insbes. auf Online-Dienste ab; auch bei der zu erwartenden e-Privacy Verordnung soll Privacy by Default etwas für Internet-Browser eine besondere Rolle spielen. Art. 25 Abs. 2 DS-GVO verpflichtet unmittelbar nur den Verantwortlichen dazu, bestehende Einstellungsmöglichkeiten standardmäßig so zu konfigurieren, dass ausschließlich personenbezogene Daten verarbeitet werden, die für den jeweiligen Verarbeitungszweck erforderlich sind. **Bei der Gestaltung oder Auswahl der Verarbeitungsmittel sind Konfigurationsmöglichkeiten zu nutzen. Art. 25 Abs. 2** DS-GVO regelt daran anknüpfend, wie der Verantwortliche mit bestehenden Möglichkeiten umgehen muss.[134] Ist unklar, ob eine Datenverarbeitung als erforderlich idS anzusehen ist, sollten als Hilfserwägung die Regelungsziele des Art. 25 Abs. 2 DS-GVO herangezogen werden. Insbes. **sollen unerfahrene und unvorsichtige Nutzer geschützt werden.**[135] Erfahrungsgemäß neigen die Nutzer oftmals dazu bestehende Voreinstellungen unverändert zu lassen. Auch wenn Art. 25 Abs. 2 DS-GVO im Gegensatz zu Art. 24 DS-GVO und Art. 25 Abs. 1 DS-GVO nicht ausdrücklich die Berücksichtigung der für die Betroffenen drohenden Risiken fordert, sollten diese auch bei der Beurteilung der Erforderlichkeit beachtet werden.[136]

Als Beispiel einer datenschutzfreundlichen Voreinstellung idS kann das Nichterheben von 97 Standortdaten bei Auslieferung eines Smartphones angeführt werden. So ist es möglicherweise für Zusatzfunktionen, nicht aber für den grundsätzlichen Betrieb eines Smartphones erforderlich, dass fortlaufend Standortdaten des Nutzers verarbeitet werden. Standardmäßig sollte ein Smartphone bei seiner Auslieferung also so konfiguriert sein, dass eine Standort-Datenübermittlung (GPS) nicht aktiviert ist.[137]

Gleiches gilt für Browser, welche ein Tracking zwar ermöglichen, was jedoch als Voreinstellung deaktiviert sein soll. Sofern ein Nutzer Tracking erlauben will, kann er die entsprechende Auswahl aktiv treffen.[138]

a) Begrenzt die Voreinstellung die Menge der erhobenen Daten?

Zentraler Aspekt des Prinzips „privacy by default" ist die Begrenzung der **Menge** der 98 erhobenen Daten auf das für den jeweiligen Verarbeitungszweck Erforderliche.

Art. 25 Abs. 2 DS-GVO konkretisiert den in Art. 5 Abs. 1 Buchst. c DS-GVO 99 (→ Kap. 4 Rn. 98) niedergelegten Grundsatz der Datensparsamkeit. Dies beschränkt sich nicht nur auf die **Menge der erhobenen Daten.** Der Verarbeitungsumfang, die Speicherfrist und die Anzahl der Personen mit Zugriffsmöglichkeiten sind ebenso zurückhaltend auszugestalten und auf das Nötigste zu begrenzen.

b) Begrenzt die Voreinstellung den Umfang der Verarbeitung?

Im Rahmen des Art. 25 Abs. 2 DS-GVO ist mit Umfang der Verarbeitung vor allem 100 die Verarbeitungstiefe und -intensität gemeint. Eine besonders intensive Verarbeitung könnte bspw. das **Zusammenführen** der erhobenen Daten zu einem Persönlichkeitsprofil sein.[139]

---

[134] *Baumgartner/Gausling* ZD 2017, 308 (312).
[135] Ehmann/Selmayr/*Baumgartner* DS-GVO Art. 25 Rn. 14.
[136] Ehmann/Selmayr/*Baumgartner* DS-GVO Art. 25 Rn. 15.
[137] *KKS* Rn. 759.
[138] Kühling/Buchner/*Hartung* DS-GVO Art. 25 Rn. 25.
[139] Paal/Pauly/*Martini* DS-GVO Art. 25 Rn. 50.

c) Begrenzt die Voreinstellung die Dauer der Speicherung?

101   Ebenso sollte voreingestellt sein, dass personenbezogene **Daten gelöscht werden** (zur Löschpflicht → Kapitel 8), sobald sie für den jeweiligen Speicherzweck nicht mehr erforderlich sind. Ein Beispiel dafür wäre eine Einstellung, welche bewirkt, dass die im Rahmen eines Auskunftsbegehrens eines Nutzers erhobenen Kontaktdaten nach dessen Erledigung gelöscht werden.[140]

d) Begrenzt die Voreinstellung die Zugänglichkeit der Daten?

102   Unter Zugänglichkeit versteht man die tatsächliche Möglichkeit auf Daten zuzugreifen.[141] Art. 25 Abs. 2 S. 3 DS-GVO konkretisiert diese Vorgabe beispielhaft durch eine erkennbar auf Online-Plattformen zugeschnittene Regelung. So muss insbes. durch Voreinstellung sichergestellt sein, dass ohne Eingreifen der betroffenen Person personenbezogene Daten nicht einer unbestimmten Zahl von natürlichen Personen öffentlich gemacht werden. Damit sollen bspw. Fälle verhindert werden, in denen ein Nutzer die gesamte Facebook-Öffentlichkeit zu einer Veranstaltung einlädt, ohne sich dessen bewusst zu sein.[142] Viel spricht jedoch dafür, dass entgegen des Wortlauts in Situationen, in denen der einzige Zweck der Verarbeitung die Veröffentlichung ist (zB bei Kommentarfunktionen auf einer Website) Art. 25 Abs. 2 S. 3 DS-GVO gar nicht einschlägig ist.[143]

4. Zertifizierung von Privacy by Design und by Default

a) Kann der Verantwortliche die Erfüllung von Privacy by Design und by Default durch Zertifizierung nachweisen (Art. 25 Abs. 3 DS-GVO)?

103   Gem. Art. 25 Abs. 3 DS-GVO kann die „Heranziehung" eines genehmigten Zertifizierungsverfahrens nach Art. 42 DS-GVO als Beweiserleichterung für die Umsetzung der Verpflichtung aus Art. 25 Abs. 1, 2 DS-GVO dienen. Da der Erhalt eines solchen Zertifikats nur Indizwirkung hinsichtlich der Erfüllung der in Art. 25 Abs. 1, 2 DS-GVO genannten Anforderungen entfaltet, ist der Verantwortliche nicht davon befreit die DS-GVO-Konformität seiner Verarbeitungstätigkeiten zu überprüfen. Die Zertifikate werden von **akkreditierten Zertifizierungsstellen** ausgestellt. Bei technischen Zertifizierungen können das etwa Wirtschaftsprüfungsgesellschaften sein, die auch anderweitig technisch auditieren. Auf Produktzertifizierung spezialisiert ist das European Privacy Seal.[144] Ein weiterer, nicht zu unterschätzender Vorteil von Zertifikaten kann deren Einsatz zu Marketingzwecken sein.

104   Zertifikate können dem Verbraucher Vertrauen dahingehend vermitteln, dass der Verantwortliche datenschutzfreundliche Produkte und Anwendungen bietet.

b) Handelt es sich um ein genehmigtes Zertifizierungsverfahren?

105   Laut den Aufsichtsbehörden können Verantwortliche zwar häufig IT-Sicherheit- und Datenschutzzertifizierungen vorweisen. Deren genauer Inhalt ist jedoch häufig unscharf. Zudem decken viele Zertifizierungen nur einen Teilbereich ab.[145] Die DS-GVO regelt

---

[140] Paal/Pauly/*Martini* DS-GVO Art. 25 Rn. 51.
[141] Paal/Pauly/*Martini* DS-GVO Art. 25 Rn. 52.
[142] Paal/Pauly/*Martini* DS-GVO Art. 25 Rn. 52a.
[143] *Baumgartner/Gausling* ZD 2017, 308 (313).
[144] www.european-privacy-seal.eu.
[145] *DSK,* Kurzpapier Nr. 9, 15. 8. 2017, S. 1.

daher in Art. 42 DS-GVO mit der Einführung gesetzlich anerkannter Zertifizierungen, welche den Nachweis der Einhaltung der DS-GVO bei der Verarbeitung personenbezogener Daten erleichtern sollen. Unter einem Zertifizierungsverfahren versteht man **eine unabhängige, auf sachverständiger Basis durchgeführte Konformitätsbewertung, anhand derer die Einhaltung bestimmter Vorgaben** (hier der DS-GVO) überprüft wird.[146] Die Zertifizierungen iSd Art. 42 DS-GVO sind stets freiwillig. Im Rahmen der Zertifizierung muss der Verantwortliche der Prüfstelle alle erforderlichen Informationen zur Verfügung stellen und den erforderlichen Zugang zu den Verarbeitungstätigkeiten gewähren. Auch insofern ist eine ordentliche Dokumentation der eigenen Verarbeitungstätigkeiten durch den Verantwortlichen wichtig. Dem Verantwortlichen oder Auftragsverarbeiter wird mit dem Erhalt eines bestimmten Zertifikats ausdrücklich nicht bescheinigt, dass er die konkreten Datenschutzanforderungen, welche sich für ihn aus der DS-GVO ergeben, einhält. Allerdings bewirkt eine Zertifizierung diesbezüglich eine Beweiserleichterung. Darüber hinaus ist auch bei der Festsetzung etwaiger Bußgelder gem. Art. 83 Abs. 2 Buchst. j DS-GVO die Einhaltung genehmigter Zertifizierungsverfahren zu berücksichtigen. Die Zertifikate werden durch die Aufsichtsbehörden beziehungsweise akkreditierte Zertifizierungsstellen erteilt. Gem. Art. 42 Abs. 8 DS-GVO nimmt der **europäische Datenschutzausschuss** (Art. 68 ff. DS-GVO) alle genehmigten Zertifizierungsverfahren, Datenschutzsiegel und Datenschutzprüfzeichen in ein Register auf und veröffentlicht sie in geeigneter Weise, also bspw. auf einer leicht auffindbaren Website eines europäischen Organs. Dadurch soll es jedem ermöglicht werden zu überprüfen, ob es sich bei einem bestimmten Zertifikat um ein genehmigtes Zertifizierungsverfahren handelt.[147]

---

[146] HK-DS-GVO/*Raschauer* DS-GVO Art. 42 Rn. 1.
[147] HK-DS-GVO/*Raschauer* DS-GVO Art. 42 Rn. 50 ff.

Kapitel 4. Rechtfertigung und Rechtmäßigkeit der Verarbeitung personenbezogener Daten

Literatur:

Art. 29-Datenschutzgruppe, WP 1471/2008 on the protection on the children's personal data (General guidelines and the special case of schools) vom 18.2.2008, WP 203 Opinion 03/2013 on purpose limitation vom 2.4.2013, WP 259 Guidlines on consent under Regulation 2016/679 vom 10.8.2018; *Bayrisches Landesamt für Datenschutzaufsicht,* XIV vom 20.1.2017 Amtshilfe und gemeinsame Maßnahmen der Aufsichtsbehörde; XV Bedingungen für die Einwilligung eines Kindes, Art. 8 DS-GVO vom 20.1.2017; *DSK Datenschutzkonferenz,* Kurzpapier Nr. 3 Verarbeitungen personenbezogener Daten für Werbung vom 29.6.2017, Nr. 17 Besondere Kategorien personenbezogener Daten vom 29.3.2018; *Bräutigam,* Das Nutzungsverhältnis bei sozialen Netzwerken – Zivilrechtlicher Austausch von IT-Leistung gegen personenbezogene Daten, MMR 2012, 635; *Engeler,* Das überschätzte Kopplungsverbot – Die Bedeutung des Art. 7 Abs. 4 DS-GVO in Vertragsverhältnissen, ZD 2018, 55; *Ernst,* Die Einwilligung nach der Datenschutzgrundverordnung, ZD 2017, 110; *Faust,* Digitale Wirtschaft – Analoges Recht: Braucht das BGB ein Update? NJW-Beil 2016, 29; *Fladung/Fladung,* Neue Compliance-Herausforderungen durch das neue BDSG, CB 2017, 265; *Gierschmann,* Was „bringt" deutschen Unternehmen die DS-GVO? – Mehr Pflichten, aber die Rechtsunsicherheit bleibt, ZD 2016, 51; *Griesinger/Oberlin,* Die Einwilligungserklärung nach der neuen Datenschutzgrundverordnung (DS-GVO), CB 2017, 481; *Golland,* Das Kopplungsverbot in der Datenschutz-Grundverordnung, MMR 2018, 130; *Hochmayr/Ligocki,* Der Strafregisteraustausch in der Europäischen Union und das Recht auf Resozialisierung ZIS 2016, 159; *Kühling/Martini,* Die Datenschutz-Grundverordnung: Revolution oder Evolution im europäischen und deutschen Datenschutzrecht?, EuZW 2016, 448; *Körber,* „Ist Wissen Marktmacht?" Überlegungen zum Verhältnis von Datenschutz, „Datenmacht" und Kartellrecht – Teil 1, NZKart 2016, 303; *Krohm/Müller-Peltzer,* Auswirkungen des Kopplungsverbots auf die Praxistauglichkeit der Einwilligung, ZD 2017, 551; *Krüger,* Datensouveränität und Digitalisierung, ZPR 2016, 190; *Monreal,* Weiterverarbeitung nach einer Zweckänderung in der DS-GVO, ZD 2016, 507; *Peitz/Schweitzer,* Ein neuer europäischer Ordnungsrahmen für Datenmärkte?, NJW 2018, 275; *Walter* DSB 2013, 140; *Werry/Knoblich,* Die neue europäische Datenschutz-Grundverordnung – Inhalte und akuter Handlungsbedarf für Pharma- und Medizinprodukteunternehmen, MPR 2017, 1.

A. Einführung

Verarbeitungsvorgänge sind im Grundsatz verboten und nur dann rechtmäßig, wenn für die Erhebung und Verarbeitung eine Erlaubnis vorliegt **(Verbotsprinzip mit Erlaubnisvorbehalt).**[1] Jede Verarbeitung sollte den Anforderungen der Art. 5, 6 DS-GVO entsprechen. Erfolgt die Datenverarbeitung ohne eine entsprechende Rechtfertigung, bestehen neben der Möglichkeit der Verhängung von Geldstrafen auch Unterlassungs- und ggf. Schadensersatzansprüche von betroffenen Personen, Konkurrenten und Verbrauchervereinigungen.[2] Letztere können auch gerichtlich durchsetzbare Abmahnungen aussprechen.   **1**

Die Rechtmäßigkeitsgründe für die Verarbeitung personenbezogener Daten sind in Art. 6 Abs. 1 DS-GVO normiert („Ob"). Das Vorliegen eines dieser Rechtmäßigkeitsgründe ist ausreichend, er muss aber während der Dauer des gesamten Verarbeitungsvorgangs bestehen bleiben. Personenbezogene Daten dürfen nur „rechtmäßig", „nach Treu und Glauben" sowie „transparent" verarbeitet werden, Art. 5 Abs. 1 DS-GVO („Wie").   **2**

---

[1] So auch *Werry/Knoblich* MPR 2017, 1 (3).
[2] *Krüger* ZRP 2016, 190 (192).

B. Erläuterungen zur Checkliste

I. Rechtfertigung einer Verarbeitung personenbezogener Daten

1. Rechtfertigung durch Einwilligung (Art. 6 Abs. 1 Buchst. a DS-GVO)

3 Eine **Einwilligung** ist die rechtsverbindliche Äußerung des Betroffenen, mit der Verarbeitung der Daten einverstanden zu sein, und damit auch ein Ausdruck datenschutzrechtlicher Selbstbestimmung.[3] Ihr kommt systematisch jedoch keine Sonderrolle zu und steht gleichrangig neben den anderen Rechtsgrundlagen aus Art. 6 DS-GVO.[4]

4 Die Merkmale einer wirksamen Einwilligung ergeben sich aus Art. 7 DS-GVO und sind:
- freiwillige Erteilung (→ Rn. 6),
- verständliche Formulierung (→ Rn. 15),
- Information des Einwilligenden über die relevanten Umstände zum Zeitpunkt der Erteilung (→ Rn. 82), Zweckbezug (→ Rn. 84),
- eindeutige Willensbekundung (→ Rn. 5) und
- Widerruflichkeit (→ Rn. 26).[5]

a) Wird auf die Form der Einwilligung geachtet?

5 Die DS-GVO stellt keine Anforderungen an die **Form** der Einwilligung. Sie kann schriftlich, elektronisch oder mündlich erfolgen. Dies kann etwa durch Anklicken eines Kästchens beim Besuch einer Internetseite, durch die Auswahl technischer Einstellungen für Dienste oder durch eine andere Erklärung oder Verhaltensweise geschehen, mit der die betroffene Person in dem jeweiligen Kontext eindeutig ihr Einverständnis mit der beabsichtigten Verarbeitung ihrer personenbezogenen Daten signalisiert. Stillschweigen, das „Stehenlassen" bereits vorangekreuzter Kästchen oder Untätigkeit der betroffenen Person stellen keine Einwilligung dar (→ Rn. 23). Einwilligungen sollten schriftlich dokumentiert bzw. im Internet protokolliert werden. Bisher erteilte Einwilligungen bleiben wirksam, wenn diese den neuen Anforderungen der DS-GVO entsprechen.[6]

b) Wird die Einwilligung freiwillig erteilt?

6 Die wichtigste Voraussetzung ist die **Freiwilligkeit** der Einwilligung. Dieses Prinzip ist im Art. 7 verankert und wird aus Art. 8 GRCh abgeleitet.[7] Der Begriff ist in der DS-GVO zwar nicht genau definiert, wird allerdings in den Erwgr. 42, 43 DS-GVO umschrieben:

7 „Es sollte nur dann davon ausgegangen werden, dass sie [die Person] ihre Einwilligung freiwillig gegeben hat, wenn sie eine echte oder freie Wahl hat und somit in der Lage ist, die Einwilligung zu verweigern oder zurückzuziehen, ohne Nachteile zu erleiden" [...] „Um sicherzustellen, dass die Einwilligung freiwillig erfolgt ist, sollte diese in besonderen Fällen, wenn zwischen der betroffenen Person und dem Verantwortlichen ein klares Ungleichgewicht besteht, insbes. wenn es sich bei dem Verantwortlichen um eine Behörde handelt, und es deshalb in Anbetracht aller Umstände in dem speziellen Fall unwahrscheinlich ist, dass die Einwilligung freiwillig gegeben wurde, keine gültige Rechtsgrundlage liefern".

---

[3] *Art. 29-Datenschutzgruppe,* WP 259, 10.4.2018, S. 3.
[4] *Engeler* ZD 2018, 55 (56).
[5] Erwgr. 32 DS-GVO; *Griesinger/Oberlin* CB 2017, 481 (482).
[6] *Art. 29-Datenschutzgruppe,* WP 259, 10.4.2018, S. 4; *DSK,* Kurzpapier Nr. 3, 29.6.2017, S. 2.
[7] Ehmann/Selmayr/*Heckmann/Paschke* DS-GVO Art. 7 Rn. 45.

Die DS-GVO fasst also mehrere Anforderungen unter dem Begriff der Freiwilligkeit **8** zusammen.

aa) Hat die betroffene Person die Einwilligung freiwillig erteilt?[8]

Die Freiwilligkeit ist weit zu verstehen und bezieht sich auf die faktische Ausgestaltung **9** des Verhältnisses zwischen Verarbeiter und Betroffenen. Der Betroffene muss die **Wahl** haben, ob er zustimmt und welche Daten verarbeitet werden und wer die Verarbeitung vornehmen darf. Akzeptiert der Nutzer die Verarbeitung nur deshalb, weil er die Dienstleistung andernfalls nicht in Anspruch nehmen könnte, erfolgt die Einwilligung nicht freiwillig.[9] Erleidet der Betroffene durch die Verweigerung der Einwilligung Nachteile, kann die Einwilligung ebenfalls schwerlich freiwillig erteilt worden sein. An der Freiwilligkeit fehlt es auch dann, wenn verschiedene Datenverarbeitungsvorgänge über eine Gesamteinwilligung legitimiert werden, obwohl für jeden Vorgang eine separate Einwilligung im Einzelfall angemessen und möglich wäre.[10]

Es erscheint fraglich, ob dadurch das Modell **„Service for data"** kategorisch ausge- **10** schlossen ist. Aus Erwgr. 43 S. 2 DS-GVO ergibt sich, dass diese Frage nicht pauschal beantwortet werden kann, sondern vielmehr das jeweilige Geschäftsmodell im Einzelfall zu berücksichtigen ist.[11] Dies verdeutlicht die offene Haltung der DS-GVO gegenüber dem Vergütungsmodell,[12] wenn neben den Daten zugleich eine alternative Vergütungsmethode zur Wahl steht.[13] Die Rechtsnatur des Vertrages wandelt sich von der Dienstleistung „Erbringung von Suchmaschinenergebnissen" oder „Leistungen in sozialen Netzwerken" etc. zu einem Austauschverhältnis „Leistung gegen Daten" bzw. Datenhandel. Dieses Geschäftsmodell muss gegenüber der betroffenen Person transparent und nachvollziehbar kommuniziert werden. Nach Ansicht der Artikel-29-Datenschutzgruppe ist bei der Beurteilung das Verhalten anderer Marktteilnehmer außer Acht zu lassen.[14] Es fehle an der Freiwilligkeit auch dann, wenn die betroffene Personen dieselbe Dienstleistung bei einem Konkurrenten erhalten kann, dieser jedoch auf die *fragliche* Datenverarbeitung verzichtet.

bb) Besteht zwischen Verarbeiter und dem Betroffenen ein Ungleichgewicht, welches der Verarbeiter missbräuchlich ausnutzt?

Das Prinzip des **Ungleichgewichts** ist in Erwgr. 43 DS-GVO geregelt und ist ein **11** Punkt innerhalb der Prüfung der Freiwilligkeit:

„Um sicherzustellen, dass die Einwilligung freiwillig erfolgt ist, sollte diese in besonderen Fällen, **12** wenn zwischen der betroffenen Person und dem Verantwortlichen ein klares Ungleichgewicht besteht, insbes. wenn es sich bei dem Verantwortlichen um eine Behörde handelt, und es deshalb in Anbetracht aller Umstände in dem speziellen Fall unwahrscheinlich ist, dass die Einwilligung freiwillig gegeben wurde, keine gültige Rechtsgrundlage liefern."

Der europäische Gesetzgeber geht von einem unzulässigen Ungleichwicht zwischen **13** der betroffenen Person und dem Verarbeiter aus, wenn der hierarchische Unterschied so gravierend ist, dass der Verarbeiter seine Position gegen den Willen des Betroffenen durchsetzen kann und davon auszugehen ist, dass der Betroffene ohne die Machtstellung eine Einwilligung nicht erteilt hätte. Allerdings soll ein Ungleichgewicht nicht automa-

---

[8] *Art. 29-Datenschutzgruppe,* WP 259, 10. 4. 2018, S. 5.
[9] So auch: *Krüger* ZRP 2016, 190 (191); Kühling/Buchner/*Kühling/Buchner* DS-GVO Art. 7 Rn. 42 ff.; *Ernst* ZD 2017, 110 (111); Schantz/Wolff Neues DatenschutzR/*Wolff* Kap. D Rn. 502.
[10] Erwgr. 43 DS-GVO.
[11] So auch: *Krüger* ZRP 2016, 190 (191); Kühling/Buchner/*Kühling/Buchner* DS-GVO Art. 7 Rn. 49.
[12] *Krüger* ZRP 2016, 190 (191).
[13] *Gierschmann* ZD 2016, 51 (54).
[14] *Art. 29-Datenschutzgruppe,* WP 259, 10. 4. 2018, S. 11.

tisch dazu führen, dass die Einwilligung unwirksam ist, sondern nur dann, wenn die Einwilligung zu pauschal formuliert ist und die vorgesehene Verarbeitung den Rahmen des Notwendigen überschreitet. Vorausgesetzt wird also, dass der Datenverarbeiter das Ungleichgewicht missbräuchlich ausgenutzt hat, was wiederum eine Frage des Einzelfalls ist.[15]

14 Auf nationaler Ebene ging der BGH bisher davon aus, dass auch ein wirtschaftliches oder soziales Ungleichgewicht der Einwilligung die Wirksamkeit nehmen kann.[16] Letztendlich sind auch hier die Umstände des Einzelfalls entscheidend. Derzeit ist noch nicht abzusehen, welche Anforderungen die nationalen Gerichte der Mitgliedstaaten und letztendlich der EuGH an ein Ungleichgewicht stellen.

cc) Ist die Einwilligung präzise und verständlich formuliert?

15 Auf die Formulierung der Einwilligung ist das AGB-Recht anwendbar.[17] Es wird vermutet, dass die Einwilligung nicht freiwillig erteilt worden ist, wenn die Einwilligungserklärung nicht ausreichend präzise gefasst wurde, sodass für den Einwilligenden nicht klar erkennbar ist, welche Verarbeitungen darunter fallen und welche nicht.[18] Die freiwillige Einwilligung des Betroffenen ist also nur wirksam, wenn diese unzweifelhaft erteilt wurde. Unzweifelhaft idS ist eine bestätigende Handlung, aus der eindeutig hervorgeht, dass der Betroffene mit der Datenerhebung und Verarbeitung einverstanden ist.[19] Beim Anklicken eines Kästchens in einem Pop-up-Fenster auf einer Internetseite neben einem klar formulierten Einwilligungstext ist diese Voraussetzung regelmäßig erfüllt.

dd) Sind die Einwilligungserklärungen vorformuliert?

16 Gerade bei **vorformulierten Einwilligungserklärungen** ist der Grundsatz der Verständlichkeit bedeutend. Die Einwilligung sollte in verständlicher und leicht zugänglicher Form zur Verfügung gestellt werden und sie sollte keine missbräuchlichen Klauseln beinhalten.[20] Die Erklärung sollte in klarer und verständlicher Sprache gefasst sein: „Ich willige ein" oder „Bitte senden Sie mir Informationen …" sind ausreichend. Damit der Betroffene die Einwilligung in Kenntnis der Sachlage geben kann, sollte er darüber hinaus mindestens wissen, wer der Verantwortliche ist und welche personenbezogenen Daten für welche Zwecke verarbeitet werden.

c) Wird das Kopplungsverbot berücksichtigt?

17 In der DS-GVO sind sowohl das **horizontale** als auch das **vertikale Kopplungsverbot** verankert, Art. 7 Abs. 4 DS-GVO.[21] Im Gegensatz zum bisherigen Kopplungsverbot kommt es nun nicht mehr darauf an, ob ein anderer Zugang zu gleichwertigen vertraglichen Leistungen möglich ist.[22] Die begehrte Leistung und die damit verbundene Datenverarbeitung sind im Einzelfall ins Verhältnis zu setzten. Eine zulässige Kopplung soll in Fällen bestehen, in denen nach einer hypothetischen Prüfung die Rechtfertigung zur Datenverarbeitung auch über eine entsprechende Vertragsklausel möglich wäre. Wenn eine

---

[15] Kühling/Buchner/*Kühling/Buchner* DS-GVO Art. 7, Rn. 45.
[16] BGH DuD 2008, 818 (820) – Payback; zum Beschäftigungskontext auch *Art. 29-Datenschutzgruppe*, WP 259, 10.4.2018, S. 6.
[17] Gola/*Schulz* DS-GVO Art. 7 Rn. 20; Schantz/Wolff Neues DatenschutzR/*Wolff* Kap. D Rn. 512.
[18] Kühling/Buchner/*Kühling/Buchner* DS-GVO Art. 7, Rn. 45.
[19] Erwgr. 32 DS-GVO.
[20] Erwgr. 42 DS-GVO.
[21] *Krohm/Müller-Peltzer* ZD 2017, 551 (552).
[22] *DSK*, Kurzpapier Nr. 3, 29.6.2017, S. 2.

Datenverarbeitung auf eine Klausel gestützt werden kann (Art. 6 Abs. 1 Buchst. b DS-GVO, → Rn. 32), darf sich wertungsmäßig aus den Regelungen zur Einwilligung nichts anderes ergeben.[23]

Das **vertikale Kopplungsverbot** verbietet, den Vertragsabschluss von einer Einwilligung zur Datenverarbeitung abhängig zu machen, die über das für die Vertragserfüllung Wesentliche hinausgeht.[24] Das Kopplungsverbot soll dazu führen, dass keine Einwilligungen zur Datenverarbeitung eingeholt werden, die nicht im unmittelbaren Zusammenhang mit dem Vertragszweck stehen. **18**

Das **horizontale Kopplungsverbot** betrifft Fälle, bei denen die betroffene Person für mehrere Verarbeitungszwecke, die nicht zwingend miteinander in Verbindung stehen, eine Generaleinwilligung abgibt. Eine solche Kopplung ist unzulässig. Erforderlich ist vielmehr, dass verschiedene Verarbeitungszwecke grds. getrennt voneinander abgefragt werden, sodass der Betroffene eine für seine Belange und Wünsche „maßgeschneiderte" Einwilligung abgeben kann. Nach den Umständen des Einzelfalls ist es möglich, für mehrere Datenverarbeitungsvorgänge nur eine Einwilligung der betroffenen Person einzuholen, wenn es nach einer Gesamtabwägung im Einzelfall nicht angebracht erscheint, für jede Datenverarbeitung eine separate Einwilligung abzufragen, wie etwa bei Datenverarbeitungsvorgängen, die aufeinander aufbauen und voneinander abhängig sind.[25] **19**

Das vertikale und horizontale Kopplungsverbot trifft insbes. **soziale Netzwerke,** da der Dienstanbieter dem Nutzer regelmäßig erst nach der Einwilligung zur Verarbeitung personenbezogener Daten einen Account und die Nutzung des Netzwerks gewährt. Der Tausch „Einwilligung zur Datenverarbeitung gegen Zugang zum Dienst" kann jedoch unter das Kopplungsverbot fallen und unzulässig sein.[26] Teilweise wird in solchen Fällen erwogen, die mit dem Betrieb des Netzwerks verbundene Verarbeitung personenbezogener Daten insgesamt unmissverständlich als Vertragsgegenstand zu definieren, sodass eine Einwilligung nicht erforderlich wäre.[27] Es ist jedoch unter dem Gesichtspunkt des Verbraucherschutzes zu bezweifeln, dass Datenschutzbehörden dieses Vorgehen pauschal und für alle Verarbeitungszwecke billigen werden. Mit dem Gesetzeszweck ist wohl vielmehr abzuwägen, ob die Verarbeitung einer echten Vertragsleistung dient, an der der Betroffene auch ein Interesse hat.[28] Das ist bei der Verarbeitung personenbezogener Daten für zB personalisierte Werbung wohl regelmäßig nicht der Fall, zumal sich die Finanzierung eines „kostenlosen" Dienstes auch durch nicht-personalisierte Werbung erreichen lässt. Der Wortlaut des Art. 7 Abs. 4 DS-GVO legt diese strenge Sichtweise nahe, der die Betreiber solcher Geschäftsmodelle aber vor signifikante Probleme stellen wird. Es bleibt abzuwarten, ob sich die Möglichkeit durchsetzt, bestimmte Verarbeitungen als Vertragsgegenstand zu definieren, obwohl sie nicht unmittelbar den Interessen des Betroffenen dienen oder ob die Datenschutzbehörden das Kopplungsverbot weniger strikt interpretieren. **20**

Die Problematik lässt sich dadurch lösen, dass der Dienstanbieter dem Betroffenen eine entgeltfreie und eine zahlungspflichtige Dienstleistungsvariante anbietet.[29] In diesem Fall steht es dem Nutzer frei die Verarbeitung personenbezogener Daten zu Werbezwecken zu gestatten oder andernfalls den „Premiumzugang" für ein angemessenes Entgelt zu nutzen.[30] **21**

---

[23] *Engeler* ZD 2018, 55 (59).
[24] *Krüger* ZRP 2016, 190 (191); Kühling/*Martini* EuZW 2016, 448 (451).
[25] *Krohm/Müller-Peltzer* ZD 2017, 551 (552).
[26] *Peitz/Schweitzer* NJW 2018, 275 (277).
[27] So Kühling/Buchner/*Kühling/Buchner* DS-GVO Art. 7, Rn. 46.
[28] *Grolland* MMR, 2018, 130 (132).
[29] *Kröber* NZKart 2016, 303 (303 ff.); *Golland* MMR 2018, 130 (134), Kühling/Buchner/*Kühling/Buchner* DS-GVO Art. 7, Rn. 53.
[30] *DSK,* Kurzpapier Nr. 3, 29.6.2017, S. 2.

d) Verfügt der Verarbeiter über eine Monopolstellung am Markt?

22 Verfügt der Verarbeiter über eine **Monopolstellung,** so liegen im Zweifelsfall ein Ungleichgewicht und damit eine Unwirksamkeit der Einwilligung vor. Die Einordnung als Monopol erfolgt objektiv und kann von dem Verarbeiter nicht vertraglich ausgeschlossen werden.[31] Es wird vertreten, dass eine Monopolstellung idS auch dann vorliegt, wenn zwar genügend andere Anbieter am Markt vorhanden sind, jedoch alle die Leistung nur dann anbieten, wenn die betroffene Person eine Einwilligung der Verarbeitung der Daten erteilt hat.[32] Bei Facebook könnte eine derartige Monopolstellung angenommen werden, da es für die Nutzer häufig an alternativen Social Networks mangelt, die von Freunden oder Bekannten genutzt werden.[33] Offensichtlich führt diese enge Auffassung zu praktischen Schwierigkeiten.

e) Wird das Opt-Out-Verbot beachtet?

23 Eine **Opt-Out-Einwilligung** ist eine Einwilligung, die nicht durch ein aktives Verhalten wie zB das aktive Ankreuzen eines Kästchens erteilt wird, sondern durch den Abschluss des Vertrages, ohne eine bestimmte Voreinstellung zu ändern. Der typische Fall ist das „Stehenlassen" bereits vorangekreuzter Kästchen. Bereits nach der Rechtsprechung des BGH zum BDSG ist eine Opt-Out-Einwilligung der betroffenen Person unwirksam.[34] Auch mit Inkrafttreten der DS-GVO sind Stillschweigen, vorangekreuzte Kästchen oder die Untätigkeit des Betroffenen keine wirksamen Einwilligungen, da die Einwilligung eine aktive Handlung erfordert, die als Ausdruck der Zustimmung zu interpretieren ist. Handlungen und Aktionen, aus denen sich konkludent eine Einwilligung ergibt, sind zulässig, sind aber ggf. schwer nachweisbar und daher nicht zu empfehlen (→ Rn. 5).

In Ergänzung zu dem Grundsatz der Opt In Einwilligung ist eine Kontaktdatennutzung für E-Mail- und SMS-Werbung im engen Rahmen des § 7 Abs. 3 UWG zulässig, wenn alle Voraussetzungen des Tatbestandes erfüllt sind.

24 Es bleibt abzuwarten, welche Regelungen die geplante ePrivacy-Verordnung im Bereich der elektronischen Werbung enthalten wird, insbes. ob sie die ausschließliche Opt-In-Lösung für werbliche Ansprachen regeln wird.[35]

aa) Ist die Einwilligung des Betroffenen nachweisbar?

25 Erfolgt die Verarbeitung mit Einwilligung der betroffenen Person, muss der Verantwortliche nachweisen können, dass die betroffene Person ihre Einwilligung zu dem Verarbeitungsvorgang gegeben hat.[36] Kann der Verarbeiter den **Nachweis** nicht oder nicht ausreichend erbringen, wird er rechtlich so behandelt, als wäre die Einwilligung nicht erteilt worden.

f) Wird der Betroffene auf sein Widerrufsrecht hingewiesen und hat er nicht widerrufen?

26 Jeder Betroffene kann seine Einwilligung jederzeit frei widerrufen, ohne dass hierfür ein Grund angegeben werden muss. Der Widerruf ist das Gegenstück zur Einwilligung

---

[31] Kühling/Buchner/*Kühling/Buchner* DS-GVO Art. 7, Rn. 44; Paal/Pauly/*Frenzel* DS-GVO Art. 7 Rn. 18.
[32] *Krohm/Müller-Peltzer* ZD 2017, 551 (551).
[33] Kühling/Buchner/*Kühling/Buchner* DS-GVO Art. 7 Rn. 53.
[34] BGHZ 177, 253; BeckOK DatenschutzR/*Stemmer* DS-GVO Art. 7 Rn. 83.
[35] *DSK,* Kurzpapier Nr. 3, 29.6.2017, S. 2.
[36] Erwgr. 42 DS-GVO; *Fladung* CB 2017, 265 (265).

und damit auch ein Teil der **informationellen Selbstbestimmung,** auf die nicht verzichtet werden kann.[37] Der Widerruf muss mindestens genauso einfach erklärt werden können wie die Einwilligung.[38] Der Betroffene ist bereits im Zeitpunkt der Einwilligungserklärung über die Widerrufsmöglichkeit sowie deren Art und Weise zu informieren. Mit dem Eingang des Widerrufs an den jeweiligen Verantwortlichen wird die Datenverarbeitung der personenbezogenen Daten nicht rückwirkend verboten. Alle bis zu diesem Zeitpunkt vorgenommenen Verarbeitungsvorgänge bleiben rechtmäßig. Der Betroffene darf durch die Ausübung seines Widerrufsrechtes nicht mit Nachteilen konfrontiert werden, wie etwa die Verweigerung eines Preisnachlasses.[39] Stellt der Verarbeiter einen kostenpflichtigen Tarif zur Verfügung, so muss sich der Betroffene jedoch auf diesen verweisen lassen, wenn dieser den Dienst weiterhin nutzen möchte.

Das Widerrufsrecht kann im Einzelfall nach dem Grundsatz von Treu und Glauben **27** eingeschränkt sein. Beschränkungen können sich auch durch rechtsgeschäftliche Abreden ergeben, insbes. wenn die Einwilligung Hauptbestandteil des Vertrages ist oder wenn durch den Widerruf die Erfüllung des Vertrages erschwert oder unmöglich gemacht wird.[40] Mit dem Widerruf sind die auf Grundlage der Einwilligung erfolgten Verarbeitungen einzustellen.

g) Wird eine Einwilligung des Minderjährigen und zusätzlich des Erziehungsberechtigten eingeholt (Art. 8 DS-GVO)?

Kinder nutzen zunehmend digitale Medien und werden so zu einer wirtschaftlich relevanten Zielgruppe. Die Verarbeitung personenbezogener Daten von Kindern kann grds. **28** auf eine Einwilligung gestützt werden.[41] Die DS-GVO regelt jedoch nicht ausdrücklich, ob Kinder die Einwilligungserklärung selbst abgeben dürfen oder ob die Erklärung den Erziehungsberechtigten vorbehalten bleibt. Es scheint auf den **Reifegrad** und die **Einsichtsfähigkeit** der Kinder anzukommen.[42] Der europäische Gesetzgeber geht in Bezug auf Datensensibilität von potentiell unmündigen Kindern aus und verzichtet auf eine Einwilligungserklärung der Erziehungsberechtigten nur dann, wenn die Verarbeitung im Zusammenhang mit Präventions- oder Beratungsdiensten steht, die sich unmittelbar an Kinder richten.[43] In Zweifelsfällen empfiehlt es sich, sowohl vom Minderjährigen als auch vom Erziehungsberechtigten die Einwilligung einzuholen.[44] Außerdem sollten sowohl Minderjährige als auch Erziehungsberechtige in verständlicher Weise informiert werden, inwieweit und zu welchem Zweck die personenbezogenen Daten verarbeitet werden.[45] Praktisch ließe sich diese Anforderung durch ein **Double-Opt-In-Verfahren** umsetzen, nach dem die Erziehungsberechtigten durch den Datenverarbeiter eine E-Mail zur Bestätigung der Zustimmung erhalten und diese (mit elektronischer Signatur) wieder per E-Mail an den Datenverarbeiter senden.[46] Dem Verarbeiter obliegt der Nachweis, dass die zustimmende Person zur elterlichen Sorge und somit zur Erklärung der Einwilligung für den Minderjährigen berechtigt ist.[47] Dabei orientiert sich der Umfang der Beweislast an den

---

[37] HK-DS-GVO/*Peuker* DS-GVO Art. 17 Rn. 46.
[38] Art. 7 Abs. 3 S. 4 DS-GVO.
[39] Gola/*Schulz* DS-GVO Art. 7 Rn. 54.
[40] Gola/*Schulz* DS-GVO Art. 7 Rn. 57.
[41] *Bayerischer Landesbeauftragte für den Datenschutz,* Kurzpapier Nr. XV, 20.1.2017, S. 1.
[42] *Art. 29-Datenschutzgruppe,* WP 147, v. 18.2.2008, S. 6; Schantz/Wolff Neues DatenschutzR/*Wolff* Kap. D, Rn. 488; Ernst ZD 2017, 110 (111).
[43] Art. 8 Abs. 1 DS-GVO; Erwgr. 38 DS-GVO.
[44] Koreng/Lachenmann DatenschutzR-FormHdB/*Bergt* I. II. Rn. 6.
[45] Paal/Pauly/*Ernst* DS-GVO Art. 4, Rn. 68; Ehmann/Selmayr/*Heckmann/Paschke* DS-GVO Art. 8 Rn. 28; *Ernst* ZD 2017, 110 (111).
[46] *Walter* DSB 2013, 140 (142); Ehmann/Selmayr/*Heckmann/Paschke* DS-GVO Art. 8 Rn. 28.
[47] *Art. 29-Datenschutzgruppe,* WP 259, 10.4.2018, S. 30; BeckOK DatenschutzR/*Karg* DS-GVO Art. 8 Rn. 57.

schutzwürdigen Interessen der Kinder.[48] Regelmäßig sind Datenverarbeitungen unumkehrbar, sodass die schutzwürdigen Interessen der Minderjährigen eine nachträgliche Genehmigung der Verarbeitung ausschließen.[49] Die Zustimmung sollte demnach vor der Erhebung personenbezogener Daten eingeholt werden.

h) Erfolgt die Datenverarbeitung für Angebote oder Dienste der Informationsgesellschaft, die sich direkt an Minderjährige richten?

29   Die DS-GVO regelt die Anforderungen, die an die Wirksamkeit der Einwilligung Minderjähriger gestellt werden, nur für Angebote von Diensten der Informationsgesellschaft. Die Definition umfasst alle elektronischen Fernabsatzverträge, die auf kommerzieller Basis die Möglichkeit des Abrufs individueller Dienstleistungen schaffen, umfasst sind also auch soziale Netzwerke.[50] Richtet sich dieses Angebot direkt an Minderjährige ist die Einwilligung wirksam, wenn der Minderjährige mind. 16 Jahre alt ist. Die Verordnung bestimmt nicht näher, wann sich eine Dienstleistung an Minderjährige richtet. In Frage kommen daher Angebote, die sich entweder speziell/auch oder aber ausschließlich an Kinder richten. Die Regelung sollte in der Praxis so verstanden werden, dass Angebote umfasst sind, die sich „auch" an Minderjährige richten.[51] Sollte sich zukünftig eine engere Rechtsauffassung durchsetzen, kann diese dann natürlich übernommen werden.

30   Die Einhaltung der Anforderung ist allerdings in der Praxis schwer zu erfüllen. Die Dienstanbieter müssen angemessene Anstrengungen zur Einhaltung unternehmen.[52] Bei der Registrierung oder dem Besuch der Website kann zwar eine Altersabfrage erfolgen, die Angaben sind praktisch jedoch kaum zu verifizieren.

i) Werden die Besonderheiten in Beschäftigungsverhältnissen berücksichtigt?

31   Der Verordnung ist nicht zu entnehmen, dass im Verhältnis zwischen Arbeitgeber und Arbeitnehmer immer automatisch ein Ungleichgewicht vorliegt und eine Einwilligung deshalb unwirksam wäre ($\rightarrow$ Rn. 11). Der europäische Verordnungsgeber ermöglicht den Mitgliedstaaten, spezifische Vorschriften für die Datenverarbeitung iRv **Beschäftigungsverhältnissen** zu erlassen.[53] Das neue BDSG sieht die Fortgeltung des § 32 Abs. 1 S. 1 BDSG aF als § 26 Abs. 1 S. 1 BDSG vor. Personenbezogene Daten von Beschäftigten dürfen für Zwecke des Beschäftigungsverhältnisses verarbeitet werden, wenn dies für die Entscheidung über die Begründung eines Beschäftigungsverhältnisses oder nach Begründung des Beschäftigungsverhältnisses für dessen Durchführung oder Beendigung oder zur Ausübung oder Erfüllung der sich aus einem Gesetz oder einem Tarifvertrag, einer Betriebs- oder Dienstvereinbarung (Kollektivvereinbarung) ergebenden Rechte und Pflichten der Interessenvertretung der Beschäftigten erforderlich ist. Die Einwilligungen der Arbeitnehmer im Beschäftigungsverhältnis sind jedoch nicht von überragender Relevanz, da häufig die Erlaubnistatbestände des Art. 6 Abs. 1 Buchst. b DS-GVO und $\rightarrow$ Buchst. f DS-GVO ($\rightarrow$ Rn. 32) Anwendung finden werden.[54] Betriebsvereinbarungen, Tarifverträge und andere Kollektivverträge fallen jedoch nicht unter die Rechtsgrundlage „zur Vertragserfüllung", da die Arbeitnehmer nicht selbst Vertragspartei sind.

---

[48] Plath/*Plath* DS-GVO Art. 8 Rn. 12.
[49] So auch Paal/Pauly/*Frenzel* DS-GVO Art. 8 Rn. 11.
[50] *Bayerischer Landesbeauftragte für den Datenschutz*, Kurzpapier Nr. XV, 20. 1. 2017, S. 1.
[51] *Bayerischer Landesbeauftragte für den Datenschutz*, Kurzpapier Nr. XV, 20. 1. 2017, S. 2.
[52] *Bayerischer Landesbeauftragte für den Datenschutz*, Kurzpapier Nr. XIV, 20. 1. 2017, S. 2.
[53] Art. 88 DS-GVO.
[54] Gola/*Schulz* DS-GVO Art. 7 Rn. 47.

2. Rechtfertigung durch Vertragsabschluss und Vertragserfüllung (Art. 6 Abs. 1 Buchst. b DS-GVO)

Die Verarbeitung personenbezogener Daten ist rechtmäßig, wenn die betroffene Person **32** Vertragspartei ist (Var. 1) oder erkennbar auf eigene Anfrage Vertragspartei werden möchte (Var. 2).[55] Vertragsparteien sind diejenigen, die an dem Abschluss der Einigung mitgewirkt haben und für die sich aus der Vereinbarung gegenseitige Rechte und Pflichten ergeben. Die DS-GVO versteht unter „Vertrag" auch einseitige Schuldverhältnisse wie die Auslobung.[56] Vorvertragliche Schuldverhältnisse sind in der Verordnung nicht näher definiert worden, sodass jedenfalls nicht ausgeschlossen ist, dass Vertragsverhandlungen und andere Anbahnungen des Vertrages gemäß § 311 Abs. 2 BGB gemeint sind. Handelt es sich um ein nicht verhandeltes Schuldverhältnis (zB Geschäftsführung ohne Auftrag), ist die Erlaubnis über den Vertrag nicht einschlägig. Die Verarbeitung kann allerdings ggf. auf die Wahrnehmung berechtigter Interessen gestützt werden, Art. 6 Abs. 1 Buchst. f DS-GVO (→ Rn. 46).

a) Erfolgt die Korrespondenz auf „Anfrage der betroffenen Person"?

Die **betroffene Person** ist diejenige, die durch die einzelnen Daten oder deren Ge- **33** samtschau identifizierbar ist. Anfragen sind alle tatsächlichen Vorgänge, die von dem Willen des Betroffenen eingeleitet und getragen sind. Rechtlich verbindliche Erklärungen sind dafür nicht erforderlich.

b) Ist die Verarbeitung für die den Vertragsabschluss oder die Vertragserfüllung „erforderlich"?

Der zulässige Umfang einer Datenverarbeitung ist anhand des Verarbeitungszwecks zu **34** ermitteln. Es sind alle Verarbeitungsschritte umfasst, die **erforderlich** sind, um den Vertragszweck zu erreichen. Nur wenn die Vertragsparteien ihren Verpflichtungen (Erfüllungs-, Rücksichtnahme-, Schutz- und nachvertraglichen Pflichten usw.) nicht nachkommen oder die Rechte ohne die Datenverarbeitung nicht wahrnehmen können, ist das Merkmal der Erforderlichkeit erfüllt. Wird der Vertragszweck durch AGB festgelegt, unterliegt die Bestimmung des Zwecks der Inhaltskontrolle mit dem Maßstab der → §§ 307 ff. BGB, dh, der Zweck muss auch AGB-rechtlich zulässig sein.[57] Da die DS-GVO an die Einwilligung hohe Anforderungen stellt und der hohe Standard nicht durch den Erlaubnistatbestand der Vertragserfüllung gesenkt wird, ist das Kriterium der Erforderlichkeit eng auszulegen.[58]

Bsp. 1: Ein Versendungsverkauf kann ohne Verarbeitung des Namens und der Anschrift des **35** Bestellers nicht durchgeführt werden.

Bsp. 2: Wird in einem Komplettpaket eines Reiseveranstalters ein Flug, die Hotelunterkunft **36** und ein Mietwagen angeboten, so ist der Veranstalter berechtigt, diejenigen Daten des Kunden zu erheben und an die jeweiligen Vertragspartner weiterzugeben, die für die Erfüllung des jeweiligen Vertrags notwendig sind.

Ist das Vertragsverhältnis beendet, hat sich regelmäßig auch der Verarbeitungszweck er- **37** füllt. Die Datenverarbeitung ist dann nicht mehr erforderlich (Grundsatz der Datenminimierung; → Rn. 98). Die Weiterverarbeitung, also auch die Speicherung, bedarf ab diesem Zeitpunkt einer anderen Rechtsgrundlage. Die Verarbeitung darf jedoch nicht

---

[55] Erwgr. 44 DS-GVO.
[56] Gola/*Schulz* DS-GVO Art. 6 Rn. 27.
[57] Gola/*Schulz* DS-GVO Art. 6 Rn. 35.
[58] So auch Kühling/Buchner/*Buchner/Petri* DS-GVO Art. 6 Rn. 26.

einfach nachträglich umgewidmet werden.[59] Kann eine Weiterverarbeitung zu anderen Zwecken nicht auf eine andere Rechtsgrundlage gestützt werden, wie zB Einwilligung oder Erfüllung einer steuerrechtlichen Verpflichtung, ist der Verarbeiter verpflichtet, die personenbezogenen Daten zu löschen. Ist der Verarbeiter zB aus steuerrechtlichen Gründen verpflichtet, bestimmte Daten über längere Zeiträume vorzuhalten, kommt dafür als Rechtsgrundlage Art. 6 Abs. 1 Buchst. c DS-GVO (→ Rn. 42) in Frage. Steht der alternative Verarbeitungszweck schon bei Erhebung fest, ist auch über diesen zu informieren.

38   Allerdings darf die Erforderlichkeit idS der DS-GVO nicht mit der **wirtschaftlichen Erforderlichkeit** verwechselt werden, ohne die ein **Geschäftsmodell** weniger profitabel oder nicht finanzierbar wäre:

39 Bsp. 1: Es ist für den Anbieter einer Bildbearbeitungs-App für Smartphones zwar attraktiv Kontaktbücher von Smartphones auszulesen, jedoch nicht erforderlich, um die App zur Verfügung zu stellen oder den Bearbeitungsvorgang vorzunehmen.

40 Bsp. 2: Es mag zwar profitabel sein, Daten eines Nutzers von Suchmaschinen auszuwerten, um maßgeschneiderte Werbung einzublenden,[60] der Suchalgorithmus funktioniert technisch jedoch auch ohne personalisierte Werbung.

41   Die Geschäftsmodelle **„kostenlosen Dienstleistungen und Apps"** bzw. **„Services gegen Zurverfügungstellung personenbezogener Daten"** sind damit keineswegs per se ausgeschlossen. Es kommt im Einzelfall darauf an, ob und unter welchen Voraussetzungen die derartigen Geschäftsmodelle betrieben werden dürfen (Kopplungsverbot → Rn. 17).

3. Rechtfertigung durch Erfüllung einer rechtlichen Verpflichtung (Art. 6 Abs. 1 Buchst. c DS-GVO)

42 Die Verarbeitung personenbezogener Daten ist rechtmäßig, wenn die Verarbeitung zur Erfüllung einer **rechtlichen Verpflichtung** erforderlich ist, und der Verantwortliche dieser Pflicht unterliegt. Der Art. 6 Abs. 1 Buchst. c DS-GVO umfasst ausschließlich Verpflichtungen durch oder aufgrund von Rechtsvorschriften. Die Rechtspflichten können aus dem Unionsrecht oder aus dem Recht der Mitgliedstaaten stammen.[61] Die entsprechende Rechtspflicht muss kein Parlamentsgesetz sein.[62] Das bedeutet, dass auch staatliche Verordnungen und Satzungen eine Rechtspflicht auferlegen können. Die Norm muss jedoch hinreichend klar, präzise und die Rechtsfolge für den Anwender vorhersehbar formuliert sein. Art. 6 Abs. 1 Buchst. c stellt selbst keine Rechtsgrundlage für eine Datenverarbeitung dar,[63] sondern verdeutlicht nur, dass neben der in Art. 6 aufgezählten noch andere Rechtsgrundlagen in Frage kommen, wie zB Schulrecht und Teile des Kommunalrechts.

> Die sparsame und sachgerechte Verwendung öffentlicher Mittel durch die Verwaltung ist als berechtigter Zweck sowohl iSv Art. 8 Abs. 2 EMRK, der auf das wirtschaftliche Wohl des Landes abstellt, als auch von Art. 5 Abs. 1 Buchst. b DS-GVO anzusehen. Dieses Ziel kann im Grundsatz auch die behördliche Veröffentlichung personenbezogener Daten rechtfertigen. Nach Art. 6 Abs. 3 S. 4 DS-GVO gelten hier allerdings strenge Verhältnismäßigkeitsanforderungen.

---

[59] Art. 5 Abs. 1 Buchst. b DS-GVO.
[60] *Krüger* ZRP 2016, 190 (191); *Bräutigam* MMR 2012, 635 (640); *Faust* NJW-Beil 2016, 29 (30); *Körber* NZKart 2016, 303 (305).
[61] Art. 6 Abs. 3 S. 1 DS-GVO.
[62] Erwgr. 41 DS-GVO.
[63] Erwgr. 45 DS-GVO.

Sicherheitsbehörden verlangen von Unternehmen und Behörden gelegentlich die Herausgabe **43** von Kundendaten. Insoweit bedarf es bereichsspezifischer Rechtsvorschriften sowohl hinsichtlich der Datenerhebung durch die Sicherheitsbehörden als auch hinsichtlich der Datenübermittlung durch die Adressaten des Herausgabeverlangens. Insbes. rechtfertigt ein sicherheitsbehördlicher Informationsbedarf für sich genommen keine Verarbeitung zum Zwecke der Kriminalitätsbekämpfung auf Vorrat.

4. Rechtfertigung bei Verarbeitung personenbezogener Daten zum Schutz lebenswichtiger Interessen (Art. 6 Abs. 1 Buchst. d DS-GVO)

Personenbezogene Daten dürfen verarbeitet werden, wenn die Verarbeitung **erforderlich** **44** ist, um **lebenswichtige Interessen** der betroffenen Person oder einer anderen natürlichen Person zu schützen, und die betroffene Person außerstande ist, eine Einwilligung zu erteilen. Lebenswichtige Interessen sind der Schutz des Lebens und der körperlichen Unversehrtheit.[64]

5. Rechtfertigung bei Verarbeitung personenbezogener Daten zur Wahrnehmung einer Aufgabe im öffentlichen Interesse oder zur Ausübung öffentlicher Gewalt (Art. 6 Abs. 1 Buchst. e DS-GVO)

Die Verarbeitung personenbezogener Daten ist rechtmäßig, wenn die Verarbeitung für die **45** Wahrnehmung einer Aufgabe erforderlich ist, die im öffentlichen Interesse liegt oder zur Ausübung öffentlicher Gewalt erfolgt, die dem Verantwortlichen übertragen worden ist. Beide Erlaubnistatbestände erfordern jeweils eine Rechtsvorschrift, die nach Art. 6 Abs. 3 S. 4 DS-GVO ein im öffentlichen Interesse liegendes Ziel verfolgt und die Aufgabe definiert.

6. Rechtfertigung aufgrund von berechtigten Interessen (Art. 6 Abs. 1 Buchst. f DS-GVO)

Berechtigte Interessen des Verantwortlichen oder Interessen Dritter können die Verarbei- **46** tung legitimieren, wenn die Interessen, Grundrechte oder Grundfreiheiten der Betroffenen nicht überwiegen. Die Rechtsgrundlage gilt nicht für die von Behörden in Erfüllung ihrer Aufgaben vorgenommene Verarbeitung.

a) Dient die Verarbeitung „berechtigten Interessen"?

Berechtigte Interessen sind alle Interessen, egal ob rechtlicher, wirtschaftlicher **47** oder ideeller Natur.[65] Der Verarbeitungsprozess ist erforderlich, wenn aus Sicht des Betroffenen kein weniger eingriffsintensives Mittel zur Verwirklichung des Interesses zur Verfügung steht. Eine bloße Berührung der Rechte der betroffenen Person macht die Datenverarbeitung nicht unzulässig. Bei gleichwertigen Interessen dürfen die Daten verarbeitet werden.

b) Überwiegen die berechtigten Interessen des Verarbeiters die Interessen, Grundrechte und Grundfreiheiten des Betroffenen?

Die berechtigten Interessen des Verantwortlichen können insbes. dann **überwiegen,** **48** wenn der Betroffene in einem Arbeits- oder Kundenverhältnis zu dem Verantwortlichen steht oder der Betroffene im Zeitpunkt der Datenerhebung vernünftigerweise mit der

---

[64] Erwgr. 112 S. 2 DS-GVO.
[65] So auch BeckOK DatenschutzR/*Albers/Veit* DS-GVO Art. 6 Rn. 49.

Datenverarbeitung rechnen musste. Die Abwägung ist im konkreten Einzelfall vorzunehmen. Im Abwägungsprozess ist zu berücksichtigen, wie gut der Verantwortliche die Datenverarbeitungsprozesse gegen Missbrauch schützt, und ob er weitere Schutzmechanismen (TOM, → Kap. 9 Rn. 5 ff.) verwendet.

c) Werden Daten an konzernangehörige Unternehmen in Drittstaaten weitergegeben?

49   Für den **Transfer an konzernangehörige Unternehmen in Drittstaaten** gelten die Anforderungen des Art. 44 DS-GVO. Hier werden sich **Binding Corporate Rules** (BCR) als Gestaltungsmittel anbieten, deren Vereinbarung in Art. 47 DS-GVO geregelt ist. Ein **Konzernprivileg** kennt die DS-GVO nicht, auch wenn in Erwgr. 47, 49 DS-GVO Betrugsprävention, Direktwerbung und die Verbesserung von IT-Systemen innerhalb einer Unternehmensgruppe angesprochen werden.

d) Wird Direktwerbung betrieben, für die keine Opt-In-Einwilligung vorliegt?

50   Mit Inkrafttreten der DS-GVO fallen alle detaillierten Regelungen des BDSG zur Verarbeitung personenbezogener Daten für werbliche Zwecke weg.[66] Werbemaßnahmen sind an der DS-GVO, dem UWG und bald auch an der e-Privacy-VO zu messen. Die Verarbeitung personenbezogener Daten für Zwecke der **Direktwerbung** kann ein berechtigtes Interesse sein,[67] was jedoch keinesfalls den Abwägungsprozess ersetzt.[68] Es ist zu prüfen, ob beim Betroffenen der erkennbare Wille besteht, keine Werbung zu erhalten.[69] Ganz grds. befreit die DS-GVO nicht von der Einhaltung anderer Vorschriften im Zusammenhang mit der Verarbeitung von personenbezogenen Daten oder des Wettbewerbs.

7. Verarbeitung besonderer Kategorien personenbezogener Daten (Art. 9 Abs. 1 DS-GVO)

51   Die Verarbeitung personenbezogener Daten, aus denen die rassische und ethnische Herkunft, politische Meinungen, religiöse oder weltanschauliche Überzeugungen oder die Gewerkschaftszugehörigkeit hervorgehen sowie die Verarbeitung von genetischen Daten, biometrischen Daten zur eindeutigen Identifizierung einer natürlichen Person, Gesundheitsdaten oder Daten zum Sexualleben oder der sexuellen Orientierung einer natürlichen Person, ist untersagt. Von diesem Grundsatz gibt es nur wenige Ausnahmen.

a) Werden besondere Kategorien personenbezogener Daten verarbeitet?

52   **Besonders schutzbedürftig** sind alle Angaben, die direkt oder indirekt Informationen zu den in Art. 9 DS-GVO angegebenen Datenkategorien vermitteln (zB Einnahme von Medikamenten, körperliche oder geistige Verfassung, regelmäßiger Besuch einer bestimmten Kirche).[70] Andererseits wird auch künftig nicht jede mittelbare Angabe zu den besonderen Kategorien personenbezogener Daten die Anwendung der speziellen (strengen) Verarbeitungsbestimmungen nach sich ziehen.

---

[66] *DSK,* Kurzpapier Nr. 3, 29.6.2017, S. 1.
[67] Erwgr. 47 S. 7 DS-GVO.
[68] *DSK,* Kurzpapier Nr. 3, 29.6.2017, S. 1.
[69] § 7 Abs. 1, 2 UWG.
[70] *DSK,* Kurzpapier Nr. 17, 27.3.2018, S. 1.

> Gelegentlicher Alkoholkonsum ist (im Gegensatz zu einer Alkoholabhängigkeit) kein Gesundheitsdatum, der rein geographische Geburtsort keine Angabe über die rassische oder ethnische Herkunft und der einmalige Besuch eines Sakralbaus keine Aussage über eine religiöse Überzeugung.[71]

53

Schwieriger ist die Einordnung von **Lichtbildern.** Sie sind erst dann biometrische Daten, wenn sie mit speziellen technischen Mitteln verarbeitet werden, die die eindeutige Identifizierung oder Authentifizierung einer natürlichen Person ermöglichen.[72]

54

b) Sind die Anforderungen an die Verarbeitung von besonderen Kategorien personenbezogener Daten erfüllt?

Die Ausnahmen vom Verarbeitungsverbot des Art. 9 Abs. 1 DS-GVO sind in Art. 9 Abs. 2 Buchst. a–j DS-GVO festgelegt, mit einzelnen Rückausnahmen in Abs. 3 und 4. Zulässig ist eine Verarbeitung nach Abs. 2 Buchst. a beispielsweise dann, wenn die betroffene Person **ausdrücklich** in die Verarbeitung einwilligt. Ausdrücklich bedeutet hier zumindest, dass die Einwilligung nicht konkludent erfolgen kann und sich explizit auf die betroffene Datenkategorie iSv Abs. 1 beziehen sollte, um über die Anforderungen an eine allgemeine Einwilligung iSv Art. 6 Abs. 1, Art. 7 DS-GVO hinauszugehen.[73] Inwiefern das Merkmal der Ausdrücklichkeit darüber hinaus zusätzliche Anforderungen begründet ist nicht geklärt.[74] Zusätzlich zu den speziellen Anforderungen an eine Verarbeitung **besonderer Kategorien personenbezogener Daten** gelten die allgemeinen Grundsätze und andere Bestimmungen der DS-GVO, insbes. hinsichtlich der Bedingungen für eine rechtmäßige Verarbeitung.[75] Da die Eingriffsintensität bei besonders schutzbedürftigen Daten höher ist, sind auch die Anforderungen an die Verarbeitung sensiblerer Daten höher. Die Anforderungen des Art. 9 DS-GVO (→ Rn. 51) müssen zusätzlich zu den Voraussetzungen an die Datenverarbeitung vorliegen. Automatisierte Entscheidungen, die auf Kategorien besonderer Daten beruhen, sind nur zulässig, wenn die betroffene Person ausdrücklich eingewilligt hat oder die Verarbeitung auf einer speziellen Rechtsgrundlage erfolgt und aus Gründen eines erheblichen öffentlichen Interesses erforderlich ist.[76] Verantwortliche, die besondere Datenkategorien verarbeiten, haben in jedem Fall ein Verzeichnis (→ Kapitel 3 Rn. 7) aller ihrer Zuständigkeit unterliegenden Verarbeitungstätigkeiten zu führen.[77]

55

Im Falle einer umfangreichen Verarbeitung besonderer Kategorien personenbezogener Daten ist zusätzlich eine **Datenschutzfolgenabschätzung** (→ Kapitel 3 Rn. 3) erforderlich und ein **Datenschutzbeauftragter** zu benennen, wenn in dieser umfangreichen Verarbeitung die Kerntätigkeit des Verantwortlichen oder des Auftragsverarbeiter liegt.[78]

56

Grundsätzlich dürfen unter Beachtung der in Art. 9 Abs. 2 DS-GVO genannten Voraussetzungen alle in Frage kommenden Personen die von Art. 9 Abs. 1 DS-GVO (→ Rn. 51) erfassten Daten verarbeiten.[79] Soweit derartige Daten allerdings zu den in Art. 9 Abs. 2 Buchst. h DS-GVO genannten Zwecken (insbes. Gesundheitsvorsorge oder medizinische Versorgung) verarbeitet werden, normiert Art. 9 Abs. 3 DS-GVO spezifische

57

---

[71] *DSK,* Kurzpapier Nr. 17, 27.3.2018, S. 1.
[72] *DSK,* Kurzpapier Nr. 17, 27.3.2018, S. 1.
[73] Gola/*Schulz* DS-GVO Art. 9 Rn. 16; Spindler/Schuster/*Spinder/Dably*, Recht der elektronischen Medien, 4. Aufl. 2019, Art. 9 DS-GVO Rn. 14; Sydow DS-GVO Art. 9 Rn. 14.
[74] BeckOK DatenschutzR/*Albers/Veit* DS-GVO Art. 9 Rn. 50, 51.
[75] *DSK,* Kurzpapier Nr. 17, 27.3.2018, S. 2.
[76] Art. 22 Abs. 4 DS-GVO; *DSK,* Kurzpapier Nr. 17, 27.3.2018, S. 2.
[77] Art. 30 Abs. 5 DS-GVO; *DSK,* Kurzpapier Nr. 17, 27.3.2018, S. 3.
[78] Art. 37 Abs. 1 Buchst. c DS-GVO; *DSK,* Kurzpapier Nr. 17, 27.3.2018, S. 3.
[79] *DSK,* Kurzpapier Nr. 17, 27.3.2018, S. 3.

Anforderungen an das Personal.[80] Zwingende Voraussetzung für eine zulässige Verarbeitung ist dabei das Bestehen einer besonderen Geheimhaltungspflicht (Berufsgeheimnis oder Geheimhaltungsvorschrift), der die verarbeitende Person unterliegen muss.[81]

58   Für die Verarbeitung von genetischen, biometrischen und Gesundheitsdaten kann das Recht der Mitgliedstaaten zusätzliche Bedingungen und Beschränkungen vorsehen.[82] Das BDSG nutzt diese Möglichkeit. So sieht § 8 GenDG ein Schriftformerfordernis für die Einwilligung genetischer Untersuchungen vor.[83] Ob, und wenn ja, wie weit die Regelungen des BDSG zur Einschränkung der Betroffenenrechte wegen des bestehenden Anwendungsvorrangs der DS-GVO angewendet werden können, bleibt einer Entscheidung im jeweiligen konkreten Einzelfall vorbehalten.[84] Überdies genießt der Art. 9 Abs. 2 Buchst. i DS-GVO hinsichtlich der Datenverarbeitung zum Schutz vor gefährlichen Krankheiten und Infektionen Anwendungsvorrang.[85]

8. Personenbezogene Daten über strafrechtliche Verurteilungen und Straftaten (Art. 10 DS-GVO)

59   Unsachgemäße Verarbeitung von personenbezogenen Daten über **strafrechtliche relevante Handlungen** kann für die betroffene Person schwerwiegende Folgen haben. Die Folgen reichen von Stigmatisierung im öffentlichen Bereich bis hin zu beruflichen Nachteilen oder sogar Verlust der Existenzgrundlage.[86] Auch wenn sich der Verdacht im Nachhinein als unzutreffend herausstellt, können die Konsequenzen gravierend sein. An die Verarbeitung personenbezogener Daten mit strafrechtlichem Bezug werden deshalb höhere Anforderungen gestellt als an die sonstige Verarbeitung personenbezogener Daten.

60 | Mediale Vorverurteilungen von Beschuldigten in einem Strafverfahren können zu Stigmatisierungen führen, die aus der Öffentlichkeit kaum wieder zu entfernen sind. Die Berichterstattung über eine angeblich bevorstehende Pleite und Insolvenzverschleppung können zu einer tatsächlichen Zahlungsunfähigkeit führen.

61   Erfolgt die Verarbeitung auf einer der in Art. 6 Abs. 1 DS-GVO (→ Rn. 75) genannten Rechtsgrundlagen, dürfen Daten nur unter **behördlicher Aufsicht** verarbeitet werden.

62   Der Verordnungsgeber lässt aber auch Verarbeitungen aufgrund einer anderen Rechtsgrundlage des Unionsrechts oder dem Recht der Mitgliedstaaten zu, wenn das Recht der Mitgliedstaaten geeignete Garantien für die Rechte und Freiheiten betroffener Personen vorsieht. Ob diese Maßnahmen und Garantien über die allgemein erforderlichen aus Art. 5 DS-GVO hinausgehen, wird nicht deutlich. Umfassende Register strafrechtlicher Verurteilungen dürfen nur unter behördlicher Aufsicht geführt werden.

63   Die praktischen Auswirkungen des Art. 10 DS-GVO sind in Deutschland überschaubar, da das Bundeszentralregister und die **Korruptionsregister** in den Ländern schon jetzt durch Behörden geführt werden.[87] Das **Wettbewerbsregister,** das die **Korruptionslisten** ablösen wird, wird von Bundeskartellamt als Registerbehörde geführt werden.

a) Werden personenbezogene Daten über strafrechtliche Verurteilungen und Straftaten verarbeitet?

---

[80] *DSK,* Kurzpapier Nr. 17, 27.3.2018, S. 3.
[81] *DSK,* Kurzpapier Nr. 17, 27.3.2018, S. 3.
[82] Art. 9 Abs. 4 DS-GVO.
[83] Gola/*Schulz* DS-GVO Art. 9, Rn. 37.
[84] *DSK,* Kurzpapier Nr. 17, 27.3.2018, S. 2.
[85] Kühling/Buchner/*Buchner/Petri* DS-GVO Art. 6 Rn. 106.
[86] *Hochmayr/Ligocki* ZIS 2016, 159 (160).
[87] Kühling/Buchner/*Weichert* DS-GVO Art. 10 Rn. 18f.

Die Begriffe „strafrechtliche **Verurteilungen** und **Straftaten** oder damit zusammen- 64
hängende **Sicherungsmaßregeln**" umfassen neben strafrechtlichen Maßnahmen auch die
Verhängung von Sanktionen durch die Verwaltung, wie **Geldstrafen** wegen **Ordnungs-
widrigkeiten,**[88] und andere verbindliche behördliche Entscheidungen in vorbereitenden
Verfahren, wie strafrechtliche Ermittlungsverfahren.[89] Allein der Verdacht einer solchen
Handlung fällt in den Anwendungsbereich.[90] Selbst wenn das Verfahren am Ende eingestellt wird, können die negativen Auswirkungen für die betroffene Person allein durch die
Kommunikation über das Verfahren eintreten. Anknüpfungspunkt für den Anwendungsbereich des Art. 10 DS-GVO ist eine Handlung oder ein Unterlassen, das gegen eine mit-
gliedsstaatliche Regelung verstößt, für die eine natürliche Person selbst staatliche Repres-
sionen erfahren kann.

Personenbezogene Daten anderer Beteiligter, die nicht Täter oder Teilnehmer sind, 65
wie zB Zeugen und Opfer, fallen nicht in den Anwendungsbereich des Art. 10 DS-GVO.

b) Werden die Anforderungen an die Datenverarbeitung nach Art. 10 DS-GVO erfüllt?

Die Verarbeitung bedarf behördlicher Aufsicht, muss aber nicht durch die Behörde 66
selbst erfolgen (anders bei umfassenden Registern; → Rn. 71). Die Behörde muss nur die
Rechtsaufsicht ausüben, also rechtsverbindlich konkrete Weisungen erteilen dürfen.

aa) Wird eine Datenschutzfolgenabschätzung durchgeführt (Art. 35 Abs. 1 DS-GVO)?

Führt die Datenverarbeitung voraussichtlich zu einem hohen Risiko für die Rechte 67
und Freiheiten natürlicher Personen, ist der Verantwortliche verpflichtet, eine Datenschutzfolgeabschätzung (→ Kapitel 3 Rn. 33) zu erstellen. Bei personenbezogenen Daten
nach Art. 10 DS-GVO besteht ein solches Risiko mit hoher Wahrscheinlichkeit, wie in
Art. 35 Abs. 3 Buchst. c DS-GVO indiziert.

bb) Wurde ein Datenschutzbeauftragter bestellt (Art. 37 Abs. 1 Buchst. c DS-GVO)?

Ist die Verarbeitung personenbezogener Daten nach Art. 10 DS-GVO die Kerntätigkeit 68
des Verantwortlichen, hat er einen Datenschutzbeauftragten zu benennen.

cc) Werden die personenbezogenen Daten über Straftaten durch einen Privaten recht-
mäßig verarbeitet?

Sofern private Personen personenbezogene Daten über strafrechtliche Verurteilungen 69
und Straftaten verarbeiten, ist dafür künftig eine ausdrückliche Regelung der Union oder
der Mitgliedstaaten nötig.[91] Der nationale Gesetzgeber hat eine solche Rechtsgrundlage für
Verarbeitungen im Beschäftigungskontext implementiert:

> Zur Aufdeckung von Straftaten dürfen personenbezogene Daten von Beschäftigten nur | 70
> dann verarbeitet werden, wenn zu dokumentierende tatsächliche Anhaltspunkte den
> Verdacht begründen, dass die betroffene Person im Beschäftigungsverhältnis eine Straf-
> tat begangen hat, die Verarbeitung zur Aufdeckung erforderlich ist und das schutzwür-

---

[88] Jarass GRCh/*Jaras* GRCh Art. 49 Rn. 7; Auernhammer/*Greve* DS-GVO Art. 20 Rn. 4.
[89] BeckOK DatenschutzR/*Bäcker* DS-GVO Art. 10 Rn. 3; HK-DS-GVO/*Kampert* DS-GVO Art. 10 Rn. 4;
    aA Kühling/Buchner/*Weichert* DS-GVO Art. 10 Rn. 8.; HK-DS-GVO/Kampert DS-GVO Art. 10
    Rn. 4.
[90] BeckOK DatenschutzR/*Bäcker* DS-GVO Art. 10 Rn. 3; aA Kühling/Buchner/*Weichert* DS-GVO Art. 10
    Rn. 8.
[91] Gola/*Gola* DS-GVO Art. 10 Rn. 12.

dige Interesse der oder des Beschäftigten an dem Ausschluss der Verarbeitung nicht überwiegt, insbes. Art und Ausmaß im Hinblick auf den Anlass nicht unverhältnismäßig sind (§ 26 Abs. 1 S. 2 BDSG).

c) Wird ein umfassendes Register nur unter behördlicher Aufsicht geführt?

71   Ein umfassendes Register strafrechtlicher Verurteilungen steht unter einem **Behördenvorbehalt.** Eine staatliche Behörde muss die Fach- und Rechtsaufsicht ausüben, da Parallelregister durch private Stellen gerade verhindert werden sollen.[92] Akten von Journalisten, Rechtsanwälten, Ausländerbehörden, Einbürgerungsbehörden, Polizei oder Staatsanwaltschaft fallen nicht unter den Begriff des umfassenden Registers, da diese sich nur auf einzelne Personen beziehen, und keine flächendeckende Sammlung sind, wie zB das Bundeszentralregister.[93]

72   Der für die Verarbeitung personenbezogener Daten Verantwortliche muss zwingend eine Behörde sein;[94] private Stellen dürfen allenfalls als Auftragsverarbeiter auftreten.

II. Weitere Anforderungen an eine Verarbeitung personenbezogener Daten

1. Allgemeines

73 Der Verantwortliche ist nach Art. 5 Abs. 2 DS-GVO verpflichtet, die Einhaltung der Grundsätze der Datenverarbeitung nachzuweisen. Diese Rechenschaftspflicht **(Accountability)** umfasst neben dem Nachweis, dass die Datenverarbeitung auf eine Rechtsgrundlage gestützt wird, auch die Einhaltung der anderen **Grundsätze der Datenverarbeitung** in Art. 5 Abs. 1 DS-GVO. Dabei handelt es sich um: „Rechtmäßigkeit", „Verarbeitung nach Treu und Glauben", „Transparenz", „Zweckbindung", „Datenminimierung", „Richtigkeit", „Speicherbegrenzung", „Integrität und Vertraulichkeit".

2. Die Grundsätze für die Verarbeitung personenbezogener Daten (Art. 5 Abs. 1 DS-GVO)

a) Besteht eine Rechtsgrundlage für die Verarbeitung personenbezogener Daten (Art. 5 Abs. 1 Buchst. a DS-GVO)?

74   Die **Rechtsgrundlagen** für eine Verarbeitung personenbezogener Daten sind in Art. 6 DS-GVO aufgezählt. Schlagwortartig handelt es sich dabei um die folgenden Tatbestände:
75 • Einwilligung der betroffenen Person (→ Rn. 3)
   • Notwendigkeit für die Erfüllung eines Vertrags oder dessen Vorbereitung (→ Rn. 32)
   • Erforderlichkeit zur Erfüllung einer rechtlichen Verpflichtung (→ Rn. 42)
   • Notwendigkeit zum Schutz von lebenswichtigen Interessen (→ Rn. 44)
   • Erfüllung einer Aufgabe im öffentlichen Interesse oder in Ausübung öffentlicher Gewalt (→ Rn. 45)
   • Wahrung der berechtigten Interessen des Verantwortlichen oder eines Dritten, sofern nicht die Interessen oder Grundrechte und Grundfreiheiten der betroffenen Person überwiegen (→ Rn. 46)
76 Weitere Rechtsgrundlagen liefert die DS-GVO nicht, gestattet den Mitgliedstaaten aber über Öffnungsklauseln die Schaffung zusätzlicher **nationaler Rechtmäßigkeitsgründe.**

---

[92] So statt vieler nur: Kühling/Buchner/*Weichert* DS-GVO Art. 10 Rn. 15.
[93] Auernhammer/*Greve* DS-GVO Art. 10 Rn. 7.
[94] BeckOK DatenschutzR/*Bäcker* DS-GVO Art. 10 Rn. 7.

b) Werden die personenbezogenen Daten nach Treu und Glauben verarbeitet (Art. 5 Abs. 1 Buchst. a DS-GVO)?

Mit der Formulierung **„Treu und Glauben"** ist eine **faire Datenverarbeitung** ge- 77 meint.[95] Der Verarbeiter ist zur Rücksichtnahme verpflichtet und darf keine Fehlvorstellungen des Betroffenen über Umstände der Datenverarbeitung hervorrufen oder bestehende Fehlvorstellungen ausnutzen. Die vernünftigen Erwartungen und Interessen des Betroffenen sind im Verarbeitungsprozess zu berücksichtigen, und nicht grundlos zu übergehen.[96]

Der Verantwortliche holt eine Einwilligung des Betroffenen ein, obwohl die Datenverarbeitung auch ohne Einwilligung auf eine andere Rechtsgrundlage gestützt werden kann. Nach dem Widerruf der Einwilligung durch den Betroffenen argumentiert der Verantwortliche mit Verweis auf die andere Rechtsgrundlage, er könne die Datenverarbeitung trotzdem fortsetzen. Hier hat er durch die anfängliche Einholung der Einwilligung den Anschein gesetzt, diese sei für die Verarbeitung erforderlich.[97]

78

Der Verantwortliche spiegelt im vorstehenden Beispiel dem Betroffenen vor, die Da- 79 tenverarbeitung durch einen Widerruf unterbinden zu können. Macht der Betroffene dann von seinem Widerrufsrecht Gebrauch, erfährt er, dass dies (nach Ansicht des Verantwortlichen) nicht der Fall ist. Dies widerspricht dem Grundsatz der **informationellen Selbstbestimmung,** der sicherstellen soll, dass der Betroffene die kommunizierten Rechte wahrnehmen kann.

c) Werden personenbezogene Daten transparent verarbeitet (Art. 5 Abs. 1 Buchst. a DS-GVO)?

Der Verordnungsgeber will durch die **Transparenzpflicht** des Art. 5 Abs. 1 Buchst. a 80 DS-GVO eine heimliche Datenverarbeitung verhindern:

Für natürliche Personen muss transparent sein, dass personenbezogene Daten erhoben, verwendet, eingesehen oder anderweitig verarbeitet werden können und in welchem Umfang dies gegenwärtig oder künftig geschieht.[98]

Der Betroffene soll die Datenverarbeitung erkennen können und über Risiken, Vor- 81 schriften, Garantien, Rechte und deren Geltendmachung informiert werden. Der Verordnungsgeber wollte sicherstellen, dass der Verantwortliche den Betroffenen präzise, leicht zugänglich und in einfacher sowie klarer Sprache informiert.[99] Siehe dazu → Kapitel 5 Rn. 1 ff.

d) Werden die Daten nur für den Zweck verarbeitet, für den sie erhoben wurden (Art. 5 Abs. 1 Buchst. b DS-GVO) oder ist eine Zweckänderung zulässig (Art. 6 Abs. 4 DS-GVO)?

Personenbezogene Daten dürfen nur für festgelegte legitime Zwecke erhoben und ver- 82 arbeitet werden (Art. 5 Abs. 1 Buchst. b DS-GVO).

---

[95] Die englische Version der DS-GVO (GDPR) benutzt den Ausdruck „fairness".
[96] BeckOK DatenschutzR/*Schantz* DS-GVO Art. 5 Rn. 8.; Ehmann/Selmayr/*Heberlein* DS-GVO Art. 5 Rn. 10.
[97] AA BeckOK DatenschutzR/*Stemmer* DS-GVO Art. 7 Rn. 91.
[98] Erwgr. 39 S. 2 DS-GVO.
[99] Erwgr. 58 DS-GVO.

aa) Steht der Verarbeitungszweck bereits im Zeitpunkt der Datenerhebung fest?

83   Personenbezogene Daten dürfen nur erhoben und verarbeitet werden, wenn der Prozess einem im **Vorfeld festgelegten** Zweck dient. Erfolgt die Erhebung zu mehreren Zwecken, sind alle hinreichend zu bestimmen. Datensammlungen auf Vorrat für mögliche spätere Zwecke sind unzulässig. Eine bestimmte Form ist für die Festlegung nicht vorgesehen. Eine Fixierung in Textform dient jedoch der leichteren Nachweisbarkeit, da die Zweckbestimmung für Betroffene und Dritte überprüfbar sein muss (Art. 24 Abs. 1 S. 2 DS-GVO).

84   > Im Vorfeld der Verarbeitung muss der Verantwortliche den Zweck der Verarbeitung eindeutig definieren; spätestens zum Zeitpunkt der Verarbeitung muss der Zweck feststehen. Verarbeitungen, die diesem Zweck nicht dienen, können nicht durchgeführt werden. Zur Ausnahme des Art. 6 Abs. 4 DS-GVO → Rn. 88.

bb) Ist der Verarbeitungszweck eindeutig bestimmt?

85   Der Zweck muss **eindeutig** sein, also hinreichend spezifiziert werden. Der Betroffene soll den Umfang der Datenverarbeitung realistisch abschätzen können.

86   > Generelle Hinweise wie „zur Gefahrenabwehr", „für kommerzielle Zwecke" oder der Verweis auf die Erlaubnistatbestände des Art. 6 Abs. 1 DS-GVO sind zu unbestimmt. „Verbesserung der Benutzerfreundlichkeit", „für Werbemaßnahmen", „IT-Sicherheitszwecke", oder „Zukunftsforschung" sind ebenfalls nicht eindeutig genug formuliert.

cc) Ist der Verarbeitungszweck legitim?

87   In der DS-RL[100] wurde „legitimate" noch mit „rechtmäßig" übersetzt. Der mittlerweile genutzte Begriff „legitim" ist kein Synonym für „rechtmäßig", sondern ist weiter auszulegen.[101] Die Artikel-29-Datenschutzgruppe geht davon aus, „legitim" bedeute „in Übereinstimmung mit der **gesamten Rechtsordnung**".[102] Der Verarbeitungszweck muss demnach im Einklang mit den allgemeinen Rechtsprinzipien sowie sonstigem Recht stehen und darf insbes. nicht gegen das Diskriminierungsverbot, einschlägige Vorschriften des Arbeits-, Vertrags- und Verbraucherschutzrechts verstoßen.[103]

dd) Werden Daten zulässigerweise zu einem anderen Zweck verarbeitet, als für den Zweck, zu dem die Daten erhoben wurden (Art. 6 Abs. 4 DS-GVO)?

88   Art. 6 Abs. 4 regelt die Voraussetzungen, unter denen die Verarbeitung personenbezogener Daten erfolgen darf, obwohl die Daten zu einem **anderen Zweck** erhoben wurden. Die Verarbeitung zu einem anderen Zweck kann von einer Einwilligung der betroffenen Person umfasst sein, aber auch auf eine andere Rechtsgrundlage der Union oder der Mitgliedstaaten gestützt werden.[104]

---

[100] Richtlinie 95/46/EG des Europäischen Parlaments und des Rates vom 24.10.1995 zum Schutz natürlicher Personen bei der Verarbeitung personenbezogener Daten und zum freien Datenverkehr (ABl. Nr. L 281 S. 31, ber. 2017 Nr. L 40 S. 78).
[101] *Monreal* ZD 2016, 507 (509).
[102] *Art. 29-Datenschutzgruppe*, WP 203, 2.4.2013, S. 7.
[103] *Art. 29-Datenschutzgruppe*, WP 203, 2.4.2013, S. 19f.; *Monreal* ZD 2016, 507 (509).
[104] Erwgr. 50 S. 3 DS-GVO.

Eine solche Rechtsgrundlage stellt zB § 24 BDSG dar: 89

Die Verarbeitung personenbezogener Daten durch nichtöffentliche Stellen zu einem anderen Zweck als zu demjenigen, zu dem die Daten erhoben wurden, ist zulässig, wenn sie zur Abwehr von Gefahren für die staatliche oder öffentliche Sicherheit oder zur Verfolgung von Straftaten erforderlich ist oder sie zur Geltendmachung, Ausübung oder Verteidigung zivilrechtlicher Ansprüche erforderlich ist, sofern nicht die Interessen der betroffenen Person an dem Ausschluss der Verarbeitung überwiegen.

Umfasst die Einwilligung (→ Rn. 3) nicht die Verarbeitung zu Sekundärzwecken und 90 kann sie auch nicht auf eine Rechtsgrundlage gestützt werden, ist eine Weiterverarbeitung nur zulässig, wenn der **Primärzweck** und der **Sekundärzweck** miteinander vereinbar sind **(Kompatibilitätstest)**.[105] In diesem Fall ist dann keine gesonderte Rechtsgrundlage erforderlich, die Verarbeitung wird auf die Rechtsgrundlage der Datenerhebung gestützt.[106] Die Verordnung liefert fünf Kriterien, anhand derer der Verantwortliche den Kompatibilitätstest vornehmen kann:

(1) Besteht eine Verbindung zwischen Primär- und Sekundärzweck (Art. 6 Abs. 4 Buchst. a DS-GVO)?

Eine solche Verbindung besteht, wenn der Sekundärzweck im Primärzweck **objektiv** 91 **angelegt** ist oder sich jedenfalls als **sachnaher nächster Schritt** ergibt.[107] Es gilt die Faustformel: „Je enger die Beziehung zwischen dem ursprünglichen Zweck der Datenverarbeitung und dem sekundären Zweck der Datenverarbeitung, umso eher ist die Weiterverarbeitung zu einem Sekundärzweck zulässig."[108]

(2) Muss die betroffene Person aus dem Kontext der Datenerhebung mit der Verarbeitung zu einem Sekundärzweck rechnen (Art. 6 Abs. 4 Buchst. b DS-GVO)?

Die betroffene Person muss mit Sekundärverarbeitungen anhand der Erhebungsumstän- 92 de nach objektiven und vernünftigen Erwartungen rechnen können.[109] Je unwahrscheinlicher eine Weiterverarbeitung für die betroffene Person ist, desto eher ist eine Weiterverarbeitung zu einem Sekundärzweck unzulässig.[110] Weitere Kriterien sind zB die Beziehung zwischen dem Verantwortlichen und der betroffenen Person sowie das Machtverhältnis.[111] Gegen die Zulässigkeit der Verwendung für Sekundärzwecke spricht es, wenn zuvor ein langjähriges vertrauensvolles Verhältnis bestand, das diese Verwendung für Sekundärzwecke nicht erforderte. Eine Zweckkompatibilität liegt nicht vor, wenn der Verantwortliche beim Vertragsschluss der betroffenen Person mitgeteilt hat, dass er die Daten nur zu dem vorher eindeutig definierten Zweck verarbeitet. Eine spätere Erweiterung widerspricht dann den Erwartungen des Betroffenen.[112]

(3) Werden personenbezogene Daten verarbeitet, die nicht in Art. 9 DS-GVO und Art. 10 DS-GVO erwähnt werden (Art. 6 Abs. 4c DS-GVO)?

Bei der Beurteilung der Zweckkompatibilität sind die Art der Daten und die Auswir- 93 kungen der Weiterverarbeitung zu berücksichtigen. Dabei ist insbes. zu prüfen, ob es sich

---

[105] *Art. 29-Datenschutzgruppe,* WP 203, 2.4.2013, S. 23; Auernhammer/*Kramer* DS-GVO Art. 6 Rn. 67.
[106] Erwgr. 50 S. 2 DS-GVO.
[107] *Art. 29-Datenschutzgruppe,* WP 203, 2.4.2013, S. 24; Auernhammer/*Kramer* DS-GVO Art. 6 Rn. 76.
[108] *Art. 29-Datenschutzgruppe,* WP 203, 2.4.2013, S. 24.
[109] Erwgr. 50 S. 6 DS-GVO; Gola/Schulz DS-GVO Art. 6 Rn. 181.
[110] *Art. 29-Datenschutzgruppe,* WP 203, 2.4.2013, S. 24.
[111] *Art. 29-Datenschutzgruppe,* WP 203, 2.4.2013, S. 24.
[112] Kühling/Buchner/*Buchner*/Petri DS-GVO Art. 6 Rn. 188.

bei den Daten um sensible Daten handelt.[113] Werden personenbezogene Daten besonderer Kategorien (→ Rn. 51) oder Daten über strafrechtliche Verurteilungen und Straftaten (→ Rn. 59) zu Sekundärzwecken verarbeitet, ist die Sekundärverarbeitung zwar nicht automatisch unzulässig, erfordert aber einen besonderen Ausnahmefall.[114]

(4) Sind die möglichen Folgen der Weiterverarbeitung vertretbar (Art. 6 Abs. 4d DS-GVO)?

94   Der Verantwortliche muss sich über mögliche und typische Folgen einer Weiterverarbeitung im Klaren sein, und eine Art Folgenschätzung (→ Kapitel 3 Rn. 33) zur Einordnung der Risiken vornehmen.[115] Dabei ist auch die Art und Weise der Datenverarbeitung zu berücksichtigen. Darunter fällt:

95   1. Wenn die Daten von einem anderen für die Verarbeitung Verantwortlichen in einem anderen Kontext mit unbekannten Folgen verarbeitet werden.
2. Wenn die Daten öffentlich bekanntgegeben oder anderweitig einer großen Zahl von Personen zugänglich gemacht werden.
3. Wenn große Mengen personenbezogener Daten verarbeitet oder kombiniert werden.[116]

96   Je negativer oder unsicherer die Auswirkungen der Weiterverarbeitung sind, desto unwahrscheinlicher ist es, dass die Weiterverarbeitung der Daten gerechtfertigt ist.[117]

(5) Sind geeignete Schutzmaßnahmen und Garantien implementiert, um die personenbezogenen Daten bei der Weiterverarbeitung zu schützen (Art. 6 Abs. 4 Buchst. e DS-GVO)?

97   Bei der Beurteilung der Zweckkompatibilität ist darauf abzustellen, ob geeignete Garantien vorliegen, mit denen die Interessen und der Schutz der betroffenen Person gewährleistet werden. Dabei müssen technische und organisatorische Maßnahmen (→ Kap. 9) geschaffen werden, mit denen der Schutz und der Grundsatz der Datenminimierung gewahrt wird.[118] Die Verordnung schlägt als Maßnahmen die **Verschlüsselung** und die **Pseudonymisierung** der personenbezogenen Daten vor.

e) Werden nur personenbezogene Daten verarbeitet, deren Verarbeitung zur Erreichung des Zwecks angemessen und erheblich sowie auf das notwendige Maß beschränkt sind (Art. 5 Abs. 1 Buchst. c DS-GVO)?

98   Personenbezogene Daten dürfen nicht verarbeitet werden, wenn die Verarbeitung zur Erreichung des Zwecks unangemessen, unerheblich oder unnötig ist **(Grundsatz der Datenminimierung).** Dies ist der Fall, wenn die Datenverarbeitung zur Erreichung des Zwecks unverhältnismäßig im engeren Sinn ist.[119] Nicht erhebliche oder dem Zweck nicht angemessen dienende Daten sind so weit wie möglich schon iRd Datenerhebung auszuklammern.

---

[113] *Art. 29-Datenschutzgruppe,* WP 203, 2.4.2013, S. 25.
[114] Auernhammer/*Kramer* DS-GVO Art. 6 Rn. 78.
[115] *Art. 29-Datenschutzgruppe,* WP 203, 2.4.2013, S. 25.
[116] *Art. 29-Datenschutzgruppe,* WP 203, 2.4.2013, S. 26.
[117] *Art. 29-Datenschutzgruppe,* WP 203, 2.4.2013, S. 26.
[118] Ehmann/Selmayr/*Heberlein* DS-GVO Art. 6 Rn. 52f.
[119] Gola/*Pötters* DS-GVO Art. 5 Rn. 15.

f) Sind die Daten sachlich richtig und auf dem neuesten Stand (Art. 5 Abs. 1 Buchst. d DS-GVO)?

Personenbezogene Daten müssen sachlich richtig und erforderlichenfalls auf dem neu- **99** esten Stand sein (Art. 5 Abs. 1 Buchst. d DS-GVO). **„Sachlich richtig"** bedeutet, dass die gespeicherten personenbezogenen Daten mit der Realität übereinstimmen. Der Verantwortliche muss angemessene Maßnahmen treffen, um falsche oder veraltete personenbezogene Daten unverzüglich zu löschen oder zu berichtigen. Der Verantwortliche muss aktiv die Richtigkeit der verarbeiteten Daten überprüfen.[120] Zur Absicherung dieser Grundsätze hat die betroffene Person Berichtigungs- (→ Kapitel 7 Rn. 2) und Löschansprüche (→ Kapitel 8 Rn. 1) gegen den Verantwortlichen.

g) Werden die Daten nur so lange gespeichert, wie es für die Verarbeitungszwecke erforderlich ist (Art. 5 Abs. 1 Buchst. e DS-GVO)?

Personenbezogene Daten müssen in einer Form gespeichert werden, die die Identifi- **100** zierung der betroffenen Personen nur so lange ermöglicht, wie es für die Zwecke, für die sie verarbeitet werden, erforderlich ist. Der Verantwortliche muss deshalb eine Speicherfrist festlegen, die auf das unbedingt Erforderliche beschränkt bleibt und Fristen für ihre Löschung oder für eine regelmäßige Überprüfung vorsehen.[121] **Datensammlungen,** die personenbezogene Daten für eventuelle spätere Verarbeitungen enthalten, sind unzulässig. Ist die Speicherdauer nicht kalendermäßig bestimmbar, sollten die Kriterien für die Löschintervalle festgelegt werden. Die Speicherfristen sind der betroffenen Person mitzuteilen (→ Kapitel 5 Rn. 135).

Personenbezogene Daten dürfen ausschließlich für im öffentlichen Interesse liegende **101** Archivzwecke, für wissenschaftliche und historische Forschungszwecke oder für statistische Zwecke länger als ansonsten nötig gespeichert werden. Eine solche längere Speicherung verlangt von dem Verantwortlichen und dem tatsächlichen Verarbeiter geeignete technische und organisatorische Maßnahmen zum Schutz der Rechte und Freiheiten betroffener Personen.[122]

---

[120] Erwgr. 71 S. 6 DS-GVO.
[121] Erwgr. 39 DS-GVO.
[122] Art. 89 Abs. 1 DS-GVO.

Kapitel 5. Die Information der betroffenen Personen

Literatur:
Art. 29-Datenschutzgruppe, Stellungnahme 06/2014 zum Begriff des berechtigten Interesses des für die Verarbeitung Verantwortlichen gemäß Artikel 7 der Richtlinie 95/46/EG, WP 217 vom 9.4.2014; *Art. 29-Datenschutzgruppe,* Leitlinien zu automatisierten Entscheidungen im Einzelfall einschließlich Profiling für die Zwecke der Verordnung 2016/679, WP 251 rev.01 vom 6.2.2018; *Art. 29-Datenschutzgruppe,* Leitlinien für Transparenz gemäß der Verordnung 2016/679, WP 260 rev.01 vom 11.4.2018; *Bayerisches Landesamt für Datenschutzaufsicht,* FAQ zur DS-GVO, Informationspflichten bei ausländischen Kunden, Sprachen, Sprache bei Auskunft, vom 15.5.2019; *DSK,* Kurzpapier Nr. 4: Datenübermittlung in Drittländer vom 22.7.2019, S. 1; *Molnár-Gábor/Kaffenberger,* EU-US-Privacy-Shield – ein Schutz mit Löchern?, ZD 2017, 18; *Schantz,* Die Datenschutzgrundverordnung – Beginn einer neuen Zeitrechnung im Datenschutzrecht, NJW 2016, 1841.

A. Einführung

Die Pflichten zur Information der betroffenen Person aus Art. 13 f. DS-GVO sind Ausfluss aus dem datenschutzrechtlichen **Grundsatz der Transparenz** (Art. 5 Abs. 1 Buchst. a DS-GVO). Dieser besagt, dass personenbezogene Daten „in einer für die betroffene Person nachvollziehbaren Weise" verarbeitet werden müssen. Das bedeutet gem. Erwgr. 60 DS-GVO, dass die betroffene Person über die Existenz eines Datenverarbeitungsvorgangs und dessen Zweck(e) informiert werden muss. Darüber hinaus sollten der betroffenen Person auch „alle weiteren Informationen zur Verfügung [gestellt werden], die unter Berücksichtigung der besonderen Umstände und Rahmenbedingungen, unter denen die personenbezogenen Daten verarbeitet werden, notwendig sind, um eine faire und transparente Verarbeitung zu gewährleisten". **1**

Die demnach zu erteilenden Informationen sind in Art. 13, 14 DS-GVO als Informationspflichten des Verantwortlichen (= Informationsverpflichteter) gegenüber der betroffenen Personen (= Informationsberechtigter) konkretisiert. Während Art. 13 DS-GVO die Informationspflichten bei einer Erhebung der personenbezogenen Daten bei der betroffenen Person regelt (sog. **„Direkterhebung"**), greift Art. 14 DS-GVO in Konstellationen, in denen die personenbezogenen Daten nicht bei der betroffenen Person, sondern aus anderen Quellen erhoben werden (zB Abfrage von Bonitätsdaten bei einer Wirtschaftsauskunftei; Kauf von Adressdaten für Werbemaßnahmen bei einem Adresshändler) (sog. **„Fremderhebung"** bzw. **„Dritterhebung"**). **2**

Die Normstruktur von Art. 13 DS-GVO und Art. 14 DS-GVO ist weitgehend identisch. Zunächst werden in den Abs. 1, 2 die erforderlichen **Informationsinhalte bei der erstmaligen Erhebung** der Daten durch den betreffenden Verantwortlichen aufgelistet. Auch diese gleichen sich im Wesentlichen. Unterschiede bestehen lediglich aufgrund der Besonderheiten der jeweiligen Erhebungsform. So muss bspw. bei einer Dritterhebung auch über die Kategorien der personenbezogenen Daten (Art. 14 Abs. 1 Buchst. d DS-GVO) und die Quelle, aus der diese Daten erhoben wurden (Art. 14 Abs. 2 Buchst. f DS-GVO), informiert werden, weil die betroffene Person hier gerade nicht an der Erhebung beteiligt ist. Umgekehrt muss – anders bei der Direkterhebung (vgl. Art. 13 Abs. 2 Buchst. e DS-GVO) – bei einer Dritterhebung bspw. nicht auf etwaige vertragliche Verpflichtungen zur Bereitstellung der Daten bzw. auf eine Erforderlichkeit zur Vertragserfüllung sowie mögliche Folgen einer Nichtbereitstellung der Daten hingewiesen werden, da insoweit gerade kein Kontakt zur betroffenen Person besteht. **3**

Der **Zeitpunkt der Erteilung der Information bei der erstmaligen Erhebung der Daten** durch den betreffenden Verantwortlichen ist bei der Direkterhebung mit in Art. 13 Abs. 1 DS-GVO geregelt, während die diesbezüglichen Vorgaben bei der Dritterhebung – ausdifferenzierter je nach Verarbeitungssituation – in Art. 14 Abs. 3 DS-GVO verortet sind. **4**

5   Art. 13 Abs. 3 DS-GVO und Art. 14 Abs. 4 DS-GVO enthalten – weitgehend identische – Spezialregelungen zum **Inhalt** und **Zeitpunkt** der (ergänzenden) Informationserteilung in Fällen sog. **zweckändernder Weiterverarbeitung.**

6   Abschließend sind in Art. 13 Abs. 4 DS-GVO und Art. 14 Abs. 5 DS-GVO jeweils **Einschränkungen der Informationspflichten** geregelt. Ergänzend dazu, sind in Deutschland die (zusätzlichen) Einschränkungen in §§ 29, 32, 33 BDSG zu beachten, mit denen der deutsche Gesetzgeber insbes. von der Öffnungsklausel in Art. 23 DS-GVO Gebrauch gemacht hat.[1]

7   Die **formellen Anforderungen** (Form, Ausgestaltung, Sprache etc.) an die Informationserteilung sind hingegen nicht direkt in Art. 13, 14 DS-GVO enthalten, sondern gewissermaßen „vor die Klammer gezogen" für alle Betroffenenrechte in Art. 12 DS-GVO verortet.

Praxishinweis:

Die Erfüllung der Informationspflichten aus Art. 13, 14 DS-GVO sollte bei der Umsetzung der Vorgaben der DS-GVO oberste Priorität haben, nicht zuletzt, weil die Einhaltung dieser Vorgaben von den betroffenen Personen, von Verbraucherzentralen, von Konkurrenten sowie von den Datenschutzaufsichtsbehörden verhältnismäßig leicht überprüft und – bei Mängeln – beanstandet werden kann. Dass ein Verstoß gegen die Informationspflichten dem Verantwortlichen dabei durchaus teuer zu stehen kommen kann, zeigte ein Fall aus Polen. Dort hat die polnische Datenschutzaufsicht UODO einen Anbieter für digitale Wirtschaftsinformationen mit einem Bußgeld von über 200.000 EUR belegt, weil dieser seinen Informationspflichten aus Art. 14 DS-GVO nicht nachgekommen ist.[2]

B. Erläuterungen zur Checkliste

I. Vorüberlegungen

8 Für den datenverarbeitenden Normanwender in der Praxis stellt sich zunächst die Frage, ob er selbst überhaupt zur Erteilung der Datenschutzinformationen gegenüber der betroffenen Person verpflichtet ist.

1. Gesetzliche Verantwortlichkeit für die Erteilung der Informationen nach Art. 13 DS-GVO und/oder Art. 14 DS-GVO

9 Normadressat der Informationspflichten aus Art. 13, 14 DS-GVO ist (nur) der Verantwortliche (→ Rn. 14 ff.), der personenbezogene Daten erstmalig erhebt bzw. bereits erhobene personenbezogene Daten für andere Zwecke weiterverarbeitet (→ Rn. 10 ff.).

a) Werden personenbezogene Daten erstmalig erhoben oder zweckändernd weiterverarbeitet?

10   **Personenbezogene Daten** sind in Art. 4 Nr. 1 DS-GVO legaldefiniert als

„alle Informationen, die sich auf eine identifizierte oder identifizierbare natürliche Person (im Folgenden „betroffene Person") beziehen; als identifizierbar wird eine natürliche Person angese-

---

[1] Vgl. Begründung des Regierungsentwurfs zu § 29 BDSG und § 32 ff. BDSG, BT-Drs. 18/11325, 100, 102 ff.

[2] Vgl. dazu die Pressemitteilung der UODO v. 26.3.2019, abrufbar unter der URL: https://uodo.gov.pl/en/553/1009 (zuletzt abgerufen am 24.6.2019).

hen, die direkt oder indirekt, insbes. mittels Zuordnung zu einer Kennung wie einem Namen, zu einer Kennnummer, zu Standortdaten, zu einer Online-Kennung oder zu einem oder mehreren besonderen Merkmalen, die Ausdruck der physischen, physiologischen, genetischen, psychischen, wirtschaftlichen, kulturellen oder sozialen Identität dieser natürlichen Person sind, identifiziert werden kann".

Die **betroffene Person,** auf die sich die personenbezogenen Daten beziehen, ist dem- 11 entsprechend auch der Informationsberechtigte.

Unter einer **Erhebung** versteht man die Beschaffung von personenbezogenen Daten, 12 unabhängig davon, ob diese bei der betroffenen Person (vgl. Art. 13 DS-GVO *„[…] Erhebung […] bei der betroffenen Person"*) oder aus anderen Quellen (vgl. Art. 14 DS-GVO *„[…] nicht bei der betroffenen Person erhoben"*) erfolgt.

Eine **zweckändernde Weiterverarbeitung** liegt vor, wenn personenbezogene Daten 13 ursprünglich zu einem bestimmten Zwecke erhoben wurden, dann aber nachträglich zu einem anderen Zweck – über den initial nicht informiert wurde – (weiter)verarbeitet werden sollen (zB Kaufdaten eines Kunden, die zunächst nur zur Abwicklung der Bestellung verarbeitet werden sollten, sollen nachträglich auch für zielgerichtete Werbekampagnen ausgewertet werden).

b) Entscheidet das Unternehmen allein oder gemeinsam über die Zwecke und Mittel der Verarbeitung?

Adressat der Informationsverpflichtungen aus Art. 13, 14 DS-GVO ist nur der **Verant-** 14 **wortliche,** der in Art. 4 Nr. 7 DS-GVO definiert wird als:

„die natürliche oder juristische Person, Behörde, Einrichtung oder andere Stelle, die allein oder gemeinsam mit anderen über die Zwecke und Mittel der Verarbeitung entscheidet […]"

Einen **Auftragsverarbeiter** (Art. 4 Nr. 8 DS-GVO) treffen somit im Rahmen seiner 15 Stellung als weisungsgebundener „verlängerter Arm" des Verantwortlichen keine Informationspflichten aus Art. 13, 14 DS-GVO. Etwas anderes gilt freilich dann, wenn ein Auftragsverarbeiter – entgegen den Weisungen des Verantwortlichen – die Zwecke und Mittel der Verarbeitung selbst bestimmt und sich damit gewissermaßen zum Verantwortlichen „aufschwingt" (vgl. Art. 28 Abs. 10 DS-GVO).

2. Durchführungsverantwortlichkeit für die Erteilung der Informationen nach Art. 13 DS-GVO und/oder Art. 14 DS-GVO im konkreten Fall

Liegt eine datenschutzrechtliche Verantwortlichkeit vor, muss in einem zweiten Schritt 16 geprüft werden, ob der Verantwortliche die Information auch selbst erteilen muss oder, ob insoweit nicht kraft Vereinbarung ein anderer beteiligter Verantwortlicher die Informationen zu erteilen hat.

a) Sind an der betreffenden Verarbeitung personenbezogener Daten weitere (gemeinsam) Verantwortliche beteiligt?

Bevor ein Verantwortlicher Informationen nach Art. 13, 14 DS-GVO erteilt, sollte er 17 überprüfen, ob an der Verarbeitung bzw. Verarbeitungskette noch andere „Verantwortliche" beteiligt sind, seien es eigenständig verantwortliche Quellen und/oder Empfänger von personenbezogenen Daten oder Partner mit denen eine gemeinsame Verantwortlichkeit iSd Art. 26 DS-GVO besteht.

b) Falls ja, ist geregelt, wer die Informationen erstellt und konkret gegenüber den betroffenen Personen zu erteilen hat?

18   Im Falle einer **gemeinsamen Verantwortlichkeit** nach Art. 26 Abs. 1 DS-GVO ist in einer Vereinbarung ua zu regeln, „wer welchen Informationspflichten gemäß den Artikeln 13 und 14 DS-GVO nachkommt". Es kann also durchaus sein, dass einem Mitverantwortlichen insoweit keine konkrete *Durchführung*sverantwortung trifft (vgl. dazu Kapitel 11 → Rn. 150 ff.).

19   Auch in Fällen von regelmäßigen **Datentransfers zwischen zwei datenschutzrechtlich selbständigen Verantwortlichen** kann der Abschluss einer Datenübermittlungsvereinbarung gerade mit Blick auf die praktische Umsetzung der Informationspflichten sinnvoll sein.

20 Beispiel:

Werden zum Zwecke der Bonitätsprüfung/Zahlartensteuerung bspw. regelmäßig personenbezogene Daten von (potentiellen) Kunden durch einen Webshopbetreiber an eine Wirtschaftsauskunftei übermittelt, muss zunächst der Webshopbetreiber die betroffenen Personen vorab (!) über diese Übermittlung ihrer Daten informieren (vgl. Art. 13 Abs. 1 Buchst. e DS-GVO).

Da die Wirtschaftsauskunftei mit der Übermittlung der Daten durch den Webshopbetreiber als eigenständiger Verantwortlicher zugleich personenbezogene Daten erhebt, muss grds. auch sie die betroffenen Personen informieren. Da die Wirtschaftsauskunftei die Daten nicht direkt bei den betroffenen Personen, sondern aus Drittquellen erhebt, richten sich die Informationspflichten insoweit nach Maßgabe des Art. 14 DS-GVO. Die Wirtschaftsauskunftei müsste dementsprechend ua darüber informieren, welche Kategorien personenbezogener Daten sie aus welchen Quellen (hier: Webshopbetreiber) zu welchen Zwecken erhoben/erhalten hat.

In diesem Fall könnte sich eine Vereinbarung zwischen dem Webshopbetreiber und der Wirtschaftsauskunftei anbieten, wonach der Webshopbetreiber, der den ersten „Berührungspunkt" mit den betroffenen Personen hat, gleich im Namen beider Verantwortlichen die betroffene Person umfassend und konkret nach Maßgabe der Vorgaben aus Art. 13, 14 DS-GVO zu informieren hat. Eine zusätzliche Information der betroffenen Person durch die Wirtschaftsauskunftei nach Erhalt der Daten wäre dann gem. Art. 14 Abs. 5 Buchst. a DS-GVO entbehrlich, weil die betroffene Person bereits über die diesbezüglichen Informationen verfügen würde.

3. Ausnahmen von der Verpflichtung zur (konkreten) Informationserteilung an die betroffene Person

21 Besteht auch eine Durchführungsverantwortlichkeit, ist in einem dritten Schritt schließlich noch zu prüfen, ob im konkreten Fall Ausnahmen von der Pflicht zur Information der betroffenen Personen bestehen. Informationspflichten bestehen nämlich nicht uneingeschränkt. Sowohl Art. 13 Abs. 4 DS-GVO und Art. 14 Abs. 5 DS-GVO als auch §§ 29, 32 und 33 BDSG sehen diverse Ausnahmen von den verschiedenen Informationspflichten vor.

22 Die genannten zusätzlichen Ausnahmen aus dem BDSG beziehen sich dabei nur auf die Informationspflichten **vor der zweckändernden Weiterverarbeitung** ursprünglich bei der betroffenen Person erhobener Daten gem. Art. 13 Abs. 3 DS-GVO (§§ 29 Abs. 2 BDSG und § 32 BDSG) sowie auf die Informationspflichten **bei Dritterhebung** gem. Art. 14 DS-GVO (§§ 29 Abs. 1 BDSG und § 33 BDSG). Für die Informationspflichten

bei der Erhebung der Daten bei der betroffenen Person gem. Art. 13 Abs. 1 und Abs. 2 bestehen dagegen keine zusätzlichen Ausnahmen.

Die Ausnahmen sind grds. **eng auszulegen**[3] und können **ggf. auch nur partiell**[4] (zB **23** für bestimmte Informationsbestandteile) greifen oder mit **kompensatorischen Maßnahmen** wie der Verpflichtung zur Informationsbereitstellung durch die Öffentlichkeit (zB § 32 Abs. 2 S. 1 BDSG und § 33 Abs. 2 S. 1 BDSG), zur internen Dokumentation der Gründe für das Absehen von der Information (zB § 32 Abs. 2 S. 2 BDSG; § 33 Abs. 2 S. 2 BDSG) sowie zur Nachholung der Information (zB § 32 Abs. 3 BDSG) verbunden sein.

Hinweis:

Sollten gewisse Ausnahmetatbestände nur in bestimmten Konstellationen greifen, wird darauf in der nachfolgenden Darstellung explizit in eckigen Klammern hingewiesen.

---

a) Verfügt die betroffene Person bereits über die Informationen?

Nach Art. 13 Abs. 4 DS-GVO bzw. Art. 14 Abs. 5 Buchst. a DS-GVO besteht eine **24** universelle Ausnahme von der Informationspflicht „wenn und soweit" die betroffenen Personen bereits über die Informationen verfügen. Die bereits verfügbaren Informationen müssen hierbei selbstverständlich den Anforderungen an Inhalt (Art. 13, 14 DS-GVO) sowie Ausmaß, Genauigkeit und Klarheit (Art. 12 DS-GVO) genügen.[5] Die Informationspflicht entfällt daher nicht, wenn die betroffene Person initial nur sehr abstrakt über die Möglichkeit einer zukünftigen Datenverarbeitung informiert wurde und sich diese Datenverarbeitung nun tatsächlich realisiert. In diesem Fall muss vor der tatsächlich erfolgenden Datenverarbeitung erneut – und diesmal konkret – informiert werden. Wurden der betroffenen Person hingegen beim ersten Berührungspunkt bereits umfassende Datenschutzhinweise zur Verfügung gestellt, die auch erst in der Zukunft liegende oder von hinreichend bestimmten Voraussetzungen abhängige Datenverarbeitung beinhaltet haben, muss der Verantwortliche dem Wortlaut des Art. 13 Abs. 4 DS-GVO nach grds. nicht informieren, wenn sich eine dieser zukünftigen bzw. bedingten Datenverarbeitungen realisiert.[6] Gleichwohl sollte der Verantwortliche, zumindest im Falle einer nachgelagerten (Folge-) Erhebung direkt bei der betroffenen Person (Art. 13 DS-GVO), versuchen, die Datenschutzinformationen erneut einzubeziehen.[7]

b) Handelt es sich um eine analoge Weiterverarbeitung analog gespeicherter Daten? [Nur relevant für die Informationspflichten vor einer <u>zweckändernden Weiterverarbeitung</u> nach Art. 13 Abs. 3 DS-GVO]

§ 32 Abs. 1 Nr. 1 BDSG enthält eine Ausnahme von der Informationspflicht bei der **25** **zweckändernden Weiterverarbeitung** gem. Art. 13 Abs. 3 DS-GVO, wenn folgende Voraussetzung **kumulativ** vorliegen:

- Es handelt sich um analog gespeicherte personenbezogene Daten (zB auf Papier in einem Ordner; Visitenkarten etc.);

---

[3] Vgl. *Art. 29-Datenschutzgruppe,* WP 260 rev.01, 11.4.2018, Rn. 56, 57.
[4] Vgl. die Formulierung „wenn und soweit" in Art. 13 Abs. 4 DS-GVO und Art. 14 Abs. 5 DS-GVO.
[5] Kühling/Buchner/*Bäcker* DS-GVO Art. 13 Rn. 84 sowie Art. 52.
[6] So Plath/*Kamlah* DS-GVO Art. 13 Rn. 31a.
[7] Vgl. dazu auch → Rn. 176; so auch *Art. 29-Datenschutzgruppe,* WP 260 rev.01, 11.4.2018, Rn. 56 sowie Gola/*Franck* DS-GVO Art. 13 Rn. 44; krit. hingegen insbes. für den Offline-Bereich Ehmann/Selmayr/ *Knyrim* DS-GVO Art. 13 Rn. 68.

- Durch die Weiterverarbeitung wendet sich der Verantwortliche in nicht digitaler Form an die betroffenen Personen (zB per Brief[8]);
- Der Weiterverarbeitungszweck muss mit dem ursprünglichen Erhebungszweck der Daten vereinbar sein (vgl. Art. 6 Abs. 4 DS-GVO); und
- Das Interesse der betroffenen Person an der Informationserteilung muss als gering einzustufen sein (zB wenn die betroffene Person mit der Weiterverarbeitung rechnet/rechnen kann[9]).

26 Die Ausnahme betrifft damit im Regelfall – wie vom Gesetzgeber intendiert – nur **kleine und mittlere Unternehmen der analogen Wirtschaft.**[10]

> c) Würde die Erteilung der Information die Erfüllung einer öffentlichen Aufgabe nach Art. 23 Abs. 1 Buchst. a–e DS-GVO gefährden? [Nur relevant für die Informationspflichten vor einer <u>zweckändernden Weiterverarbeitung nach Art. 13 Abs. 3 DS-GVO durch öffentliche Stellen</u> und im Zusammenhang mit einer Dritterhebung nach Art. 14 DS-GVO durch öffentliche Stellen]

27 Eine weitere Ausnahme von den Informationspflichten vor einer **zweckändernden Weiterverarbeitung** von Daten, die **bei der betroffenen Person erhoben** wurden (Art. 13 Abs. 3 DS-GVO), besteht gem. § 32 Abs. 1 Nr. 2 BDSG **für öffentliche Stellen** (vgl. § 2 BDSG) als Verantwortliche, wenn die Informationserteilung die ordnungsgemäße Erfüllung der in ihrer Zuständigkeit liegenden Aufgaben iSd Art. 23 Abs. 1 Buchst. a–e DS-GVO[11] gefährden würde. Weitere Voraussetzung für das Absehen von der Information ist in diesen Fällen, dass das Interesse der öffentlichen Stelle an der Nichterteilung der Information, die Interessen der betroffenen Person nicht überwiegt. Diese Voraussetzung dürfte aber in Praxis bei Vorliegen der Grundvoraussetzung (Gefährdung der Erfüllung der öffentlichen Aufgabe) so gut wie immer gegeben sein.[12]

28 Korrespondierend dazu sieht § 33 Abs. 1 Nr. 1 Buchst. a BDSG eine weitgehend[13] identische Ausnahmeregelung von der Informationspflicht einer **öffentlichen Stelle** im Zusammenhang mit der **Dritterhebung** von personenbezogener (Art. 14 DS-GVO) vor.

29 Unterbleibt unter Berufung auf diese Ausnahmetatbestände eine Information der betroffenen Person, müssen gem. § 32 Abs. 2 BDSG bzw. § 33 Abs. 2 BDSG **kompensatorische Maßnahmen** (ua schriftliche Dokumentation der Gründe; Bereitstellung von Informationen für die Öffentlichkeit) getroffen werden. Nach Wegfall der Voraussetzungen des Ausnahmetatbestandes aus § 32 Abs. 1 Nr. 2 BDSG hat der Verantwortliche zudem die erforderlichen Informationen der betroffenen Person spätestens innerhalb von zwei Wochen nachzureichen (§ 32 Abs. 3 BDSG).

> d) Würde die Erteilung der Information die öffentliche Sicherheit oder Ordnung gefährden oder sonst dem Wohl des Bundes oder eines Landes Nachteile bereiten? [Nur relevant für die Informationspflichten vor einer <u>zweckändernden Weiterverarbeitung</u>

---

[8] *Piltz* BDSG § 32 Rn. 6, geht davon aus, dass auch die Kontaktaufnahme per Fax oder Telefon hierunter zu subsumieren sei.

[9] *Piltz* BDSG § 32 Rn. 9.

[10] Vgl. dazu die Begründung der Vorschrift im Bericht des Innenausschusses, BT-Drs. 18/12144, 4.

[11] Hierzu zählen ua Aufgaben der Gefahrenabwehr, Landesverteidigung, Verhütung, Ermittlung, Aufdeckung von Straftaten, etc.

[12] Ähnl. bereits Plath/*Kamlah* BDSG § 32 Rn. 11.

[13] § 32 Abs. 1 Nr. 2 BDSG und § 33 Abs. 1 Nr. 1 Buchst. a BDSG unterschieden sich bezüglich der Voraussetzungen lediglich bei der Formulierung der durchzuführenden Interessensabwägung *("[...] und die Interessen des Verantwortlichen an der Nichterteilung der Information die Interessen der betroffenen Person überwiegen"* vs. *"[...] und deswegen das Interesse der betroffenen Person an der Informationserteilung zurücktreten muss")*. In der Praxis dürfte diese Unterscheidung aber ohne große Bedeutung sein.

nach Art. 13 Abs. 3 DS-GVO und im Zusammenhang mit einer Dritterhebung von Daten nach Art. 14 DS-GVO]

Die Pflicht zur Erteilung der Datenschutzinformationen vor einer **zweckändernden** 30 **Weiterverarbeitung** iSd Art. 13 Abs. 3 DS-GVO besteht auch dann nicht, wenn die Informationserteilung die öffentliche Sicherheit und Ordnung oder sonst dem Wohl des Bundes oder eines Landes Nachteile bereiten würde (§ 32 Abs. 1 Nr. 3 BDSG). Auch wenn dieser Ausnahmetatbestand dem Wortlaut nach nicht auf öffentliche Stellen beschränkt ist, dürfte er **im Regelfall nur bei öffentlichen Stellen relevant** werden und sich dann oftmals auch mit dem Ausnahmetatbestand aus § 32 Abs. 1 Nr. 2 BDSG überschneiden. Auch insoweit dürfte daher die zusätzliche einschränkende Voraussetzung (Überwiegen des Interesses an der Nichterteilung der Information) in der Praxis im Regelfall vorliegen.

Korrespondierend dazu sieht § 33 Abs. 1 Nr. 1 Buchst. b BDSG eine weitgehend[14] 31 identische Ausnahmeregelung von den Pflichten zur **Informationserteilung** einer **öffentlichen Stelle** im Zusammenhang mit der **Dritterhebung** von personenbezogenen Daten (Art. 14 DS-GVO) vor. Bei **nichtöffentlichen Stellen** greift die Parallelvorschrift des § 33 Abs. 1 Nr. 2 Buchst. b BDSG. Hier kann der Verantwortliche (= nichtöffentliche Stelle) die Gefährdungsprognose jedoch nicht selbst treffen.[15] Sie ist vielmehr **von der zuständigen öffentlichen Stelle zu treffen** und **dem Verantwortlichen mitzuteilen.** Diese Ausnahme könnte bspw. bei Unternehmen mit Forschungs- bzw. Rüstungsaufträgen relevant werden, in deren Zusammenhang der Verantwortliche personenbezogene Daten über Dritte erlangt hat, deren Bekanntgabe nach Feststellung der beauftragenden öffentlichen Stelle die genannten Gefahren in sich birgt.

Unterbleibt unter Berufung auf diese Ausnahmetatbestände eine Information der be- 32 troffenen Person, müssen gem. § 32 Abs. 2 BDSG bzw. § 33 Abs. 2 BDSG **kompensatorische Maßnahmen** (ua schriftliche Dokumentation der Gründe; Bereitstellung von Informationen für die Öffentlichkeit) getroffen werden. Nach Wegfall der Voraussetzungen des Ausnahmetatbestandes aus § 32 Abs. 1 Nr. 3 BDSG hat der Verantwortliche zudem die erforderlichen Informationen der betroffenen Person spätestens innerhalb von zwei Wochen nachzureichen (§ 32 Abs. 3 BDSG).

e) Würde die Erteilung der Information die Geltendmachung, Ausübung oder Verteidigung (zivil)rechtlicher Ansprüche beeinträchtigen? [Nur relevant für die Informationspflichten vor einer zweckändernden Weiterverarbeitung nach Art. 13 Abs. 3 DS-GVO und im Zusammenhang mit einer Dritterhebung nach Art. 14 DS-GVO durch nichtöffentliche Stellen]

Über eine **zweckändernde Weiterverarbeitung** muss nach § 32 Abs. 1 Nr. 4 BDSG 33 auch dann nicht nach Art. 13 Abs. 3 DS-GVO[16] informiert werden, wenn dadurch die **Geltendmachung, Ausübung oder Verteidigung rechtlicher Ansprüche** beeinträchtigt werden würde. Dieser Ausnahmetatbestand wird im Regelfall mit der Vorschrift des § 24 Abs. 1 Nr. 2 BDSG in Verbindung stehen.[17] Demnach ist eine Weiterverarbeitung personenbezogener Daten, die ursprünglich zu einem anderen Zweck erhoben wurden – unabhängig vom Vorliegen der Voraussetzungen des Art. 6 Abs. 4 DS-GVO – zulässig, wenn diese Weiterverarbeitung zur Geltendmachung, Ausübung oder Verteidigung *zivilrechtlicher Ansprüche* erforderlich ist, sofern nicht die Interessen der betroffenen Person am

---

[14] Vgl. zum unterschiedlichen Wortlaut betreffend die Interessenabwägung bereits → Fn. 13
[15] Eine Ausnahme soll nach § 33 Abs. 1 Nr. 2 Buchst. b Hs. 2 BDSG für Datenverarbeitungen zum Zwecke der Strafverfolgung gelten.
[16] Zum Parallel-Ausnahmetatbestand in § 33 Abs. 1 Nr. 2 Buchst. a → Rn. 34.
[17] Plath/*Kamlah* BDSG § 32 Rn. 12.

Ausschluss der Verarbeitung überwiegen. Darüber hinausgehend kann der Ausnahmetabestand des § 32 Abs. 1 Nr. 4 BDSG jedoch auch dann greifen, wenn personenbezogenen Daten auf der Grundlage des Art. 6 Abs. 4 DS-GVO zur Geltendmachung, Ausübung oder Verteidigung **anderer „rechtlicher" Ansprüche** (zB öffentlich-rechtlicher Natur) verarbeitet werden.[18] Die Anwendung des § 32 Abs. 1 Nr. 4 BDSG ist grds. auch **nicht auf** die Geltendmachung, Ausübung oder Verteidigung von (zivil-)rechtlichen Ansprüche im **Verhältnis zwischen dem Verantwortlichen und der betroffenen Person beschränkt.**[19]

34   In Ergänzung dazu besteht nach § 33 Abs. 1 Nr. 2 Buchst. a Var. 1 BDSG für **nichtöffentliche Stellen** (§ 2 Abs. 4 BDSG) eine Ausnahme von den Verpflichtungen zur Mitteilung der Informationen im Zusammenhang mit der **Dritterhebung von Daten** (Art. 14 DS-GVO), wenn dies die Geltendmachung, Ausübung oder Verteidigung *zivilrechtlicher Ansprüche* beeinträchtigen würde.

35   Die genannten Ausnahmetatbestände greifen wiederum nur, wenn die Interessen des Verantwortlichen an der Nichterteilung der Informationen die Interessen der betroffenen Person überwiegen. Bei dieser **Interessenabwägung** kann dann bspw. das Verhältnis, in dem die Ansprüche geltend gemacht werden sollen, durchaus eine Rolle spielen.

36   Unterbleibt eine Information der betroffenen Person, müssen nur im Falle des § 33 Abs. 1 Nr. 2 Buchst. a Var. 1 BDSG **kompensatorische Maßnahmen** (ua schriftliche Dokumentation der Gründe; Bereitstellung von Informationen für die Öffentlichkeit) getroffen werden (§ 33 Abs. 2 BDSG). IRv § 32 Abs. 1 Nr. 4 BDSG greift insoweit die Ausnahme des § 32 Abs. 2 S. 3 BDSG).[20] Dafür hat der Verantwortliche hier **nach Wegfall der Voraussetzungen** die erforderlichen Informationen spätestens innerhalb von zwei Wochen **nachzureichen** (§ 32 Abs. 3 BDSG).

f) Würde die Erteilung der Information eine vertrauliche Übermittlung von Daten an öffentliche Stellen gefährden? [Nur relevant für die Informationspflichten vor einer zweckändernden Weiterverarbeitung nach Art. 13 Abs. 3 DS-GVO]

37   Eine Informationspflicht vor einer **zweckändernden Weiterverarbeitung** gem. Art. 13 Abs. 3 DS-GVO besteht auch dann nicht, wenn dadurch die vertrauliche Übermittlung von Daten an öffentliche Stellen gefährdet würde (§ 32 Abs. 1 Nr. 5 BDSG).

38   Diese Ausnahmeregelung kommt bspw. zum Tragen, wenn der Verantwortliche den Anfangsverdacht einer Straftat oder Gefährdung durch die betroffene Person bei der zuständigen Strafverfolgungs- bzw. Sicherheitsbehörde anzeigen möchte.

39   Unterbleibt demnach eine Information der betroffenen Person, müssen insoweit – in Abweichung von der Regel – **keine kompensatorischen Maßnahmen** getroffen werden (§ 32 Abs. 2 S. 3 BDSG).[21] **Nach Wegfall der Voraussetzungen,** hat der Verantwortliche jedoch auch bei diesem Ausnahmetatbestand der betroffenen Person die erforderlichen Informationen spätestens innerhalb von zwei Wochen **nachzureichen** (§ 32 Abs. 3 BDSG).

g) Werden personenbezogenen Daten im Zuge der Aufnahme oder im Rahmen eines Mandatsverhältnisses an einen Berufsgeheimnisträger übermittelt? [Nur relevant für die Informationspflichten vor einer zweckändernden Weiterverarbeitung nach Art. 13 Abs. 3 DS-GVO]

---

[18] Der Einwand des Bundesrates im Gesetzgebungsverfahren, dass damit der Anwendungsbereich der Öffnungsklausel des Art. 23 Abs. 1 Buchst. j überschritten werde (vgl. BT-Drs. 18/11655, 21 (Nr. 21) sowie BT-Drs. 18/11655, 34 (Nr. 41)), wurde v. Gesetzgeber nur in § 24 Abs. 1 Nr. 2 BDSG, nicht aber in § 32 Abs. 1 Nr. 4 BDSG aufgegriffen; krit. dazu *Piltz* BDSG § 32 Rn. 13.
[19] *Piltz* BDSG § 32 Rn. 15; Plath/*Kamlah* BDSG § 32 Rn. 12.
[20] Kritisch dazu Kühling/Buchner/*Golla* BDSG § 32 Rn. 25 f.
[21] S. dazu →Fn. 20.

Schall

Nach § 29 Abs. 2 BDSG besteht die Pflicht zur Information über eine **zweckändern-** 40
de Weiterverarbeitung nach Art. 13 Abs. 3 DS-GVO auch dann nicht, wenn der Verantwortliche (= Mandant) personenbezogene Daten der betroffenen Person zur Aufnahme oder im Rahmen eines **Mandatsverhältnisses** an einen **Berufsgeheimnisträger**
übermittelt, sofern nicht das Interesse der betroffenen Person an der Informationserteilung
überwiegt.

Beispiel: 41

Der Verkäufer einer Ware muss daher den Käufer einer Ware, der nach wiederholter Aufforderung den Kaufpreis nicht bezahlt hat, grds. nicht nach Art. 13 Abs. 3 DS-GVO (nach)
informieren, bevor er dessen Daten an einen Rechtsanwalt zur gerichtlichen Durchsetzung
seines Kaufpreisanspruchs übermittelt.

Gewissermaßen das **Gegenstück** zu dieser Ausnahmevorschrift für den Mandanten bil- 42
det **Art. 14 Abs. 5 Buchst. d DS-GVO,** der in solchen Fällen auch eine Ausnahme von
der Erteilung der Informationspflichten **durch den Berufsgeheimnisträger** vorsieht
(→ Rn. 60 ff.).

h) Ist die Erteilung der Informationen unmöglich? [Nur relevant für die Informationspflichten im Zusammenhang mit einer <u>Dritterhebung nach Art. 14 DS-GVO</u>]

Nach Art. 14 Abs. 5 Buchst. b Var. 1 DS-GVO ist der Verantwortliche von den Infor- 43
mationspflichten im Zusammenhang mit der Erhebung von Daten bei Dritten befreit,
wenn und soweit sich die Erteilung der betreffenden Informationen als **unmöglich** erweisen, zB weil der Verantwortliche keine Kontaktdaten von der betroffenen Person hat.
Aus der Tatsache, dass dieser Ausnahmetatbestand nur in Art. 14 DS-GVO und nicht
auch in Art. 13 DS-GVO enthalten ist, lässt sich folgern, dass die Unmöglichkeit gerade
mit dem Umstand verbunden sein muss, dass die Daten nicht direkt bei der betroffenen
Person, sondern aus anderen Quellen erhoben werden bzw. wurden.[22]

Sofern nur eine **vorübergehende Unmöglichkeit** besteht, muss der Verantwortliche 44
nach deren Wegfall die betreffenden Informationen nachreichen.[23]

Auch bei einer Unmöglichkeit der Informationserteilung muss der Verantwortliche zu- 45
mindest allgemeine **Informationen für die Öffentlichkeit** bereitstellen, in denen er
über die betreffenden Verarbeitungen informiert (Art. 14 Abs. 5 Buchst. b aE DS-GVO).

i) Würde die Erteilung der Informationen einen unverhältnismäßigen Aufwand erfordern? [Nur relevant für die Informationspflichten im Zusammenhang mit einer <u>Dritt-
erhebung nach Art. 14 DS-GVO</u>]

Ist die Erteilung der Informationen für den Verantwortlichen zwar nicht unmöglich, 46
aber gleichwohl **nur mit unverhältnismäßigem Aufwand** möglich, kann nach Art. 14
Abs. 5 Buchst. b Var. 2 DS-GVO ebenfalls von der Informationserteilung im Zusammenhang mit der Erhebung von Daten bei Dritten abgesehen werden. Ebenso wie beim Ausnahmetatbestand der Unmöglichkeit aus Art. 14 Abs. 5 Buchst. b Var. 1 DS-GVO muss
die Unverhältnismäßigkeit originär dem Umstand geschuldet sein, dass die personenbezogenen Daten nicht direkt bei der betroffenen Person erhoben werden.

Dieser Ausnahmetatbestand kommt insbes. bei den in Art. 89 DS-GVO genannten 47
Datenverarbeitungen i) zu im öffentlichen Interesse liegenden **Archivzwecken,** ii) zu
wissenschaftlichen oder historischen **Forschungszwecken** und iii) zu **statistischen**
Zwecken in Betracht. Insoweit werden nämlich regelmäßig sehr viele Datensätze aus

---

[22] Vgl. *Art. 29-Datenschutzgruppe,* WP 260 rev.01, 11. 4. 2018, Rn. 62.
[23] *Art. 29-Datenschutzgruppe,* WP 260 rev.01, 11. 4. 2018, Rn. 59; Ehmann/Selmayr/*Knyrim* DS-GVO
Art. 14 Rn. 43.

(öffentlichen) Drittquellen erhoben und (weiter-)verarbeitet. Eine *konkrete* Information der einzelnen betroffenen Personen wird daher aufgrund der Vielzahl der betroffenen Personen nur mit unverhältnismäßig hohem Aufwand möglich sein.

48 Bei der **Prüfung und Bewertung der Unverhältnismäßigkeit** zwischen dem Aufwand für die Erteilung der erforderlichen Informationen einerseits und den mit der Nichterteilung der Informationen verbundenen Transparenzeinbußen für die betroffenen Personen andererseits, sind neben der **Anzahl der betroffenen Personen,** auch das **Alter der Daten** sowie **etwaige geeignete Garantien**[24] zu berücksichtigen (vgl. Erwgr. 62 DS-GVO).

49 Unter dem Gesichtspunkt der Rechenschaftspflicht (Art. 5 Abs. 2 DS-GVO iVm Abs. 1 Buchst. a DS-GVO) sollte der Verantwortliche die **Gründe für die Annahme der Unverhältnismäßigkeit dokumentieren.** Kompensatorisch bzw. als „Minus"-Information hat der Verantwortliche gem. Art. 14 Abs. 5 Buchst. b aE DS-GVO in Bezug auf die betreffende Verarbeitung zumindest **Informationen für die Öffentlichkeit** bereitzustellen.

> j) Würden durch die Informationserteilung die Verwirklichung der Ziele der Verarbeitung unmöglich gemacht oder zumindest ernsthaft beeinträchtigt? [Nur relevant für die Informationspflichten im Zusammenhang mit einer <u>Dritterhebung nach Art. 14 DS-GVO</u>]

50 Schließlich besteht nach Art. 14 Abs. 5 Buchst. b Var. 3 DS-GVO auch dann eine Ausnahme von der Informationspflicht bei der Erhebung von personenbezogenen Daten bei Dritte gem. Art. 14 Abs. 1 DS-GVO, wenn, soweit und solange[25] diese Pflicht die Verwirklichung der **Ziele dieser Verarbeitung unmöglich machen oder ernsthaft beeinträchtigen würde.**

51 Dieser Ausnahmetatbestand kommt mithin dann in Betracht, wenn bezüglich der Erhebung und weiterer Verarbeitung der personenbezogenen Daten aus Drittquellen ein **Geheimhaltungsbedürfnis** bzw. ggf. sogar eine **Geheimhaltungspflicht** besteht. Regelmäßig wird es sich hier um Fällen handeln, in denen der Verantwortliche – als Empfänger – personenbezogenen Daten von einem anderen Verantwortlichen übermittelt bekommt, um einen Verdacht gegen die betroffene Person (zB Verdacht einer Straftat; Verdacht schwerer arbeitsrechtlicher Pflichtverletzung etc.) nachzugehen.

52 Beispiele:
- Ein Privatdetektiv, der von einem Arbeitgeber den Auftrag bekommt, einen von dessen Arbeitnehmern zu beschatten, weil dieser im Verdacht steht, regelmäßig „blau zu machen".
- Ein Unternehmen, dessen Compliance Officer über eine Whistleblower-Hotline den Hinweis bekommt, dass ein Mitarbeiter im Einkauf Schmiergeldzahlungen annimmt und diesem Verdacht nun durch interne Ermittlungsmaßnahmen nachgehen möchte.
- Die Bank A erhält von der ausländischen Bank B den Hinweis, dass diese eine verdächtige Überweisung auf ein bei der Bank A geführtes Konto vornehmen soll. Die Bank A meldet dies gem. § 43 GwG sofort der Zentralstelle für Finanztransaktionsuntersuchungen.

53 In den genannten Beispielsfällen wären regelmäßig die weiteren Ermittlungsmaßnahmen gefährdet, wenn der Privatdetektiv, das Unternehmen bzw. die Bank A die jeweils

---

[24] Das kann bspw. eine Pseudonymisierung der Daten sein, sofern der Verantwortliche für seine Auswertungen der Datensätze keine direkten Rückschlüsse auf identifizierte Personen benötigt (vgl. insoweit auch Art. 11 DS-GVO); ausführlicher dazu *Art. 29-Datenschutzgruppe,* WP 260 rev.01, 11. 4. 2018, Rn. 64.

[25] Zum Erfordernis der Nachholung der Information nach Wegfall des Geheimhaltungsinteresses siehe sogleich → Rn. 55.

verdächtige Person nach Art. 14 DS-GVO informieren müssten. Im Falle der Bank A bestünde gem. § 47 Abs. 1 Nr. 1 GwG sogar ein Verbot, den verdächtigen Auftraggeber der gemeldeten Transaktion (= betroffene Person) von der Meldung in Kenntnis zu setzen (sog. „Tipping-Off-Verbot"), was eine Information nach Art. 14 DS-GVO gem. Art. 14 Abs. 5 Buchst. b Var. 3 DS-GVO ebenso ausschließt.

Gleichwohl müssen auch insoweit **Kompensationsmaßnahmen** getroffen werden 54 (Art. 14 Abs. 5 Buchst. b aE DS-GVO), wie zB die Bereitstellung allgemein gehaltener Informationen über die Möglichkeit solcher Maßnahmen in den Datenschutzhinweisen zum Arbeitsvertrag bzw. bei der Kontoeröffnung.

Dieser Ausnahmetatbestand ist im Regelfall auch nicht von dauerhafter Natur. Der 55 Verantwortliche wird die Erteilung der Informationen nach Art. 14 DS-GVO an die betroffene Person **regelmäßig nachholen müssen**, sobald keine Gefahr mehr für die mit der Datenverarbeitung verfolgten Ziele besteht – zB weil sich der Tatverdacht gegenüber der betroffenen Person nicht erhärtet hat.[26] Eine Ausnahme könnte sich insoweit aus „Quellenschutz"-Gesichtspunkten ergeben (→ Rn. 67).

> k) Ist die Erlangung bzw. Offenlegung der Daten durch Rechtsvorschriften ausdrücklich geregelt? [Nur relevant für die Informationspflichten im Zusammenhang mit einer Dritterhebung nach Art. 14 DS-GVO]

Sofern die Erlangung personenbezogener Daten von Dritten bzw. die Offenlegung von 56 Daten durch Dritte an den Verantwortlichen durch Rechtsvorschriften der Union oder der Mitgliedstaaten, denen der Verantwortliche unterliegt, ausdrücklich geregelt ist, besteht gem. Art. 14 Abs. 5 Buchst. c DS-GVO ebenfalls eine Ausnahme von den Informationspflichten aus Art. 14 DS-GVO.

Voraussetzung ist, dass die betreffenden Vorschriften **geeignete Maßnahme zum** 57 **Schutz der berechtigten Interessen der betroffenen Person** vorsehen. In diesem Zusammenhang wird auch gefordert, dass die betreffende Vorschrift – gewissermaßen kompensatorisch für die entfallenden Informationsverpflichtungen nach Art. 14 DS-GVO – die Art der Daten, die Voraussetzung für die Datenerhebung oder Offenlegung sowie deren Zweck **hinreichend klar** beschreiben muss.[27]

Dieser Ausnahmetatbestand dürfte **vor allem für Behörden relevant** sein, die von 58 Gesetzes wegen personenbezogene Daten von betroffenen Personen bei Dritten erheben dürfen bzw. denen Dritte von Gesetzes wegen personenbezogene Daten über die betroffene Personen übermitteln müssen.

Beispiele: 59

- Finanzämter, denen Arbeitergeber die steuerrelevanten Gehaltsdaten ihrer Mitarbeiter übermitteln müssen.
- Die Zentralstelle für Finanztransaktionsuntersuchungen, dem zB Kreditinstitute und Versicherungsunternehmen geldwäscheverdächtige Transaktionen von Vertragspartnern mitteilen müssen (§ 43 GwG).

> l) Unterliegen die personenbezogenen Daten einer rechtlichen/satzungsmäßigen Geheimhaltungspflicht? [Nur relevant für die Informationspflichten im Zusammenhang mit einer Dritterhebung nach Art. 14 DS-GVO]

Ist der Verantwortliche ein **Berufsgeheimnisträger,** ist er nach Art. 14 Abs. 5 60 Buchst. d DS-GVO insoweit von Erteilung der Informationen nach Art. 14 befreit, als die erhobenen bzw. weiterverarbeiteten personenbezogenen (Meta-)Daten seinem Berufsge-

---

[26] Vgl. Kühling/Buchner/*Bäcker* DS-GVO Art. 14 Rn. 59 f.
[27] Näher dazu Kühling/Buchner/*Bäcker* DS-GVO Art. 14 Rn. 65.

heimnis unterliegen und er somit bei deren Preisgabe im Rahmen einer Information an den Betroffenen, einen (strafbewehrten) Verstoß gegen seine gesetzliche/satzungsmäßige Geheimhaltungspflicht begehen würde (vgl. § 203 StGB).

61 Diese Ausnahme greift mithin nur in der **Dreiecksbeziehung**[28] zwischen:
- dem Berufsgeheimnisträger (= Verantwortlicher),
- seinen **Mandanten/Patienten,** denen gegenüber die Geheimhaltungspflicht besteht und von denen der Berufsgeheimnisträger personenbezogene Daten über Dritte offengelegt bekommt (= **Quelle der Datenerhebung/Datenübermittler**) sowie
- **Dritten,** deren personenbezogene Daten der Berufsgeheimnisträger von seinen Mandanten/Patienten offengelegt bekommt (= **betroffenen Personen).**

62 Beispiele:
- Ein Rechtsanwalt erhält von seinem Mandanten personenbezogene Daten über die betroffene Person, um eine Klage gegen diese vorzubereiten.
- Ein Arzt erhält von seinem Patienten personenbezogenen Daten über einen Verwandten.[29]

63 Art. 14 Abs. 5 Buchst. d DS-GVO findet keine Anwendung im datenschutzrechtlichen Verhältnis zwischen dem Berufsgeheimnisträger und seinen Mandanten/Patienten, bspw., wenn der Berufsgeheimnisträger personenbezogene Daten *über den Mandanten/Patienten* bei Dritten einholt (Beispiel: Rechtsanwalt beantragt Akteneinsicht in die Ermittlungsakten über seinen Mandanten bei der Staatsanwaltschaft).

64 Art. 14 Abs. 5 Buchst. d DS-GVO steht **in engen Zusammenhang mit § 29 Abs. 2 BDSG,** der in diesen Konstellationen auch einen Ausnahmetabestand für die der Erteilung der Datenschutzinformationen gem. Art. 13 Abs. 3 DS-GVO durch den Mandanten/Patienten vorsieht, der die personenbezogenen Daten über die betroffene Person an den Berufsgeheimnisträger übermittelt (→ Rn. 40 ff.).

> **m) Würden Informationen offenbart, die ihrem Wesen nach geheim gehalten werden müssen? [Nur relevant für die Informationspflichten im Zusammenhang mit einer Dritterhebung nach Art. 14 DS-GVO]**

65 Nach § 29 Abs. 1 S. 1 BDSG besteht eine weitere Ausnahme von den Informationspflichten im Zusammenhang mit einer Dritterhebung (Art. 14 Abs. 1–3 DS-GVO) bzw. der zweckändernden Weiterverarbeitung von bei Dritten erhobenen personenbezogener Daten (Art. 14 Abs. 4 DS-GVO). Sie greift dann, wenn durch die Erfüllung der genannten Informationspflichten Informationen offenbart würden, die ihrem Wesen nach, insbes. wegen der überwiegenden berechtigten Interessen eines Dritten, geheim gehalten werden müssen.

66 Diese Ausnahme soll die insoweit bereits bestehenden Ausnahmetabestände nach Art. 14 Abs. 5 DS-GVO ergänzen und steht insbes. in engen Zusammenhang mit Art. 14 Abs. 5 Buchst. b Var. 3, Buchst. d DS-GVO. Während der Beschränkung der Informationspflichten aus Art. 14 bei vorgenannten Ausnahmetabeständen in der Gefährdung/Vereitelung des Verarbeitungszwecks bzw. im Verstoß gegen das Berufsgeheimnis begründet ist, stellt § 29 Abs. 1 S. 1 BDSG maßgeblich auf die **den Informationen inhärente („ihre Wesen nach") Geheimhaltungsbedürftigkeit** ab. Diese Geheimhaltungsbedürftigkeit kann sich insbes. aus den **überwiegenden berechtigten Interessen Dritten** (zB eines Informanten/Whistleblowers) ableiten. Die Informationen müssen insoweit also nicht zwingend (auch) einem Berufsgeheimnis unterliegen. Ferner kann die Geheimhaltungpflicht dieser Informationen auch dann (noch) bestehen, wenn deren Preisgabe

[28] Kühling/Buchner/*Bäcker* DS-GVO Art. 14 Rn. 69.
[29] Vgl. dazu das Beispiel in *Art. 29-Datenschutzgruppe,* WP 260 rev.01, 11. 4. 2018, Rn. 67.

durch Erteilung der Informationen den Verarbeitungszweck nicht (mehr) gefährden/vereiteln würde.

Beispiel: 67

Im obigen Beispiel des (bekannten) Whistleblowers, der bei der Whistleblower-Hotline des Unternehmens die Anschuldigung gegen den Mitarbeiter im Einkauf vorgebracht hat, dieser nehme Schmiergeldzahlungen an, besteht für das Unternehmen – wie unter → Rn. 50 ff. dargestellt – während der laufenden Ermittlungen gem. Art. 14 Abs. 5 Buchst. b Var. 3 DS-GVO eine Ausnahme von der Erteilung der Information.

Werden diese Ermittlung mit der Feststellung abgeschlossen, dass zwar auf den ersten Blick in der Tat begründete Verdachtsmomente gegen den Mitarbeiter bestanden, sich diese aber im Zuge der genaueren Ermittlung aufgelöst haben, entfallen zunächst die Voraussetzungen des Art. 14 Abs. 5 Buchst. b Var. 3 DS-GVO. Das Unternehmen müsste den Mitarbeiter, gegen den intern ermittelt wurde, daher grds. die in Art. 14 Abs. 1, 2 DS-GVO geforderten Informationen, darunter auch die Information über den Namen des bekannten Whistleblowers (als „Quelle" iSd Art. 14 Abs. 2 Buchst. f DS-GVO) nachträglich bereitstellen (→ Rn. 5).

Gleichwohl wird in der vorliegenden Konstellation das Interesse des Whistleblowers an der Geheimhaltung seiner Identität das Informationsinteresse des von der Investigationsmaßnahme betroffenen Mitarbeiters überwiegen. Das Unternehmen muss und darf in diesem Fall die betroffene Person (weiterhin) nicht über die konkrete „Quelle" iSd Art. 14 Abs. 2 Buchst. f DS-GVO (nach)informieren.

Anders dürfte der Fall gelagert sein, wenn sich die Anschuldigungen des Whistleblowers als völlig haltlos erwiesen hätten und der Whistleblower schon in der Vergangenheit andere Mitarbeiter – im Ergebnis unbegründet – „angeschwärzt" hätte. In diesem Fall dürfte das Informationsinteresse der betroffenen Person überwiegen und der Ausnahmetatbestand des § 29 Abs. 1 S. 1 BDSG daher nicht greifen.

> **n)** Geht es um die Verarbeitung von Daten aus zivilrechtlichen Verträgen zur Verhütung von Schäden durch Straftaten? [Nur relevant für die Informationspflichten im Zusammenhang mit einer <u>Dritterhebung nach Art. 14 DS-GVO</u>]

Wenn **nichtöffentliche Stellen** (§ 2 Abs. 4 BDSG), die über Dritte personenbezogene 68 Daten aus zivilrechtlichen Verträgen zum **Zwecke der Verhütung von Schäden durch Straften** erheben und weiterverarbeiten, bestehen gem. § 33 Abs. 1 Nr. 2 Buchst. a Var. 2 BDSG keine Informationspflichten gem. Art. 14 DS-GVO, sofern nicht das berechtigte Interesse der betroffenen Person an der Informationserteilung überwiegt (Interessensabwägung).

In den Gesetzgebungsmaterialien wird als Anwendungsfall beispielhaft auf „**Betrugsprä-** 69 **ventionsdateien der Wirtschaft**" verwiesen.[30] Als Beispiele hierfür können das **Hinweis- und Informationssystem (HIS) der Versicherungswirtschaft** sowie die auf Basis von § 47 Abs. 5 S. 2 GwG etablierten „**Fraud Prevention Pools**" von Kreditinstituten bzw. Auskunfteien genannt werden.[31] Über diese Präventionsdateien können Versicherungsunternehmen und Kreditinstitute risikorelevante personenbezogene Daten über ihre Kunden austauschen. Werden hierfür personenbezogenen Daten des betroffenen Kunden „eingemeldet" bzw. wird eine Anfrage an die Präventionsdatei gestellt, um zu prüfen, ob negative Einträge eines potentiellen Neukunden vorhanden sind, erhebt der Betreiber der Präventionsdatei personenbezogene Daten über den betroffenen Kunden aus dritter Quelle. Umge-

---

[30] BT-Drs. 18/121444, 5.
[31] Für allgemeine Auskunfteien zur Bewertung der Kreditwürdigkeit/Bonität soll die Ausnahmeregelung des § 33 Abs. 1 Nr. 2 Buchst. a Var. 2 BDSG nach Kühling/Buchner/*Golla* BDSG § 33 Rn. 8 mwH dagegen nicht gelten.

kehrt erheben auch die anfragenden Unternehmen personenbezogene Daten aus einer Drittquelle, wenn ihre Anfrage vom Betreiber der Präventionsdatei beauskunftet wird. Die beschriebenen Vorgänge des **Empfangs von Daten aus Drittquellen** würden grds. jeweils Informationspflichten nach Art. 14 auslösen, von denen § 33 Abs. 1 Nr. 2 Buchst. a Var. 2 BDSG befreit, sofern die Interessen der betroffenen Personen nicht überwiegen. Bei einem **entsprechend restriktiven Set-Up der Präventionsdatei** (zB Einmeldung nur von „harten" Negativdaten) dürften die Interessen der betroffenen Personen nicht überwiegen.

70   Unterbleibt demnach eine Information der betroffenen Person, müssen gem. § 33 Abs. 2 BDSG **kompensatorische Maßnahmen** (ua schriftliche Dokumentation der Gründe; Bereitstellung von Informationen für die Öffentlichkeit) getroffen werden.

71   IÜ ist darauf hinzuweisen, dass das Unternehmen, welches beim Betreiber einer Präventionsdatei Auskunft über einen Eintrag zu der betroffenen Person begehrt oder (Negativ-)Daten über diese Person dort einmeldet, grds. nach Art. 13 DS-GVO informationsverpflichtet bleibt. Es werden insoweit nämlich personenbezogene Daten **übermittelt,** die vorher **bei der betroffenen Person erhoben** wurden, weshalb § 33 Abs. 1 Nr. 2 Buchst. a Var. 2 BDSG nicht greifen kann. In Betracht kommen insoweit allenfalls andere Ausnahmetatbestände (vgl. Art. 13 Abs. 4; § 32 Abs. 1 BDSG).

II. Ausgestaltung der Information der betroffenen Personen

1. Pflichtinhalte

72   Kernstück der Art. 13, 14 DS-GVO sind deren Abs. 1, 2, die eine Auflistung aller grds. bereitzustellender Informationen enthalten. Uneinigkeit besteht jedoch darüber, in welchem systematischen Verhältnis die Abs. 1, 2 jeweils zueinander stehen.

73   Der Großteil der Stimmen in der Literatur vertritt die Auffassung, dass die in Art. 13 Abs. 1 DS-GVO und Art. 14 Abs. 1 DS-GVO genannten Informationen als **Basis- bzw. Pflichtinformationen** immer mitzuteilen sind, während die nach Art. 13 Abs. 2 DS-GVO und Art. 14 Abs. 2 DS-GVO enthaltenen **(Zusatz-)Informationen fakultativ bzw. situationsabhängig** sind und nur insoweit bereitzustellen sind, als diese für eine faire und transparente Verarbeitung erforderlich sind.[32] Es wird insoweit mit der Normstruktur (Unterteilung der Informationspflichten in jeweils zwei Absätze) und Erwgr. 60 DS-GVO argumentiert, der in Bezug auf die „weiteren Informationen" (= Art. 13 Abs. 2 DS-GVO; Art. 14 Abs. 2 DS-GVO) auf eine „Berücksichtigung der besonderen Umstände und Rahmenbedingungen, unter denen personenbezogene Daten verarbeitet werden" referenziert.

74   Trotz dieser beachtlichen Argumente vertritt insbes. der Europäische Datenschutzausschuss (ehemals: Artikel 29-Datenschutzgruppe; WP29) ohne nähere Begründung die Auffassung, dass zwischen den **Informationspflichten in Abs. 1 einerseits und Abs. 2 andererseits** jeweils **kein Unterschied** bestehe und immer alle der dort genannten Informationen bereitzustellen seien.[33] Diese Ansicht erscheint **praxistauglicher.** So dürfte der Aufwand für eine **vorgelagerte Einzelfallprüfung** bezüglich der Erforderlichkeit der Informationen aus Art. 13 Abs. 2 DS-GVO bzw. Art. 14 Abs. 2 DS-GVO in der Praxis regelmäßig höher sein als die Erteilung auch dieser Informationen. Darüber hinaus wäre ein Verzicht auf die in Art. 13 Abs. 2 DS-GVO bzw. Art. 14 Abs. 2 DS-GVO genannte

---

[32] So *Schantz* NJW 2016, 1841 (1845); ebenso Paal/Pauly/*Paal/Hennemann* DS-GVO Art. 13 Rn. 22; Ehmann/Selmayr/*Knyrim* DS-GVO Art. 13 Rn. 28 ff. sowie Ehmann/Selmayr/*Knyrim* DS-GVO Art. 14 Rn. 17 ff.; GSSV/Veil DS-GVO Art. 13, 14 Rn. 87 ff.

[33] Vgl. *Art. 29-Datenschutzgruppe,* WP 260 rev.01, 11.4.2018, Rn. 23; ebenso ohne nähere Problematisierung BeckOK DatenschutzR/*Schmidt-Wudy* DS-GVO Art. 13 Rn. 37; HK-DS-GVO/*Ingold* DS-GVO Art. 13 Rn. 15 ff. und HK-DS-GVO/*Ingold* DS-GVO Art. 14 Rn. 24 ff.

Informationen immer auch mit einer gewissen **Rechtsunsicherheit**[34] verbunden und stünde damit potentiell unter dem Damoklesschwert einer (hohen) Bußgeldhaftung nach Art. 83 Abs. 5 Buchst. b DS-GVO.[35]

Vor diesem Hintergrund folgt auch die nachfolgende Darstellung dem **(pragmatischen) Ansatz,** dass bei der erstmaligen Erhebung von Daten grds. **über alle in Art. 13 DS-GVO bzw. Art. 14 DS-GVO genannten Inhalte,** ungeachtet deren konkreten Verortung im jeweiligen Abs. 1 oder Abs. 2, informiert werden muss. Die konkrete Zuordnung zum jeweiligen Abs. 1 oder Abs. 2 spielt mithin nur dann eine Rolle, wenn es um die Informationspflichten vor einer **zweckändernden Weiterverarbeitung** geht, da Art. 13 Abs. 3 DS-GVO und Art. 14 Abs. 4 DS-GVO jeweils nur auf die Informationen aus dem jeweiligen Abs. 2 und nicht auch auf diejenigen aus dem jeweiligen Abs. 1 verweisen.[36]

75

Hinweis:

Sollten gewisse Informationspflichten nur in bestimmten Konstellationen greifen, wird dies in der nachfolgenden Darstellung explizit gekennzeichnet.

76

---

a) Enthält die Information Namen und die Kontaktdaten des Verantwortlichen?

Nach Art. 13 Abs. 1 Buchst. a DS-GVO und Art. 14 Abs. 1 Buchst. a DS-GVO müssen der Name und die Kontaktdaten des Verantwortlichen mitgeteilt werden. Bei **natürlichen Personen** sind Vor- und Nachname anzugeben, bei **Personengesellschaften und juristischen Personen** dementsprechend der Firmenname einschließlich Rechtsformzusatz. Die Kontaktdaten müssen mindestens die ladungsfähige Postanschrift des Verantwortlichen umfassen. Darüber hinaus ist, jedenfalls im elektronischen Geschäftsverkehr, auch eine E-Mail-Adresse des Verantwortlichen anzugeben.[37]

77

Praxishinweis:

Bei größeren Unternehmen kann es sich insoweit anbieten, eine eigene Funktions-Email-Adresse für die Kontaktaufnahme in Datenschutzfragen anzulegen und mitzuteilen, um damit datenschutzrechtliche Anfragen von sonstigen Anfragen zu trennen und gleich zum richtigen Ansprechpartner zu kanalisieren.

78

Im Falle einer **gemeinsamen Verantwortlichkeit** müssen die genannten Informationen entsprechend von allen gemeinsam für die Verarbeitung Verantwortlichen mitgeteilt werden. Sollte die gemeinsame Verantwortlichkeit nur für bestimmte Verarbeitungen greifen und für andere Verarbeitungen eine alleinige Verantwortlichkeit vorliegen, muss dies hinreichend deutlich gemacht werden.

79

---

b) Werden Name und Kontaktdaten des Vertreters nach Art. 27 DS-GVO mitgeteilt? [Nur relevant für <u>nicht in der EU niedergelassene Verantwortliche.</u>]

---

[34] Zum einen bereits durch das abweichende Normverständnis des Europäischen Datenschutzausschusses und zum anderen auch durch die mögliche inhaltliche Fehleinschätzung der Erforderlichkeit/Notwendigkeit aus Art. 13 Abs. 2 DS-GVO bzw. Art. 14 Abs. 2 DS-GVO im Einzelfall.

[35] Zu praktischen Schwierigkeiten bereits Paal/Pauly/*Paal/Hennemann* DS-GVO Art. 13 Rn. 23 und Paal/Pauly/*Paal/Hennemann* DS-GVO Art. 14 Rn. 24; angesichts des hohen Bußgeldrahmens empfiehlt auch Ehmann/Selmayr/*Knyrim* DS-GVO Art. 13 Rn. 51 „im Zweifel besser eine Information zu geben, als eine Strafe zu riskieren".

[36] Kühling/Buchner/*Bäcker* DS-GVO Art. 13 Rn. 21 und Kühling/Buchner/*Bäcker* DS-GVO Art. 14 Rn. 15.

[37] Vgl. Kühling/Buchner/*Bäcker* DS-GVO Art. 13 Rn. 22 und Kühling/Buchner/*Bäcker* DS-GVO Art. 14 Rn. 16.

80   Sofern von einem außerhalb der EU niedergelassenen Verantwortlichen gem. Art. 27 DS-GVO ein Vertreter[38] zu bestellen ist, sind gem. Art. 13 Abs. 1 Buchst. a DS-GVO bzw. Art. 14 Abs. 1 Buchst. a DS-GVO auch dessen Name und Kontaktdaten mitzuteilen. Die Ausführungen unter → Rn. 77 ff. gelten insoweit entsprechend.

c) Sind die Kontaktdaten eines bestellten Datenschutzbeauftragten enthalten? [Nur relevant falls ein Datenschutzbeauftragter bestellt ist]

81   Sofern ein Datenschutzbeauftragter nach Art. 37 DS-GVO bestellt wurde, sei es aufgrund gesetzlicher Verpflichtung (Art. 37 Abs. 1 DS-GVO; § 38 Abs. 1 BDSG) oder auf freiwilliger Basis, sind nach Art. 13 Abs. 1 Buchst. b DS-GVO bzw. Art. 14 Abs. 1 Buchst. b DS-GVO auch dessen Kontaktdaten mit in die Datenschutzinformationen aufzunehmen.

82   Die Nennung des Namens des Datenschutzbeauftragten ist hingegen – anders als beim Verantwortlichen und ggf. seines Vertreters in der EU – nicht erforderlich. Es reicht daher aus, auf ein Funktions-(E-Mail-)Postfach zu verweisen, welches der jeweils aktuell bestellte Datenschutzbeauftragte verwaltet.

d) Wird über die Zwecke und Rechtsgrundlagen der Verarbeitungen informiert?

83   Gewissermaßen das Herzstück der Informationspflichten bilden die Informationen über die Zwecke und die damit korrespondierenden Rechtsgrundlagen der Verarbeitungen nach Art. 13 Abs. 1 Buchst. c DS-GVO bzw. Art. 14 Abs. 1 Buchst. c DS-GVO. Diese Verpflichtung zwingt den Verantwortlichen, sich vorab Gedanken zu machen, auf welche Rechtsgrundlage eine Datenverarbeitung gestützt werden kann, um anschließend gegenüber der betroffenen Person insoweit „Farbe bekennen" zu können. Mit der Erteilung der Informationen über den bzw. die Zweck(e) der jeweiligen Verarbeitung geht auch eine gewisse **Selbstbindung des Verantwortlichen** einher. Möchte der Verantwortliche nämlich die bereits erhobenen personenbezogenen Daten im Nachhinein für einen anderen legitimen Zweck als für diejenigen, über den er im Zuge der Erhebung der Daten informiert hat, (weiter)verarbeiten **(zweckändernde Weiterverarbeitung),** ist dies nur (noch) eingeschränkt möglich (vgl. Art. 6 Abs. 4 DS-GVO sowie §§ 23 f. BDSG). Vor diesem Hintergrund sollte der Verantwortliche bereits vor der erstmaligen Erhebung personenbezogener Daten und der in diesem Zusammenhang erfolgenden initialen Information genau reflektieren, für welche Zwecke er die personenbezogenen Daten verarbeiten möchte.

84   Die möglichen **Rechtsgrundlagen bzw. Erlaubnistatbestände** für Datenverarbeitungen sind vorwiegend in Art. 6 sowie – für die Verarbeitung besonderer Kategorien personenbezogener Daten – in Art. 9 zu finden. In Teilbereichen, in denen die Mitgliedstaaten von den „Öffnungsklauseln" der DS-GVO Gebrauch gemacht haben, können spezifischere Rechtsgrundlagen bestehen. Ein Beispiel hierfür ist § 26 BDSG, der die Rechtsgrundlagen für Datenverarbeitungen im Beschäftigungsverhältnis näher konkretisiert. Eingehender zur Rechtfertigung und Rechtmäßigkeit der Verarbeitung personenbezogener Daten → Kapitel 4 Rn. 3 ff.

85   „Zwecke" und „Rechtsgrundlage[n]" korrelieren regelmäßig insoweit miteinander, als in den Rechtsgrundlagen zumeist ein mehr[39] oder weniger[40] konkreter legitimer Zweck

---

[38] Ein Vertreter ist gem. Art. 4 Nr. 17 DS-GVO eine in der Union niedergelassene natürliche oder juristische Person, die den Verantwortlichen in Bezug auf die diesem obliegenden Pflichten aus der DS-GVO vertritt.

[39] ZB die v. Gesetzgeber bereits typisierten legitimen Zwecke der Vertragserfüllung (Art. 6 Abs. 1 S. 1 Buchst. b DS-GVO), der Erfüllung einer rechtlichen Verpflichtung (Art. 6 Abs. 1 Buchst. c DS-GVO), des Schutzes lebenswichtiger Interessen (Art. 6 Abs. 1 S. 1 Buchst. d DS-GVO; Art. 9 Abs. 2 Buchst. c DS-GVO) etc.

benannt ist, für dessen Verfolgung die Verarbeitung personenbezogener Daten **erforderlich** sein muss.

Beispiel: 86

Werden bspw. Bank- oder Kreditkartendaten für die Bezahlung eines gekauften Produkts erhoben, könnte die Information nach Art. 13 Abs. 1 Buchst. c DS-GVO bzw. Art. 14 Abs. 1 Buchst. c DS-GVO bspw. wie folgt lauten:

„Wenn Sie ein Produkt in unserem Shop erwerben, verarbeiten wir Ihre personenbezogenen Daten [oder konkreter: Ihre Bank- oder Kreditkartendaten[41]] (auch) zur Abwicklung von Zahlungen. Diese Datenverarbeitung ist erforderlich für die Erfüllung des mit Ihnen geschlossenen Vertrags (Rechtsgrundlage: Art. 6 Abs. 1 S. 1 Buchst. b DS-GVO). "

Für gewisse Rechtsgrundlagen sind zusätzlichen Pflichtinformationen zu erteilen, die 87 nachfolgend dargestellt werden:

aa) Werden die berechtigten Interessen des Verantwortlichen oder Dritten konkretisiert? [Nur relevant im Falle einer <u>Verarbeitung auf Basis der Rechtsgrundlage des Art. 6 Abs. 1 S. 1 Buchst. f DS-GVO</u>]

Sofern eine Verarbeitung personenbezogener Daten auf die Rechtsgrundlage des Art. 6 88 Abs. 1 S. 1 Buchst. f DS-GVO, also auf die Wahrnehmung „berechtigter Interessen" des Verantwortlichen oder eines Dritten gestützt wird, muss der Verantwortliche nach Art. 13 Abs. 1 Buchst. d DS-GVO bzw. Art. 14 Abs. 2 Buchst. b DS-GVO sein berechtigtes Interesse und/oder das berechtigte Interesse des Dritten an der Verarbeitung der Daten **konkretisieren.** Ein bloßer Verweis auf ein nicht näher bestimmtes „berechtigtes Interesse" reicht insoweit nicht aus.

Vor einem Rückgriff auf die Rechtsgrundlage des Art. 6 Abs. 1 S. 1 Buchst. f 89 DS-GVO sollte der Verantwortliche prüfen, ob sich die betreffende Verarbeitung nicht auf eine spezifischere Rechtsgrundlage stützen lässt. Im Ergebnis handelt es sich bei Art. 6 Abs. 1 S. 1 Buchst. f DS-GVO nämlich um eine Art **„Auffang"-Rechtsgrundlage,** die aufgrund der *vom Verantwortlichen* durchzuführenden Abwägung mit den Interessen der betroffenen Person tendenziell mit einer stärkeren Rechtsunsicherheit behaftet ist, als die meisten anderen gesetzlichen Erlaubnistatbestände, bei denen *der Gesetzgeber* das überwiegende berechtigte Interesse des Verantwortlichen[42] bereits vordefiniert hat.[43] Darüber hinaus muss der der Verantwortliche bei einem Rückgriff auf die Rechtsgrundlage des Art. 6 Abs. 1 S. 1 Buchst. f DS-GVO der betroffenen Person auch ein Widerspruchsrecht nach Art. 21 Abs. 1, 6 DS-GVO und ggf. auch nach Art. 21 Abs. 2 DS-GVO einräumen.[44] Näher zur Rechtsgrundlage des Art. 6 Abs. 1 S. 1 Buchst. f DS-GVO → Kapitel 4 Rn. 46 ff.

„Berechtige Interessen" iSd Art. 6 Abs. 1 S. 1 Buchst. a DS-GVO können rechtli- 90 cher, wirtschaftlicher aber auch ideeller Natur sein.[45] Beispiele für konkrete berechtigte

---

[40] So insbes. Art. 6 Abs. 1 S. 1 Buchst. f DS-GVO, der als eine Art gesetzlicher Auffangtatbestand für Datenverarbeitungen ohne Einwilligung angesehen werden kann. Hier wird die Konkretisierung des „berechtigten Interesses" dem Verantwortlichen überlassen. Vgl. dazu auch → Rn. 88 ff.

[41] Bei der Direkterhebung der Daten beim Betroffenen ist die Angabe der Kategorien der personenbezogenen Daten zwar nicht erforderlich (s. dazu auch → Rn. 110), aber insbes. unter Transparenzgesichtspunkten natürlich keinesfalls schädlich.

[42] ZB „Vertragserfüllung" iRv Art. 6 Abs. 1 S. 1 Buchst. b DS-GVO; „Erfüllung einer rechtlichen Verpflichtung" iRv Art. 6 Abs. 1 S. 1 Buchst. c DS-GVO; „Erfüllung lebenswichtiger Interessen" iRv Art. 6 Abs. 1 S. 1 Buchst. d DS-GVO etc.

[43] Die Zulässigkeit der Verarbeitung ist insoweit „nur" noch von der Erforderlichkeit für diese Zwecke abhängig.

[44] Näher dazu auch → Rn. 148 ff.

[45] BeckOK DatenschutzR/*Albers/Veit* DS-GVO Art. 6 Rn. 49.

Interessen lassen sich ua den Erwgr. 47 f. DS-GVO entnehmen.[46] Näher dazu → Kapitel 4 Rn. 46 ff.

91   Nach dem Wortlaut des Art. 13 Abs. 1 Buchst. c DS-GVO bzw. Art. 14 Abs. 2 Buchst. b DS-GVO ist es dagegen nicht zwingend erforderlich, dass der Verantwortliche die betroffene Person auch über die getroffene **Abwägung** und die Argumente/Gründe für die Annahme des Überwiegens der berechtigten Interessen an der Verarbeitung informiert oder zumindest über die Möglichkeit, weitere Informationen zur Abwägung zu erlangen.[47] Die Abwägung muss jedoch spätestens dann offengelegt werden, wenn eine betroffene Person von ihrem Widerspruchsrecht nach Art. 21 Abs. 1, 6 DS-GVO Gebrauch macht.

bb) Wird auf das Widerspruchsrecht gegen Datenverarbeitungen zum Zwecke der Direktwerbung hingewiesen? [Nur relevant im Falle einer Verarbeitung auf Basis der Rechtsgrundlage des Art. 6 Abs. 1 S. 1 Buchst. f DS-GVO]

92   Soweit eine Datenverarbeitung auf das berechtigte Interesse an **Direktwerbung** erfolgt, die nicht in den Anwendungsbereich der Spezialregelungen aus Art. 13 RL 2002/58/EG („EU ePrivacy-Richtlinie") und dessen Umsetzung in § 7 UWG fällt (→ Rn. 94), wie zB Briefwerbung, räumt Art. 21 Abs. 2 DS-GVO der betroffenen Person ein jederzeitiges und **voraussetzungsloses Widerspruchsrecht** ein. Über dieses Widerspruchsrecht, welches sich auch auf das mit der Direktwerbung im Zusammenhang stehende Profiling erstreckt, muss der Verantwortliche die betroffene Person gem. Art. 13 Abs. 2 Buchst. b DS-GVO bzw. Art. 14 Abs. 2 Buchst. c DS-GVO ebenfalls informieren.

93   Nach Art. 21 Abs. 4 DS-GVO muss der Hinweis auf das Widerspruchsrecht in einer **„verständlichen und von anderen Informationen getrennten Form"** erfolgen. Für die betroffene Person muss demnach klar beschrieben sein, wie sie sein Widerspruchsrecht ausüben kann. Dies kann bspw. ein Hinweis auf eine E-Mail-Adresse, an die der Widerspruch zu richten ist oder ein Verweis auf eine Datenschutz-Präferenzmanagement-Lösung sein (vgl. Art. 21 Abs. 5 DS-GVO) sein, mittels derer die betroffene Person z.B. ihren Widerspruch gegen Direktwerbung direkt im System veranlassen kann.

94   Im Bereich der **E-Mail-Direktwerbung an Bestandskunden**[48] werden die Regelungen zum Widerspruch und zu den diesbezüglichen Hinweispflichten aus Art. 21 Abs. 2, 4 DS-GVO durch **Art. 13 Abs. 2 EU ePrivacy-RL** und der Umsetzungsnorm des jeweiligen Mitgliedstaates (in Deutschland: § 7 Abs. 3 UWG) bzw. – in Zukunft – durch die entsprechenden Regelungen der geplante **EU ePrivacy-Verordnung** als lex specialis überlagert (vgl. Art. 95 DS-GVO). Dementsprechend reicht es insoweit nicht aus, über das bestehende Widerspruchsrecht gegen E-Mail-Direktwerbung an Bestandskunden nur initial bei der Erhebung der E-Mail-Adresse zu informieren. Es muss vielmehr darüber hinaus in jeder E-Mail-Aussendung von Direktwerbung an die betroffen Personen (erneut) auf dieses Widerspruchsrecht hingewiesen werden (vgl. Art. 7 Abs. 3 UWG: „[...] und bei jeder Verwendung klar und deutlich darauf hingewiesen wird, dass er der Verwendung jederzeit widersprechen kann [...]"), was in der Praxis regelmäßig über „Abbestellen"- bzw. „Abmelden"-Links in der Werbemail realisiert wird.

---

[46] Für weitere Beispiele vgl. *Art. 29-Datenschutzgruppe,* WP 217, 9. 4. 2014, S. 31 ff.

[47] Anders *Art. 29-Datenschutzgruppe,* WP 260 rev.01, 11. 4. 2018, S. 44 f., der aus Transparenzgründen zumindest eine Information der Betroffenen darüber, dass diese Informationen über die getroffene Abwägung verlangen können, für erforderlich hält.

[48] Diese „Opt-out-Privileg" gilt gem. Art. 13 Abs. 2 EU ePrivacy-RL bzw. Art. 7 Abs. 3 UWG nur für E-Mail-Werbung über eigene ähnliche Produkte/Services an Bestandskunden. IÜ bedarf es für E-Mail-Direktwerbung – wie zB einem E-Mail-Newsletter – einer Einwilligung („Opt-In") der betroffenen Personen (Art. 13 Abs. 1 EU ePrivacy-RL bzw. Art. 7 Abs. 2 Nr. 3 UWG).

> **Praxistipp:** 95
>
> Auch wenn dieses (spezielle) Widerspruchsrecht im Zusammenhang mit den anderen Betroffenenrechten aus Art. 15 ff. DS-GVO steht, über die gem. Art. 13 Abs. 2 Buchst. b DS-GVO bzw. Art. 14 Abs. 2 Buchst. c DS-GVO ebenfalls zu informieren ist, kann es sich zur Erleichterung der „Verständlichkeit" in der Praxis durchaus anbieten, die diesbezüglichen Informationen direkt im Zusammenhang mit der Beschreibung der Datenverarbeitung zum Zwecke der Direktwerbung zu erteilen und nicht etwa in einem abgesonderten Kapitel im Verbund mit der Beschreibung der anderen Betroffenenrechte. Es ist jedoch gerade bei einer solchen Lösung darauf zu achten, dass die Informationen über das Widerspruchsrecht gem. Art. 21 Abs. 4 DS-GVO formal abgesetzt zur vorherigen Beschreibung der Datenverarbeitung und deren Rechtsgrundlage erfolgen (zB durch eine Umrahmung der Informationen zum Widerrufsrecht).

cc) Wird über die jederzeitige Widerrufbarkeit einer Einwilligung informiert? [Nur relevant im Falle einer <u>Verarbeitung auf Basis der Rechtsgrundlage des Art. 6 Abs. 1 S. 1 Buchst. a DS-GVO</u>]

Basiert eine Datenverarbeitung auf der Einwilligung der betroffenen Person (vgl. Art. 6 **96** Abs. 1 S. 1 Buchst. a DS-GVO bzw. Art. 9 Abs. 2 Buchst. a DS-GVO iVm Art. 7 f. DS-GVO) (→ Kapitel 4 Rn. 3 ff.), ist diese gem. Art. 13 Abs. 2 Buchst. c DS-GVO bzw. Art. 14 Abs. 2 Buchst. d DS-GVO über das **Bestehen eines jederzeitigen Widerrufsrechts** (Art. 7 Abs. 3 DS-GVO) zu informieren.

Inhaltlich muss die Information auch den Hinweis enthalten, dass der Widerruf gem. **97** Art. 7 Abs. 3 S. 2 DS-GVO nur **ex nunc** wirkt, dh die Rechtmäßigkeit der aufgrund Einwilligung bis zum Widerruf erfolgten Datenverarbeitung durch den Widerruf nicht berührt wird (Art. 7 Abs. 3 S. 3 DS-GVO).

e) Wird auf eine etwaige Verpflichtung zur Bereitstellung personenbezogener Daten und mögliche Folgen der Nichtbereitstellung hingewiesen?

Nach Art. 13 Abs. 2 Buchst. e DS-GVO ist die betroffene Person auch darüber zu in- **98** formieren, inwieweit eine **gesetzliche oder vertragliche Verpflichtung bzw. Obliegenheit zur Bereitstellung** seiner personenbezogenen Daten besteht und welche **möglichen (negativen) Folgen die Nichtbereitstellung** hätte.

Da sich diese Informationen auf die Bereitstellung der personenbezogenen Daten **99** **durch die betroffene Person** beziehen, greifen diese Informationspflichten **nicht in Fällen der Dritterhebung,** in denen Dritte die personenbezogenen Daten über den Betroffenen bereitstellen. Art. 13 Abs. 2 Buchst. e DS-GVO findet daher keine Entsprechung in Art. 14 DS-GVO.

Die nach Art. 13 Abs. 2 Buchst. e DS-GVO geforderten Informationen werden **oft- 100 mals mit** der gem. Art. 13 Abs. 1 Buchst. c DS-GVO ebenfalls anzugebenden **Rechtsgrundlage der Datenverarbeitung korrelieren.** Wenn die Datenerhebung durch den Verantwortlichen bspw. gem. Art. 6 Abs. 1 S. 1 Buchst. b DS-GVO zur Erfüllung eines Vertrages mit der betroffenen Person erforderlich ist, dann besteht seitens der betroffenen Person – gewissermaßen als Kehrseite der Medaille – auch eine Verpflichtung bzw. zumindest eine Obliegenheit, die zum Vertragsschluss oder zur vertraglichen Leistungserbringung erforderlichen Daten bereitzustellen, möchte er den Vertrag abschließen und die vertragliche Leistung erhalten. Den Informationspflichten aus Art. 13 Abs. 2 Buchst. e DS-GVO kann hier Genüge getan werden, indem der Verantwortliche kenntlich macht, welche konkreten Daten für den Vertragsschluss bzw. die Leistungserbringung erforderlich sind. Dies **muss nicht zwangsläufig in den Datenschutzinformationen erfolgen.** Es genügt insoweit auch, wenn der Verantwortliche bspw. in den Formularen, mit denen er personenbezogene Daten bei der betroffenen Person erhebt, die **„Pflichtfelder" entsprechend hervorhebt,** so dass der betroffenen Person klar wird, welche Daten er zB für die Registrierung für ein Kundenkonto oder für die Abwicklung einer Bestellung zwingend angeben muss und welche Datenfelder fakultativ sind.[49] Über die **Folge(n) der Nichtbereitstellung** von Pflichtinformationen (zB kein Vertragsschluss oder keine Leistungserbringung) kann dann – ebenso wie darüber, dass die Angabe von freiwilligen Daten als datenschutzrechtliche Einwilligung gewertet wird – in einem Hinweisfeld informiert werden. Im Onlinebereich wird die Belehrung über die Folgen der Nichtbereitstellung regelmäßig technisch umgesetzt. Ein Nutzer, der nicht alle erforderlichen Pflichtangaben für die Registrierung für ein Kundenkonto bzw. für die Bestellabwicklung angegeben hat, sieht sich üblicherweise mit einer entsprechenden Fehlermeldung konfrontiert und wird seine Registrierung bzw. Bestellung erst dann abschließen können, wenn er die fehlenden Pflichtangaben ergänzt hat.

101   Relevant wird Art. 13 Abs. 2 Buchst. e DS-GVO insbes. auch im **Versicherungsrecht,** wo verschiedene **gesetzliche und vertragliche Obliegenheiten** in Form von **Anzeige- und Auskunftspflichten** bestehen, deren Nichtbefolgung (= Nichtbereitstellung personenbezogener Daten) verschiedene Rechtsfolgen (zB Kündigungsrecht oder Leistungsfreiheit des Versicherers) nach sich ziehen können. Diese Obliegenheiten und die möglichen Konsequenzen bei deren Nichtbefolgung werden ohnehin in den Versicherungsbedingungen beschrieben, so dass es legitim erscheint, die Informationen nach Art. 13 Abs. 2 Buchst. e DS-GVO bspw. bei der Beschreibung der relevanten Datenverarbeitung (zB Risikoprüfung oder Leistungsprüfung/Schadensabwicklung) in den Datenschutzinformationen sehr generisch zu halten und für Einzelheiten auf die entsprechenden Regelungen in den Versicherungsbedingungen zu verweisen.

102   Die ebenfalls in Art. 13 Abs. 2 Buchst. e DS-GVO aufgeführte Variante des Bestehens einer **gesetzlichen Verpflichtung der betroffenen Person** zur Bereitstellung der Daten dürfte vor allem bei Datenverarbeitungen durch öffentliche Stellen oder in stark regulierten Bereichen relevant sein, in denen der Gesetzgeber – idR aus sicherheitsrechtlichen Interessen bzw. Strafverfolgungsinteressen – nicht nur den Verantwortlichen zur Verarbeitung bestimmter personenbezogener Daten verpflichtet (Rechtsgrundlage: Art. 6 Abs. 1 S. 1 Buchst. c, e DS-GVO), sondern damit korrespondierend zugleich[50] auch die betroffene Person zur Bereitstellung dieser Daten verpflichtet.

Beispiele:

- Die gem. § 11 GwG bestehende Pflicht zur Erhebung (Abs. 1–5) und Bereitstellung (Abs. 6) von personenbezogenen Daten zum Zwecke der Identifikation der Vertragspartner.
- Die gem. § 29 Abs. 2 BMG bestehende Verpflichtung von Hotelgästen, beim Check-In einen sog. „besonderen Meldeschein" und dabei bestimmte personenbezogene Daten gegenüber dem Hotel preiszugeben. Spiegelbildlich dazu haben die Hotels gem. § 30 BMG diese Meldeformulare bereitzustellen, die Daten der Gäste zu erheben und für eine gewisse Zeit zu speichern.

103   Im letztgenannten Fall sind die Hotelgäste daher auch über ihre gesetzliche Verpflichtung zur Bereitstellung der Daten (nach § 29 Abs. 2 BMG) sowie auf eine mögliche Buß

---

[49] Die Rechtsgrundlage für die Erhebung der Daten mittels eines solchen Formulars, welches Pflichtfelder mit fakultativ ausfüllbaren Felder vereint, wäre dann iÜ zweigeteilt: Für die Erhebung der Pflichtangaben würde Art. 6 Abs. 1 S. 1 Buchst. b DS-GVO greifen, während die Erhebung der freiwilligen Angaben auf Grundlage einer Einwilligung (Art. 6 Abs. 1 S. 1 Buchst. a DS-GVO) erfolgt.

[50] Selbst wenn eine solche korrespondierende gesetzliche Verpflichtung der betroffenen Person nicht bestehen sollte, wird die Bereitstellung der personenbezogenen Daten oftmals Bedingung für den Abschluss eines Vertrages (s. dazu auch →Fn. 51) und damit zumindest eine Obliegenheit der betroffenen Person darstellen, über die zu informieren wäre.

geldhaftung im Falle eines Verstoßes gegen diese Verpflichtung (nach § 54 Abs. 2 Nr. 8, Abs. 3 BMG) hinzuweisen. Sollte der Verantwortliche den Vertragsschluss mit der betroffenen Person von der Erfüllung der gesetzlichen Verpflichtung der betroffenen Person, die geforderten personenbezogenen Daten bereitzustellen, abhängig machen,[51] wäre die betroffene Person auch darüber bei der Erhebung der Daten zu informieren.

f) Wird über eine etwaige automatisierte Entscheidungsfindung (einschließlich Profiling) informiert?

Nach Art. 13 Abs. 2 Buchst. f DS-GVO bzw. Art. 14 Abs. 2 Buchst. g DS-GVO muss **104** die betroffene Person auch über das Bestehen einer automatisierten Entscheidungsfindung einschließlich Profiling gem. Art. 22 Abs. 1, 4 DS-GVO und – zumindest in diesen Fällen – aussagekräftige Informationen über die involvierte Logik sowie die Tragweite und die angestrebten Auswirkungen einer derartigen Verarbeitung informiert werden. Der konkrete Anwendungsbereich dieser Informationspflicht ist schwer zugänglich, was zum einen auf die teils unglücklichen und vagen Formulierungen des Art. 13 Abs. 2 Buchst. f DS-GVO bzw. Art. 14 Abs. 2 Buchst. g DS-GVO und zum anderen auf die referenzierten und ebenfalls schwer verständlichen Regelungen des Art. 22 DS-GVO zurückzuführen ist.

Die Informationspflichten nach Art. 13 Abs. 2 Buchst. f DS-GVO bzw. Art. 14 Abs. 2 **105** Buchst. g DS-GVO greifen dem Wortlaut nach zweifellos in **Fällen des Art. 22 Abs. 1, 4 DS-GVO,** also bei einer **ausschließlich auf einer automatisierten Verarbeitung beruhenden Entscheidung,** einschließlich eines gegebenenfalls vorgelagertem Profilings (wie zB ein Kreditscoring), welche der betroffenen Person gegenüber entweder **rechtliche Wirkung** entfaltet (zB Ablehnung eines Vertragsschlusses) oder sie **in ähnlicher Weise** *erheblich* **beeinträchtigt** (zB automatisierte, dynamische Preissetzung basierend auf Profiling).[52] Da Art. 22 Abs. 1, 4 Hs. 1 DS-GVO – jedenfalls nach überwiegender Lesart[53] – grds. ein Verbot einer solchen vollautomatisierten Entscheidungsfindung enthalten, greifen die Informationspflichten des Art. 13 Abs. 2 Buchst. f DS-GVO bzw. Art. 14 Abs. 2 Buchst. g DS-GVO damit genau genommen nur in den Fällen des Art. 22 Abs. 2, 3 DS-GVO bzw. Art. 22 Abs. 4 Hs. 2 DS-GVO, in denen der Einsatz ausnahmsweise zulässig ist.[54]

Umstritten ist hingegen, ob die Informationspflichten aus Art. 13 Abs. 2 Buchst. f **106** DS-GVO bzw. Art. 14 Abs. 2 Buchst. g DS-GVO auch dann greifen, wenn keine tatbestandsmäßige automatisierte Entscheidung im Einzelfall nach Art. 22 DS-GVO vorliegt. Virulent wird diese Frage insbes. in Fällen, in denen zwar ein (automatisiertes) **Profiling** stattfindet, dieses dann aber entweder **nicht in eine rein automatisierte Einzelfallentscheidung mündet** oder „nur" Bestandteil einer rein automatisierten Entscheidungsfindung **ohne rechtliche Wirkung/sonstigen erhebliche Beeinträchtigung für die betroffene Person** ist (zB Profiling iRv CRM- oder Marketingmaßnahmen). Zum Teil wird unter Verweis auf die Parenthese („zumindest in diesen Fällen") geschlussfolgert, dass auch in solchen Fällen gem. Art. 13 Abs. 2 Buchst. f DS-GVO bzw. Art. 14 Abs. 2

---

[51] Grund dafür könnte insbes. sein, einen eigenen Rechtsverstoß (einschließlich einer etwaigen Bußgeldhaftung) wegen fehlender Erhebung zu verhindern. Im oben genannten GwG-Beispiel besteht gem. § 10 Abs. 9 GwG sogar eine gesetzliche Verpflichtung, die Geschäftsbeziehung ua ohne vorherige Identifizierung des Geschäftspartners nicht zu begründen.
[52] Ausführlich zu den Voraussetzungen und Anforderungen des Art. 22, *Art. 29-Datenschutzgruppe,* WP 251 rev.01, 6. 2. 2018, S. 21 ff.
[53] Vgl. *Art. 29-Datenschutzgruppe,* WP 251 rev.01, 6. 2. 2018, S. 21 und 39 f.
[54] So schon Kühling/Buchner/*Bäcker* DS-GVO Art. 13 Rn. 52 („[...] *wenn diese ausnahmsweise zulässig ist");* aA offenbar Plath/*Kamlah* DS-GVO Art. 13 Rn. 26 sowie GSSV/*Veil* DS-GVO Art. 13, 14 Rn. 118, die eine Informationspflicht nach Art. 13 Abs. 2 Buchst. f bzw. Art. 14 Abs. 2 Buchst. g DS-GVO mangels Verweis auf Art. 22 Abs. 2 DS-GVO nur in Fällen einer nach Art. 22 Abs. 4 Hs. 2 DS-GVO zulässigen automatisierten Einzelentscheidung, welche auf besonderen Kategorien personenbezogener Daten beruhen, annehmen.

Buchst. g DS-GVO zumindest über das Profiling zu informieren ist.[55] Dagegen spricht jedoch der Verweis auf Art. 22 DS-GVO, der ein Profiling nur dann (mit)erfasst, wenn dies iRd rein automatisierten Entscheidungsfindung erfolgt.[56] Der Europäische Datenschutzausschuss sieht dies ähnlich, geht aber insbes. mit Blick Erwgr. 60 DS-GVO („Darüber hinaus sollte er die betroffene Person darauf hinweisen, dass Profiling stattfindet und welche Folgen dies hat.") gleichwohl von einer – wenngleich auf Art. 13 Abs. 1 Buchst. c DS-GVO bzw. Art. 14 Abs. 1 Buchst. c DS-GVO gestützten – Verpflichtung zur Information über ein solches Profiling und die darauf basierende Entscheidungsfindung aus.[57]

107   Zumindest in den Fällen, in denen Art. 22 DS-GVO einschlägig ist, muss die betroffene Person gem. Art. 13 Abs. 2 Buchst. f DS-GVO bzw. Art. 14 Abs. 2 Buchst. g DS-GVO nicht nur über das **Bestehen einer automatisierten Entscheidungsfindung (einschließlich Profiling)** informiert werden. Es sind darüber hinaus auch Informationen über die **involvierte Logik** sowie über die **Tragweite und die Auswirkungen für den Betroffenen** bereitzustellen. Diese Informationen müssen jeweils „aussagekräftig" sein. Für die betroffene Person sollte insbes. hinreichend klar werden, welche Informationen aus welchen Quellen in die automatisierte Entscheidungsfindung (einschließlich Profiling) einfließen, welchen tendenziellen Einfluss diese Daten auf die Entscheidungsfindung haben (zB Formulierung wie „je höher/mehr/weniger, desto …") und was die (negativen) Folgen für sie sein können (Beispiele: Verweigerung des Kredits oder Vertragsschlusses; kein Kauf auf Rechnung[58]). Beruht die automatisierte Entscheidungsfindung auf Bonitätsauskünften und Scoring, sind auch die Vorgaben des § 31 BDSG zu beachten. Sofern die automatisierte Entscheidung auf einem Scoring beruht, in das auch **Anschriftendaten** mit einfließen, muss die betroffene Person gem. § 31 Abs. 1 Nr. 4 BDSG auf die vorgesehene Nutzung dieser Daten explizit hingewiesen werden.

108   **Praxistipp:**

Auch wenn diese Informationspflichten einerseits nicht verlangen, dass konkrete Algorithmen offengelegt werden müssen, sollten die diesbezüglichen Informationen andererseits aber auch nicht zu knapp bzw. zu abstrakt ausfallen. Es gilt insoweit nämlich zu bedenken, dass die Information der betroffenen Person zu den Maßnahmen iSd Art. 22 Abs. 3 DS-GVO bzw. Art. 22 Abs. 4 Hs. 2 DS-GVO gehört,[59] die den rechtmäßigen Einsatz solcher Verfahren formal absichern. Ein höherer Grad an Transparenz gegenüber der betroffenen Person entfaltet damit tendenziell auch eine höhere risikomitigierende bzw. legitimierende Wirkung.

Sofern für die automatisierte Entscheidungsfindung spezialisierte Dienstleister wie zB Auskunfteien eingesetzt werden, sollte darauf geachtet werden, dass diese aufgrund der größeren Sachnähe vertraglich verpflichtet werden, entsprechende – im Idealfall bereits mit einer Aufsichtsbehörde abgestimmte – Informationsmuster bereitzustellen oder zumindest bei der Erstellung solcher Hinweise durch Bereitstellung der erforderlichen Informationen mitzuwirken.[60]

109   In **anderen Fällen einer Entscheidungsfindung basierend auf Profiling,** die tatbestandsmäßig nicht von Art. 22 DS-GVO erfasst sind (zB Profiling im Marketingbereich) greifen zwar nach hier vertretener Auffassung die Vorgaben des Art. 13 Abs. 2 Buchst. f DS-GVO bzw. Art. 14 Abs. 2 Buchst. g DS-GVO zum Informationsinhalt nicht

---

[55] So bspw. Kühling/Buchner/*Bäcker* DS-GVO Art. 13 Rn. 52.
[56] So bereits Plath/*Kamlah* DS-GVO Art. 13 Rn. 25.
[57] *Art. 29 Datenschutzgruppe* WP 251rev.01, 6.2.2018, S. 27 (dort insbes. Fn. 39).
[58] So zB im Falle des Einsatzes einer „automatisierten Zahlartensteuerung" basierend auf einer Bonitätsprüfung im Bestellprozess eines Online-Shops.
[59] *Art. 29 Datenschutzgruppe* WP 251rev.01, 6.2.2018, S. 7.
[60] So schon in BeckOK DatenschutzR/*Schmidt/Wudy* DS-GVO Art. 13, 14 iVm Art. 15 Rn. 79.

direkt. Der Europäische Datenschutzausschuss sieht es gleichwohl als „good practice" an, sich bei der Erfüllung der insoweit gleichwohl bestehenden Informationspflichten an den inhaltlichen Vorgaben des Art. 13 Abs. 2 Buchst. f DS-GVO bzw. Art. 14 Abs. 2 Buchst. g DS-GVO zu orientieren.[61]

g) Wird über die Datenkategorien sowie die Quelle(n) informiert? [Nur relevant für die Informationspflichten im Zusammenhang mit einer Dritterhebung von Daten nach Art. 14 DS-GVO]

Werden personenbezogene Daten nicht beim Betroffen selbst erhoben, ist der betroffenen Person zum einen auch über die verarbeiteten **Datenkategorien** (Art. 14 Abs. 1 Buchst. d DS-GVO) und zum anderen auch über die **Quellen,** aus denen diese Daten stammen (Art. 14 Abs. 2 Buchst. f DS-GVO), zu informieren. Diese Informationspflichten finden **in Art. 13 DS-GVO keine Entsprechung,** da die betroffene Person hier selbst an der Erhebung der Daten mitwirkt, zB durch Eingabe der Daten in ein Formular. Sie ist damit selbst „Quelle" und weiß, welche Daten sie bereitstellt. **110**

> **Praxistipp:** **111**
> Sofern personenbezogene Daten zwar faktisch direkt bei der betroffenen Person erhoben werden, diese davon aber keine Kenntnis hat (zB automatische Erhebung von Daten, die in benutzten Endgeräten der betroffenen Person gespeichert von dieser ausgesendet werden, wie zB Cookies, IP-Adressen, Browser-Einstellungen, etc), sollte die betroffene Person trotzdem auch über die „im Hintergrund" erhobenen Kategorien von personenbezogenen Daten informiert werden. Insoweit ist die Situation nämlich vergleichbar mit der einer Dritterhebung.

Bei der Festlegung der **Datenkategorien** und deren Abstraktionsgrad besteht ein gewisser Spielraum des Verantwortlichen. Die Datenkategorien sollten unter Transparenzgesichtspunkten gleichwohl nicht zu generisch gewählt werden.[62] Es kann sich insoweit anbieten, die Datenkategorien vorab zu definieren und jeweils ein paar Beispiele für konkrete personenbezogene Daten, die unter die jeweilige Kategorie fallen, zu nennen (zB „Stammdaten wie zB Name, Vorname, Geburtsdatum, Kundennummer"; „Adressatendaten wie zB Straße, Hausnummer, PLZ, Ort" etc). **112**

Grundsätzlich ist die betroffene Person über die **konkreten Quelle(n)** aus der/denen der Verantwortliche die personenbezogenen Daten erhoben hat, zu informieren (zB Auskunftei XY).[63] Sinn und Zweck dieser Informationspflicht ist es nämlich, die betroffene Person in die Lage zu versetzen, Datenströme Stück für Stück bis zur Ausgangsquelle zurückverfolgen zu können, um dann gegebenenfalls dort Betroffenenrechte (zB Auskunftsrecht oder Löschung) geltend machen und so unerwünschte nachgelagerte Datenverarbeitungen direkt „an der Wurzel" verhindern zu können.[64] **113**

Sofern es sich um eine **öffentlich zugängliche Quelle** handelt, ist auch über diesen Umstand zu informieren. Öffentlich zugänglich sind Quellen, die prinzipiell jedermann ohne besondere Zugangsvoraussetzungen – abgesehen von einer etwaig erforderlichen Registrierung und/oder Gebühr[65] – offen stehen, wie zB Telefon- und Branchenverzeichnisse, öffentliche Register, deren Einsicht keine Darlegung eines rechtlichen/berech- **114**

---

[61] *Art. 29-Datenschutzgruppe,* WP 251 rev.01, 6.2.2018, S. 18 (dort: Fn. 24) und S. 27.

[62] Vgl. dazu auch Kühling/Buchner/*Bäcker* DS-GVO Art. 14 Rn. 17.

[63] Vgl. dazu auch *Art. 29-Datenschutzgruppe,* WP 260 rev.01, 11.4.2018, S. 51 (*„Sofern dies nicht unmöglich ist, sollte die genaue Datenquelle angegeben werden."*).

[64] Vgl. Kühling/Buchner/*Bäcker* DS-GVO Art. 14 Rn. 19.

[65] AA BeckOK DatenschutzR/*Schmidt-Wudy* DS-GVO Art. 14 Rn. 75, der gebührenpflichtige Datenbanken nicht als öffentlich zugängliche Quellen einstuft.

tigten Interesses erfordert (zB Handelsregister), oder Seiten in sozialen Netzwerken, die öffentlich sichtbar sind.

115   Sollte die Angabe der konkreten Quelle nicht möglich sein, weil der Verantwortliche seinen Datenbestand aus **verschiedenen Quellen** speist, sollte nach Erwgr. 61 DS-GVO zumindest eine „allgemeine gehalten[e]" Unterrichtung erfolgen. Selbiges wird man auch für allgemeine „Internetrecherchen" annehmen können. Der Europäische Datenschutzausschuss macht jedoch klar, dass es sich hierbei um einen Ausnahmetatbestand handeln soll, der insbes. dann nicht einschlägig sein soll, wenn die Identifizierung der konkreten Quelle zwar möglich, aber mit einigen (zeitlichen) Aufwand verbunden ist.[66]

h) Wird über die Empfänger(kategorien) personenbezogener Daten informiert?

116   Nach Art. 13 Abs. 1 Buchst. e DS-GVO bzw. Art. 14 Abs. 1 Buchst. e DS-GVO besteht die Verpflichtung auch über die Empfänger oder zumindest die Kategorien von Empfängern zu informieren.

117   Der Begriff des **„Empfängers"** ist in Art. 4 Nr. 9 DS-GVO sehr weit definiert und umfasst grds. jede „natürliche oder juristische Person Behörde, Einrichtung oder andere Stelle, der personenbezogene Daten offengelegt werden […]". Empfänger sind demnach nicht nur **„Dritte"** iSd Art. 4 Nr. 10 DS-GVO, sondern auch **Auftragsverarbeiter,** andere (Mit-)Verantwortliche (zB im Falle von gemeinsamer Verantwortlichkeit) sowie die mit der Datenverarbeitung konkret betrauten **Untereinheiten** und **Mitarbeiter des Verantwortlichen oder Auftragsverarbeiters.**[67] Auch die **betroffene Person** selbst ist nach dem Wortlaut des Art. 4 Nr. 9 DS-GVO „Empfänger", wenn sie vom Verantwortlichen – zB im Rahmen einer Datenauskunft – ihre eigenen personenbezogen Daten offengelegt bekommt. Gleichwohl besteht insoweit keine Informationspflicht, weil der Betroffenen den Empfänger seiner Daten (= sich selbst) kennt und damit der Ausnahmetatbestand des Art. 13 Abs. 4 DS-GVO bzw. Art. 14 Abs. 5 Buchst. a DS-GVO greift.

118   Keine Empfänger sind bzw. nicht als Empfänger behandelt werden **Behörden,** denen im Rahmen eines **Untersuchungsauftrags bzw. Auskunftsersuchens**[68] nach dem Unionsrecht oder dem Recht der Mitgliedstaaten personenbezogene Daten offengelegt werden (vgl. Art. 4 Nr. 10 aE DS-GVO). Dies hat zur Folge, dass über etwaige Datenübermittlung zur Erfüllung behördlicher Auskunftsersuchen (zB an Strafverfolgungsbehörden, Steuer- und Zollbehörden, Finanzmarktbehörden etc[69]) nicht informiert werden muss.

119   In der Literatur ist umstritten, ob der Verantwortliche ein echtes **Wahlrecht** hat, ob er über die **konkreten Empfänger** oder nur die **Kategorien der Empfänger** informiert.[70] Der Europäische Datenschutzausschuss tendiert – mit Blick auf den Grundsatz von Treu und Glauben – zu einer grundsätzlichen Angabe der (konkret) „benannten" Empfänger.[71] Sollten hingegen (ausnahmsweise) nur Kategorien von Empfänger angegeben werden, sollte die Kategorisierung hinreichend granular erfolgen (ua Angabe der Empfängerart (zB Dritte, Auftragsverarbeiter, etc.), Industrie, Sektor, Teilsektor und Standort).

---

[66] Vgl. *Art. 29-Datenschutzgruppe,* WP 260 rev.01, 11. 4. 2018, Rn. 60.
[67] Vgl. *Art. 29-Datenschutzgruppe,* WP 260 rev.01, 11. 4. 2018, S. 46; ebenso aus der Literatur GSSV/*Veil* DS-GVO Art. 13, 14 Rn. 78; Kühling/Buchner/*Bäcker* DS-GVO Art. 13 Rn. 28; Ehmann/Selmayr/*Knyrim* DS-GVO Art. 13 Rn. 41, die dann aber mehrheitlich davon ausgehen, dass jedenfalls über Empfänger innerhalb der Sphäre des Verantwortlichen nicht oder nur eingeschränkt zu informieren sei.
[68] Vgl. dazu GSSV/*Veil* DS-GVO Art. 13, 14 Rn. 77.
[69] Vgl. dazu auch Erwgr. 31 DS-GVO.
[70] Für ein echtes Wahlrecht Plath/*Kamlah* DS-GVO Art. 13 Rn. 13 sowie Gola/*Franck* DS-GVO Art. 13 Rn. 17; aA dagegen Kühling/Buchner/*Bäcker* DS-GVO Art. 13 Rn. 30 mwH *("Es besteht allerdings kein Wahlrecht des Verantwortlichen, wie spezifisch er die Information hält. Sind bei der Datenerhebung bereits konkrete Empfänger absehbar, so muss der Verantwortliche sie der betroffenen Person nennen.");* so wohl auch Ehmann/Selmayr/*Knyrim* DS-GVO Art. 13 Rn. 40.
[71] Vgl. dazu und zum Folgenden *Art. 29-Datenschutzgruppe,* WP 260 rev.01, 11. 4. 2018, S. 46 f.

Praxistipps: 120

Grundsätzlich sollte der Verantwortliche unter Transparenzgesichtspunkten über die **konkreten Empfänger** personenbezogener Daten informieren.

Eine **Beschränkung auf die Empfängerkategorie** erscheint insbes. dann geboten bzw. möglich, wenn die konkrete Angabe der Empfänger:

- **(noch) nicht möglich** ist (zB weil vorsorglich bereits über mögliche in der Zukunft liegenden Datentransfers informiert werden soll, bei denen die konkreten Empfänger noch gar nicht feststehen),
- **nicht praktikabel,** dh insbes. mit einem unverhältnismäßigen Aufwand verbunden wäre (zB bei Empfängern die einem stetigen Wechsel unterliegen, wie zB die mit der Datenverarbeitung betrauten Mitarbeiter des Verantwortlichen) oder
- **berechtigten Geheimhaltungsinteressen zuwider laufen** würde (so könnte bspw. die konkrete Angabe des Anbieters eines eingesetzten Fraud Prevention Tools dazu führen, das Betrüger über den konkreten Anbieter Rückschlüsse auf die Funktionsweise des Tools ziehen und Umgehungsstrategien entwickeln).

Bei der Frage wie detailliert über die Empfänger zu informieren ist, müssen auch etwaige **datenschutzvertragliche Regelungen mit einem Empfänger** beachtet werden. Insoweit könnte unter Umständen die vertragliche Verpflichtung des übermitelnden Verantwortlichen bestehen, den Empfänger konkret zu benennen. Dies kann bspw. der Fall sein, wenn der Empfänger selbst ein Verantwortlicher iSd Art. 4 Nr. 7 DS-GVO ist (zB Auskunftei), der aus Praktikabilitätsgründen mit dem übermittelnden Verantwortlichen vereinbart hat, dass dieser – zB aufgrund seiner exklusiven Kundenbeziehung – gewissermaßen für den verantwortlichen Empfänger nach Maßgabe des Art. 14 DS-GVO initial „mitinformiert".

Sofern keine konkreten Empfänger genannt werden, sollte die **Beschreibung der Empfänger(kategorien) nicht zu abstrakt** ausfallen (zB „verschiedene IT-Dienstleister"). Es sollte versucht werden, die Übermittlung der personenbezogenen Daten an die betreffende Empfängerkategorie für die betroffene Person möglichst nachvollziehbar zu machen. Das kann – wie vom Europäischen Datenschussausschuss vorgeschlagen – durch Zusatzangaben, wie Sektoren, Sub-Sektoren, Standorten etc. erfolgen. Eine „Rückkoppelung" der Empfänger an den Hauptzweck der Datenverarbeitung, zu dessen Erfüllung die personenbezogenen Daten an die jeweilige Empfängerkategorie übermittelt werden, sorgt ebenfalls für ein Mehr an Transparenz gegenüber der bloßen Auflistung von Empfängerkategorien.

i) Wird über (beabsichtigte) Übermittlungen von personenbezogenen Daten in Drittländer informiert?

Nach Art. 13 Abs. 1 Buchst. f DS-GVO bzw. Art. 14 Abs. 1 Buchst. f DS-GVO ist die 121 betroffene Person auch darüber zu informieren, ob eine Übermittlung ihrer personenbezogenen Daten an einen Empfänger in einem Drittland[72] bzw. eine internationale Organisation geplant ist.[73]

---

[72] Bei der etwas abweichenden Formulierung in Art. 13 Abs. 1 Buchst. f DS-GVO *(„an ein Drittland")* handelt es sich offensichtlich um ein Redaktionsversehen; s. dazu bereits Gola/*Franck* DS-GVO Art. 13 Rn. 19.
[73] Eingehender zu den rechtlichen Anforderungen an die Übermittlung von personenbezogenen Daten in Drittländer → Kapitel 12 Rn. 3 ff.

122   Unter einem **„Drittland"** versteht die DS-GVO einen Staat, der weder zur Europäischen Union (EU) noch zum Europäischen Wirtschaftsraum[74] gehört.[75]

123   Eine **internationale Organisation** ist gem. Art. 4 Nr. 26 DS-GVO „eine völkerrechtliche Organisation und ihre nachgeordneten Stellen oder jede sonstige Einrichtung, die durch eine zwischen zwei oder mehr Ländern geschlossene Übereinkunft oder auf der Grundlage einer solchen Übereinkunft geschaffen wurde."

124   Eine **Übermittlung** an einen Empfänger in einem Drittland setzt nicht zwingend voraus, dass die personenbezogenen Daten physisch im Drittland gespeichert sein müssen. Eine solche Drittlandübermittlung liegt vielmehr auch dann vor, wenn der Empfänger im Drittland Zugriff auf die innerhalb der EU bzw. des EWR gespeicherten personenbezogenen Daten hat.[76]

125   Sofern eine Übermittlung von personenbezogenen Daten an einen Empfänger in einem Drittland geplant ist, sollte nach Auffassung des Europäischen Datenschutzausschusses unter Transparenzgesichtspunkten grds. auch das betreffende Drittland **namentlich genannt** werden.

aa) Wird insoweit auch über das Vorliegen oder Fehlen eines Angemessenheitsbeschlusses informiert?

126   Ferner muss in einem solchen Fall gem. Art. 13 Abs. 1 Buchst. f DS-GVO bzw. Art. 14 Abs. 1 Buchst. f DS-GVO auch darüber informiert werden, ob für das betreffende Drittland ein Angemessenheitsbeschluss der EU-Kommission (vgl. Art. 45 DS-GVO) vorhanden ist oder nicht.

127   Auf Basis des Art. 45 DS-GVO ist bislang erst ein **Beschluss der EU-Kommission** ergangen, in dem Japan ein angemessenes Datenschutzniveau bestätigt wurde.[77] Darüber hinaus bleiben die auf der Grundlage der alten RL 95/46/EG getroffenen Angemessenheitsentscheidungen der EU-Kommission gem. Art. 45 Abs. 9 DS-GVO weiterhin in Kraft, bis sie durch einen Beschluss der EU-Kommission geändert, ersetzt oder aufgehoben werden. Für folgende Länder sind nach dieser Regelung gegenwärtig noch Angemessenheitsentscheidungen der EU-Kommission (nach altem Recht) in Kraft: Andorra, Argentinien, Australien, Färöer, Guernsey, Isle of Man, Israel, Jersey, Kanada, Neuseeland, Schweiz und Uruguay.[78]

128   Für Datenübermittlung an Empfänger in den USA ist der Durchführungsbeschluss (EU) 2016/1250, das sog. **EU-US Privacy Shield,** von besonderer Relevanz. Dieser Beschluss attestiert den USA zumindest insoweit ein angemessenes Datenschutzniveau, als die Datenübermittlung an eine Stelle erfolgt, die unter dem Privacy Shield (selbst-)zertifiziert ist (vgl. Art. 1 Abs. 1 (EU) 2016/1250)[79].[80]

---

[74] Zum EWR gehören neben den EU-Mitgliedstaaten derzeit Island, Liechtenstein und Norwegen. Seit 20.7.2018 gilt die DS-GVO auch in diesen drei Staaten; vgl. dazu die Pressemitteilung abrufbar unter der URL: https://www.efta.int/EEA/news/General-Data-Protection-Regulation-GDPR-entered-force-EEA-509576 (letzter Abruf: 4.2.2020).

[75] *DSK,* Kurzpapier Nr. 4: Datenübermittlung in Drittländer, 22.7.2019, S. 1.

[76] BeckOK DatenschutzR/*Kamp* DS-GVO Art. 44 Rn. 18.

[77] *Europäische Kommission* Beschl. v. 23.1.2019 – C(2019) 304 final. Der Angemessenheitsbeschluss ist abrufbar im Internet unter der URL: https://ec.europa.eu/info/sites/info/files/draft_adequacy_decision.pdf (letzter Abruf: 4.2.2020).

[78] Näher dazu Kühling/Buchner/*Schröder* DS-GVO Art. 45 Rn. 34f. Die Angemessenheitsbeschlüsse sind abrufbar im Internet unter der URL: https://ec.europa.eu/info/law/law-topic/data-protection/internatio nal-dimension-data-protection/adequacy-decisions_en (letzter Abruf: 4.2.2020).

[79] Ob ein Empfänger personenbezogener Daten in den USA unter dem Privacy Shield zertifiziert ist und daher unter die Angemessenheitsentscheidung 2016/1250 der EU-Kommission fällt, kann unter der URL: https://www.privacyshield.gov/list (letzter Abruf: 4.2.2020) geprüft werden.

[80] Ausführlicher dazu Kühling/Buchner/*Schröder* DS-GVO Art. 45 Rn. 40ff.

Soll eine Übermittlung an einen Empfänger in einem Drittland erfolgen, für das **kein** 129
Angemessenheitsbeschluss der EU-Kommission vorhanden ist, muss auch über diese
Negativtatsache informiert werden.

> **bb) Ist bei Fehlen eines Angemessenheitsbeschlusses ein Verweis auf die geeignet/angemessenen Garantien sowie ein Hinweis auf deren Kenntnisnahmemöglichkeit enthalten?**

Greift kein Angemessenheitsbeschluss der EU-Kommission, steht die Übermittlung 130
personenbezogener Daten an den betreffenden Empfänger im Drittland grundsätzlich[81]
unter dem Vorbehalt **geeigneter (Datenschutz-)Garantien beim Empfänger** gem.
Art. 46 DS-GVO bzw. – in Ausnahmefällen – Art. 49 Abs. 1 UAbs. 2 DS-GVO. In solchen Fällen trägt Art. 13 Abs. 1 Buchst. f DS-GVO bzw. Art. 14 Abs. 1 Buchst. f
DS-GVO dem Verantwortlichen auf, die betroffenen Personen auf die konkret zur Anwendung kommenden geeigneten bzw. angemessenen Garantien aus Art. 46 f. DS-GVO
bzw. Art. 49 Abs. 1 UAbs. 2 DS-GVO hinzuweisen.

Von besonderer Praxisrelevanz sind in diesem Zusammenhang vor allem die Garantien, 131
die der datenimportierende Empfänger im Drittland durch den **Abschluss von EU-
Standardvertragsklauseln der EU-Kommission** vertraglich gegenüber dem datenexportierenden Verantwortlichen aus der EU bzw. dem EWR übernimmt (Art. 46 Abs. 2
Buchst. c DS-GVO). Der Inhalt dieser Standardvertragsklauseln (= Garantien) ist von der
EU-Kommission vorgegeben und darf von den Parteien nicht abgeändert werden. Wird
die Drittlandübermittlung durch Standardvertragsklauseln „abgesichert", reicht es vor diesem Hintergrund aus, die im konkreten Fall zur Anwendung kommenden EU-Standardvertragsklauseln zu benennen und auf die entsprechenden Anhänge der EU-Kommissionsentscheidungen zu verweisen/verlinken.[82]

Insbes. bei großen international tätigen Konzernen können die geeigneten Garantien 132
auch in Form von **verbindlichen internen Datenschutzvorschriften** (Art. 46 Abs. 2
Buchst. b DS-GVO iVm Art. 47 DS-GVO) oder **genehmigten Verhaltensregeln**
(Art. 46 Abs. 2 Buchst. e DS-GVO iVm Art. 40 DS-GVO) vorliegen, auf die dann in den
Datenschutzinformationen als Legitimationsgrundlage Bezug zu nehmen ist. Was die Art
der Kenntnisnahmemöglichkeit durch die betroffene Person anbelangt, so ergibt sich diese
bei verbindlichen internen Datenschutzvorschriften aus den diesbezüglichen Regelungen
der Datenschutzvorschriften selbst (vgl. Art. 47 Abs. 2 Buchst. g DS-GVO). Regelmäßig
werden die verbindlichen internen Datenschutzvorschriften auf der Unternehmenswebsite
veröffentlicht sein. Genehmigte Verhaltensregeln sind hingegen von der genehmigenden
Datenschutzaufsichtsbehörde bzw. vom Europäischen Datenschutzausschuss in ein Verzeichnis aufzunehmen und zu veröffentlichen (vgl. Art. 40 Abs. 6 DS-GVO bzw. Art. 40
Abs. 11 DS-GVO). Auf die betreffenden Websites kann dann in den Datenschutzinformationen verwiesen/verlinkt werden.

Greifen (auch) keine der in Art. 46 DS-GVO genannten Garantien, ist ein Drittland- 133
transfer nur noch in den **Ausnahmefällen des Art. 49 DS-GVO** zulässig. Jedenfalls für
den Ausnahmetatbestand des Art. 49 Abs. 1 UAbs. 2 DS-GVO („zwingende berechtigte
Interessen des Verantwortlichen") muss der Verantwortliche gem. Art. 13 Abs. 1 Buchst. f
DS-GVO bzw. Art. 14 Abs. 1 Buchst. f DS-GVO auch über die insoweit vorzusehenden
„angemessenen Garantien" informieren. Darüber hinaus ist die betroffene Person in diesem Fall gem. Art. 49 Abs. 1 UAbs. 2 S. 4 DS-GVO auch über die zwingenden berech-

---

[81] Nur in Ausnahmefällen (vgl. Art. 49 Abs. 1 UAbs. 1 DS-GVO) können personenbezogene Daten auch
ohne das Vorliegen solcher Garantien an einen Empfänger in einem Drittland ohne angemessenes Datenschutzniveau übermittelt werden.

[82] Die verschiedenen EU-Standardvertragsklausel Sets sind abrufbar unter der URL: https://ec.europa.eu/info/law/law-topic/data-protection/international-dimension-data-protection/standard-contractual-clauses-scc_en (letzter Abruf: 4. 2. 2020).

tigten Interessen an diesem Drittlandtransfer zu informieren. Jedenfalls nach dem Wortlaut der Art. 13 Abs. 1 Buchst. f DS-GVO und Art. 14 Abs. 1 Buchst. f DS-GVO besteht in den Fällen, in denen der Drittlandtransfer auf Art. 49 Abs. 1 UAbs. 1 Buchst. a–g DS-GVO gestützt wird, keine diesbezügliche Informationspflicht. Der Europäische Datenschutzausschuss geht jedoch gleichwohl davon aus, dass auch in diesen Fällen über die Legitimationsgrundlage zu informieren ist.[83]

j) Wird über die Speicherdauer bzw. die Kriterien zur Festlegung der Speicherdauer informiert?

134   Nach Art. 13 Abs. 2 Buchst. a DS-GVO bzw. Art. 14 Abs. 2 Buchst. a DS-GVO ist der betroffenen Person grds. auch die konkrete Speicherdauer mitzuteilen. Sollte dies nicht möglich sein, ist zumindest über die Kriterien für die Festlegung der Speicherdauer zu informieren.

135   Da die Speicherdauer nach dem Grundsatz der Speicherbegrenzung gem. Art. 5 Abs. 1 Buchst. e DS-GVO **zweckbezogen** ist, sollten die Informationen zur Speicherdauer jeweils bezogen auf einen bestimmten primären Verarbeitungszweck (zB Vertragsdurchführung) sowie etwaiger damit in Verbindung stehender Sekundär- bzw. Folgezwecke (wie zB Speicherung zur Geltendmachung, Ausübung, Verteidigung von Rechtsansprüchen während der Gewährleistungs-/Verjährungsfristen von Ansprüchen aus dem Vertrag sowie etwaiger damit in Verbindung stehender buchhalterischen und steuerrechtlichen Aufbewahrungsfristen) erfolgen. Wichtig ist gerade in Fällen von Sekundär- bzw. Folgezwecken, dass die betroffene Person auch über den Startzeitpunkt des (Folge-)Zwecks und der daran gekoppelten Speicherfrist informiert wird.

136   Formulierungsbeispiel: Speicherdauer von personenbezogener Daten abgelehnter Bewerber

„Im Falle einer erfolglosen Bewerbung speichern wir ihre Bewerberdaten bis zu zwei Monate nach Absage zum Zwecke der Verteidigung etwaiger Rechtsansprüche des Bewerbers nach dem allgemeinen Gleichbehandlungsgesetz."

137   Eine Information zur **absoluten Speicherdauer von Daten(kategorien)** wird dagegen aufgrund der unterschiedlichen Zwecke, zu denen viele Daten(kategorien) (wie zB Stamm- oder Kontaktdaten) regelmäßig verarbeitet werden, **oftmals nicht oder nur mit unverhältnismäßigen Aufwand möglich** sein. Es erscheint insoweit ausreichend, wenn die Speicherdauer jeweils **relativ zum betreffenden Verarbeitungszweck** erfolgt (→ Rn. 135),[84] verbunden mit dem Hinweis, dass die betreffenden Daten(kategorien) auch nach Ablauf der Speicherfrist für den betreffenden Zweck X ggf. aufgrund eines der anderen genannten und fortbestehenden Zwecke weiter gespeichert werden.

138   Nach Auffassung des Europäischen Datenschutzausschusses soll es jedoch nicht ausreichen, wenn sich die Information im Wesentlichen auf die Wiedergabe des Grundsatzes der Speicherbegrenzung beschränkt, dh die betroffene Person nur darüber informiert wird, dass ihre Daten „solange wie nötig für die legitimen Zwecke der Verarbeitung" gespeichert bleiben.[85]

k) Wird über die nachfolgenden Betroffenenrechte informiert?

---

[83] Vgl. *Art. 29-Datenschutzgruppe,* WP 260 rev.01, 11.4.2018, S. 47 f. (*„Ausnahmen und Garantien nach Art. 49").*

[84] Diesen Ansatz erkennt auch *Art. 29-Datenschutzgruppe,* WP 260 rev.01, 11.4.2018, S. 49 an (*„Gegebenenfalls sollten verschiedene Speicherfristen – und bei Bedarf auch Archivfristen – für unterschiedliche Kategorien personenbezogener Daten und/oder unterschiedliche Verarbeitungszwecke vorgesehen werden. ").*

[85] *Art. 29-Datenschutzgruppe,* WP 260 rev.01, 11.4.2018, S. 49.

Der Verantwortliche muss die betroffene Person nach Art. 13 Abs. 2 Buchst. b und c **139**
DS-GVO bzw. Art. 14 Abs. 2 Buchst. c und d DS-GVO auch auf seine nachfolgend unter → Rn. 143 bis 153 aufgezählten **Betroffenenrechte** (näher dazu → Kapitel 6–8), sofern diese **im Einzelfall auch bestehen (können)**, hinweisen. Kann ausgeschlossen
werden, dass die Voraussetzungen eines bestimmten Betroffenenrechts vorliegen werden,
muss und sollte über dieses Betroffenenrecht auch nicht informiert werden.[86] Dies kann
bspw. im Fall der Widerspruchsrechte aus Art. 21 DS-GVO der Fall sein, wenn der Verantwortliche keine Datenverarbeitung auf Basis der Rechtsgrundlagen des Art. 6 Abs. 1
S. 1 Buchst. e–f DS-GVO oder zumindest keine Datenverarbeitungen zum Zwecke der
Direktwerbung vornimmt und somit keine Widerspruchsrechte nach Art. 21 Abs. 1
DS-GVO und/oder Art. 21 Abs. 2 DS-GVO bestehen.

Was den **Detaillierungsgrad der Information über die (bestehenden) Betroffe-** **140**
nenrechte anbelangt, so reicht es nach dem Wortlaut der Art. 13 Abs. 2 Buchst. b und c
DS-GVO und Art. 14 Abs. 2 Buchst. c und d DS-GVO aus, wenn abstrakt – ggf. unter
Verweis auf den jeweiligen DS-GVO-Artikel – über das Bestehen dieser Rechte informiert wird. Es ist insoweit nicht erforderlich, dass der Verantwortliche hier mehr oder
weniger den Gesetzeswortlaut der Betroffenenrechte wiedergibt.[87] Gleichwohl sollte der
Verantwortliche – auch aus eigenem Interesse – zumindest über die **wesentlichen Vor-**
aussetzungen für die Geltendmachung sowie über **etwaige Einschränkungen die-**
ser Rechte informieren, um sich dann im Nachgang nicht einer Fülle von unbegründe-
ten Anträgen auf Wahrnehmung von Betroffenenrechten ausgesetzt zu sehen, die auf eine
Fehlvorstellung der betroffenen Person bezüglich der Voraussetzungen und des Umfangs
ihrer Betroffenenrechte zurückzuführen sind. Das gilt insbes. für das Recht auf Löschung
gem. Art. 17 DS-GVO. Hier besteht bei juristischen Laien in der Praxis der weitverbreitete Irrtum, dass jederzeit *alle* personenbezogenen Daten gelöscht werden könnten, was
aber insbes. aufgrund bestehender (langer) Aufbewahrungs- und Dokumentationspflichten
in vielen Fällen nicht möglich ist, mit der Folge, dass entsprechende Begehren zumindest
in Teilen abgelehnt werden müssen.

In jedem Fall muss der Verantwortliche darüber informieren, **auf welchem Wege** der **141**
Betroffene die genannten Rechte geltend machen kann. Soll die Geltendmachung per
Brief und/oder E-Mail[88] erfolgen, ist die betreffende (E-Mail-)Adresse, an welche die Begehren zu richten sind, anzugeben. In diesem Zusammenhang sollte dann auch geregelt
werden, **welche Angaben** die betroffene Person zu ihrer Person und zu ihrem Begehren
machen sollten, um die betroffene Person zu **verifizieren** und die Anfrage richtig **ein-**
ordnen und umsetzen zu können.

Unter Umständen können bestimmte Betroffenenrechte auch im Wege des **„Self-Ser-** **142**
vice" direkt umgesetzt werden. Sofern dies der Fall ist, sollte die betroffene Person auch
über diese Möglichkeiten informiert werden (zB Abmeldung von E-Mail-Werbung an
Bestandskunden (= Widerspruch gem. Art. 21 Abs. 2 DS-GVO) via Abmelde-Link in
Werbemails; Widerspruch gegen Tracking/Retargeting zu Werbezwecken durch Setzen
von „Opt-Out"-Cookies über entsprechend bereitgestellte „Opt-Out"-Links oder eine
eingesetzte Cookie-(Consent)-Management Lösung; Möglichkeit zur Beauskunftung, Berichtigung und Löschung (bestimmter) personenbezogenen Daten über einen etwaig vorhandenen Kundenaccount etc.).

---

[86] Kühling/Buchner/*Bäcker* DS-GVO Art. 13 Rn. 37; Paal/Pauly/*Paal/Hennemann* DS-GVO Art. 13
Rn. 27; Plath/*Kamlah* DS-GVO Art. 13 Rn. 19.
[87] So auch Plath/*Kamlah* DS-GVO Art. 13 Rn. 19.
[88] Nach Erwgr. 59 DS-GVO „sollte" der Verantwortliche auch eine elektronische Möglichkeit zur Antrags-
stellung bereitstellen.

aa) Recht auf Auskunft

143 Die betroffene Person ist nach Art. 13 Abs. 2 Buchst. b DS-GVO bzw. Art. 14 Abs. 2 Buchst. c DS-GVO über ihr „Recht[s] auf Auskunft" (→ Kapitel 6) zu informieren. Damit dürften alle Rechte gemeint sein, die unter Art. 15 DS-GVO („Auskunftsrecht der betroffenen Person") fallen, also ua auch das Recht auf Erhalt einer Kopie der personenbezogenen Daten nach Art. 15 Abs. 3 DS-GVO.[89]

bb) Recht auf Berichtigung

144 Ferner ist über das Recht auf Berichtigung gem. Art. 16 DS-GVO zu informieren (→ Kapitel 7 Rn. 2 ff.). Auch hier dürfte der gesamte Art. 16 DS-GVO gemeint und mithin neben dem Recht auf Berichtigung im engeren Sinne (Art. 16 S. 1 DS-GVO) auch das Recht auf Vervollständigung der Daten (Art. 16 S. 2 DS-GVO) umfasst sein.

cc) Recht auf Löschung

145 Über das Recht auf Löschung gem. Art. 17 DS-GVO (→ Kapitel 8) ist ebenfalls zu informieren. Aufgrund der hohen Praxisrelevanz dieses Rechts, empfiehlt es sich, insoweit genauer über die Voraussetzungen und Ausnahmen dieses Rechts zu informieren.

dd) Recht auf Einschränkung der Verarbeitung

146 Ein weiteres Betroffenenrecht, über das nach Art. 13 Abs. 2 Buchst. b DS-GVO bzw. Art. 14 Abs. 2 Buchst. c DS-GVO zu informieren ist, ist das Recht auf Einschränkung der Verarbeitung (Art. 18 DS-GVO). Auch insoweit ist es ratsam, etwas genauer über Inhalt und Voraussetzungen zu informieren, weil sich dieses Recht für den Laien regelmäßig nicht auf den ersten Blick erschließen dürfte.

ee) Recht auf Datenübertragbarkeit

147 Auch über das „neue" Recht auf Datenübertragbarkeit gem. Art. 20 DS-GVO (→ Kapitel 7 Rn. 30 ff.) ist zu informieren.

ff) Widerspruchsrecht

148 Für den Fall, dass die Verarbeitung personenbezogener Daten (auch) zur Wahrnehmung einer im öffentlichen Interesse liegenden Aufgabe/Ausübung öffentlicher Gewalt (Art. 6 Abs. 1 S. 1 Buchst. e DS-GVO), zur Wahrnehmung berechtigter Interessen des Verantwortlichen oder eines Dritten (Art. 6 Abs. 1 S. 1 Buchst. f DS-GVO) oder zu wissenschaftlichen, historischen oder statistischen (Forschungs-)Zwecken (Art. 89 DS-GVO) erfolgt, ist auf das diesbezügliche jederzeitige **Widerspruchsrecht aus Art. 21 Abs. 1 DS-GVO bzw. Art. 21 Abs. 6 DS-GVO** hinzuweisen. Insoweit sollte insbes. sichergestellt sein, dass die betroffene Person darauf hingewiesen wird, dass dieses Widerspruchsrecht die **Darlegung von persönlichen Gründen erfordert,** die der/den betreffenden Verarbeitung(en) entgegenstehen.

149 Soweit personenbezogene Daten zum Zwecke der **Direktwerbung** – einschließlich eines etwaig damit in Verbindung stehenden Profilings – verarbeitet werden, muss die betroffene Person (auch) über ihr jederzeitiges und insoweit **voraussetzungsloses Widerspruchsrecht aus Art. 21 Abs. 2 DS-GVO** informiert werden.[90]

150 Die Information über die Widerspruchsrechte aus Art. 21 Abs. 1, 2 DS-GVO muss gem. Art. 21 Abs. 4 DS-GVO in einer **verständlichen und von anderen Informatio-**

---

[89] Ähnlich GSSV/*Veil* DS-GVO Art. 13, 14 Rn. 101, der auch insoweit (sicherheitshalber) eine Information empfiehlt.
[90] Vgl. dazu bereits → Rn. 92 ff.

nen getrennten Form erfolgen. Dies kann bspw. durch eine besondere Hervorhebung dieses Rechts in den Datenschutzinformationen erfolgen (zB Fettdruck oder Umrahmung).

gg) Widerrufsrecht bei erteilten Einwilligungen

Soweit personenbezogene Daten auf Grundlage einer Einwilligung verarbeitet werden 151 (vgl. Art. 6 Abs. 1 S. 1 Buchst. a DS-GVO bzw. Art. 9 Abs. 2 Buchst. a DS-GVO), ist die betroffene Person nach Art. 13 Abs. 2 Buchst. c DS-GVO bzw. Art. 14 Abs. 2 Buchst. d DS-GVO auch über das Bestehen ihres **Rechts, die Einwilligung jederzeit zu widerrufen,** zu informieren.

Die Information muss auch den Hinweis enthalten, dass ein etwaiger Widerruf der 152 Einwilligung die Rechtmäßigkeit der aufgrund der Einwilligung bis zum Widerruf erfolgten Verarbeitung unberührt lässt.

Praxistipp: 153

Aus Transparenzgesichtspunkten sollten die Informationen über das Widerrufsrecht besser direkt im Zusammenhang mit den Informationen zur Rechtsgrundlage (hier: Einwilligung nach Art. 6 Abs. 1 S. 1 Buchst. a bzw. Art. 9 Abs. 2 Buchst. a DS-GVO der betreffenden Verarbeitung erfolgen, anstatt darüber erst iRd Informationen über Betroffenenrechte aufzuklären.

---

l) Wird auf das Beschwerderecht bei einer Datenschutzaufsichtsbehörde hingewiesen?

Neben den in Art. 15 ff. DS-GVO genannten Rechten, welche die betroffene Person 154 gegenüber dem Verantwortlichen – gewissermaßen als „Selbstdurchsetzung" des Datenschutzes – geltend machen kann, hat sie gem. Art. 77 DS-GVO auch das Recht auf Beschwerde bei einer Datenschutzaufsichtsbehörde. Auch hierauf muss der Verantwortliche den Betroffenen gem. Art. 13 Abs. 2 Buchst. d DS-GVO bzw. Art. 14 Abs. 2 Buchst. e DS-GVO hinweisen.

Der Verantwortliche ist nach überwiegender Ansicht in der Literatur nicht verpflichtet, 155 die zuständige(n) Aufsichtsbehörde(n) und deren Kontaktdaten anzugeben.[91] Gleichwohl erscheint es sinnvoll, insoweit zumindest auf den Namen der grds. zuständigen Behörde im (Bundes-)Land der Hauptniederlassung des Verantwortlichen (vgl. Art. 55 f. DS-GVO iVm Art. 4 Nr. 16 DS-GVO; § 40 BDSG) hinzuweisen.[92]

2. Anforderungen an die Formulierung und Stukturierung der Pflichtinhalte

a) Sind die Informationen präzise, transparent und verständlich?

Art. 12 Abs. 1 S. 1 DS-GVO gibt vor, dass die Informationen „präzise", „transparent" 156 und „verständlich" sein müssen. Diese sich teils überschneidenden Vorgaben betreffen die inhaltliche Umsetzung und Konkretisierung der Vorgaben aus Art. 13, 14 DS-GVO.

- Sind der Anwendungsbereich und die Adressaten der Informationen klar umschrieben?

---

[91] Gola/*Franck* DS-GVO Art. 13 Rn. 24; Paal/Pauly/*Paal/Hennemann* DS-GVO Art. 13 Rn. 29; aA Kühling/Buchner/*Bäcker* DS-GVO Art. 13 Rn. 39.
[92] Vgl. auch GSSV/*Veil* DS-GVO Art. 13, 14 Rn. 105, der allerdings von einer diesbezüglichen Verpflichtung ausgeht.

157   Zunächst muss für den Leser der betreffenden Datenschutzinformationen klar sein, auf welche Datenverarbeitungen sich die Informationen beziehen und – damit einhergehend – wer Adressat der Informationen ist.

158 **Beispiel:**

Ein großer Online-Händler stellt auf seiner Website eine umfassende „Datenschutzerklärung" bereit, in der er sowohl über die (technischen) Datenverarbeitungen auf der Website (zB Speicherung von Log-Files, Tracking mittels Cookies und ähnlichen Technologien), über Datenverarbeitungen im Zusammenhang mit dem Newsletter-Abonnement und der Anlage eines Kundenaccounts sowie mit der Anbahnung und Durchführung von Käufen im Online-Shop (zB Bonitätsprüfung/Zahlartensteuerung, Zahlungsabwicklung, Lieferung, etc.) informiert.

Dem Leser der Datenschutzinformationen sollte in diesem Fall bereits eingangs der Datenschutzerklärung im Rahmen einer kurzen Zusammenfassung deutlich gemacht werden, auf welche Datenverarbeitungen sich die Informationen beziehen und wer jeweils die betroffenen Personen dieser Datenverarbeitungen sind. Im Idealfall wird dann bereits an dieser Stelle auf den jeweiligen Gliederungspunkt verwiesen, der die näheren Informationen zu den Datenverarbeitungen im Zusammenhang mit dem betreffenden Anwendungsfall enthält.

Die Einleitung der Datenschutzerklärung könnte hier wie folgt lauten:

„Mit dieser Datenschutzerklärungen informieren wir Sie über die Verarbeitung ihrer personenbezogenen Daten im Zusammenhang mit:
- *dem Besuch unserer Webseiten unter der Domain XY (näher dazu unter I.),*
- *unserem Newsletter-Abonnement (näher dazu unter II.),*
- *der Anlage und Nutzung eines Kundenaccounts (dazu III.) sowie*
- *der Anbahnung, Abwicklung und ggf. Rückabwicklung von Käufen in unserem Online-Shop (dazu IV.)"*

159   Dieser Überblick über den grundsätzlichen Anwendungsbereich der Datenschutzinformationen ist nicht nur für die betroffenen Personen von besonderer Relevanz. Sie hilft vielmehr auch dem **Verantwortlichen,** einen **Überblick über die „Portionierung" der Datenschutzinformationen** für alle seiner Datenverarbeitungtätigkeiten zu bewahren. Gerade bei größeren Unternehmen mit verschiedensten Web- und Social-Media-Präsenzen ist ein solcher Überblick elementar, um keine Informationslücken oder Unklarheiten durch ggf. divergierende Informationen entstehen zu lassen.

- **Sind die Informationen in transparenter und verständlicher Weise gegliedert und dargestellt?**

160   Ist der Anwendungsbereich klar umschrieben, sind die Informationen zu den verschiedenen, dem Anwendungsbereich unterfallenden Datenverarbeitungen auch in einer transparenten und verständlicher Weise zu gliedern und darstellen.

161   In der Praxis trifft man insoweit auf unterschiedliche Gliederungs- und Darstellungsweisen. Weitgehend identisch ist meistens der „allgemeine Teil", bestehend aus den Informationen zum Verantwortlichen und ggf. dessen Datenschutzbeauftragten sowie zu den verschiedenen Betroffenenrechten, die regelmäßig zu Beginn und/oder am Ende der Datenschutzhinweise zu finden sind. Erhebliche Unterschiede bestehen dagegen gewissermaßen beim Herzstück der Datenschutzhinweise, namentlich bei den erforderlichen Informationen zur Konkretisierung der verschiedenen Datenverarbeitungen ua in Datenkategorien, Zwecke, Rechtsgrundlagen, Speicherdauer(kriterien) und Empfänger(katego-

rien). Nachfolgend sollen kurz drei unterschiedliche Gliederungs- und Darstellungsweisen sowie deren Vor- und Nachteile aufgezeigt werden.[93]

Beispiel 1: Listen-Darstellung

162

Bei diesem Ansatz erfolgt die Gliederung und Darstellung entlang der verschiedenen Informationspflichten der Art. 13, 14 DS-GVO in etwa wie folgt:

„Wir verarbeiten folgende Kategorien personenbezogener Daten:
- *Stammdaten wie zB Name, Vorname, Geburtsdatum etc.*
- *Kontaktdaten wie postalische Adresse, E-Mail-Adresse, Telefonnummer etc.*
- *…*

Wir verarbeiten deine personenbezogenen Daten zu folgenden Zwecken und auf folgenden Rechtsgrundlagen:
- *zur Anbahnung, Abwicklung und ggf. Rückabwicklung von Verträgen (Art. 6 Abs. 1 S. 1 Buchst. b DS-GVO)*
- *zur Wahrnehmung unserer berechtigten Interessen/aufgrund Interessenabwägung (Art. 6 Abs. 1 S. 1 Buchst. f DS-GVO), namentlich:*
  - *zur Geltendmachung, Ausübung oder Verteidigung von Rechtsansprüchen*
  - *zur Durchführung von Marketingmaßnahmen*
  - *[…]*
- *zur Erfüllung rechtlichen Verpflichtungen (Art. 6 Abs. 1 Buchst. c DS-GVO), namentlich:*
  - *der Aufbewahrungsfristen nach § 147 AO und § 257 HGB*
  - *[…]*
- *[…]*

Wir speichern deine personenbezogenen Daten grds. solange wie folgt:
- *Accountdaten solange der Account besteht*
- *Kaufdaten grds. 2 Jahre; soweit diese in Rechnung enthalten sind jedoch bis 10 Jahre*
- *[…]*

Wir übermitteln deine personenbezogenen Daten an folgende Empfänger(kategorien):
- *Website-Provider (XX) iRd Nutzung unserer Webseiten*
- *Marketing-Agentur (YY) iRd Newsletterversands*
- *Auskunftei (ZZ) zur Bonitätsabfrage vor Rechnungskäufen*
- *[…]*

[…].“

Der Vorteil dieses Listen–Aufbaus besteht auf den ersten Blick in der **Kürze der Informationen.** Dies geht jedoch **regelmäßig (deutlich) zulasten der Transparenz,** da für den Nutzer die **Zusammenhänge** zwischen den verschiedenen Parametern einer Datenverarbeitung bei dieser Darstellungsform **regelmäßig nicht (hinreichend) klar** sein dürften. Denn um die betroffene Person zu befähigen, die Rechtmäßigkeit und Risiken der verschiedenen Datenverarbeitung richtig einschätzen zu können, muss diese verstehen, (i) zu welchem Zweck, (ii) welche Datenkategorien, (iii) unter Offenlegung an welche Empfänger, (iv) wie lange verarbeitet werden. Um die Einhaltung der für das Datenschutzrecht zentralen **Grundsätze der Zweckbindung/Erforderlichkeit** sowie der **Speicherbegrenzung** nachvollziehbar zu machen, bedarf es einer gewissen **Rückkopplung** der Informationen zu Datenkategorien, Speicherdauer und Empfänger **an den jeweiligen Verarbeitungszweck** und damit regelmäßig längerer Datenschutzinformationen.

163

---

[93] Es handelt sich hierbei um fiktive Beispiele, bei denen der Fokus primär auf der Art der Gliederung und nicht auf der Vollständigkeit und insbes. der in jedem Fall richtigen Bewertung der angegebenen Rechtsgrundlage liegt.

164 **Beispiel 2: Gliederung nach Rechtsgrundlagen**

Anders als beim Listen-Ansatz erfolgt die Gliederung hier nicht auf gleicher Ebene entlang der verschiedenen Informationshalte. Die Informationsinhalte werden hier vielmehr gegliedert nach Rechtsgrundlagen (Hauptgliederungsebene) und ggf. Unterzwecken („Use Cases") dargestellt.[94]

„Datenverarbeitung zur Erfüllung eines Vertrages bzw. vorvertraglicher Maßnahmen (Art. 6 Abs. 1 S. 1 Buchst. b DS-GVO)

- *Datenverarbeitung zur Zahlungsabwicklung*
  - o *Datenkategorien: Kreditkartendaten; PayPal-Accountdaten*
  - o *Empfänger: Payment-Plattform Anbieter (XX); Kreditkarten Aquirer (YY); Kreditkartenorganisationen (ZZ); PayPal*
  - o *Speicherdauer: Keine eigene Speicherung von Kreditkarten- und PayPal-Accountdaten*
- *Datenverarbeitung zur Lieferung der gekauften Ware*
  - o *Datenkategorien: Name; Vorname; Adressdaten*
  - o *Empfänger(kategorien): Logistikunternehmen XX; Versanddienstleister*
  - o *Speicherdauer/Kriterien zur Festlegung der Speicherdauer: Bis zur Auslieferung der Ware; ggf. darüber hinausgehende Speicherung sofern in Kundenaccount hinterlegt und/oder in aufbewahrungspflichtigen Rechnung enthalten*
- *[...]*

Datenverarbeitung zur Wahrnehmung unserer berechtigten Interessen bzw. der berechtigten Interessen eines Dritten/Interessenabwägung (Art. 6 Abs. 1 S. 1 Buchst. f DS-GVO)

- *Datenverarbeitung zur Geltendmachung, Ausübung oder Verteidigung von Rechtsansprüchen*
  - o *Datenkategorien: Stammdaten, Adressdaten, Kaufdaten*
  - o *Empfänger(kategorien): Inkassobüro XY; Anwälte; Gerichte*
  - o *Speicherdauer/Kriterien zur Festlegung der Speicherdauer: Solange Rechtsansprüche geltend gemacht werden können*
- *Datenverarbeitung für interne Verwaltungszwecke*
  - o *[...]*

[...]."

165 Diese Form der Gliederung und Darstellung ist im Regelfall (deutlich) **transparenter als der „Listen-Ansatz".** Durch die Gliederung nach Rechtsgrundlagen erfolgt regelmäßig inzident auch eine Gliederung am (Haupt)Zweck, so dass die übrigen **Informationen** zu Datenkategorien, Speicherdauer, Empfänger und Co. automatisch **zweckbezogen** sind. Sofern erforderlich, kann durch die weitere Untergliederung nach Unterzwecken bzw. Anwendungsfällen („Use Cases") eine genauere Zuordnung der verschiedenen Empfänger und Datenkategorien zu den jeweiligen Unterzwecken (im Beispiel: Zahlungsabwicklung und Warenlieferung) erfolgen, was die Transparenz noch weiter steigert. Als **schwierig darstellbar** erweist sich bei dieser Gliederung die **Angabe der Speicherdauer** der personenbezogenen Daten bzw. der Angabe der Kriterien zur Festlegung derselben, da viele personenbezogene Daten für mehrere Unterzwecke und auch Rechtsgrundlagen verarbeitet werden, die Angabe der Speicherdauer hier aber immer nur rechtsgrundlagen- bzw. unterzweckbezogen erfolgt und daher regelmäßig unter dem Vorbehalt einer möglichen anderweitigen längeren Speicherdauer steht.[95]

---

[94] Die nachfolgende Darstellung erfolgt hier nur stichpunktartig, was bei entsprechender Verständlichkeit durchaus möglich erscheint. Gleichwohl sind die meisten Datenschutzerklärungen in der Praxis ausformuliert.

[95] Vgl. dazu bereits → Rn. 134 ff.

Beispiel 3: Gliederung nach den verschiedenen (möglichen) Anwendungsfällen für Datenverarbeitungen („Use Cases") im Laufe der Beziehung zu den betroffenen Personen 166

Diese Form der Gliederung und Darstellung ähnelt der Gliederung nach Rechtsgrundlagen aus Beispiel 2, mit dem Unterschied, dass insoweit nicht die Rechtsgrundlagen die Hauptgliederungsebene bilden, sondern die mehr oder weniger konkretisierten (Unter-)Zwecke („Use Cases") der verschiedenen Datenverarbeitungen, welche dabei wiederum chronologisch nach ihrem typischen Verlauf angeordnet sein können. Dies könnte zB wie folgt aussehen:[96]

„Datenverarbeitungen beim Besuch der Website

- *Log-Files*
  - o *Verarbeite Daten(kategorien): IP-Adresse; Zeitpunkt des Besuchs; besuchte URL […]*
  - o *Zweck der Verarbeitung: Unser berechtigtes Interesse an der Sicherheit unserer Website durch Nachverfolgbarkeit und künftigen Prävention von etwaigen Cyber-Angriffen (Rechtsgrundlage: Art. 6 Abs. 1 S. 1 Buchst. f DS-GVO)*
  - o *Empfänger(kategorien): Hosting-Provider XY*
  - o *Speicherdauer: 7 Tage*
- *Website Analytics*
  - o *Verarbeitete Daten(kategorien): Pseudonyme Cookie-IDs; Daten über das Nutzungsverhalten auf der Website (Klicks; Verweildauer; […])*
  - o *Zweck der Verarbeitung: Unser berechtigtes Interesse an Analyse der Nutzung unserer Website, um diese kontinuierlich zu verbessern*
  - o *Empfänger(kategorien): Google Ireland Limited (Google Analytics)*
  - o *Speicherdauer: 14 Monate*
- *Tracking zum Zwecke des Remarketings*
  - o *[…]*
- *[…]."*

Datenverarbeitungen im Zusammenhang mit einem Newsletter-Abonnement

- *Registrierung und Versand*
  - o *Verarbeitete Daten(kategorien): Name; E-Mail-Adresse*
  - o *Zweck der Verarbeitung: Direktmarketing*
  - o *Rechtsgrundlage: Ihre im Wege des „Double Opt-In"-Verfahrens erteilte Einwilligung (Art. 6 Abs. 1 S. 1 Buchst. a DS-GVO).*
    Sie können Ihre Einwilligung in den Erhalt des Newsletters jederzeit widerrufen, indem Sie auf den „Abmelden"-Button, der in jedem unserer E-Mail-Newsletter enthalten ist, klicken oder […];
  - o *Speicherdauer: Bis zum Widerruf der Einwilligung in den Newsletter*
- *Personalisierung*
  - o *Verarbeitete Daten(kategorien): Tracking-Daten über Website-Besuche; Daten aus bereits getätigten Käufen*
  - o *Zweck der Verarbeitung: Personalisierung des Newsletters*
  - o *Rechtsgrundlage: Ihre [gesonderte] erteilte Einwilligung in den Erhalt eines personalisierten Newsletters (Art. 6 Abs. 1 S. 1 Buchst. a DS-GVO)*
    Sie können Ihre Einwilligung in die Personalisierung des Newsletters jederzeit widerrufen, indem Sie […]; Sie erhalten dann nur noch unseren allgemeinen Newsletter

---

[96] Die nachfolgende Darstellung erfolgt hier nur stichpunktartig, was bei entsprechender Verständlichkeit durchaus möglich erscheint. Gleichwohl sind die meisten Datenschutzerklärungen in der Praxis ausformuliert.

> o *Speicherdauer: Die Personalisierung des Newsletters ist begrenzt auf die Tracking-und Kaufdaten der letzten 12 Monate vor Versand des letzten Newsletters; anlassbezogene Löschung bei Widerruf der Einwilligung in Personalisierung*
>
> • *Newsletter-Tracking*
> > o *Verarbeitete Daten(kategorien): Daten über den Erhalt und Öffnung des Newsletters; Klicks auf darin enthaltene Links; [...]*
> > o *Zweck der Verarbeitung: Analyse der Effektivität unserer Newsletter-Kampagnen*
> > o *Rechtsgrundlage: Ihre [gesonderte] Einwilligung in das Newsletter-Tracking (Art. 6 Abs. 1 S. 1 Buchst. a DS-GVO)*
> > *Sie können ihre Einwilligung [...]*
> > o *Speicherdauer: 12 Monate; anlassbezogene Löschung bei Widerruf der Einwilligung in Newsletter-Tracking*
>
> *Empfänger(kategorien): Marketing-Agentur XY; Anbieter der cloudbasierten E-Mail-Marketing Software*
>
> ***Datenverarbeitungen im Zusammenhang mit einem Kundenaccount***
> • *Registrierung*
> • *Login*
> • *[...]*
>
> ***Datenverarbeitungen bei der Bestellung von Waren in unserem Online-Shop***
> • *[...]*
>
> *[...]"*

167   Diese Form der Gliederung und Darstellung dürfte **für die betroffene Person am transparentesten und verständlichsten** sein, da sie sich primär an den von ihm in Anspruch genommen Dienstleistungen und Funktionalitäten orientiert und nicht an den für den juristischen Laien regelmäßig uninteressanten Rechtsgrundlagen. Andererseits bedingt diese Darstellungsweise **gewisse Redundanzen.** So muss bei jedem „Use Case" prinzipiell auch (wieder) über die Rechtsgrundlage informiert werden, auch wenn mehrere „Use Cases" auf derselben Rechtsgrundlage basieren. Gleichwohl besteht hier natürlich insoweit eine gewisse Flexibilität, als Informationen, die für mehrere „User Case" gleich sind, auch „vor bzw. nach die Klammer gezogen werden können.[97]

cc) Sind die Informationen auch inhaltlich präzise, transparent und verständlich?

168   Auch inhaltlich müssen die Informationen für die betroffenen Personen klar und verständlich sein. Es sollte deshalb nach Möglichkeit darauf verzichtet werden, mit allzu **unbestimmten Formulierungen** wie „Wir *können* Ihre Daten auch zu [...] verwenden", „*Unter Umständen* geben wir Ihre Daten an [...] weiter". Selbst wenn gewisse Datenverarbeitungen noch ungewiss sein sollten, lassen sich zumindest die Bedingungen/Umstände, unter denen eine solche Datenverarbeitung stattfinden, konkretisieren.

169   Darüber hinaus muss sichergestellt sein, dass entweder keine für den jeweiligen Adressatenkreis der Datenschutzinformationen (voraussichtlich) nicht verständlichen **Fachtermini**[98] verwendet werden oder aber diese zumindest – zB in einem Definitionsteil zu Beginn der Datenschutzhinweise – erklärt werden.

b) Sind die Informationen in einer klaren und einfachen Sprache abgefasst?

---

[97] Im obigen Beispiel 3 zB die Informationen zu den Empfänger(kategorien) bei den Datenverarbeitungen im Zusammenhang mit dem Newsletter-Abo, sofern die Empfänger bei all den „Use Cases" gleich sind.
[98] So dürften bspw. auch zentrale Begriffe des Datenschutzrechts wie „Verarbeitung" oder „Empfänger" für Laien regelmäßig nicht hinreichend klar sein.

Schließlich müssen die Informationen gem. Art. 12 Abs. 1 S. 1 DS-GVO auch in einer 170
„klaren und einfachen Sprache" gehalten sein. Diese Vorgabe überschneidet sich in gewisser Weise mit den Vorgaben zur Bereitstellung verständlicher, präziser und transparenter Informationen. Primär geht es insoweit um die **sprachliche Ausgestaltung der Informationen.** So sollten die Informationen in **einfachen und kurzen Sätzen** dargestellt
werden. Lange und komplizierte Schachtelsätze sollten demnach ebenso vermieden werden, wie unklare bzw. mehrdeutige Formulierungen.[99]

Das Erfordernis einer „klaren und einfachen Sprache" gebietet auch, dass der Verant- 171
wortliche die Datenschutzinformationen in der/den **Sprache(n)** bereitstellt, in der bzw.
denen er auch seine Waren und Dienstleistungen vertreibt, auf welche sich die Datenverarbeitungen beziehen. Ist eine Website oder ein Online-Shop in mehreren Sprechen verfügbar, sollten daher auch die Datenschutzinformationen in diesen Sprachen verfügbar
sein.[100]

III. Anforderungen an die Implementierung

1. Zeitpunkt der Erteilung der Datenschutzinformationen

a) Ist sichergestellt, dass die Informationen zum Zeitpunkt der Erhebung mitgeteilt werden? [Nur relevant im Falle einer <u>Direkterhebung bei der betroffenen Person</u>]

Werden personenbezogene Daten direkt bei der betroffenen Person erhoben, müssen 172
dieser die Datenschutzinformationen gem. Art. 13 Abs. 1 DS-GVO „zum Zeitpunkt der
Erhebung" mitgeteilt werden.

Die Informationen sind damit **vor oder zumindest gleichzeitig mit der Erhebung** 173
mitzuteilen.[101] Die „Mitteilung" setzt voraus, dass der Verantwortliche die betroffene Person aktiv auf die Datenschutzinformationen aufmerksam macht. Werden personenbezogene Daten bspw. über ein Eingabeformular erhoben, muss in diesem Formular auf die Datenschutzinformationen hingewiesen werden, sei es zB durch einen Hinweis auf die
umseitig abgedruckten Datenschutzinformationen auf einem Papierformular oder durch
einen Link auf die Datenschutzerklärung vor dem Abschicken der Daten in einem On-
line-Formular.[102]

In der Praxis schwieriger umsetzbar sind die Datenschutzinformationen vor/bei der 174
mündlichen Erhebung (zB über das Telefon). Eine Möglichkeit besteht bspw. darin,
dass die Call-Center-Mitarbeiter die betroffenen Personen vor der Erhebung der personenbezogenen Daten auf die Verfügbarkeit der Datenschutzinformationen (zB Abrufbar-
keit durch Drücken einer bestimmten Taste; Verlesen auf Wunsch) aufmerksam machen
und erst dann mit der Erhebung fortfahren, wenn die betroffenen Personen entweder die
Datenschutzinformationen zur Kenntnis genommen oder aber darauf verzichtet haben.

Erfolgt eine **„aufgedrängte" Erhebung von personenbezogenen Daten durch** 175
die betroffene Person, in dem diese unaufgefordert personenbezogene Daten bereitstellt
(zB im Rahmen einer E-Mail-Anfrage an den Verantwortlichen oder durch eine Initiativ-

---

[99] Näher dazu *Art. 29-Datenschutzgruppe,* WP 260 rev.01, 11.4.2018, Rn. 12, die auch Beispiele für positive
und negative Formulierungen nennt.

[100] Näher dazu *Art. 29-Datenschutzgruppe,* WP 260 rev.01, 11.4.2018, S. 13 sowie *Bayerisches Landesamt für
Datenschutzaufsicht,* Auslegungshilfe „Informationspflichten Sprache", abrufbar unter der URL: https://
www.lda.bayern.de/de/thema_informationspflichten.html (letzter Abruf: 5.2.2020).

[101] Ehmann/Selmayr/*Knyrim* DS-GVO Art. 13 Rn. 11; Gola/*Franck* DS-GVO Art. 13 Rn. 36; Kühling/
Buchner/*Bäcker* DS-GVO Art. 13 Rn. 56.

[102] Nicht erforderlich sind Checkboxen, mit denen die Kenntnisnahme der Datenschutzinformationen bestätigt werden muss. Keinesfalls sollten die Datenschutzinformationen zusammen mit den AGB „akzeptiert"
werden müssen, da ansonsten auch insoweit eine AGB-Kontrolle nach §§ 305 ff. BGB greift (vgl. KG
Berlin, Urt. v. 27.12.2018, Az. 23 U 196/13 sowie KG Berlin Urteil v. 21.3.2019 – Az. 23 U 266/13).

bewerbung), ist eine vorherige Mitteilung der Datenschutzinformationen nicht möglich. Der Verantwortliche sollte dann aber zumindest im Nachgang (zB iRd Antwort auf die Anfrage/Bewerbung) die erforderlichen Informationen bereitstellen.[103]

176 Hat ein Verantwortlicher nur **eine zentrale Datenschutzerklärung,** in der zB über alle möglichen Verarbeitungen personenbezogener Daten von Kunden – vom Vertragsabschluss bis hin zur Vertragsbeendigung – informiert wird, sollte diese nicht nur bei Vertragsschluss, sondern auch vor jeder weiteren Erhebung von personenbezogenen Daten (zB Schadensmeldung bei einer Versicherung) erneut einbezogen werden. Durch die umfassende Datenschutzerklärung, die bereits bei der Erhebung von Daten zum Vertragsabschluss einbezogen war, wäre der Kunden eigentlich auch schon vorab über die (möglichen) weiteren Datenerhebungen im Vertragsverhältnis informiert.[104] Da diese initiale Information aber bereits sehr lange zurückliegen kann, sollte aus Transparenzgesichtspunkten die Information(smöglichkeit) durch erneute Einbeziehung der zentralen Datenschutzerklärung auch bei der Folgeerhebung „aufgefrischt" werden.[105]

> **b) Ist sichergestellt, dass die Informationen vor einer beabsichtigten zweckändernden Weiterverarbeitung mitgeteilt werden? [Nur relevant im Fall einer geplanten zweckändernden Weiterverarbeitung]**

177 Sollen bereits zu einem (oder mehreren) bestimmten Zweck(en) erhobene personenbezogene Daten zu einem anderen Zweck, **über den die betroffene Person noch nicht informiert wurde,** weiterverarbeitet werden,[106] muss der Verantwortliche die betroffene Person gem. Art. 13 Abs. 3 DS-GVO bzw. Art. 14 Abs. 4 DS-GVO **vor der Weiterverarbeitung** über diesen Zweck (nach)informieren.

178 Da diese Information der betroffenen Person sich in der Praxis oftmals – zB mangels geeigneten Berührungspunkts mit der betroffenen Person – als durchaus schwierig erweisen kann, sollte der Verantwortliche diese Verpflichtung[107] nach Möglichkeit vermeiden, indem er versucht, auch mögliche zukünftige Weiterverarbeitungen zu antizipieren und über diese gleich bei der Erhebung zu informieren.

> **c) Ist sichergestellt, dass die Informationen innerhalb einer angemessenen Frist, längstens jedoch innerhalb eines Monats nach Erlangung der Daten mitgeteilt werden? [Nur relevant im Falle einer Dritterhebung]**

179 Werden personenbezogene Daten bei Dritten erhoben, muss der Verantwortliche die betroffene Person binnen einer angemessenen Frist,[108] spätestens jedoch binnen eines Monats, nach Erlangung der Daten beim einem Dritten informieren (Art. 14 Abs. 3 Buchst. a DS-GVO). Diese Vorgabe kann freilich dann nicht gelten, wenn die Dritterhebung der Einwilligung der betroffenen Person bedarf (zB Background/Reference Check beim alten

---

[103] Gola/*Franck* DS-GVO Art. 13 Rn. 36.

[104] Eine erneute Information wäre gem. Art. 13 Abs. 4 DS-GVO grds. entbehrlich.

[105] So im Zusammenhang mit Art. 13 Abs. 4 DS-GVO bereits *Art. 29-Datenschutzgruppe,* WP 260 rev.01, 11.4.2018, Rn. 56; vgl. dazu bereits → Rn. 24.

[106] Diese Weiterverarbeitung muss selbstverständlich rechtmäßig sein, dh sich auf eine der in Art. 6 DS-GVO und Art. 9 DS-GVO genannten Rechtsgrundlagen stützen lassen. Zudem ist unter den Voraussetzungen des Art. 6 Abs. 4 DS-GVO eine Kompatibilitätsprüfung zwischen dem ursprünglichen und dem neuem Zweck durchzuführen.

[107] Sowie die in diesen Fällen vorab durchzuführende Kompatibilitätsprüfung nach Art. 6 Abs. 4 DS-GVO.

[108] Bei der Bestimmung der angemessenen Frist sind nach Art. 14 Abs. 3 Buchst. a DS-GVO die „spezifischen Umstände der Verarbeitung", dh die konkreten Umstände des Einzelfalls (Erwgr. 61 DS-GVO) zu berücksichtigen. Plath/*Kamlah* DS-GVO Art. 14 Rn. 9, geht jedoch davon aus, dass sich aufgrund dieser unbestimmten Regelung in der Praxis die Monatsfrist zur Regelfrist herausbilden wird.

Arbeitgeber). Dann muss die betroffene Person bereits vor Erhebung beim Dritten, namentlich im Rahmen seiner Einwilligungserklärung informiert werden.[109]

Bei der Monatsfrist handelt es sich nach überwiegender Auffassung um eine absolute **180** Höchstfrist, die auch dann gelten soll, wenn die Daten zur Kommunikation mit der betroffenen Person (Art. 14 Abs. 3 Buchst. b DS-GVO) oder zur Offenlegung an andere Empfänger (Art. 14 Abs. 3 Buchst. c DS-GVO) verwendet werden sollen und die Kommunikation/Offenlegung aber erst später als einen Monat nach Erlangung der Daten erfolgt.[110] Sollte die Kommunikation/Offenlegung dagegen vor Ablauf der Monatsfirst erfolgen, wird Art. 14 Abs. 3 Buchst. a DS-GVO durch Regelungen in Art. 14 Abs. 3 Buchst. b, c DS-GVO verdrängt.

d) Ist sichergestellt, dass die Informationen spätestens zum Zeitpunkt der ersten Mitteilung erteilt werden? [Nur relevant bei einer <u>Dritterhebung und Verwendung der Daten zur Kommunikation mit der betroffenen Person</u>]

Sofern personenbezogene Daten, die bei Dritten erhoben wurden, zur Kommunikation **181** mit der betroffenen Person verwendet werden sollen, müssen der betroffenen Person die Datenschutzinformationen gem. Art. 14 Abs. 3 Buchst. b DS-GVO **spätestens mit der ersten Kommunikation** („erste Mitteilung") erteilt werden.

Praktische Anwendungsfälle sind zB der Ankauf personenbezogener Daten bei einem **182** Adresshändler zum Zwecke der (Brief-)Werbung oder die Erhebung von personenbezogenen Daten über den Geschädigten beim Versicherungsnehmer durch den Versicherer.

Nach überwiegender Auffassung verdrängt die Vorschrift des Art. 14 Abs. 3 Buchst. b **183** DS-GVO jene aus Art. 14 Abs. 3 Buchst. a DS-GVO nur insoweit, als die Kommunikation an die betroffene Person vor Ablauf der Monatsfrist aus Art. 14 Abs. 3 Buchst. a DS-GVO erfolgt. Erfolgt die Kommunikation dagegen erst nach Ablauf der Monatsfrist, greift Art. 14 Abs. 3 Buchst. a DS-GVO, mit der Folge, dass die betroffene Person dann spätestens einen Monat nach Erlangung der Daten beim Dritten zu informieren ist.[111]

e) Ist sichergestellt, dass die Informationen spätestens zum Zeitpunkt der ersten Offenlegung an einen anderen Empfänger mitgeteilt werden? [Nur relevant bei einer <u>Dritterhebung und beabsichtigter Offenlegung an einen anderen Empfänger</u>]

Eine weitere Spezialregelung zum Zeitpunkt der Informationserteilung bei der Dritter- **184** hebung ist in Art. 14 Abs. 3 Buchst. c DS-GVO enthalten. Werden personenbezogene Daten, die in der Absicht, diese Daten an andere Empfänger offenzulegen, bei einem Dritten erhoben, müssen die Datenschutzinformationen demnach **spätestens zum Zeitpunkt der ersten Offenlegung** erteilt werden.

Diese Regelung kann – sofern kein Ausnahmetatbestand einschlägig ist[112] – zB für **185** **Auskunfteien** oder die **Betreiber von Hinweis- und Informationssystemen bzw. „Fraud Prevention"-Pools** greifen, die bonitäts- bzw. risikorelevante personenbezogene (Negativ-)Daten über den Betroffenen bei Dritten (zB Geschäftspartner der betroffenen Person) erheben, um diese dann zum Schutz des Wirtschaftsverkehrs (vgl. § 31 BDSG) bzw. vor Betrug an andere Empfänger zu beauskunften. Selbiges gilt für die **Betreiber von Bewertungsportalen,** die personenbezogene Daten der betroffenen Perso-

---

[109] Kühling/Buchner/*Bäcker* DS-GVO Art. 14 Rn. 32.
[110] *Art. 29-Datenschutzgruppe,* WP 260 rev.01, 11.4.2018, Rn. 28; ebenso Gola/*Franck* DS-GVO Art. 14 Rn. 21; Kühling/Buchner/*Bäcker* DS-GVO Art. 14 Rn. 33, 37; Ehmann/Selmayr/*Knyrim* DS-GVO Art. 14 Rn. 11; aA Plath/*Kamlah* DS-GVO Art. 14 Rn. 11.
[111] Vgl. dazu auch → Rn. 180.
[112] Vgl. dazu auch → Rn. 21 ff.

nen (= Bewertete) bei Dritten erheben (= Bewertende) und diese Daten an andere Empfänger (= Nutzer der Bewertungsplattform, die Bewertungen lesen) offenlegen.[113]

186   Gerade in diesen Fällen sollten sich der **Dritte,** von dem die Daten erhoben werden und der für diese Übermittlung der Daten im Regelfall auch Verantwortlicher ist (!), **und der die Daten erhebende Verantwortliche** (zB Auskunftei) **koordinieren** und im Rahmen einer Datenschutzvereinbarung regeln, wer der betroffenen Person, wann, welche Datenschutzinformationen mitzuteilen hat. Insoweit kann es durchaus Sinn machen, dass der Dritte, bei dem die Daten erhoben werden, *konkret* über den Empfänger der Daten (= Auskunftei XY) und dessen Weiterverarbeitung (mit)informiert, indem er bspw. eine entsprechenden „Informationsbaustein" der Auskunftei in seine Datenschutzerklärung integriert. So kann sichergestellt werden, dass die betroffene Person schon möglichst frühzeitig über die weitere Verarbeitung und den Weg ihrer Daten zu anderen Empfänger informiert wird.

187   Die Vorschrift des Art. 14 Abs. 3 Buchst. c DS-GVO verdrängt jene aus Art. 14 Abs. 3 Buchst. a DS-GVO nach überwiegender Auffassung nur insoweit, als die Offenlegung an weitere Empfänger vor Ablauf der Monatsfrist aus Art. 14 Abs. 3 Buchst. a DS-GVO erfolgt. Erfolgt die Offenlegung dagegen erst nach Ablauf der Monatsfrist, greift Art. 14 Abs. 3 Buchst. a DS-GVO mit der Folge, dass der betroffenen Person dann spätestens einen Monat nach Erlangung der Daten beim Dritten zu informieren ist.

2. Darreichungsform der Datenschutzinformationen

a) Sind die Datenschutzinformationen leicht zugänglich?

188   Nach Art. 12 Abs. 1 DS-GVO müssen die Datenschutzinformationen „leicht zugänglich" sein. Diese Vorgabe betrifft mithin die Darreichungsform der Informationen.[114]

189   Die geforderte leichte Zugänglichkeit setzt voraus, dass die Informationen von der betroffenen Person mit dem ihr zur Verfügung stehenden Mitteln **einfach zu erreichen und zur Kenntnis zu nehmen** sind.

190   Hierfür müssen die Datenschutzinformationen zunächst **als solche gekennzeichnet** sein (zB durch Formulierung wie „Informationen zum Datenschutz"; „Datenschutz"; „Hinweise zum Datenschutz"; „Datenschutzerklärung" etc.)[115] und **nicht in anderen (rechtlichen) Dokumenten versteckt**[116] sein. Die Datenschutzinformationen müssen auch so gestaltet sein, dass deren **Inhalt optisch gut wahrnehmbar** ist. Ein durchgehender Fließtext sollte daher ebenso vermieden werden, wie eine zu kleine Schrift oder eine Farbwahl mit schlechtem Kontrast.[117]

191   Im **digitalen Bereich** sollten die Datenschutzinformationen auch **mit wenigen Navigationsbefehlen (dauerhaft) erreichbar sein** (zB im Footer einer Website oder im Einstellungs-Menü einer App).[118] Es ist zudem sicherzustellen, dass bei der Erhebung der Daten **aktiv auf die Datenschutzinformationen hingewiesen** wird (zB durch einen Link).[119] Werden bspw. personenbezogene Daten über ein Formular auf einer Website er-

---

[113] Vgl. Kühling/Buchner/*Bäcker* DS-GVO Art. 14 Rn. 38.

[114] Gola/*Franck* DS-GVO Art. 12 Rn. 21.

[115] Näher Ehmann/Selmayr/*Heckmann/Paschke* DS-GVO Art. 12 Rn. 14, die sich insbes. kritisch mit dem Begriff „Datenschutzerklärung" auseinandersetzen.

[116] Vgl. Gola/*Franck* DS-GVO Art. 12 Rn. 21 (*„gut sichtbar verlinkt und nicht versteckt"*); Paal/Pauly/*Paal/Hennemann* DS-GVO Art. 12 Rn. 32 (*„nicht innerhalb eines Angebots versteckt"*).

[117] Gola/*Franck* DS-GVO Art. 12 Rn. 21.

[118] Bei Apps wird insoweit gefordert, dass der Zugang zu den Datenschutzhinweisen nicht mehr als „zwei Klicks" erfordern soll. Vgl. dazu *Art. 29-Datenschutzgruppe,* WP 260 rev.01, 11. 4. 2018, Rn. 11.

[119] Diese Anforderung lässt sich nicht nur aus dem Adjektiv *„leicht",* sondern auch aus Art. 13 DS-GVO und Art. 14 DS-GVO ableiten, die – jedenfalls in deren jeweiligen Absatz 1 – vorgeben, dass die dortigen Informationen *„mitzuteilen"* sind; vgl. dazu auch *Art. 29-Datenschutzgruppe,* WP 260 rev.01, 11. 4. 2018, Rn. 11 und 33 (*„aktiv zu der Stelle zu leiten, wo die Angaben zur Verfügung stehen"*).

hoben (zB über ein Kontaktformular oder im Bestellprozess eines Online-Shops), muss dort vor dem Absenden der Daten auf die Datenschutzinformationen explizit hingewiesen werden. Es reicht insoweit nicht aus, die Informationen einfach nur im Footer der Website zum Abruf bereitzustellen. Es muss zudem sichergestellt sein, dass die Informationen mit den gängigen Browsern abrufbar sind. Sofern besondere elektronische Darstellungsformen wie Splash-Screens oder Pop-Ups zur Informationsbereitstellung verwendet werden, muss gewährleistet sein, dass diese grds. auch beim Einsatz von Ad-Blockern funktionieren.

Im **Offline-Bereich** sollte der Verantwortliche nach Möglichkeit versuchen, die Da- **192** tenschutzinformationen über das Medium mitzuteilen, über welches die Daten auch erhoben werden. So sollten bspw. bei **schriftlichen Anträgen** auch die Datenschutzinformationen auf dem Formular enthalten sein bzw. zumindest dem Antragsformular ausgedruckt beigelegt werden. Sofern dies zB aufgrund „Platzmangels"[120] nicht realisierbar ist, kommt eine **abgeschichtete Bereitstellung der Datenschutzinformationen** in Betracht, bei der nur die grundlegendsten Informationen aus Art. 13 DS-GVO bzw. Art. 14 DS-GVO (dh Angaben zur Identität des Verantwortlichen, den Verarbeitungszweck(en) sowie den Betroffenenrechten)[121] in Papierform bereitgestellt werden und im Übrigen, zB unter Angabe eines QR-Codes oder einer Kurz-URL, auf die online/digital abrufbare Langversion mit allen erforderlichen Informationen verwiesen wird.[122] Der damit verbundene **„Medienbruch"** erscheint insbes. aufgrund der hohen Internet-Zugangsquote sowie Smartphone-Verbreitung in der Bevölkerung vertretbar.[123] Selbiges gilt im Falle der **mündlichen Erhebung** von personenbezogenen Daten. Auch hier bietet sich ein abgeschichtetes Vorgehen an, bestehend aus einer kurzen mündlichen Bereitstellung der wichtigsten Informationen gepaart mit einem Verweis auf bzw. einer ergänzenden Bereitstellung über ein „geeigneteres" Medium zur Darstellung der vollständigen Informationen.[124] Eine Ausnahme besteht freilich dort, wo – zB aufgrund der angesprochenen Zielgruppe – klar ist, dass die weiterführenden Informationen vom Großteil der betroffenen Personen de facto nicht abgerufen werden können.

b) Besteht die Möglichkeit, die Informationen abgestuft zur Kenntnis zu nehmen?

Aufgrund der Vielzahl an erforderlichen Angaben, welche nach Art. 13, 14 DS-GVO **193** in den Datenschutzinformationen enthalten sein müssen, gepaart mit den Transparenzvorgaben in Art. 12 Abs. 1 DS-GVO besteht die große – paradox anmutende – Gefahr, dass die betroffenen Personen aufgrund **„Informationsübermüdung"** die Datenschutzinformationen nicht bzw. noch weniger zur Kenntnis nehmen als vor Wirksamwerden der DS-GVO.

Bereits eine transparente Gliederung der Informationen unter Verwendung von **hierar-** **194** **chischen Überschriften für die unterschiedlichen Gliederungsebenen** kann diesen – jedenfalls aus Betroffensicht – unerwünschten Effekt zumindest etwas verringern. Im digitalen Bereich bestehen weitere Möglichkeiten, die Informationen für die betroffenen Personen überschaubarer zu machen, indem zB am Rand des Bildschirms ein **Gliederungs- bzw. Navigationsbereich** mit den hierarchisch dargestellten Überschriften angezeigt wird, über den die betroffenen Personen schnell zu den für sie interessanten Passagen springen können, ohne lange durch das Dokument scrollen zu müssen. Noch effektiver kann eine Darstellungsform sein, bei der zunächst nur die Überschriften der

---

[120] Gola/*Franck* DS-GVO Art. 13 Rn. 40, nennt insoweit beispielhaft den „Automatenverkauf", die „Videoüberwachung", „IoT-Devices" sowie Postkarten-Gewinnspiele.
[121] Vgl. dazu *Art. 29-Datenschutzgruppe,* WP 260 rev.01, 11. 4. 2018, Rn. 36.
[122] Gola/*Franck* DS-GVO Art. 12 Rn. 21 sowie Art. 13 Rn. 40; Ehmann/Selmayr/*Heckmann/Paschke* DS-GVO Art. 12 Rn. 14.
[123] Vgl. dazu *Art. 29-Datenschutzgruppe,* WP 260 rev.01, 11. 4. 2018, Rn. 40.
[124] Vgl. dazu *Art. 29-Datenschutzgruppe,* WP 260 rev.01, 11. 4. 2018, Rn. 40.

ersten und ggf. zweiten Gliederungsebene sichtbar sind, der dazugehörige Inhalt dagegen nur bei Interesse an der entsprechenden Information – je nach Effekt – „aufgeklappt" bzw. „ausgerollt" werden kann. Eine solche Ausgestaltung entspricht im Wesentlichen auch der Empfehlung der europäischen Datenschutzaufsichtsbehörden zur Verwendung einer sog. **Mehrebenen-Datenschutzerklärung.**[125] Bei diesem Ansatz sollen der betroffenen Person die Datenschutzschutzinformationen abgeschichtet zur Verfügung gestellt werden. Auf der „ersten Ebene" sollen demnach die elementarsten Informationen (= Angaben zur Identität der betroffenen Person, zu den Verarbeitungszwecken sowie zu den Betroffenenrechten) bereitgestellt bzw. dargestellt werden. Diese Grundinformationen sollen auch einen Hinweis enthalten, wie detailliertere Informationen, insbes. zu den jeweiligen Datenverarbeitungen abgerufen werden können (zB durch Klick auf einen „Mehr erfahren"-Button, der einen Text mit weiterführenden Hinweisen aufklappt). Auch die in der Praxis bereits vereinzelt anzutreffenden **Datenschutz „One Pager",**[126] die regelmäßig den ausführlichen Datenschutzinformationen vorangestellt sind, sind eine Ausprägung dieses Mehrebenen-Ansatzes. Auf der ersten Ebene bzw. im One Pager kann es sich auch anbieten, **(standardisierte) aussagekräftige Bildsymbole** (zB Symbol für Videoüberwachung) zu verwenden (vgl. Art. 12 Abs. 7 DS-GVO).

c) Erfolgt die Erteilung der Informationen unentgeltlich?

195   Die Informationen müssen gem. Art. 12 Abs. 5 DS-GVO unentgeltlich zur Verfügung gestellt werden.

---

[125] Näher dazu *Art. 29-Datenschutzgruppe,* WP 260 rev.01, 11. 4. 2018, Rn. 35 ff.
[126] Kritisch zur Wirksamkeit eines Datenschutz One Pagers die Studien von ConPolicy, Wege zur besseren Informiertheit, 28. 2. 2018, abrufbar unter der URL: https://www.conpolicy.de/data/user_upload/Studi en/Bericht_ConPolicy_2018_02_Wege_zur_besseren_Informiertheit.pdf (letzter Abruf: 5. 2. 2020).

Kapitel 6. Auskunft

Literatur:
Art. 29-Datenschutzgruppe, Leitlinien zur automatischen Entscheidung im Einzelfall einschließlich Profiling für die Zwecke der Verordnung 2016/679 WP251rev.01 vom 3.10.2017 zuletzt überarbeitet und angenommen am 6.2.2018; *Bräutigam/Schmidt-Wudy,* Das geplante Auskunfts- und Herausgaberecht des Betroffenen nach Art. 15 der EU-Datenschutzgrundverordnung, CR 2015, 56; *CNIL,* https://www.cnil.fr/fr/pro fessionnels-comment-repondre-une-demande-de-droit-dacces, zuletzt abgerufen am 13.5.2019; *Deutster,* Automatische Entscheidungen nach der Datenschutz-Grundverordnung, PING 2016, 75; *DSK Datenschutzkonferenz,* Kurzpapier Nr. 6 Auskunftsrecht betroffene Person –Art. 15 DS-GVO vom 26.7.2017; *Musielak/Voit,* ZPO, 16. Aufl. 2019; *Roßnagel/Nebel/Richter,* Was bleibt vom Europäischen Datenschutzrecht? – Überlegungen zum Ratsentwurf der DS-GVO, ZD 2015, 455.

A. Einführung

Art. 15 DS-GVO ist – wie auch die anderen Betroffenenrechte – dazu gedacht, die be- **1** troffenen Personen hinsichtlich ihrer personenbezogenen Daten im wahrsten Sinne des Wortes zu ermächtigen. Das Auskunftsrecht soll dazu dienen, sich der Verarbeitung bewusst zu werden und deren Rechtmäßigkeit überprüfen zu können. Damit ist es eine wesentliche, wenn auch nicht notwendige Vorstufe der Ausübung der übrigen Betroffenenrechte.

Das Recht auf Auskunft in Art. 15 DS-GVO beinhaltet drei unterschiedliche Ansprü- **2** che, die dem Betroffenen zustehen. Zunächst gibt es das Recht Auskunft darüber zu erhalten, ob personenbezogene Daten beim Verantwortlichen verarbeitet werden (Art. 15 Abs. 1 Hs. 1 DS-GVO). Diese Auskunftsanfrage kann isoliert gestellt werden oder aber die erste Stufe in einem Auskunftsersuchen darstellen. Werden keine personenbezogenen Daten des Anfragenden verarbeitet, erhält dieser eine Negativauskunft. Wurde eine „Stufenauskunftsanfrage" (kombinierte Anfrage zu dem „ob" und dem „was" der Datenverarbeitung) gestellt, entfällt im Fall einer Negativbescheinigung die zweite Stufe. Wird die Frage nach dem „ob" bejaht, besteht ein weiterer Anspruch auf Auskunft gem. Art. 15 Abs. 1 Hs. 2 DS-GVO, der die in Art. 15 Abs. 1 Buchst. a–h DS-GVO geforderten Informationen enthalten muss, soweit diese einschlägig sind. Wurden bzw. werden beispielsweise personenbezogene Daten des Anfragenden an ein Drittland oder eine internationale Organisation übertragen, besteht auch ein Anspruch aus Auskunft über die geeigneten Garantien gem. Art. 46 DS-GVO für die Übermittlung. Findet ein solcher Drittlandtransfer nicht statt, entfällt die Auskunft insoweit. Daneben muss auch Auskunft über die personenbezogenen Daten der betroffenen Person selbst gegeben werden, entweder mittels elektronischen (Fern-)Zugang oder als elektronische oder analoge Kopie.

Dritter Bestandteil des Auskunftsanspruchs ist der Anspruch auf eine Kopie der Daten **3** die Gegenstand der Verarbeitung sind aus Art. 15 Abs. 3 S. 1 DS-GVO. Dabei handelt es sich um eine besondere Form der Auskunft. Art. 15 Abs. 4 DS-GVO stellt hierzu klar, dass das Recht auf Kopie die Rechte und Freiheiten anderer nicht beeinträchtigen darf. Dazu zählen zum einen die Rechte weiterer natürlicher Personen, zum anderen, wie sich aus Erwgr. 63 DS-GVO ergibt, aber auch die Geschäftsgeheimnisse oder Rechte des geistigen Eigentums sowie Urheberrechte, insbes. das Urheberrecht an Software des Verantwortlichen.

All diese Auskünfte müssen innerhalb der Frist des Art. 12 DS-GVO erbracht wer- **4** den.

B. Erläuterungen zur Checkliste

I. Organisatorische Anforderungen für die Auskunft

> 1. Ist sicherstellt, dass die drei möglichen Anträge des Rechts auf Auskunft fristgemäß, in der richtigen Form und inhaltlich umfassend beantwortet werden?
> a) Sind die einzelnen Schritte des Kernprozesses zur Beauskunftung definiert und mit Rollen und Verantwortlichkeiten hinterlegt?

5   Auf den ersten Blick mag die Definition eines Kernprozesses für das Recht auf Auskunft, der mit Rollen und Verantwortlichkeiten hinterlegt ist, übertrieben erscheinen. Verdeutlicht man sich jedoch, innerhalb welcher Fristen und in welchem Umfang Auskunft zu erteilen ist, wird schnell klar, dass man dem Recht auf Auskunft nur dann in rechenschaftserfüllender Weise nachkommen kann, wenn klar definiert ist, wer wann was zu tun hat und wer über die Einhaltung der jeweiligen Schritte wacht. Dies beginnt mit der Eingangsüberwachung der Anträge, über die Schaffung der technischen und organisatorischen Voraussetzungen, um das Auskunftsersuchen in der gegebenen Zeit umfänglich beantworten zu können, bis hin zur Abwägung durch eine geeignete Person, ob bestimmte Informationen von der Beauskunftung ausgenommen werden sollten. Wie bereits unter → Kapitel 2 Rn. 9 f. dargestellt, kann in der datenschutzrechtlichen Organisation das RACI-Modell gute Dienste leisten. Zwingend ist dies jedoch nicht. Sinnvollerweise wird eine zentrale Anlaufstelle für die Auskunftsersuchen beim Verantwortlichen benannt, welche die einzelnen Prozessschritte überwacht und die Einzelbestandteile zu einer Gesamt-Auskunft an die betroffene Person zusammen führt.

> b) Ist in den Verträgen der Auftragsverarbeiter und der gemeinsam Verantwortlichen abgesichert, dass dem Verantwortlichen die Daten der betroffenen Personen im gebotenen Umfang und innerhalb der einschlägigen Fristen bereitgestellt werden?

6   Der Verantwortliche muss über alle Daten der betroffenen Person, die von ihm verantwortlich verarbeitet werden Auskunft erteilen. Verantwortlich ist er sowohl für die personenbezogenen Daten der betroffenen Person, die erst selbst verarbeitet als auch für solche, die bei seinen Auftragsverarbeitern verarbeitet werden. Gleiches gilt für die Verarbeitung, die in gemeinsamer mit einem anderen Verantwortlichen bei ihm oder dem anderen Verantwortlichen verarbeitet werden.[1] Für alle diese Daten ist der Verantwortliche auskunftspflichtig. Um dieser Pflicht im gebotenen Umfang und innerhalb der gesetzten Frist nachkommen zu können, empfiehlt es sich, dies in den entsprechenden vertraglichen Regelungen zu präzisieren. Zu bedenken gilt dabei auch, dass die vertraglich vereinbarte Frist so bemessen ist, dass der Verantwortliche ausreichend Zeit zur Sichtung und Weiterleitung hat.

> c) Gibt es einen Prozess, der die Anforderungen von Auskünften durch die Betroffen, gleich über welchen Eingangskanal, dokumentiert?

7   Da die Beantwortung des jeweiligen Auskunftsverlangens fristgebunden ist, ist es in der Organisation des Verantwortlichen unerlässlich, dass der Eingang des Auskunftsverlangens mit Eingangsdatum festgestellt und auch unverzüglich an die zuständige Stelle weitergeleitet wird, welche die Bearbeitung des Auskunftsersuchens koordiniert. Dabei ist es durchaus sinnvoll den Datensubjekten einen zentralen Kanal für Auskunftsersuchen zur Verfügung zu stellen, wie etwa ein Formular auf einer Webseite oder der Verweis auf eine

---

[1] *Kremer* CR 2018, 560 (561).

zentrale E-Mail-Adresse für solche Anfragen. Die DS-GVO sieht keine Form für ein entsprechendes Auskunftsersuchen vor, daher kann es sich bei Formularen oder zentralen E-Mail-Adressen lediglich um Angebote halten, die von den Anfragenden genutzt werden können, aber nicht müssen. Auskunftsersuchen können genauso gut z.B. im Callcenter telefonisch aufgegeben werden. Hier ist es dann für das Unternehmen im Hinblick auf mögliche Beweisfragen unentbehrlich, dass der Eingang eines solchen Auskunftsersuchens entsprechend dokumentiert wird bzw. sichergestellt ist, dass der Auskunftsersuchende auf einen anderen Kanal verwiesen wird. Sollte ein Unternehmen bestimmte Kanäle wie etwa E-Mails, Webformulare oder die Schriftform als präferiert festlegen wollen, empfiehlt es sich, bereits in den Datenschutzinformationen einen entsprechenden Hinweis aufzunehmen.

Bei der Dokumentation des Auskunftsersuchens ist auch der Eingangskanal zu doku- **8** mentieren, denn hieraus können sich wiederum Konsequenzen für das Format der Beantwortung ergeben. Wird ein Antrag auf Auskunft elektronisch gestellt, ist dieser auch elektronisch zu beantworten (Art. 15 Abs. 3 DS-GVO).

Da das Auskunftsrecht mehrstufig ausgestaltet ist (näher dazu unter (→ Rn. 32), ist **9** auch zu erfassen, inwieweit Auskunft erfragt wurde. In der Praxis dürften Auskunftsersuchen, die beide Stufen erfassen, die Regel sein. Sollte ein Auskunftsersuchen lediglich auf die zweite Stufe gerichtet sein, wird man dieses wohl dahin gehend auszulegen haben, dass beide Stufen des Auskunftsersuchens erfasst sein sollen.[2]

d) Wird die Identifizierung eines Auskunftsersuchenden im gebotenen Umfang sichergestellt?

Auskunftsverlangen können sowohl unter dem Klarnamen der betroffenen Person als **10** auch unter (verwendeten) Pseudonymen gestellt werden. Ein Auskunftsersuchen unter Pseudonym ist unmittelbar dann einleuchtend, wenn der Betroffene unter seinem Pseudonym mit dem Verantwortlichen in Verbindung steht. Dies kann zB der Künstlername[3] oder aber auch der verwendete Benutzername in einer Community-Seite sein. Denn eine allgemeine Klarnamenpflicht bei der Nutzung von Onlinediensten besteht derzeit – zumindest nach deutschem Recht – nicht. Die Auskunftspflicht wäre in einem solchen Fall auf die Daten beschränkt, die zu dem Pseudonym verarbeitet wurden. Unterhält die gleiche Betroffene Person unter ihrem Klarnamen etwa noch eine oder mehrere Vertragsbeziehungen zu dem Verantwortlichen, können Auskünfte nur dann erteilt werden, wenn auch ein entsprechendes Auskunftsverlangen gestellt wurde und die zur Identifizierung notwendigen Angaben gemacht wurden.

Die Identifizierung des Auskunftsersuchenden ist für den Verantwortlichen von nicht **11** zu unterschätzender Bedeutung. Denn erteilt er Auskünfte an eine dritte unberechtigte Person, hat der Verantwortliche eine bußgeldbewährte unberechtigte Datenweitergabe an Dritte, in eventuell nicht unerheblichem Ausmaß vorgenommen.

Bestehen daher „begründete Zweifel" an der Identität des Auskunftsersuchen, ist der **12** Verantwortliche berechtigt, weitere Informationen zu Bestätigung der Information nachzufordern, Art. 12 Abs. 6 DS-GVO.

Erwgr. 64 DS-GVO gibt daher auf, dass **13**

„Verantwortliche alle vertretbaren Mittel nutzen [sollen], um die Identität einer Auskunft suchenden betroffenen Person zu überprüfen."

Welche Mittel in der Praxis erforderlich sind, dürfte stark vom jeweiligen Geschäfts- **14** modell und den vorgenommenen Verarbeitungen der Daten der betroffenen Personen abhängen. Auch der Eingangskanal des Antrags auf Auskunft kann eine Rolle spielen. Hier

---

[2] Paal/Pauly/*Paal* DS-GVO Art. 21; Koreng/Lachenmann DatenschutzR-FormHdB/*Koreng* F. II. 1. Rn. 3.
[3] Vgl. Gola/*Franck* DS-GVO Art. 15 Rn. 20, mit Verweis AG Altona DuD 2005, 170 (171).

empfiehlt sich, einen auf das jeweilige Unternehmen und vielleicht auch auf unterschiedliche Bereiche konkret zugeschnittenen Fragenkatalog zu entwickeln, mit dem die Identität festgestellt werden kann. Dabei kann auch noch einmal eine Abstufung danach erfolgen, welche Auskünfte verlangt werden. Je intensiver die Auskünfte in die Privatsphäre des Betroffenen eingreifen können, desto höher dürften die Anforderungen an die Identifizierung sein. Wird bspw. abgefragt, welche Newsletter abonniert wurden, sind geringere Anforderungen zu stellen, als eine weitreichende Abfrage von personenbezogenen Daten zB aus Bestellungen bei einer Online-Versandapotheke.

15   Auch die Abfrage von Personalausweis- oder Passkopien ist grds. erlaubt. Das Gesetz zur Förderung des elektronischen Identitätsnachweises[4] (EIdNFG) hat sowohl in das Personalausweisgesetz in § 20 Abs. 2 PAuswG und in das Passgesetz in § 18 Abs. 3 PassG eine entsprechende ausdrückliche Erlaubnis aufgenommen. Damit ist das in der Rechtsprechung postulierte datenschutzrechtliche Verbot von Personalausweis- und Passkopien durch Unternehmen[5] hinfällig.

16   Das Anfertigen einer Kopie eines Personalausweises oder einer Passkopie ist nach diesen Vorschriften nur mit Einwilligung des Inhabers und zulässig. Hier gelten insoweit die Anforderungen an die datenschutzrechtliche Einwilligung (→ Kapitel 4 Rn. 4). Ferner heißt es in im letzten Satz der jeweiligen Regelung, „die Vorschriften des allgemeinen Datenschutzrechts über die Erhebung und Verwendung personenbezogener Daten bleiben unberührt". Die bedeutet insbes., dass eine Personalausweis-/Passkopie nur dann angefordert werden darf, wenn dies zum einen erforderlich (also mit weniger privatheitsintensiven Mitteln eine verlässliche Identifizierung nicht möglich ist) und zum anderen, dass durch technische und organisatorische Maßnahmen die Sicherheit dieser Daten entsprechend gewährleistet wird. Die sog. eIDAS-Verordnung[6] verlangt eine entsprechende Vereinfachung der elektronischen Identifikation, so dass europaweit von ähnlichen Regelungen ausgegangen werden kann.[7]

17   Zu guter Letzt ist noch zu beachten, dass allein um eine zB zukünftige Identifizierung sicherzustellen, keine weiteren personenbezogenen Daten erhoben werden dürfen.[8] Ein Beispiel hierfür wäre, dass allein mit Blick auf Beauskunftung zukünftig immer das Geburtsdatum abgefragt würde, ohne dass sich aus der Datenverarbeitung selbst heraus eine Notwendigkeit für die Verarbeitung dieses Datums ergibt.

18   Erhält der Verantwortliche auf seine berechtigten Nachfragen zur Identifikation keine Antwort vom Auskunftssuchenden, ist er berechtigt, die Auskünfte unter Art. 15 DS-GVO insgesamt zu verweigern, vgl. Art. 11 Abs. 2 S. 2 DS-GVO. Die Formulierung stellt jedoch klar, dass die Beweislast hierfür beim Verantwortlichen liegt. Allerdings spricht die deutsche Formulierung von einer „Glaubhaftmachung". Damit sind die Anforderungen an das Beweismaß gegenüber den üblichen Anforderungen abgesenkt. Es reicht aus, das Gericht von der überwiegenden Wahrscheinlichkeit zu überzeugen.[9] Eine Dokumentation der Zweifel an der Identität, der Anfrage zu Identitätsnachweisen beim Auskunftssuchenden sowie des Ausbleibens der angeforderten Nachweise ist daher für den Verantwortlichen unerlässlich.

---

[4] G. v. 7.7.2017 BGBl. 2017 I 2310 (Nr. 46); Geltung ab 15.7.2017.
[5] Vgl. hierzu etwa VG Hannover ZD 2014, 266 (rkr.).
[6] (EU) Nr. 910/2014 des Europäischen Parlaments und des Rates vom 23.7.2014 über elektronische Identifizierung und Vertrauensdienste für elektronische Transaktionen im Binnenmarkt und zur Aufhebung der Richtlinie 1999/93/EG (ABl. Nr. L 257 S. 73, ber. ABl. 2015 Nr. L 23 S. 19 und ABl. 2016 Nr. L 155 S. 44).
[7] Die französische Datenschutzaufsicht CNIL weist in ihrem Kurzpapier zum Auskunftsrecht „comment répondre à une demande de droit d'accès?" ausdrücklich darauf hin, dass auch eine Kopie eines Ausweises verlangt werden kann; abrufbar unter https://www.cnil.fr/fr/professionnels-comment-repondre-une-demande-de-droit-dacces (zuletzt abgerufen am 14.5.2020).
[8] Vgl. Erwgr. 64 DS-GVO aE.
[9] Musielak/Voit/*Huber* ZPO § 294 Rn. 3.

Es ist zudem notwendig, dass der Verantwortliche den Anfragenden bei ausbleibender **19** weiterer Identifikationsmerkmale innerhalb eines Monats darauf hinweist, dass er die Anfrage unter der Angabe der Gründe (in diesem Fall, dass eine Identifizierung mangels weiterer Angaben des Betroffenen nicht möglich ist), nicht beantworten wird. Dies ergibt sich aus Art. 12 Abs. 4 DS-GVO. Diese Regelung schreibt auch vor, dass der Betroffene in dieser Information darauf hingewiesen werden muss, dass er die Möglichkeit hat, bei der Aufsichtsbehörde hierüber Beschwerde einzulegen oder einen gerichtlichen Rechtsbehelf[10] einlegen kann.

e) Optional: Wird der betroffenen Person ein Formular für das Auskunftsersuchen zur Verfügung gestellt?

Ein bestimmtes Formular für das Auskunftsersuchen zur Verfügung zu stellen, ist keine **20** Verpflichtung der DS-GVO, allerdings kann es für alle Beteiligten den Prozess wesentlich erleichtern. Auch wenn der Betroffene nicht darauf beschränkt werden darf, das Auskunftsersuchen nur mittels eines zur Verfügung gestellten Formulars zu stellen. Denn in der Praxis erleichtert ein entsprechendes Formular der betroffenen Personen ihr Anliegen zu formulieren und führt gleichzeitig dazu, dass der Verantwortliche alle relevanten Informationen erhält um das Auskunftsersuchen bearbeiten zu können. So kann das Auskunftsformular nicht nur Informationen zur Identitätsfeststellung abfragen, sondern auch weitere Möglichkeiten zur Eingrenzung des Umfangs der zu beauskunftenden Daten nutzen: Erwgr. 63 aE DS-GVO gestattet für den Fall, dass

„… der Verantwortliche eine große Menge von Informationen über die betroffene Person [verarbeitet], so sollte er verlangen können, dass die betroffene Person präzisiert, auf welche Information oder welche Verarbeitungsvorgänge sich ihr Auskunftsersuchen bezieht, bevor er ihr Auskunft erteilt.“

f) Gibt es einen Prozess, der die Einhaltung der Fristen zur Beantwortung der Auskunftsanfragen sicherstellt?

Bereits die nicht zeitgerechte Beantwortung des Antrags auf Auskunft ist gem. Art. 83 **21** Abs. 5 Buchst. b DS-GVO bußgeldbewährt. Denn eine nicht fristgemäße Beantwortung des Auskunftsersuchens stellt eine Verletzung der Betroffenenrechte dar. Daher ist es für den Verantwortlichen essentiell, dass in seinem Unternehmen durch einen geeigneten Prozess sichergestellt ist, dass die Frist zur Beantwortung der Anträge auf Auskunft eingehalten wird. Erster Schritt ist dabei, dass der Eingang des Antrages dokumentiert ist. Ferner müssen alle weiteren fristrelevanten Umstände in diesem Prozess, die zu einer Hemmung der Frist führen können, berücksichtigt werden (zB notwendige Nachfragen zur Identifizierung; zu den Einzelheiten der fristrelevanten Merkmale → Rn. 22 f.) erfasst werden. Auch wenn ein Auskunftsersuchen abgelehnt werden soll, muss dies innerhalb eines Monats unter Angabe von Gründen erfolgen Art. 12 Abs. 4 DS-GVO. Soll von der Möglichkeit zur Fristverlängerung Gebrauch gemacht werden, ist auch dies zu dokumentieren und dies dem Betroffenen innerhalb der Frist des Art. 12 Abs. 3 DS-GVO mitzuteilen. Zu guter Letzt sollte sichergestellt werden, dass die Beantwortung des Antrages auf Auskunft den Verantwortlichen fristgemäß verlässt.

„Der Verantwortliche stellt der betroffenen Person Informationen über die auf Antrag gemäß den Artikeln 15 bis 22 ergriffenen Maßnahmen unverzüglich, in jedem Fall aber innerhalb eines Monats nach Eingang des Antrags zur Verfügung. Diese Frist kann um weitere zwei Monate verlän-

---

[10] Ob der richtige Rechtsbehelf auf dem zivilrechtlichen oder öffentliche rechtlichen Gerichtsweg einzulegen ist, hängt von dem jeweiligen Verantwortlichen ab.

gert werden, wenn dies unter Berücksichtigung der Komplexität und der Anzahl von Anträgen erforderlich ist. Der Verantwortliche unterrichtet die betroffene Person innerhalb eines Monats nach Eingang des Antrags über eine Fristverlängerung, zusammen mit den Gründen für die Verzögerung.[11]

II. Formelle Anforderungen an die Antwort auf einen Antrag auf Auskunft

1. Werden die Auskunftsanträge fristgemäß beantwortet?

22   Die Beantwortung der Anträge auf Auskunft muss „unverzüglich" erfolgen. Nach der Legaldefinition des Zivilrechts bedeutet dies „ohne schuldhaftes Zögern". Zwar ist für das Verständnis der DS-GVO nicht das deutsche Recht maßgeblich, sondern es soll ein europarechtlich einheitliches Begriffsverständnis zugrunde gelegt werden.[12] Allerdings gehen auch andere Sprachfassungen wie die englische „without undue delay"[13] von ähnlichen Begrifflichkeiten aus. Die Obergrenze des „unverzüglich" legt Art. 12 Abs. 3 DS-GVO grds. mit einem Monat nach Eingang des Antrags fest.[14] Die Frist kann, sollten noch weitere Informationen zur Bearbeitung des Antrags auf Auskunft benötigt werden, gehemmt werden. Und Sie kann im Fall des Art. 12 Abs. 3 S. 2 DS-GVO während dieses ersten Monats auf insgesamt drei Monate verlängert werden. Dabei gelten die Fristen für jeden Antrag und jeden Anspruch des Art. 15 DS-GVO separat. Dies bedeutet, dass auch die Anträge auf Auskunft für die unterschiedlichen Ansprüche des Art. 15 DS-GVO in einem Antrag geltend gemacht wurden, für die einzelnen Ansprüche unterschiedliche Fristen gelten könnten. Dies ist insbes. dann der Fall, wenn eine Auskunft über das „ob" und eine Auskunft nach Art. 15 Abs. 1 Hs. 2 DS-GVO gestellt wurde.

a) Werden Auskunftsanträge, ob Daten der betroffenen Person durch den Verantwortlichen verarbeitet werden, fristgemäß beantwortet?

23   Der Auskunftantrag, ob überhaupt personenbezogene Daten der betroffenen Person verarbeitet werden, ist unverzüglich, spätestens jedoch innerhalb eines Monats ab Eingang des Antrags auf Auskunft zu beantworten, vgl. Art. 12 Abs. 2 S. 1 DS-GVO. Ist die Identität des Auskunftsersuchenden nicht nachgewiesen, können weitere Informationen zur Identifizierung angefragt werden. Bis zur Beantwortung dieser Anfrage bleibt die Monatsfrist gehemmt. Eine Verlängerung der Frist auf 3 Monate ist dagegen kaum denkbar, sondern würde wahrscheinlich eher die Frage aufwerfen, ob der Verantwortliche seinen Rechenschaftspflichten ordnungsgemäß nachkommt.

b) Wird der Auskunftsantrag nach Art. 15 Abs. 1 Hs. 2 DS-GVO fristgemäß beantwortet?

24   Auch die Beantwortung des Antrags auf Auskunft und den weiteren Informationen gem. Art. 15 Abs. 1 Hs. 2 DS-GVO muss nach Art. 12 Abs. 3 DS-GVO unverzüglich, spätestens jedoch innerhalb eines Monats ab Eingang des Schreibens erfolgen. Ist die

---

[11] Art. 15 Abs. 3 DS-GVO.

[12] Das Recht der Europäischen Union kennt keine Regelung, wonach eine bestimmte Sprachfassung Vorrang hätte, sondern alle Amts- und arbeitssprachen sind gleichberechtigt. Bei Textdivergenzen ist autonom ein einheitlicher Begriff im Wege der systematischen und teleologischen Auslegung zu ermitteln, Vgl. EuGH Urt. v. 4. 2. 2016 – C-34/14, BeckRS 2016, 80226 Rn. 122; EuZW 2011, 715; IStR 2006, 58; Entscheidung v. 12. 11. 1969 – 29/69, BeckRS 2004, 72956.

[13] Gola/*Franck* DS-GVO Art. 12 Rn. 25–29.

[14] AA Kühling/Buchner/*Bäcker* DS-GVO Art. 12 Rn. 34 der die Fristen des Art. 12 Abs. 3 DS-GVO nicht als Erfüllungsfristen ansieht.

Identität des Auskunftsersuchenden nicht nachgewiesen, können weitere Informationen zur Identifizierung angefragt werden. Bis zur Beantwortung dieser Anfrage bleibt die Monatsfrist gehemmt. Bei großem Umfang der Verarbeitung der personenbezogenen Daten der betroffenen Person kann zum einen – anspruchshemmend eine weitere Präzisierung der Anfrage verlangt werden, sowie eine Verlängerung der Regelfrist auf insgesamt drei Monate in Anspruch genommen werden.

aa) Wird bei großem Umfang der Datenverarbeitung eine Präzisierung der Anfrage erbeten?

Der Verantwortliche darf nach Erwgr. 63 DS-GVO verlangen, dass die betroffene Person **25** präzisiert, auf welche Informationen oder welche Verarbeitungsvorgänge sich ihr Auskunftsersuchen bezieht, bevor er ihr Auskunft erteilt – wenn der Verantwortliche eine große Menge an Informationen über die betroffene Person verarbeitet. Anders ausgedrückt handelt es sich also um eine Mitwirkungspflicht des Auskunftssuchenden. Denn ist ein Auskunftsersuchen zu umfangreich, kann es auch insgesamt zurück gewiesen werden.[15] Diese Möglichkeit zur Zurückweisung nach Art. 12 Abs. 5 S. 2 DS-GVO ist als Einrede zu verstehen. Solange also die Mitwirkung zur Eingrenzung der Anfrage nicht erfolgt ist, ist auch die Frist zur Beantwortung des Auskunftsersuchens gehemmt. Praktisch beginnen die Fristen des Art. 12 Abs. 3 DS-GVO also erst dann, wenn die Identität des Anfragenden und der Umfang der Anfrage hinreichend konkretisiert bzw. eingeschränkt wurde.

bb) Wird die Verlängerung der Regelfrist rechtzeitig mitgeteilt und erfolgt nur dann, wenn die Voraussetzungen des Art. 12 Abs. 3 S. 2–4 DS-GVO vorliegen?

Art. 12 Abs. 3 S. 2 DS-GVO regelt, dass die Regelfrist von einem Monat um weitere **26** zwei Monate verlängert werden kann, „wenn dies unter Berücksichtigung der Komplexität und der Anzahl von Anträgen erforderlich ist."

Eine Fristverlängerung setzt hierbei das alternative Vorliegen eines Fristverlängerungs- **27** grundes voraus.[16] Bei der Anzahl der Anträge kommt es nicht nur auf die von der betroffenen Person gestellten Anträge an, sondern auf die insgesamt, auch von anderen betroffenen Personen, eingegangenen Anträge.[17] Die Komplexität bezieht sich nicht nur auf die Anträge an sich, sondern auf die dahinterstehenden Sachverhalte und deren rechtliche Einordnung.[18] Die Benachrichtigung über die Verlängerung muss mit einer Begründung versehen sein und innerhalb eines Monats nach Eingang des Antrages erfolgen (S. 3). Die Unterrichtung erfolgt im Falle eines elektronisch gestellten Antrages grds. auf elektronischem Wege (S. 4).[19] Zu den Rechtsfolgen des Nichteinhaltens dieser Fristen gibt Abs. 3 keine Auskunft.[20]

Geteilter Meinung sind die Kommentare hinsichtlich der Frage, ob beide Merkmale **28** kumulativ[21] oder alternativ[22] vorliegen müssen. Der Wortlaut, der beide Merkmale mit

---

[15] Paal/Pauly/*Paal* DS-GVO Art. 12 Rn. 64; ausf. Gola/*Franck* DS-GVO Art. 12 Rn. 34.

[16] Vgl. BeckOK DatenschutzR/*Quaas* DS-GVO Art. 12 Rn. 36; aA Kühling/Buchner/*Bäcker* DS-GVO Art. 12 Rn. 34 sowie Ehmann/Selmayr/*Heckmann/Paschke* DS-GVO Art. 12 Rn. 33, denen zufolge die Fristverlängerungsgründe iSd Wortlautes „und" kumulativ vorliegen müssen (wobei die Auswirkungen auf kleinere Unternehmen als krit. eingestuft wird).

[17] Ehmann/Selmayr/*Heckmann/Paschke* DS-GVO Art. 12 Rn. 33; Plath/*Kamlah* DS-GVO Art. 12 Rn. 15; aA (wohl) Kühling/Buchner/*Bäcker* DS-GVO Art. 12 Rn. 34.

[18] Plath/*Kamlah* DS-GVO Art. 12 Rn. 15.

[19] Zur Fristberechnung s. Gola/*Franck* DS-GVO Art. 12 Rn. 26.

[20] S. hierzu Plath/*Kamlah* DS-GVO Art. 12 Rn. 14.

[21] Kühling/Buchner/*Bäcker* DS-GVO Art. 12 Rn. 34; Ehmann/Selmayr/*Heckmann/Paschke* DS-GVO Art. 12 Rn. 33.

[22] BeckOK DatenschutzR/*Quaas* DS-GVO Art. 12 Rn. 36; Paal/Pauly/*Paal/Hennemann* DS-GVO Art. 12 Rn. 54.

einem „und" verbindet legt nahe, dass beide Merkmale kumulativ vorliegen müssten.[23] Betrachtet man den Wortlaut der Regelung insgesamt, so heißt es dort „unter Berücksichtigung" beider Merkmale. Dies eröffnet einen Wertungs- und Gewichtungsspielraum zwischen den beiden Merkmalen, so dass eine Gesamtschau möglich ist. Je höher also die Komplexität der Anfrage ist, desto geringer sind die Anforderungen an die Anzahl der Anfragen zu stellen. Die Komplexität einer Anfrage ergibt sich nicht nur aus der Qualität der angefragten Informationen selbst, sondern auch aus den dahinterstehenden Sachverhalten und deren rechtlicher Einordnung.[24] Hier kann insbes. die Komplexität der IT-Landschaft des Verantwortlichen eine Rolle spielen. Von Relevanz für die Anzahl der Anträge ist nicht nur der Antrag des Betroffenen, sondern die Gesamtheit der beim Verantwortlichen eingegangenen Anträge.[25]

c) Wird die Kopie der Daten innerhalb der Frist nach Art. 12 Abs. 3 DS-GVO zu Verfügung gestellt?

29   Eine eigene Frist zur Bereitstellung einer Kopie der Daten nach Art. 15 Abs. 3 DS-GVO kommt nur dann in Betracht, wenn bereits auf andere Weise Zugang zu den Daten, insbes. durch einen elektronischen Fernzugang, gewährt wurde. Ist dies nicht der Fall, ist der Anspruch auf eine Kopie der Daten deckungsgleich mit dem Anspruch auf Auskunft nach Art. 15 Abs. 1 Hs. 2 DS-GVO und muss innerhalb dieser Frist erfüllt werden. Nur für weitere angefragte Kopien würde in einem solchem Fall eine eigene Frist laufen.

1. Form der Beantwortung

30   Grds. ist der Verantwortliche frei darin, die Form seiner Beantwortung zu wählen. Einzige Ausnahme bildet insoweit der Antrag auf Kopie der Daten nach Art. 12 Abs. 3 DS-GVO, der elektronisch zu beantworten ist, wenn die Anfrage elektronisch gestellt wurde. Aus Art. 12 Abs. 1 S. 2 DS-GVO ist allerdings eine Präferenz für eine schriftliche oder eine elektronische Beantwortung von Auskunftsersuchen zu entnehmen. Eine mündliche Auskunft soll ausdrücklich nur dann erteilt werden, wenn die betroffene Person dies wünscht, Art. 12 Abs. 1 S. 3 DS-GVO. Auch unter dem Gesichtspunkt der Accountability empfiehlt es sich, die Auskunft in einem dokumentierbaren Format, dh nicht mündlich, zu erteilen. Ferner sollten aus demselben Grund Formulare verwendet werden, um eine einheitliche und inhaltlich vollständige Beantwortung des Auskunftsersuchens sicherzustellen.

2. Kosten der Auskunft

31   Grds. dürfen keine Kosten für die Beantwortung des Antrags auf Auskunft von der betroffenen Person verlangt werden. Davon gibt es allerdings zwei Ausnahmen: Zum einen kann bei der Kopie der Daten, soweit nicht nur eine sondern mehrere Kopien verlangt werden, für jede über die erste Kopie hinausgehende ein angemessenes Entgelt verlangt werden. Zum anderen darf ein solch angemessenes Entgelt auch bei der Beantwortung exzessiver Anträge verlangt werden. Macht der Verantwortliche von seinem Wahlrecht dahin gehend Gebrauch, dass er den exzessiven Antrag gegen Kosten beantworten möchte, darf er ein „angemessenes Entgelt" verlangen. Dabei handelt es sich im Wesentlichen

[23] Ehmann/Selmayr/*Heckmann/Paschke* DS-GVO Art. 12 Rn. 33.

[24] Paal/Pauly/*Paal/Hennemann* DS-GVO Art. 12 Rn. 54; Plath/Kamlah DS-GVO Art. 12 Rn. 15.

[25] Ehmann/Selmayr/Heckmann/Paschke DS-GVO Art. 12 Rn. 33; Plath/*Kamlah* DS-GVO Art. 12 Rn. 15; Paal/Pauly/*Paal/Hennemann* DS-GVO Art. 12 Rn. 54; unklar Kühling/Buchner/*Bäcker* DS-GVO Art. 12 Rn. 34.

um die Erstellungs- und Verwaltungskosten für die Auskunft.[26] Nach Ablauf einer angemessenen Wartezeit, ist der erneute Antrag auf Auskunft allerdings nicht mehr exzessiv und daher kostenfrei zu erteilen.[27]

III. Materielle Anforderungen an die Auskunft

1. Erste Stufe des Auskunftsersuchens – Positiv oder Negativattest

> a) Gibt es ein Formular und eine geeignete Dokumentation für die Beantwortung der ersten Stufe?

Ist die auskunftssuchende Person hinreichend identifiziert, hat sie zunächst einen Anspruch darauf zu erfahren, ob überhaupt personenbezogene Daten von ihr verarbeitet werden. Ob dies der Fall ist, ist der betroffenen auskunftssuchenden Person innerhalb der bereits genannten Frist des Art. 12 Abs. 3 DS-GVO mitzuteilen. Dies bedeutet, dass die Information unverzüglich, mindestens innerhalb eines Monats nach Erhalt der Anfrage an die auskunftssuchende Person mitzuteilen ist. Die Form ist dabei grds. frei, wobei die Anfrage, wenn sie elektronisch gestellt wurde, auch ebenso beantwortet werden sollte, es sei denn die betroffene Person verlangt anderes. **32**

Um die erste Stufe dieses Auskunftsersuchens in der gegeben Zeitspanne beantworten zu können, ist es für den Verantwortlichen unerlässlich, nachvollziehen zu können, ob Daten über die konkrete, anfragende Person bei dem Verantwortlichen verarbeitet werden. Es muss also ein Prozess existieren, der es dem Unternehmen ermöglicht festzustellen, ob diese Daten vorhanden sind. Auch hier erweist sich wieder einmal das Verarbeitungsverzeichnis als Kernstück der Datenschutz-Compliance, das die Beantwortung der Betroffenenrechte ermöglicht (→ Kapitel 3 Rn. 43). An dieser Stelle zeigt sich auch, dass neben dem Erfassen der Verarbeitungen auch ein sogenanntes Data-Mapping bzw. Dataflow-Mapping sinnvoll ist. Auf dem einfachsten Level findet hierbei eine Zuordnung der einzelnen Verarbeitungen des Verarbeitungsverzeichnisses zu den jeweiligen technischen Systemen und Datenbanken statt, in denen die Verarbeitungen erfolgen. **33**

Nur wenn der Verantwortliche weiß, welche Daten wofür wo verarbeitet werden, kann er verlässlich ermitteln, ob personenbezogene Daten des Auskunftsersuchenden unter seiner Verantwortung verarbeitet werden. Die Abfrage kann, je nach Umfang, sowohl in einem manuellen Prozess als auch technisch durchgeführt werden. Wichtig ist, dass die abzufragenden Quellen bekannt sind. **34**

2. Zweite Stufe – Beantwortung des Auskunftsersuchens

Richtet sich ein Auskunftsersuchen (auch) auf die zweite Stufe, muss sichergestellt sein, dass der Anfragende die vollständige Beantwortung seines Ersuchens innerhalb der Frist des Art. 12 erhält. Um dies zu ermöglichen, sind die bereits unter → Rn. 5 näher beschriebenen Rollen und Verantwortlichkeiten festzulegen. Hinzu kommt, dass die entsprechenden technischen und organisatorischen Prozesse aufgesetzt sind, um die angefragten Informationen innerhalb der Frist vollständig zusammentragen zu können. Der konkrete Umfang der Auskunftspflicht hängt von der jeweiligen Datenverarbeitung ab. **35**

Hierzu gehört zum einen die Zurverfügungstellung der sogenannten weiteren Informationen, die in Art. 15 Abs. 1 Buchst. a–h DS-GVO abschließend aufgezählt werden. Zum anderen soll die betroffene Person Auskunft über ihre personenbezogenen Daten **36**

---

[26] Gola/*Franck* DS-GVO Art. 15 Rn. 32; EuGH ZD 2014, 248 zu den angemessenen Kosten noch gem. Art. 12 Buchst. a RL 95/46/EG.
[27] Gola/*Franck* DS-GVO Art. 15 Rn. 32.

erhalten. Wie insbes. letztere Auskunft in der Praxis aussehen soll, findet in der juristischen Literatur bisher wenig Beachtung. Hier kann ein Blick in die anderen Sprachfassungen der DS-GVO weiterhelfen. Eine große Anzahl der anderen Sprachfassungen – insbes. die der romanischen Sprachen also die französische, spanische, italienische, sowie die englische Sprachfassung – sprechen von „Access" bzw. „accés" was eher Zugang zu den persönlichen Daten bedeuten würde. Bei Textdivergenzen ist im europäischen Recht ein autonomer und einheitlicher Begriff im Wege der systematischen und teleologischen Auslegung zu ermitteln.[28] Dies spricht dafür, dass in Art. 15 Abs. 1 DS-GVO Auskunft iS eines Zugangs zu den Daten gewährt werden soll. Hierzu passt auch die in Erwgr. 63 DS-GVO enthaltene Formulierung:

„Nach Möglichkeit sollte der Verantwortliche den Fernzugang zu einem sicheren System bereitstellen können, der der betroffenen Person direkten Zugang zu ihren personenbezogenen Daten ermöglichen würde."

37 Das Recht auf Kopie des Art. 15 Abs. 3 DS-GVO steht eigenständig daneben. Soweit allerdings ein solcher direkter Zugang nicht möglich ist, ist auf eine Kopie der Daten zurückzugreifen, so dass die Ansprüche des Abs. 1 und des Abs. 2 insoweit redundant sein können.

a) Erhält die betroffene Person Zugang zur Ihren Daten – entweder als Fernzugang oder in Form einer Kopie?

38 Art. 15 Abs. 1 DS-GVO verlangt zum einen Auskunft über die personenbezogenen Daten und zum anderen die weiteren Informationen, die in Art. 15 Abs. 1 Buchst. a–h DS-GVO aufgeführt werden. Würde man die Auskunft auf die in Art. 15 Abs. 1 Buchst. a–h DS-GVO genannten Informationen beschränken, wäre es der betroffenen Person schwer möglich, sich von der Richtigkeit der Daten zu überzeugen. In ihrem Kurzpapier zum Auskunftsrecht weist die Datenschutzkonferenz daher auch darauf hin, dass

„die betroffene Person ganz konkret Auskunft darüber verlangen [kann], welche personenbezogenen Daten vom Verantwortlichen verarbeitet werden".[29]

39 Wie diese Auskunft zu erteilen ist, bleibt jedoch unklar. In Erwgr. 63 DS-GVO ist zu lesen:

„Nach Möglichkeit sollte der Verantwortliche den Fernzugang zu einem sicheren System bereitstellen können, der der betroffenen Person direkten Zugang zu ihren personenbezogenen Daten ermöglichen würde."

40 Eine solche Möglichkeit zu schaffen, ist das erwünschte Zielbild der DS-GVO, nicht aber eine verpflichtende Anforderung. Denn die Forderung nach dem Fernzugang findet sich ausschließlich in den Erwägungsgründen. Besteht ein solcher Fernzugang nicht, bleibt dies zunächst sanktionslos.

41 Besteht ein solcher Fernzugang, kann die Pflicht zur Information gem. Art. 15 Abs. 1 S. 1 DS-GVO über die Mitteilung der Zugangsdaten für den Fernzugang erteilt werden. Besteht ein solcher Fernzugang allerdings nicht, muss der Verantwortliche der betroffenen Person in anderer geeigneter Weise Auskunft über die Daten zu ihrer Person erteilen. Letztlich kommt dann nur noch die Bereitstellung einer Kopie der Daten zur Erfüllung des Anspruchs auf Information in Art. 15 Abs. 1 DS-GVO in Betracht. Dabei handelt es

---

[28] Vgl. EuGH Urt. v. 4.2.2016 – C-34/14, BeckRS 2016, 80226 Rn. 122; EuZW 2011, 715; IStR 2006, 58; Entscheidung v. 12.11.1969 – 29/69, BeckRS 2004, 72956.
[29] *DSK,* Kurzpapier Nr. 6, 26.7.2017, S. 1.

sich aber originär um die Erfüllung des Anspruchs aus Art. 15 Abs. 1 DS-GVO. Ein Auslegen des Antrags dahingehend, dass ein Anspruch auf Erteilung einer Kopie nach Art. 15 Abs. 3 DS-GVO in dem Antrag auf Auskunft enthalten sei, entfällt damit. Vielmehr ist es so, dass in diesem Fall – soweit die Kopie im richtigen Format übermittelt wurde der Anspruch auf eine Kopie der Daten nach Abs. 3 ebenfalls mit erfüllt würde.

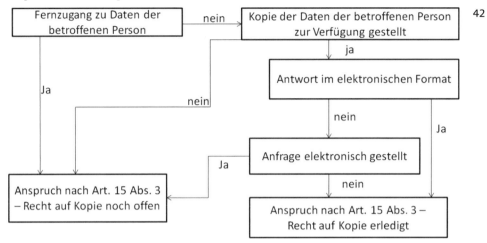

42

Abbildung 1: Flow-Chart zur Informationspflicht nach Art. 15 Abs. 1 Var. 1 DS-GVO

b) Enthält das Auskunftsschreiben sämtliche weiteren erforderlichen Informationen zu den Daten gem. Art. 15 Abs. 1 Buchst. a-h?

Die in Art. 15 Abs. 1 Buchst. a–h DS-GVO abschließend aufgeführten sonstigen In- **43** formationen lassen sich im Wesentlichen schon aus bereits vorhandenen Informationen, die aufgrund anderer Vorschriften zu dokumentieren sind, zusammentragen. So lässt sich ein Teil der Informationen bereits aus dem zu führenden Verarbeitungsverzeichnis gem. Art. 30 DS-GVO entnehmen. Nur dann, wenn der Verantwortliche ausnahmsweise als Unternehmer mit weniger als 250 Mitarbeitern gem. Art. 30 Abs. 5 DS-GVO befreit ist,[30] liegen die Informationen noch nicht vor und müssen originär für das Auskunftsersuchen zusammengestellt werden. Denn die Ausnahme für Kleinunternehmer gilt nicht für die Betroffenenrechte. Sie gilt ebenso wenig für die Informationspflichten nach Art. 13, 14 DS-GVO, so dass iRd Informationspflichten gegebenen Informationen wiederverwendet werden können.

Enthält das Auskunftsschreiben Informationen zu …	Wo sind die Informationen bereits schon an anderer Stelle vorhanden?	Kann ein Textbaustein verwendet werden oder müssen individuelle Informationen mitgeteilt werden?	**44**
Verarbeitungszwecken	Verarbeitungsverzeichnis, Art. 30 Abs. 1 Buchst. b DS-GVO	Individuell	
Kategorien personenbezogener Daten	Verarbeitungsverzeichnis, Art. 30 Abs. 1 Buchst. c aE DS-GVO	Individuell	

---

[30] Vgl. zu den Ausnahmen → Kapitel 3 Rn. 9.

Empfängern oder Empfänger-kategorien	Empfängerkategorien: Verarbeitungs-verzeichnis, Art. 30 Abs. 1 Buchst. d DS-GVO, ggf. Informationen gem. Art. 13 Abs. 1 Buchst. e DS-GVO Empfänger: Ggf. Informationen gem. Art. 13 Abs. 1 Buchst. e DS-GVO Zusätzlich: auch Empfänger, die be-reits bekannt sind, aber erst zukünftig Daten erhalten werden	Individuell
Speicherdauer oder Kriterien für die Festlegung der Dauer	Speicherdauer oder ggf. Kriterien für die Festlegung der Dauer: Informationen gem. Art. 13 Abs. 2 Buchst. a DS-GVO Speicherdauer: Verarbeitungsver-zeichnis Art 30 Abs. 1 Buchst. f DS-GVO	Individuell
Bestehen der weiteren Betroffenenrechte	Informationen gem. Art. 13 Abs. 2 Buchst. b DS-GVO (allerdings ein-schließlich Recht auf Auskunft, das hier wegfallen würde)	Textbaustein
Bestehen des Beschwerde-rechts bei einer Aufsichts-behörde	Informationen gem. Art. 13 Abs. 2 Buchst. d DS-GVO	Textbaustein
Herkunft der Daten, wenn nicht bei der betroffenen Person erhoben	Hier nur verfügbare Informationen, Art. 14 Abs. 2 Buchst. f DS-GVO spricht von Quellen der Daten	Individuell
Automatisierter Entschei-dungsfindung (ob, Logik, Tragweite)	Informationspflicht gem. Art. 13 Abs. 2 Buchst. f DS-GVO Informationspflicht gem. Art. 14 Abs. 2 Buchst. g DS-GVO	Textbaustein nein/ Textbaustein pro relevanter Verarbeitung
Bei Übermittlung der Daten in Drittländer, geeignete Garantien Art. 46	Informationspflicht gem. Art. 13 Abs. 1 Buchst. f DS-GVO Informationspflicht gem. Art. 14 Abs. 1 Buchst. f DS-GVO (in Art. 13,14 DS-GVO sind zusätzlich noch Informationen zu den Ausnah-men nach Art 49 Abs. 1 DS-GVO zu geben)	Individuell/Textbau-stein pro relevantem standardisiertem Transfer

45   Da im Wesentlichen also alle Informationen bereits aus anderen Verpflichtungen vor-handen sind, besteht die Hauptaufgabe hinsichtlich dieser Informationen in Art. 15 darin, diese zusammenzutragen. Insbes. ist der Konnex herzustellen, in welchen Verarbeitungen die personenbezogenen Daten der betroffenen Person Gegenstand der Verarbeitung sind.

aa) Enthält das Auskunftsschreiben Informationen zu den Kategorien von Daten und den Verarbeitungszwecken?

46   Die **Kategorien von Daten** sowie die Verarbeitungszwecke lassen sich, sobald die für die betroffene Person relevanten Verarbeitungen identifiziert sind, aus dem Verarbeitungsverzeichnis entnehmen.[31] Anders als im Informationsschreiben nach Art. 13 DS-GVO sind hier also nicht alle Kategorien von personenbezogenen Daten und Verarbeitungszwecke aufzuführen, sondern nur solche, die für betroffene Person relevant sind.

Die Kategorien der personenbezogenen Daten sind so zu bilden, dass sie einen sinnvol- **47** len Zusammenhang darstellen, ohne dass die Verarbeitungen zu kleinteilig betrachtet werden. Zur angemessenen Granularität → Kapitel 3 Rn. 11.

bb) Enthält das Auskunftsschreiben Informationen über die Empfänger oder Kategorien von Empfängern der personenbezogenen Daten der betroffenen Person?

Auch die **Kategorien von Empfängern** sind dem Verfahrensverzeichnis zu entneh- **48** men. Art. 15 Abs. 1 Buchst. c DS-GVO legt aber anders als Art. 13, 14 DS-GVO einen besonderen Wert auf **Empfänger in Drittländern** und internationale Organisationen. Zwar fallen diese grds. ohnehin unter die Empfänger, allerdings sollten aufgrund dieser Betonung, die **Empfänger in Drittländern bzw. internationale Organisationen** besonders kenntlich gemacht werden. Soweit der Verantwortliche die Auskunft bei den Kategorien von Empfängern belässt, würde dies jeweils eine besondere Kategorie von Empfängern begründen. Empfänger sind nach der Definition in Art. 4 DS-GVO sowohl Verantwortliche als auch Auftragsverarbeiter.

Umstritten ist bei dieser Information, ob hier ein **Wahlrecht des Verantwortlichen** **49** besteht oder ob er zwangsläufig eigentlich immer die konkreten Empfänger benennen muss. Der Wortlaut spricht nach der hier vertretenen Auffassung eindeutig für ein Wahlrecht des Verantwortlichen.[32] Den ins Feld geführten Transparenzpflichten → Kapitel 5 Rn. 119 kann der Verantwortliche etwa durch eine zweistufige Auskunft hinsichtlich der Empfänger Rechnung tragen: Zunächst ist es ausreichend, Empfängerkategorien zu benennen und erst auf Nachfrage bzw. bei konkreter Anfrage des Betroffenen, als zweite Stufe, die gewünschten Empfänger konkret zu benennen.

cc) Enthält das Auskunftsschreiben Angaben zur Speicherdauer oder Kriterien zur Festlegung der Speicherfristen zu den personenbezogenen Daten der betroffenen Person?

Umfasst von der Auskunft sind auch Angaben zur geplanten Speicherdauer der perso- **50** nenbezogenen Daten. Bezogen auf die Kategorien der personenbezogenen Daten sollte sich dies bereits ebenfalls aus dem Verarbeitungsverzeichnis nach Art. 30 DS-GVO entnehmen lassen können. Art. 15 Abs. 1 Buchst. d DS-GVO enthält eine zu den Art. 13 Abs. 2 DS-GVO und Art. 14 Abs. 2 DS-GVO korrespondierende Verpflichtung dahingehend, dass möglichst die geplante **Dauer,** für die die personenbezogenen Daten gespeichert werden, oder, falls dies nicht möglich ist, die Kriterien für die Festlegung dieser Dauer, zu beauskunften sind. Damit können nach neuer Rechtslage zunächst nur allgemeine Kriterien für die Festlegung dieser Dauer bekanntgegeben werden (s. hierzu auch schon die Kommentierung zu → Kapitel 3 Rn. 20). Diese können bspw. darin bestehen, dass man an das Bestehen eines Vertrages und die damit verbundenen Aufbewahrungspflichten anknüpft. Die Dauer wiederum knüpft an die personenbezogenen Daten an, die „Gegenstand der Verarbeitung" sind.

dd) Wird in dem Auskunftsschreiben über das Bestehen der weiteren Betroffenenrechte informiert?

---

[31] Zur der Granularität und der Anforderungen sowohl an die Verarbeitungszwecke als auch die Kategorien von Daten s. → Kapitel 3 Rn. 11.

[32] So auch BeckOK DatenschutzR/*Schmidt-Wudy* DS-GVO Art. 15 Rn. 60; Plath/*Kamlah* DS-GVO Art. 15 Rn. 8.

51 Nach dem Gesetzeswortlaut ist der Verantwortliche in seiner Beantwortung der Anfrage zu den Informationen über seine personenbezogenen Daten verpflichtet, auf die weiteren Betroffenenrechte hinzuweisen. Art. 15 Abs. 1 Buchst. e DS-GVO nennt insoweit abschließend das Recht auf Berichtigung, das Recht auf Vergessenwerden, das Recht auf Einschränkung der Bearbeitung und das Recht der Verarbeitung zu widersprechen. Während das Recht auf Auskunft in dieser Auskunft selbstverständlich fehlt, verwundert, dass auf das Recht auf Datenübertragbarkeit gem. Art. 20 DS-GVO nicht belehrt werden muss.[33] Das Gesetz fordert – ebenso wie in den Informationen nach Art. 13, 14 DS-GVO – den bloßen Hinweis auf diese Rechte. Während es aus Transparenzgesichtspunkten empfehlenswert sein kann, die einzelnen Rechte und ihre Bedeutung zu erläutern → Kapitel 5 Rn. 140, sollte iRd Beantwortung des Auskunftsersuchens der gesetzliche geforderte Mindestinhalt, dh der Verweis auf die jeweiligen Rechte ausreichend sein.

ee) Wird in dem Auskunftsschreiben über das Bestehen des Beschwerderechts bei einer Aufsichtsbehörde informiert?

52 Gem. Art. 15 Abs. 1 Buchst. f DS-GVO hat der Verantwortliche die betroffene Person über ihr Beschwerderecht bei der Aufsichtsbehörde zu informieren. Dabei ist immer konkret die Aufsichtsbehörde zu benennen, die für den Verantwortlichen zuständig ist.[34] Ungeachtet davon hat die betroffene Person das Recht, sich auch bei anderen für sie in Frage kommenden Aufsichtsbehörden nach Art. 77 DS-GVO zu beschweren; über diesen Umstand wird aber nach Art. 15 DS-GVO keine Information verlangt. Die Kontaktdaten der für das Unternehmen zuständigen Aufsichtsbehörde sollten aus Erleichterungsgründen mit angegeben werden.[35] Zwingend ist dies jedoch nicht.

ff) Wird die betroffene Person über die Herkunft der Daten informiert, wenn sie nicht bei der betroffenen Person erhoben wurden?

53 Anders als die bisher aufgeführten Informationen, müssen die Informationen über die Herkunft der Daten nicht immer sondern nur gegeben werden, wenn diese nicht direkt bei der betroffenen Person erhoben wurden. In diesem Fall ist die Stelle oder Person oder sonstige Quelle zu beschreiben, von der die datenverarbeitende Stelle die Daten erhalten hat.[36] Diese lediglich beschreibenden Angaben zur Quelle sollen auch die Mittel benennen, mit denen die personenbezogenen Daten erhoben wurden.[37] Dabei müssen aber nur solche Informationen über Quelle(n) und Mittel mitgeteilt werden, die beim Verantwortlichen vorhanden sind. Ist dies nicht der Fall, ist der Verantwortliche nicht verpflichtet, diese Informationen zu Auskunftszwecken zu beschaffen.

gg) Wird die betroffene Person über automatisierte Entscheidungsfindungen informiert? (Informationen bezüglich des „ob", der Logik und des Tragweite)

54 Die iRd Auskunft nach Art. 15 Abs. 1 Buchst. h DS-GVO zu gebenden Informationen über die automatisierte Entscheidungsfindung ist deckungsgleich mit den Informationen, die unter Art. 13 Abs. 2 Buchst. f DS-GVO und Art. 14 Abs. 2 Buchst. g DS-GVO der betroffenen Personen mitzuteilen sind. Danach hat sie das Recht auf Auskunft im Hinblick auf:

---

[33] Kühling/Buchner/*Bäcker* DS-GVO Art. 15 Rn. 24.

[34] Paal/Pauly/*Paal* DS-GVO Art. 29; *Bräutigam/Schmidt-Wudy* CR 2015, 56 (61).

[35] Vgl. Kühling/Buchner/*Bäcker* DS-GVO Art. 12 Rn. 32; Ehmann/Selmayr/*Heckmann/Paschke* DS-GVO Art. 12 Rn. 40; Paal/Pauly/*Paal/Hennemann* DS-GVO Art. 12 Rn. 56–60.

[36] Gola/Heckmann/*Gola/Klug/Körffer* BDSG § 34 Rn. 10; HK-DS-GVO/*Specht* DS-GVO Art. 15 Rn. 10.

[37] Kühling/Buchner/*Bäcker* DS-GVO Art. 15 Rn. 25; HK-DS-GVO/*Specht* DS-GVO Art. 15 Rn. 10.

- das Bestehen einer automatisierten Entscheidungsfindung einschließlich Profiling,
- aussagekräftige Informationen über die involvierte Logik und
- die Tragweite und die angestrebten Auswirkungen einer derartigen Verarbeitung für die betroffene Person.

In einem ersten Schritt ist die betroffene Person darüber zu informieren, ob automatisier- **55** te Entscheidungsfindungen bei ihren personenbezogenen Daten zum Einsatz gekommen sind. Ist dies nicht der Fall, kann mit einem entsprechenden Textbaustein darüber informiert werden.

Kommen Verfahren zur automatisierten Entscheidungsfindung zum Einsatz, ist dies **56** zum einen im Auskunftsschreiben festzuhalten und zum anderen sind die benötigten Informationen zur involvierten Logik und Tragweite anzugeben. Die konkreten Informationen sollten sich bereits aus den hierzu erstellen Informationsschreiben nach Art. 13 DS-GVO und Art. 14 DS-GVO entnehmen lassen. Die Zulässigkeit solcher Verfahren zur automatisierten Entscheidungsfindung, einschließlich des Profilings ist in Art. 22 DS-GVO geregelt. Eine Definition zu Profiling findet sich in Art. 4 Abs. 4 DS-GVO. Die involvierte Logik ist so darzustellen, dass diese durch die betroffene Person nachvollzogen werden kann. Im Hinblick auf verwendete Algorithmen ist es ausreichend, Grundannahmen der Logik mitzuteilen.[38] Die Algorithmen als solche müssen nicht offengelegt werden, da es sich dabei um Geschäftsgeheimnisse des Verantwortlichen handeln dürfte.[39] Vielmehr sollte der Verantwortliche der betroffenen Person allgemeine Informationen übermitteln, die auch für die Anfechtung der Entscheidung seitens der betroffenen Person nützlich sein könnten. Hierzu zählen vor allem zu bei der Entscheidungsfindung berücksichtigten Faktoren und deren „Gewichtung" auf aggregierter Ebene.[40]

Als dritte Komponente müssen die potenziellen Auswirkungen der automatisierten **57** Entscheidungsfindung mitgeteilt werden. Auch hier gilt iSd Transparenz, dass die Darstellung möglichst einfach und verständlich erfolgt. Zur Erhöhung der Aussagekraft soll dabei durchaus auf eine Erläuterung anhand von Beispielen zurückgegriffen werden.[41] Auch grafische Darstellungen können eingesetzt werden, um ein Verständnis der Auswirkungen zu fördern.[42]

Beispiel hierfür wäre etwa dass eine Zusammenschau aus Zahlungshistorie, Scoringwert **58** und weiteren Faktoren der Bonitätsbewertung dazu führen kann, dass von den potentiell möglichen Zahlungsweisen nur bestimmte zur Auswahl stehen.[43] Durch eine verbesserte Zahlungsmoral in der Zukunft kann sich auch die Auswahl der zur Verfügung stehenden Zahlungsmöglichkeiten wieder verändern.

> **hh) Enthält das Auskunftsschreiben für den Fall der Übermittlung von Daten der betroffenen Person in Drittländer oder internationale Institutionen Informationen über geeignete Garantien gem. Art. 46 Abs. 2 DS-GVO?**

Dieser Bestandteil der Auskunft kommt dann zum Tragen, wenn Daten der betroffe- **59** nen Person in ein Drittland (dh nicht EU/EWR-Staat) oder an eine internationale Organisation übermittelt werden. Ist dies der Fall, müssen für den jeweiligen Einzelfall Informationen über die nach Art. 46 DS-GVO zulässigen und gewählten Garantien zur Verfügung gestellt werden. Bei den Informationen handelt es sich letztlich um eine Teilmenge an Informationen, die schon in den Informationen nach Art. 13 Abs. 1 Buchst. f

---

[38] Paal/Pauly/*Paal/Hennemann* DS-GVO Art. 13 Rn. 31–32.
[39] Zu den Grenzen des Auskunftsrechts → Rn. 62 ff.; vgl. *Roßnagel/Nebel/Richter* ZD 2015, 455, 458; HK-DS-GVO/*Specht* DS-GVO Art. 15 Rn. 10; *Art. 29-Datenschutzgruppe,* WP251rev.01, 3.10.2017, S. 28 f.
[40] *Art. 29-Datenschutzgruppe,* WP251rev.01, 3.10.2017, S. 29 f.
[41] *Art. 29-Datenschutzgruppe,* WP251rev.01, 3.10.2017, S. 28 f. mit instruktivem Beispiel im Hinblick auf Versicherungstarife.
[42] *Art. 29-Datenschutzgruppe,* WP251rev.01, 3.10.2017, S. 29.
[43] Vgl. *Bräutigam/Schmidt-Wudy* CR 2015, 56 (61).

DS-GVO und Art. 14 Abs. 1 Buchst. f DS-GVO enthalten sind. In Betracht kommen insoweit zB Binding Corporate Rules, EU-Standardvertragsklauseln bzw. Standarddatenschutzklauseln, nach Art 46 Abs. 2 Buchst. c, d DS-GVO, genehmigte Verhaltensregeln nach Art. 40 DS-GVO sowie genehmigte Zertifizierungen nach Art. 42 DS-GVO.

60   Da die Vorschrift ausdrücklich auf die Garantien nach Art. 46 Abs. 2 DS-GVO abstellt, müssen keine Informationen gegeben werden, wenn die Übermittlung in Drittländer oder internationale Institutionen auf einer Angemessenheitsentscheidung nach Art. 45 DS-GVO fußt.[44]

3. Recht auf eine Kopie der Daten

61   Nach Art. 15 Abs. 3 DS-GVO hat die betroffene Person einen Anspruch auf eine Kopie ihrer Daten.[45] Dabei scheint unklar, ob diese Bereitstellung der Kopie ohne gesonderte Aufforderungen zu erfolgen hat, da sie bereit in dem Antrag auf Auskunft enthalten sei.[46] Nach der hier vertretenen Auffassung, handelt es sich bei dem Anspruch auf eine Kopie um einen eigenständigen Anspruch, der unter Umständen bereits durch den Anspruch aus Art. 15 Abs. 1 DS-GVO erfüllt wird → Rn. 37 ff. Für die Kopie der Daten können diese so wiedergegeben werden, wie sie beim Verantwortlichen vorliegen.[47] Anders als bei dem Anspruch auf Datenportabilität nach Art. 20 DS-GVO ist der Verantwortliche nicht verpflichtet, die Daten zu strukturieren.[48]

IV. Grenzen der Auskunft

1. Ist sichergestellt, dass die Voraussetzungen bei denen eine Ablehnung des Auskunftersuchens möglich ist, geprüft werden?

62   Das Auskunftsersuchen kann nach Art. 12 Abs. 5 DS-GVO abgelehnt werden, wenn der Antrag offensichtlich unbegründet ist oder exzessiven Charakter hat. Diese Möglichkeit zur Ablehnung nach Abs. 5 S. 2 DS-GVO ist als Einrede zu qualifizieren.[49] Daneben hat der Verantwortliche nach freier Wahl die Möglichkeit im Fall offenkundig unbegründeter oder exzessiver Anträge, den Antrag zu beantworten, dann aber ein angemessenes Entgelt für sein Tätig werden zu verlangen.[50] Ein Antrag ist dann offenkundig unbegründet, wenn ohne eine vertiefte Prüfung erkennbar ist, dass die Voraussetzungen des gestellten Antrages nicht vorliegen.[51] Dies ist bspw. dann der Fall, wenn eine Ehefrau einen Antrag auf Auskunft über die Reisedaten ihres Ehemannes stellt. Nicht offenkundig unbegründet ist es dagegen, wenn die betroffene Person anfragt, ob personenbezogene Daten von ihr verarbeitet werden. Diese muss der Verantwortliche nach Art. 15 Abs. 1 DS-GVO in der ersten Stufe beantworten – auch dann, wenn es aus Sicht des Verantwortlichen offenkundig ist, dass er keine Daten von der betroffenen Person verarbeitet.

---

[44] Pauly/Paal/*Paal* DS-GVO Art. 15 Rn. 32; BeckOK DatenschutzR/*Schmidt-Wudy* DS-GVO Art. 15 Rn. 81, 82.

[45] Koreng/Lachenmann DatenschutzR-FormHdB/*Koreng* Datenschutzrecht F. II. 1 Rn. 5.

[46] So Ehmann/Sellmayr/*Ehmann* DSG-VO Art. 15 Rn. 22.

[47] Paal/Pauly/*Paal* DS-GVO Art. 1 Rn. 37a; Kühling/Buchner/*Bäcker* DS-GVO Art. 15. Rn. 40.

[48] Paal/Pauly/*Paal* DS-GVO Art. 1 Rn. 37a.

[49] Gola/*Franck* DS-GVO Art. 12 Rn. 32; BeckOK DatenschutzR/*Quaas* DS-GVO Art. 12 Rn. 46.

[50] Vgl. Kühling/Buchner/*Bäcker* DS-GVO Art. 12 Rn. 39; BeckOK DatenschutzR/*Quaas* DS-GVO Art. 12 Rn. 46; ebenso wohl Gola/*Franck* DS-GVO Art. 12 Rn. 32; aA Ehmann/Selmayr/*Heckmann/Paschke* DS-GVO Art. 12 Rn. 46 ff., mit einem nach Einzelfällen differenzierenden Ansatz.

[51] Vgl. Ehmann/Selmayr/*Heckmann/Paschke* DS-GVO Art. 12 Rn. 43.

Ein Antrag kann inhaltlich oder zeitlich exzessiv sein. Inhaltlich exzessiv ist eine An- **63** tragstellung insbes. dann, wenn sie einen unverhältnismäßigen Umfang aufweist.[52] Ein Beispiel für einen inhaltlich exzessiven Antrag könnte sein, wenn Daten nur noch in Backups, nicht aber mehr in den aktiv genutzten Systemen vorhanden sind.[53] Zeitlich exzessiv ist ein Antrag dann, wenn er in unangemessen kurzen Abständen zum letzten Antrag erfolgt. Erwgr. 63 DS-GVO spricht davon, dass das Recht auf Auskunft in angemessen Abständen wahrgenommen werden können sollte. Ist der Antrag exzessiv, steht dem Verantwortlichen dann insgesamt ein Auskunftsverweigerungsrecht zu oder er kann angemessene Kosten für seine Auskunft verlangen, hierzu näher → Rn. 31. Zu § 34 BDSG aF wurden Anfragen im Wochenrhythmus grds. als exzessiv aufgefasst.[54]

2. Werden bei der Beantwortung des Auskunftersuchens die Einschränkungen im Umfang der zu beauskunftenden Informationen berücksichtigt?

Der deutsche Gesetzgeber hat für den Umfang der zu beauskunftenden Informationen **64** nach Art. 15 DS-GVO von der Öffnungsklausel in Art. 23 DS-GVO Gebrauch gemacht. § 34 BDSG nF benennt unter dem Titel: „Auskunftsrecht der betroffenen Personen" Beschränkungen, dh Fälle, in denen das Recht auf Auskunft der betroffenen Person eingeschränkt ist.

Aus Art. 15 DS-GVO in iVm Art. 34 BDSG ergibt sich daher folgendes Bild: es müs- **65** sen nur aktuelle Daten beauskunftet werden (keine gelöschten Daten),[55] keine Daten, die nicht mehr aktiv verarbeitet werden (dh keine Daten die nur zur Archivierungszwecken gespeichert sind), § 34 Abs. 1 Nr. 2 Buchst. a BDSG nF und keine Daten, die nur der Datensicherheit oder dem Datenschutz dienen (zB bestimmte Metadaten, wie etwa eine Zugriffs- oder Änderungsprotokollierung; § 34 Abs. 1 Nr. 2 Buchst. b BDSG nF). Voraussetzung für die beiden letztgenannten Fälle ist gem. § 34 Abs. 1 Nr. 2 aE BDSG allerdings, dass sie Auskunftserteilung einen

„… unverhältnismäßigen Aufwand erfordern würde sowie eine Verarbeitung dieser Daten zu anderen Zwecken durch geeignete technische und organisatorische Maßnahmen ausgeschlossen ist".

Für die archivierten Daten, ergibt sich diese Anforderung bereits iRd Rechenschafts- **66** pflichten aufgesetzten Löschkonzeptes → Kapitel 8. Auch die Beschränkung der Verarbeitung durch geeignete technische und organisatorische Maßnahmen gehört zu einem schlüssigen Datenschutzkonzept. Bleibt im Wesentlichen also die Frage zu klären, wann von einem unverhältnismäßigen Aufwand auszugehen ist. Dies dürfte insbes. dann der Fall sein, wenn bei den archivierten Daten das Auslesen der Daten einen wesentlich erhöhten Aufwand darstellt. Hier kann ein Vergleich zur Informationsbeschaffung für nichtarchivierte Daten hilfreich sein. Hinsichtlich der Daten, die ausschließlich der Datensicherheit oder dem Datenschutz dienen (zB als Bestandteil der technischen und organisatorischen Maßnahmen nach Art. 32 DS-GVO, vgl. hierzu → Kapitel 9).

Ferner sind durch § 34 Abs. 1 Nr. 1 BDSG iVm § 33 Abs. 1 BDSG weitere Daten von **67** der Beauskunftung ausgenommen. Dies sind Daten, die bereits schon von den Informationspflichten ausgenommen wurden. Im Wesentlichen handelt es sich dabei um Daten, die nicht direkt beim Betroffenen erhoben wurden und eine Information unterbleiben konnte, da ansonsten die öffentliche Sicherheit und Ordnung bzw. das Wohl des Bundes oder der Länder gefährdet würde, vgl. § 33 Abs. 1 Nr. 1, Nr. 2 Buchst. b BDSG nF.

---

[52] Ausf. Gola/*Franck* DS-GVO Art. 15 Rn. 39 f.
[53] Gola/*Franck* DS-GVO Art. 15 Rn. 42.
[54] Gola/*Franck* DS-GVO Art. 15 Rn. 35; NK-BDSG/*Dix* BDSG § 34 Rn. 21.
[55] BeckOK DatenschutzR/*Schmidt-Wudy* DS-GVO Art. 15 Rn. 52; Kühling/Buchner/*Bäcker* DS-GVO Art. 15 Rn. 9. Plath/*Kamlah* DS-GVO Art. 15 Rn. 5.

68   Schließlich muss sichergestellt werden, dass der Betroffene über die Verweigerung der Auskunft benachrichtigt wird. Hierzu gehört auch, dass die Gründe der Verweigerung angegeben werden.

69   Daneben lassen sich weitere Einschränkungen der zu beauskunftenden Informationen aus Art. 15 DS-GVO iVm Erwgr. 63 DS-GVO ableiten. In Erwgr. 63 S. 5 DS-GVO wird klargestellt, dass das Recht auf Auskunft

„… die Rechte und Freiheiten anderer Personen, etwa Geschäftsgeheimnisse oder Rechte des geistigen Eigentums und insbes. das Urheberrecht an Software, nicht beeinträchtigen [sollte]".

70   Zu solchen Geschäftsgeheimnissen gehören zB Scoreformeln.[56] Dies darf allerdings nicht dazu führen, dass der betroffenen Person jegliche Auskunft mit dem Verweis auf die Rechte und Freiheiten Dritter verweigert wird.[57] Eine Regelung im Hinblick auf Personen, die der berufsrechtlichen Verschwiegenheit unterliegen, wurde nicht in die endgültige Fassung der DS-GVO aufgenommen.[58]

71
1. Werden folgende Daten von der Beauskunftung ausgeschlossen?
❏ Archivierte Daten
❏ Daten die ausschließlich der Datensicherheit und dem Datensicherheit dienen
2. Wenn ja, wurde im Auskunftsschreiben
❏ der Ausschluss im Auskunftsschreiben angegeben
❏ eine Begründung im Auskunftsschreiben angegeben
❏ Gründe für die Auskunftsverweigerung dokumentiert:
a) unverhältnismäßig großer Aufwand <u>und</u>
b) technische und organisatorische Maßnahmen, die eine Verarbeitung zu anderen Zwecken ausschließen

---

[56] BGHZ 200, 38 Rn. 27.
[57] Paal/Pauly/*Paal* DS-GVO Art. 15 Rn. 41; *Deuster* PING 2016, 75 (78); Kühling/Buchner/*Bäcker* DS-GVO Art. 15 Rn. 42.
[58] Paal/Pauly/*Paal* DS-GVO Art. 15 Rn. 43.

Kapitel 7. Sonstige Betroffenenrechte

Literatur:

Art. 29-Datenschutzgruppe, WP 242rev.01 Leitlinien zum Recht auf Datenübertragbarkeit, angenommen am 13.12.2016 zuletzt überarbeitet und angenommen am 5.4.2017; *Brüggemann,* Das Recht auf Datenübertragbarkeit, K&R 2018, 1; *Hanloser,* Europäische Security Breach Notification, MMR 2010, 300; *Jülicher/Röttgen/v. Schönfeld,* Das Recht auf Datenübertragbarkeit – Ein datenschutzrechtliches Novum, ZD 2016, 359; *Marschall,* Datenpannen — „neue" Meldepflicht nach der europäischen DS-GVO?, DuD 2015, 183; *Piltz,* Die Datenschutz-Grundverordnung. Teil 2: Rechte der Betroffenen und korrespondierende Pflichten des Verantwortlichen, K&R 2016, 629; *Roßnagel/Richter/Nebel,* ZD 2013, 103; *Stiftung Datenschutz,* Praktische Umsetzung des Rechts auf Datenübertragbarkeit – Rechtliche, technische und verbraucherbezogene Implikationen, 2017; *Sperrlich,* Das Recht auf Datenübertragbarkeit, DuD 2017, 377, *Strubel,* Anwendungsbereich des Rechts auf Datenübertragbarkeit – Auslegung des Art. 20 DS-GVO unter Berücksichtigung der Guidelines der Art 29-Datenschutzgruppe, ZD 2017, 355.

A. Einführung

Auch für die sonstigen Betroffenenrechte, die nicht in eigenen Kapiteln wie etwa das 1 Recht auf Auskunft → Kapitel 6 oder das Recht auf Löschen → Kapitel 8 in diesem Buch behandelt werden, gelten die organisatorischen und formalen Anforderungen, wie sie insbes. in Art. 12 zum Ausdruck kommen. So sind die in Art. 12 DS-GVO genannten Fristen zu Beantwortung der Betroffenenanfragen einzuhalten, vgl. hierzu ausführlich bereits → Kapitel 3 und → Kapitel 6 Rn. 1 ff. Insbes. im Hinblick auf das Recht auf Datenübertragbarkeit ergeben sich hier weitgehende Überschneidungen mit dem Recht auf Auskunft, → Kapitel 6 Rn. 1 ff. Besonders hervorzuheben ist hier noch einmal, dass die Identität des Anfragenden verifiziert wird, um eine Datenübermittlung an einen Unberechtigten und so eine unrechtmäßige Datenverarbeitung zu vermeiden, → Kapitel 6 Rn. 1 ff. Nicht enthalten sind in diesem Kapitel Ausführungen zum Widerspruchrecht und automatisierten Entscheidungsfindung im Einzelfall (Art. 21, 22 DS-GVO). Zum Widerspruchsrecht sind Ausführungen in → Kapitel 5 Rn. 148 zu finden.

B. Erläuterungen zur Checkliste

I. Recht auf Berichtigung

Ein bereits aus dem BDSG aF bekanntes Betroffenenrecht, das auch in der DS-GVO ent- 2 halten ist, ist das Recht auf Berichtigung. Danach hat der Betroffene das Recht, dass jede Information, die nicht mit der Realität übereinstimmt,[1] durch den Verantwortlichen berichtigt wird. Dabei verbirgt sich hinter dem Recht aus Art. 16 DS-GVO nicht nur das Recht auf Korrektur (Art. 16 S. 1 DS-GVO) sondern auch das Recht auf Vervollständigung (Art. 16 S. 2 DS-GVO).

> 1. Organisatorische Anforderung an das Recht auf Berichtigung
> a) Werden die Fristen zur Entscheidung über die Berichtigung und zur Berichtigung selbst eingehalten?

Art. 16 DS-GVO verlangt ausdrücklich noch einmal, dass die Berichtigung der unrich- 3 tigen Daten unverzüglich erfolgen soll. Dies bedeutet, wie auch in § 121 Abs. 1 BGB definiert, ohne schuldhaftes Zögern. Insoweit stimmt das deutsche Verständnis mit dem

---

[1] Zum Begriff der Unrichtigkeit vgl. Ehmann/Selmayr/*Kamann/Braun* DS-GVO Art. 16 Rn. 13 mwN.

europäischen Rechtsverständnis des Begriffes überein.[2] Die Monatsfrist des Art. 12 Abs. 3 S. 3 DS-GVO bezieht sich in diesem Fall auf die Entscheidung über den Berichtigungsantrag. Bei komplexeren Fällen kann diese Frist innerhalb des ersten Monats um zwei weitere Monate verlängert werden. Denkbar ist dies vor allem dann, wenn der Berichtigungsentscheidung ein komplexer Sachverhalt zugrunde liegt oder die Beweislage besondere Herausforderungen für den Verantwortlichen in seiner Entscheidungsfindung bereithält.

b) Wird die Verarbeitung der im Berichtigungsantrag benannten personenbezogenen Daten bei entsprechendem Antrag für die Dauer bis zur Entscheidung eingeschränkt?

4   Art. 18 Abs. 1 Buchst. a DS-GVO gibt der betroffenen Person das Recht für die Dauer bis zur Entscheidung über den von ihr geltend gemachten Berichtigungsanspruch die Einschränkung der Verarbeitung zu verlangen. Eine Verarbeitung dieser personenbezogenen Daten ist dann in diesem Zeitraum nur noch im von Art. 18 Abs. 2 DS-GVO vorgesehenen Rahmen erlaubt.

5   Entscheidet der Verantwortliche gegen einen Berichtigungsanspruch, kann die Einschränkung der Verarbeitung wieder aufgehoben werden. Nicht geregelt ist in Art. 18 DS-GVO die Einschränkung der Verarbeitung für den Fall, dass sich die betroffene Person mit Rechtsmitteln gegen die Entscheidung des Verantwortlichen wehrt. Eine unmittelbare rechtliche Verpflichtung zur Einschränkung der Verarbeitung besteht daher bis zur gerichtlichen Entscheidung nicht. Allerdings kann es im Einzelfall geboten sein, die Verarbeitung der in Rede stehenden personenbezogenen Daten einzuschränken und dies bis zur gerichtlichen Entscheidung aufrecht zu halten.

6   Zu beachten ist, dass auch das Recht auf Einschränkung der Verarbeitung als Betroffenenrecht von der betroffenen Person geltend gemacht werden muss. Macht der Betroffene das Recht auf Berichtigung geltend, folgt daraus also nicht ipso iure, dass die Bearbeitung der in Rede stehenden Daten eingeschränkt werden muss. Nur dann, wenn die betroffene Person auch dieses weitere Recht macht, muss dem Folge geleistet werden. Ob ein solcher Antrag gestellt wurde, ist im Einzelfall zu knüpfen. Möchte der Verantwortliche ein (Online)Formular für die Geltendmachung der Betroffenenrechte vorhalten, sollten hierfür jeweils Anfragemöglichkeiten vorgesehen werden.

c) Enthält die Mitteilung über die Entscheidung die relevanten Aspekte?
aa) Informiert die Entscheidung darüber, dass und welche Daten berichtigt werden?

7   Entscheidet der Verantwortliche, die relevanten personenbezogenen Daten zu berichtigen, sollte die Mitteilung zur Entscheidung Informationen darüber enthalten, bis wann die relevanten personenbezogenen Daten berichtigt werden. Art. 16 Abs. 1 DS-GVO verlangt, dass die Berichtigung unverzüglich, also ohne schuldhaftes Zögern erfolgt. Soweit zB aus technischen Gründen eine unmittelbare Berichtigung nicht möglich ist, sollte daher auf die Gründe für die zeitliche Verzögerung hingewiesen werden. Wurde eine Einschränkung der Verarbeitung dieser Daten nach Art. 18 Abs. 1 Buchst. a DS-GVO verlangt, ist diese bis zur Berichtigung aufrecht zu halten und auch darüber zu informieren, dass ab der Berichtigung die Einschränkung der Verarbeitung für die nunmehr berichtigten Daten aufgehoben ist, vgl. Art. 18 Abs. 4 DS-GVO.

bb) Wird mit der Entscheidung darüber informiert, dass und warum welche Daten nicht berichtigt werden?

---

[2] *Marschall* DuD 2015, 183 (186); *Hanloser* MMR 2010, 300 (302); *Gola/Reif* DS-GVO Art. 16 Rn. 18.

Entscheidet der Verantwortliche, dass er die relevanten personenbezogenen Daten nicht **8** berichtigten muss bzw. darf, muss er die betroffene Person hierzu ebenfalls unterrichten. Die Unterrichtung muss neben den Gründen für die getroffene Entscheidung auch einen Hinweis auf die Möglichkeit, Beschwerde bei der Aufsichtsbehörde oder einen gerichtlichen Rechtsbehelf einzulegen, enthalten (Art. 12 Abs. 4 DS-GVO).

Hatte der Betroffene auch beantragt, dass die Verarbeitung der relevanten personenbe- **9** zogenen Daten bis zur Entscheidung über den Antrag auf Berichtigung einzuschränken seien, ist der Betroffene auch darüber zu informieren, dass mit der Entscheidung die Einschränkung der Verarbeitung wieder aufgehoben wird, vgl. Art. 18 Abs. 4 DS-GVO.

cc) Erfolgt die Mitteilung über die Berichtigungsentscheidung in einer dokumentierbaren Form?

Die Unterrichtung ist zwar grds. formfrei, allerdings empfiehlt es sich aus Beweisgrün- **10** den für den Verantwortlichen, entweder elektronisch zB per E-Mail oder schriftlich zu unterrichten. Wurde der Antrag in elektronischer Form gestellt, ist auch die Entscheidung in elektronischer Form mitzuteilen (Art. 12 Abs. 3 S. 4 DS-GVO).

d) Werden die Empfänger der Daten über die Berichtigung informiert?

Entscheidet der Verantwortliche, dass die relevanten Daten zu berichtigen sind, ver- **11** pflichtet ihn Art. 19 DS-GVO dazu, die Empfänger der relevanten personenbezogenen Daten darüber zu informieren, dass die Daten berichtigt wurden und auch bei den Empfängern entsprechend zu berichtigen sind. Um die Empfänger der Daten zu ermitteln, sollte zunächst das Verarbeitungsverzeichnis, in dem gem. Art. 30 DS-GVO die Kategorien der Empfänger zu den einzelnen Verarbeitungen hinterlegt sein müssen (→ Kapitel 3 Rn. 43), herangezogen werden. Für die tatsächlichen Mitteilungen ist es allerdings unerlässlich, die konkreten Empfänger zu kennen. Auch dies ist ein Grund dafür, ein ausführliches „Datenmapping" durchzuführen, um nachvollziehen zu können, welche personenbezogenen Daten an welchen Empfänger übermittelt wurden. Nur so lässt sich sinnvoll der Anordnung des Art. 19 DS-GVO nachkommen, die iÜ auch für die Rechte aus Art. 17, 18 DS-GVO gilt.

Ist die Ermittlung der Empfänger unverhältnismäßig, kann eine Mitteilungspflicht ent- **12** fallen. Der Maßstab für die Unverhältnismäßigkeit dürfte sich zum einen an dem Inhalt und Gewicht der zu berichtigenden Daten orientieren. Zum anderen dürfte auch Aufwand in Zeit und Geld zu berücksichtigen sein. Dabei dürfte aber auch eine Rolle spielen, was vernünftiger Weise an Vorkehrungen iSd Rechenschaftspflicht schon hätte vorhanden sein sollen.

Gleichzeitig sollte, soweit vorhanden, in den vertraglichen Vereinbarungen mit den **13** Empfängern festgelegt werden, an wen (im Sinne eines konkreten Ansprechpartners) die Information zu kommunizieren ist. Ist der Verantwortliche als Auftraggeber einer Auftragsverarbeitung oder als gemeinsamer Verantwortlicher auch für die Datenverarbeitung beim Empfänger verantwortlich, müssen auch Verpflichtungen, Prozesse und Fristen zur Umsetzung der Berichtigung und Einschränkung der Verarbeitung festgelegt werden. Die Empfänger sind der betroffenen Person auf Anfrage mitzuteilen (Art. 19 S. 2 DS-GVO).

Werden die Daten im sog. Abrufverfahren dem Empfänger offengelegt, reicht es nicht **14** aus, die Daten im Abrufdatenbestand zu korrigieren, sondern der Empfänger ist auch in diesem Fall über die Berichtigung, zB durch automatisierte Nachmeldeverfahren, zu informieren.[3]

---

[3] Gola/*Gola* DS-GVO Art. 19 Rn. 4.

15   Eine Frist für die Mitteilungspflichten des Art. 19 DS-GVO ist in Art. 12 DS-GVO nicht vorgesehen.[4]

2. Inhaltliche Anforderungen für den Anspruch auf Berechtigung oder Vervollständigung

16   Art. 16 DS-GVO enthält zwei Ausprägungen des Betroffenenrechts auf Berichtigung. Zum einen handelt es sich um den in S. 1 angesprochenen Anspruch auf die Berichtigung unrichtiger Daten. In S. 2 stellt Art. 16 DS-GVO klar, dass bei unvollständigen Daten ein Anspruch auf Vervollständigung bestehen kann.

a) Sind die unrichtigen Daten vom Berichtigungsanspruch erfasst?

17   Der in Art. 16 S. 1 DS-GVO verwendete Begriff der Unrichtigkeit ist in der DS-GVO nicht definiert und muss daher ausgelegt werden. Bei der Auslegung ist grds. zu beachten, dass die Begriffe nicht auf Grundlage des nationalen Rechtsverständnisses, sondern autark nach Maßgabe europäischer Begrifflichkeiten zu verstehen sind. Entsprechend lassen sich unterschiedliche Kategorien bilden:

aa) Stimmt der objektive Aussagegehalt nicht mit der Realität überein?

18   Jedenfalls sind alle Informationen unrichtig, deren objektiver Aussagegehalt nicht mit der Realität übereinstimmt.[5]

Geburtsdatum, Geschlecht, Wohnort etc.

bb) Sind die unrichtigen Daten aufgrund rechtlicher Irrtümer entstanden?

19   Auch rechtliche Irrtümer können unrichtige Daten hervorbringen:

Eine betroffene Person hat die (zahlungspflichtige) Mitgliedschaft in einem Fitnessstudio gekündigt. Im Online-Portal des Fitnessstudios wird der Vertrag jedoch mit einer um ein Jahr verlängerten Laufzeit angegeben. Die beim Verantwortlichen bearbeitende Person hielt die Kündigung nicht für fristgemäß, da der Ablauf der Kündigungsfrist auf einem Sonntag lag. Tatsächlich ist das Kündigungsschreiben des Betroffenen aber erst am darauf folgenden Montag eingegangen. Hier hat die bearbeitende Person die Regelung des § 193 BGB übersehen. Danach ist die Kündigung fristgemäß zugegangen und die Vertragslaufzeit ist entsprechend zu berichten.

cc) Handelt es sich bei den angeblich unrichtigen Daten um Werturteile?

20   Ob Werturteile dem Berichtigungsanspruch unterfallen können, ist unklar.[6] Denn Werturteile sind, anders als Tatsachenbehauptungen, gerade nicht dem Beweis der Richtigkeit zugänglich. Es dürfte für den Betroffenen schon schwierig sein, substantiiert darzulegen, dass das Werturteil unrichtig ist. Denkbar ist dies dann, wenn das Werturteil auf einer unrichtigen Tatsachenbehauptung beruht.[7] Hier stellt sich dann aber die Frage, ob dies nicht zielgerichteter durch den Anspruch auf Vervollständigung zu lösen ist. In der Praxis dürfte einem solchen Berichtigungsantrag eher mit Zurückhaltung begegnet werden.

---

[4] Dennoch wird zT eine unverzügliche Mitteilung verlangt: Gola/*Gola* DS-GVO Art. 19 Rn. 6 mwN.
[5] Ehmann/Selmayr/*Kamann*/*Braun* DS-GVO Art. 16 Rn. 14.
[6] Dafür spricht sich unter funktionaler Auslegung etwa Ehmann/Selmayr/*Kamann*/*Braun* DS-GVO Art. 16 Rn. 20 aus.
[7] Ehmann/Selmayr/*Kamann*/*Braun* DS-GVO Art. 16 Rn. 20.

b) Handelt es sich um unvollständige personenbezogene Daten iSd Berichtigungsanspruchs?

Der in Art. 16 S. 2 DS-GVO geregelte Anspruch auf Vervollständigung hat zwei Voraussetzungen.[8] Zunächst muss es sich um einen unvollständigen Datensatz handeln. Ferner kann nur dann eine Ergänzung um weitere Informationen verlangt werden, wenn diese im Hinblick auf den Verarbeitungszweck notwendig sind, um ein zutreffendes Bild der betroffenen Person zu zeichnen.[9] **21**

Selbst wenn der eigentliche Datensatz vollständig ist, kann die betroffene Person verlangen, dass der Verantwortliche ihm eine ergänzende Erklärung hinzufügt. Dies kann immer dann praktisch bedeutsam werden, wenn die bisher vorhandenen Daten einer Erläuterung bedürfen, um beim Empfänger kein falsches Bild von der betroffenen Person entstehen zu lassen. **22**

aa) Sind die personenbezogenen Daten bezogen auf den konkreten Verarbeitungszweck unvollständig?

Grundsätzlich besteht kein Anspruch einer betroffenen Person, dass ein möglichst vollständiges Datenbild von ihr beim Verantwortlichen von ihr vorhanden ist. Dies ist unter dem Aspekt der geforderten Datenminimierung in Art. 5 Abs. 1 Buchst. c DS-GVO auch von der DS-GVO gerade nicht gewollt. Eine Vervollständigung ist also nur dann zu fordern, wenn es gerade auf dieses fehlende Datum für den Zweck der Datenverarbeitung ankommt. Das kann dazu führen, dass ein und dasselbe Datum in unterschiedlichen Konstellation in einer Variante vervollständigt werden muss und in einer anderen nicht. **23**

Bei der bei einem Online-Versandhändler gespeicherten Lieferadresse fehlt nach der Straße die Hausnummer. Da die Daten für die Adressierung und den Versand von Waren verwendet werden, kommt es auf die Hausnummer für den reibungslosen Versand der Waren an. Ein Anspruch auf Vervollständigung besteht. **24**

Bei einem Mietvergleichsportal fehlt bei der betroffenen Person wiederum die Hausnummer zur Straße. Das Portal errechnet die Vergleichsmiete in einem bestimmten Radius um die Straße mit einer dazugehörigen Postleitzahl. Die Angabe der konkreten Hausnummer wird von dem Portal weder benötigt noch ist die Angabe der Hausnummer gewünscht. In diesem Fall wird das Datum Hausnummer für den Zweck nicht benötigt, so dass kein Anspruch auf Vervollständigung besteht. **25**

bb) Sind die personenbezogenen Daten irreführend, unklar und/oder missverständlich?

Auch irreführende, unklare und missverständliche Daten können im Lichte der EGMR-Rechtsprechung zur RL 95/46/EG „unrichtig" sein.[10] Diese Daten sind aber nur dann zu berichtigen, wenn sie nach dem Zweck der Verarbeitung die betroffene Person in ein „falsches Licht" rücken und damit seine/ihre Rechtsstellung beinträchtigen können.[11] Gegebenenfalls kann eine ergänzende Erklärung erforderlich sein, wenn ein Datum in einen Kontext gesetzt werden muss, um Missverständnisse zu vermeiden.[12] **26**

---

[8] Koreng/Lachenmann DatenschutzR-FormHdB/*Koreng* F. III. Rn. 4.

[9] BeckOK DatenschutzR/*Worms* DS-GVO Art. 16 Rn. 58; Kühling/Buchner/*Herbst* DS-GVO Art. 16 Rn. 27; NK-DatenschutzR/*Dix* DS-GVO Art. 16 Rn. 18.

[10] EGMR Urt. v. 27.4.2010 – Nr. 27138/04 Rn. 53 – Ciubotaru/Moldawien.

[11] Paal/Pauly/*Paal* DS-GVO Art. 16 Rn. 18; Kühling/Buchner/*Herbst* DS-GVO Art. 16 Rn. 27; NK-DatenschutzR/*Dix* DS-GVO Art. 16 Rn. 12.; Gola/*Reif* DS-GVO Art. 16 Rn. 18 sehen darin eher eine zu berichtigende Unrichtigkeit. Letztlich sind diese Informationen jedoch in jedem Fall zu berichtigen.

[12] Kühling/Buchner/*Herbst* DS-GVO Art. 16 Rn. 13; Kühling/Buchner/*Herbst* DS-GVO Art. 16 Rn. 14.

27 Aus der Bonitätsauskunft einer Auskunftei geht hervor, dass eine Kreditforderung durch eine betroffene Person nicht mehr bedient wurde.

Tatsächlich hatten die betroffene Person und die Bank einen Vergleich mit der Wirkung geschlossen, dass die in der Auskunftei vermerkte restliche Kreditforderung erloschen ist. Diese Information hatte die Bank jedoch nicht an die Auskunftei mitgeteilt.

Hier hat die betroffene Person einen Anspruch darauf, dass die Informationen in der Auskunftei vervollständigt werden.[13]

c) Sind für die Entscheidung über die Frage der Richtigkeit von Daten die Rollen und Verantwortlichkeiten festgelegt?

28 Macht die betroffene Person ihr Recht auf Berichtigung unrichtiger Daten oder unvollständiger Daten geltend, muss darüber beim Verantwortlichen unverzüglich, spätestens jedoch innerhalb eines Monats nach Zugang des Antrags entschieden werden. Um eine solche Entscheidung treffen zu können, muss der Betroffene zunächst Anhaltspunkte[14] liefern, aus denen sich ergibt, dass die beim Verantwortlichen verarbeiteten Daten unrichtig und/oder unvollständig sind.[15] Die betroffene Person trägt die primäre Darlegungs- und Beweislast.[16] Auf dieser Grundlage muss beim Verantwortlichen die Entscheidung getroffen werden, ob die Daten zu berichtigen sind. Da der Verantwortliche ohnehin aus Art. 5 Abs. 1 Buchst. d DS-GVO zur Richtigkeit der bei ihm verarbeiteten Daten verpflichtet ist, muss er auch eigene Nachforschungen zur Richtigkeit/Vollständigkeit der Daten anstellen. Hierzu sind Kenntnisse der Datenquellen, Möglichkeiten der Fehlerquellen in den IT-Systemen und/oder Anwendungen sowie je nach Art der Unrichtigkeit rechtliche Einschätzungen erforderlich. Entsprechend sollte der Verantwortliche festlegen, wer im Fall einer solchen Anfrage informiert, angehört und zur Entscheidung berufen sein soll. Auch hier bietet sich bei entsprechender Größe des Unternehmens wieder eine Orientierung an einer RACI-Struktur an (→ Kapitel 2 Rn. 9).

d) Wird die Berichtigung in allen relevanten Systemen durchgeführt?

29 Die Berichtigung erfolgt dadurch, dass die gespeicherten Daten in Übereinstimmung mit der Realität gebracht werden.[17] Dies kann durch eine Veränderung, eine vollständige oder teilweise Löschung der betreffenden Daten erfolgen; im Fall der Unvollständigkeit erfolgt die Berichtigung durch Vervollständigung oder durch eine ergänzende Erklärung. Für den Verantwortlichen ist die Verpflichtung erst dann erfüllt, wenn die Berichtigung der Daten in allen relevanten Systemen durchgeführt wurde. Solange es nicht nur eine zentrale Datenquelle gibt, ist dies mit einem gewissen Aufwand verbunden, der in der Mitteilung an den Betroffenen zu berücksichtigen ist. Ferner sollte der Verantwortliche ein Augenmerk darauf richten, dass nicht die berichtigten Daten zB durch das Aufspielen einer Sicherheitskopie wieder auf den alten Stand zurückgesetzt werden. Hier sind technische und organisatorische Maßnahmen zu treffen, um Berichtigungen wiederherzustellen.

---

[13] Beispiel nach Koreng/Lachenmann DatenschutzR-FormHdB/*Koreng* F. III. Rn. 4 mwN, ähnl. auch nach Ehmann/Selmayr/*Kamann*/*Braun* DS-GVO Art. 16 Rn. 14; sowie OLG Düsseldorf NJW 2005, 2401 Ls. 1.

[14] Nach HK-DS-GVO/*Peuker* DS-GVO Art. 16 Rn. 14 soll bereits ein einfaches Bestreiten der Daten ausreichen, wenn diese genau bezeichnet werden. Dies dürfte aber unter Umständen kaum zielführend sein. In der Regel ist der betroffenen Person daran gelegen, die richtigen/vollständigen Daten dem Verantwortlichen mitzuteilen. Ist dies nicht der Fall, kann sich dies auf die Zeit bis zur Berichtigung auswirken.

[15] Ehmann/Selmayr/*Kamann*/*Braun* DS-GVO Art. 16 Rn. 22.

[16] HK-DS-GVO/*Peuker* DS-GVO Art. 16 Rn. 14.

[17] Kühling/Buchner/*Herbst* DS-GVO Art. 16 Rn. 18.

II. Recht auf Datenübertragbarkeit

Das Recht auf Datenübertragbarkeit in Art. 20 DS-GVO ist ein genuin neues Recht der 30 DS-GVO.

Es ermöglicht der betroffenen Person, die Mitglied im sozialen Netzwerk N ist, mit allen Inhalten, die diese Person dort bereitgestellt hatte, zum sozialen Netzwerk S umzuziehen.

Ein solches Recht gab es bislang weder in der RL 95/46/EG noch existierte es in der nationalen datenschutzrechtlichen Gesetzgebung in den EU-Mitgliedstaaten. Im Gesetzgebungsprozess war das Recht auf Datenübertragbarkeit äußerst umstritten, da es über das Ziel des Schutzes der personenbezogenen Daten hinausgeht. Da aber die DS-GVO darauf gerichtet ist, ein umfassendes Rechtsregime für die Verarbeitung und den freien Verkehr personenbezogener Daten zu schaffen, wurde auch das Recht Datenübertragbarkeit (wenn auch in abgespeckter Form) in die finale Fassung der DS-GVO aufgenommen. Es ist allerdings kein Instrument zur Regelung des Wettbewerbs. Dies zeigt sich etwa daran, dass der Anspruch auf Datenübertragbarkeit nach Art. 20 DS-GVO nicht darauf beschränkt ist, solche Daten zu portieren, die für einen Anbieterwechsel notwendig wären. Dennoch ist es eines der erklärten Ziele, Anbieterwechsel zB bei sozialen Netzwerken zu vereinfachen und attraktiver zu gestalten.[18] Hierzu will die Vorschrift Interoperabilität zwischen verschiedenen Systemen fördern.[19] Art. 20 DS-GVO gibt also jeder natürlichen Person das Recht, die sie betreffenden Daten, die sie einem Verantwortlichen zur Verfügung gestellt hat, in einem strukturierten, gängigen, maschinenlesbaren und interoperablem Format zu erhalten und diese Daten ohne Behinderung einem anderen Verantwortlichen zu übermitteln.

1. Vom Recht auf Datenübertragbarkeit erfasste Verarbeitungen

Zunächst sollte der Verantwortliche sich darüber Klarheit verschaffen, welche Daten 31 einer betroffenen Person vom Anspruch auf Datenübertragung erfasst sind. Anders als beim Anspruch auf Auskunft sind nur bestimmte Daten der betroffenen Person vom Anspruch auf Datenübertragbarkeit erfasst. In Art. 20 DS-GVO verbergen sich insgesamt fünf Voraussetzungen, die für die Daten erfüllt sein müssen, damit diese vom Recht auf Datenübertragbarkeit erfasst sind. Zunächst muss die Datenverarbeitung mit automatisierten Mitteln erfolgen. Weiter einschränkend regelt Art. 20 DS-GVO, dass nur solche personenbezogenen Daten der betroffenen Person erfasst sind, die entweder aufgrund einer Einwilligung oder zur Durchführung eines Vertrages verarbeitet werden. Ferner müssen sie die anfragende Person betreffen und auch von der betroffenen Person bereitgestellt worden sein.

a) Findet die Datenverarbeitung mit automatisierten Mitteln statt?

Das erste Ausschlusskriterium ergibt sich aus der Art der Datenverarbeitung. Denn es 32 sind nur solche personenbezogenen Daten erfasst, die „mit automatischen Mitteln erfolgt". Auf die meisten Dokumente in Papierform erstreckt sich also der Anspruch nicht.

Patientenakten, die beim Arzt ausschließlich in Papierform geführt werden, sind also nicht vom Anspruch auf Datenübertragbarkeit erfasst. Es besteht auch kein Anspruch des Betroffenen auf Digitalisierung, um eine Datenübertragbarkeit zu ermöglichen.

---

[18] *Sperrlich* DuD 2017, 377 spricht von der Verkehrsfähigkeit der Daten.
[19] BeckOK DatenschutzR/von Lewinski DS-GVO Art. 20 Rn. 68.1; *Art. 29-Datenschutzgruppe*, WP 242 rev.01, 5.4.2017, S. 17.

b) Werden die Daten aufgrund einer Einwilligung oder zur Durchführung eines Vertrages zwischen den beiden Parteien verarbeitet?

33   Diese beiden in Art. 20 DS-GVO genannten Voraussetzungen des Anspruchs auf Datenübertragbarkeit stehen selbständig und gleichberechtigt nebeneinander. Sie sind aber auch abschließend. Daten, die nicht aufgrund einer dieser beiden genannten Rechtsgrundlagen verarbeitet werden, sind nicht vom Anspruch auf Datenübertragbarkeit erfasst. Daten, die also aufgrund einer anderen gesetzlichen Verpflichtung oder aber aufgrund der Interessenabwägung nach Art. 6 Abs. 1 Buchst. f DS-GVO verarbeitet werden sind per se vom Recht auf Datenübertragbarkeit ausgeschlossen. Auch hier zeigt sich wieder einmal die fundamentale Bedeutung des Verarbeitungsverzeichnisses, das dem Verantwortlichen eine solche Abgrenzung aufgrund der vorhandenen Informationen ermöglichen können sollte.

aa) Werden die Daten aufgrund einer Einwilligung der betroffenen Person verarbeitet?

34   Um in den Anwendungsbereich des Rechts auf Datenübertragbarkeit zu fallen, müssen Datenverarbeitungsvorgänge unter eine der beiden Kategorien „Einwilligung" oder „Durchführung eines Vertrages" fallen. Die Einwilligung kann rechtlich auf Art. 6 Abs. 1 Buchst. a DS-GVO oder, sofern es sich um besondere Kategorien personenbezogener Daten handelt, auf Art. 9 Abs. 2 Buchst. a DS-GVO beruhen. Dabei sollte sich bereits aus dem Text der Einwilligungserklärung der Umfang der verarbeiteten Daten der betroffenen Person ergeben. Eine Verknüpfung der konkreten, verwendeten Einwilligungstexte mit dem Verarbeitungsverzeichnis hilft in diesem Fall zu identifizieren, welche Daten von dem Recht auf Datenübertragbarkeit erfasst sind.

bb) Werden die Daten zur Durchführung eines Vertrages zwischen den beiden Parteien verarbeitet?

35   Die zweite Alternative, die als rechtliche Grundlage für die Verarbeitung der Daten der betroffenen Person, das Recht auf Datenübertragbarkeit eröffnet ist, ist Art. 6 Abs. 1 Buchst. b DS-GVO. Hier ist die Datenverarbeitung zur Durchführung eines Vertrages zwischen dem Verantwortlichen und der betroffenen Person erlaubt. Dabei ist die Voraussetzung des Art. 20 Abs. 1 Alt. 2 DS-GVO allerdings enger zu verstehen als Art. 6 Abs. 1 Buchst. b DS-GVO. So lässt sich Erwgr. 68 S. 3 DS-GVO entnehmen, dass das Recht auf Datenübertragbarkeit nur dann die Verarbeitung erfasst, „wenn […] die Verarbeitung zur Erfüllung eine Vertrages erforderlich ist". Dies bedeutet, dass die in Art. 6 Abs. 1 Buchst. b DS-GVO ebenfalls genannte Verarbeitung zur Durchführung vorvertraglicher Maßnahmen nicht vom Recht auf Datenübertragbarkeit erfasst ist.[20]

36   Ein Unternehmen hält ein Portal für Bewerber bereit, in dem Bewerber ihre Bewerbungsunterlagen hochladen können. Die personenbezogenen Daten des Bewerbers werden zur Anbahnung eines Vertragsverhältnisses verarbeitet. Sie sind damit nicht vom Anspruch auf Datenübertragbarkeit erfasst. Das Unternehmen ist also zB nicht verpflichtet, auf Anfrage des Bewerbers dessen Daten an einen Mitbewerber des Unternehmens zu übermitteln.

37   Einschränkend ist weiter zu beachten, dass nur solche personenbezogenen Daten vom Anspruch auf Datenübertragbarkeit erfasst sind, die im unmittelbaren Vertragsverhältnis zwischen der betroffenen Person und dem Verantwortlichen verarbeitet werden.

---

[20] Ehmann/Selmayr/*Kamann*/*Braun* DS-GVO Art. 20 Rn. 18; aA Laue/Kremer Neues DatenschutzR/*Kremer* § 4 Rn. 67.

Ein Unternehmen betreibt eine Facebook-Fanpage. Nach einem Urteil des EuGH noch zur 38
RL 95/46/EG[21] sind das Unternehmen und Facebook als sogenannte gemeinsame Verant-
wortliche gem. Art. 26 DS-GVO für die Verarbeitung der personenbezogenen Daten im
Zusammenhang mit der Fanpage verantwortlich. Das Vertragsverhältnis in dem die Daten-
verarbeitung zwischen der betroffenen Person stattfindet, besteht allerdings nur zwischen
Facebook und der betroffenen Person. Das Unternehmen ist insoweit nicht durch das
Recht auf Datenübertragbarkeit verpflichtet, sondern nur Facebook.

cc) Handelt es sich um Daten, die nicht vom Recht auf Datenübertragbarkeit erfasst
sind?

Werden die Daten nicht auf Grundlage einer Einwilligung oder zur Durchführung ei- 39
nes Vertrages verarbeitet, sind diese nicht vom Recht auf Datenübertragbarkeit erfasst.
Dies ist zum Beispiel dann der Fall, wenn die Datenverarbeitung aufgrund von gesetzlichen Verpflichtungen erfolgt (Art. 6 Buchst. e DS-GVO).

§ 11 GwG verpflichtet Unternehmen bestimmte Informationen, wie Vorname, Nachname,
Geburtsort, Geburtsdatum, Staatsangehörigkeit und Wohnanschrift zur Identifizierung des
Geschäftspartners auch bei natürlichen Personen zu erheben, zu verarbeiten und zu spei-
chern, die sog. „Know your Customer"-Informationen.

Auch andere Verarbeitungen von personenbezogenen Daten, die aufgrund einer der 40
anderen gesetzlichen Grundlagen in Art. 6 DS-GVO erfolgen, sind nicht vom Anspruch
auf Datenübertragbarkeit erfasst. Ist die gesetzliche Grundlage für die Datenverarbeitung
etwa die Interessenabwägung des Art. 6 Abs. 1 Buchst. f DS-GVO, scheidet ein Anspruch
ebenfalls aus.

Visitenkarten, die auf einer Messe für potentielle Geschäftskontakte eingesammelt wurden,
sind nicht erfasst.[22]

c) Wurden die weiteren Beschränkungen des Art. 20 DS-GVO berücksichtigt?
aa) Handelt es sich um Daten, die nicht vom Recht auf Datenübertragbarkeit erfasst
sind?

Daten, die zur Wahrnehmung von Aufgaben im öffentlichen Interesse oder in Aus- 41
übung öffentlicher Gewalt nach Art. 6 Abs. 1 Buchst. e DS-GVO verarbeitet werden,
sind vom Anspruch auf Datenübertragbarkeit ausgenommen. Damit sind öffentliche Stellen, wenn sie öffentlich-rechtlich tätig werden grds. nicht vom Recht auf Datenübertragbarkeit erfasst.[23] Auch nicht-öffentliche Verantwortliche können von dieser Ausnahme erfasst sein, nämlich dann, wenn die Ausübung öffentlicher Gewalt auf sie, zB im Wege der
Beleihung übertragen wurde.[24] So dürfte der private Anbieter, der gem. § 4 BFStrMG
zur Überwachung der Autobahnmaut beliehen wurde, hinsichtlich der damit im Zusammenhang erhobenen personenbezogenen Daten nicht durch das Recht auf Datenübertragung verpflichtet sein.

bb) Handelt es sich um Daten, deren Übertragung die Rechte und Freiheiten Dritter beeinträchtigen würden?

---

[21] EuGH ZD 2018, 357.
[22] Die *Art. 29-Datenschutzgruppe* nennt als Beispiel ausdrücklich personenbezogene Daten von Geschäftskon-
    taktdaten, die weder aufgrund von einer Einwilligung noch zur Durchführung eines Vertrages verarbeitet
    werden, *Art. 29-Datenschutzgruppe*, WP 242 rev.01, 5. 4. 2017, S. 9.
[23] NK-DatenschutzR/*Dix* DS-GVO Art. 20 Rn. 17; Kühling/Buchner/*Herbst* DS-GVO Art. 20 Rn. 14.
[24] NK-DatenschutzR/*Dix* DS-GVO Art. 20 Rn. 17; Kühling/Buchner/*Herbst* DS-GVO Art. 20 Rn. 14.

42   Ein Anspruch auf Datenübertragung entfällt für solche Daten, deren Übertragung die Rechte und Freiheiten Dritter verletzten würde, Art. 17 Abs. 4 DS-GVO. Hierbei sind zunächst die Daten von Sonst-Betroffenen Personen zu betrachten. Siehe näher hierzu unter → Rn. 46 f. dieses Kapitels. Daneben sind noch weitere Rechte und Freiheiten von Dritten zu beachten. Dies können auch die Rechte und Freiheiten des Verantwortlichen sein.[25] So können Betriebs- und Geschäftsgeheimnisse, sonstige vertrauliche Informationen,[26] sowie Urheberrechte zB an der Software den Anspruch auf Datenübertragung beschränken.[27]

2. Von der betroffenen Person bereitgestellte Daten

43   Anders als das Recht auf Auskunft nach Art. 15 DS-GVO oder das Recht auf Löschen nach Art. 17 DS-GVO ist der Gegenstand des Rechts auf Datenübertragbarkeit auf bestimmte personenbezogene Daten des Betroffenen beschränkt.[28] Neben den Beschränkungen, die sich aus dem Zweck und der Rechtsgrundlage der Verarbeitung ergeben, werden nur solche Daten erfasst, die von der betroffenen Person bereitgestellt wurden. Hierin sind gleich zwei Elemente enthalten, welche die zu portierenden Daten beschränken: zum einen sind nur solche Daten erfasst, die die Person betreffen und zum anderen müssen diese Daten von der jeweiligen Person bereitgestellt worden sein.

a) Beziehen sich die Daten maßgeblich auf die betroffene Person?

44   Daten, die weder einen Bezug zur betroffenen Person enthalten noch solche, die nicht personenbezogene, also etwa anonymisierte Daten sind, sind nicht von den zu portierenden Daten erfasst. Pseudonymisierte Daten sind zunächst als personenbezogene Daten grds. vom Anspruch auf Datenübertragbarkeit erfasst. Dies gilt aber nur soweit die pseudonymisierten Daten der anfragenden Person mit dieser eindeutig in Verbindung gebracht werden können.

45   Aber auch wenn es sich um personenbezogene Daten handelt, schränkt dieses Merkmal den Gegenstand des Rechts auf Datenübertragbarkeit weiter ein.[29] In jedem Fall erfasst sind Daten, die ausschließlich den Antragsteller betreffen.[30] Umstritten ist, ob darüber hinaus auch Daten erfasst sind, die (gemeinsam) mit anderen Personen zur Verfügung gestellt wurden und unter welchen Voraussetzungen.

46   Jedenfalls dann, wenn überwiegend Daten und damit Rechte der anderen „auch betroffenen" Person in Rede stehen, sollten nur ausnahmsweise Daten an den Anfragenden portiert werden.[31] Art. 20 Abs. 4 DS-GVO stellt klar, dass das Recht auf Datenübertragbarkeit die Rechte und Freiheiten anderer Personen nicht beinträchtigen darf. Und auch Erwgr. 68 S. 8 DS-GVO lässt sich dies noch einmal entnehmen: „Ist im Fall eines bestimmten Satzes personenbezogener Daten mehr als eine betroffene Person tangiert, so sollte das Recht auf Empfang der Daten die Grundrechte und Grundfreiheiten anderer betroffener Personen nach dieser Verordnung unberührt lassen".

47   Hierzu dürfte idR eine Interessenabwägung vorzunehmen sein. Der Verantwortliche steht dabei im Spannungsverhältnis unter Umständen dem Übertragungsanspruch nicht zu

---

[25] Gola/*Piltz* DS-GVO Art. 20 Rn. 39.

[26] BeckOK DatenschutzR/*von Lewinski* DS-GVO Art. 20 Rn. 101 ff.

[27] NK-DatenschutzR/*Dix* DS-GVO Art. 20 Rn. 18.

[28] *Brüggemann* K&R 2018, 1 (2).

[29] Anders könnte es mit sonstigen Rechten Dritter aussehen, wie etwa bei Geschäftsgeheimnissen des Verantwortlichen.

[30] *Härting* Rn. 732; *Jülicher/Röttgen/v. Schönfeld* ZD 2016, 359; wohl auch Auernhammer/*Schürmann* DS-GVO Art. 20 Rn. 26; ebenso Gola/*Piltz* DS-GVO Art. 20 Rn. 36.

[31] Ehmann/Selmayr/*Kamann/Braun* DS-GVO Art. 20 Rn. 13, spricht insoweit von einem „einschränkenden Korrektiv".

genügen oder auf der anderen Seite personenbezogene Daten Dritter unberechtigt weiterzugeben. In einem ersten Schritt bietet es sich an, danach zu unterscheiden, ob der Anfragende eine Herausgabe der Daten an sich selbst verlangt, oder ob er die Übertragung an einen Dritten verlangt.

Verlangt der Anfragende die Herausgabe an sich selbst, dürften kaum Rechte Auch- **48** Betroffener Personen entgegenstehen, da diese Daten ja auch ursprünglich vom Anfragenden bereitgestellt und nun nur wieder in seinen unmittelbaren Herrschaftsbereich zurück gelangen. Soweit nicht besondere Umstände gegen eine solche „Rück"-Übertragung sprechen, dürften die Interessen idR zugunsten der Übertragbarkeit sprechen. Die Einschränkungen des Art. 20 Abs. 3, Abs. 4 DS-GVO sind aber weiterhin zu berücksichtigen.

Verlangt die anfragende betroffene Person nach Art. 20 Abs. 2 DS-GVO die Übertra- **49** gung an einen anderen Verantwortlichen, ist eine Interessenabwägung hinsichtlich der Rechte der auch-betroffenen Personen erforderlich.[32] Denn hier kommt noch der Aspekt hinzu, dass die Daten potentiell an einen Verantwortlichen übertragen werden könnten, von der die dritte Person gerade nicht wünscht, dass seine/ihre personenbezogenen Daten dorthin übertragen werden. Eine solche Interessenabwägung wird aber der Verantwortliche nur eingeschränkt durchführen können, da ihm idR die relevanten Informationen der sonst-betroffenen Person fehlen dürften. Ist es für den Verantwortlichen weder offensichtlich, dass die Interessen und Rechte der auch-betroffenen Person entgegenstehen noch offensichtlich, dass diese nicht entgegenstehen, dürfte es daher zulässig und praktikabel sein, dem Anfragenden selbst eine Prüfpflicht aufzuerlegen, ob die von ihm gewünschte Datenübertragbarkeit mit den Rechten der auch-betroffenen Dritten ist vereinbar ist.[33] Soweit hierzu Informationen erforderlich sein sollten, die nur dem Verantwortlichen bekannt sind, dürfte eine Mitwirkung Verantwortlichen geboten sein.

Hat der Betroffene die erforderlichen Informationen über die relevanten Daten, obliegt **50** ihm die Interessenabwägung. Es empfiehlt sich für den Verantwortlichen bei der anfragenden betroffenen Person abzufragen, ob eine entsprechende Interessenabwägung und durchgeführt wurde und zu dem Ergebnis gekommen ist, dass keine Interessen und Rechte auch-betroffener Dritte einer solchen Übertragung an den benannten Empfänger entgegenstehen.[34] Bleibt die Bestätigung aus, sollten die zu übertragenden Daten auf die Daten beschränkt werden, die nur die anfragende Person betreffen.

Schema Prüfung Rechte und Interessen von sonst-betroffenen Personen	**51**

I. Offensichtlich entgegenstehende Interessen der sonst-betroffenen Personen
   → Übertragung beschränkt auf die Daten, die die anfragende Person betreffen
II. Offensichtlich keine entgegenstehenden Interessen der sonst-betroffenen Personen
   → Übertragung der Daten im vollen Umfang nach Art. 20 DS-GVO
III. Entgegenstehende Interessen nicht offensichtlich
   → Prüfung und Bestätigung der anfragenden betroffenen Person, dass keine Interessen und Rechte entgegenstehen
   → Bestätigung erfolgt
      → Übertragung der Daten im vollen Umfang nach Art. 20 DS-GVO
   → Bestätigung bleibt aus
      → Übertragung beschränkt auf die Daten, die die anfragende Person betreffen

---

[32] Anders allerdings NK-DatenschutzR/*Dix* DS-GVO Art. 20 Rn. 7, der stattdessen verlangt, dass der neue Anbieter des sozialen Netzwerks diese Daten Dritter nur in der Weise verwenden darf, dass sie unter der Kontrolle der Person verbleiben, die die Übertragung verlangt hat.

[33] GSSV/*Veil* DS-GVO Art. 20 Rn. 137.

[34] Veil geht sogar so weit, dass der Anfragende das Recht auf Datenübertragbarkeit überhaupt erst initiieren dürfe, wenn er eine solche Prüfung mit dem entsprechenden Ergebnis durchgeführt habe; GSSV/*Veil* DS-GVO Art. 20 Rn. 137.

b) Wurden die Daten von der betroffenen Person bereitgestellt?

52   Das Bereitstellen von Daten wird nicht in der DS-GVO definiert. Aus Art. 4 Nr. 2 DS-GVO lässt sich jedoch entnehmen, dass es sich bei der Bereitstellung um eine Form der Verarbeitung handelt. Daraus wird abgeleitet, dass die betroffene Person die Daten dem Verantwortlichen willentlich und bewusst offen gelegt haben muss (Direkterhebung iSd Art. 13 DS-GVO) und dieser sie nicht auf andere Art und Weise erhalten hat (Art. 14 DS-GVO).[35] Daher sind alle aktiv und wissentlich von der betroffenen Person bereitgestellten Daten (zB Postanschrift, Nutzername, Alter etc.) vom Anspruch auf Datenübertragbarkeit gedeckt. Am anderen Ende der Skala ist jedenfalls auch eindeutig, dass Daten, die vom Verantwortlichen erst auf Grundlage von den bereitgestellten Daten, also unter Verwendung erfasster oder direkt eingegebener Daten erzeugt wurden, nicht vom Anspruch auf Datenportabilität erfasst sind. Hierzu zählen bspw. Nutzerprofile oder sonstige aggregierte Daten.

53   Großer Streitpunkt der aktuellen datenschutzrechtlichen Diskussion um den Anspruch auf Datenübertragbarkeit, ist die Frage, ob sogenannte „beobachtete Daten" oder „observed data" vom Anspruch auf Datenübertragbarkeit erfasst sind. Die Artikel-29-Datenschutzgruppe ist der Ansicht, dass auch beobachtete Daten, die von der betroffenen Person durch die Nutzung eines Dienstes oder Gerätes herrühren, wie zB Suchverlauf, Verkehrsdaten, Standortdaten sowie weitere Rohdaten, wie die von Trackinggeräten aufgezeichnete Herzfrequenz, ebenfalls bereitgestellt wurden und damit auch vom Anspruch auf Datenübertragbarkeit umfasst sind.[36] Als Begründung wird angeführt, dass der Begriff aufgrund politischer Erwägungen „weit" auszulegen sei.[37] Da es sich bei der nunmehr ehemaligen Artikel-29-Datenschutzgruppe um den Zusammenschluss aller europäischer, nationalen Datenschutzaufsichtsbehörden handelt, dürfte in dieser Ansicht in der Praxis einiges an Gewicht zufallen. Letztlich handelt es sich aber auch nur um eine nicht rechtsverbindliche Gesetzesauslegung der Exekutive. IÜ sind politische Erwägungen auch im Europarecht keine anerkannte Auslegungsmethode. Entgegen der Auffassung der Artikel-29-Datenschutzgruppe gibt es ebenso gewichtige Gründe, die gegen eine Ausweitung des Anspruchs auf beobachtete Daten sprechen. Eine vermittelnde Ansicht sieht den Anspruch auf Datenübertragbarkeit auf solche beobachte Daten beschränkt, die nötig wären, um einen vergleichbaren Dienst anbieten zu könenten.[38] Weit überwiegend wird in der deutschen Literatur ein Anspruch auf Übertragung der beobachteten Daten jedoch abgelehnt.[39] Insbes. wird der Wortlaut und Wortsinn der Vorschrift angeführt, der lediglich von bereitgestellten Daten spricht. Damit sind rein vom Wortsinn beobachtete Daten nicht erfasst, da sowohl das Bereitstellen als auch das in Erwgr. 68 DS-GVO verwendete zur Verfügung stellen ein aktives Element erfordern.[40] Daneben wird auf den strukturellen Unterschied zwischen bereitgestellten und beobachteten Daten hingewiesen, der sich auch in Art. 13 DS-GVO und Art. 14 DS-GVO wiederfindet.[41] Es sprechen also gute Gründe dafür unter „bereitgestellte Daten" nur die Daten zu verstehen, die wissentlich und willentlich mit bewusstem Zutun der betroffenen Person verarbeitet werden.[42] Ob

---

[35] Härting Rn. 725, 729; Auernhammer/*Schürmann* DS-GVO Art. 20 Rn. 17; *Brüggemann* K&R 2018, 1 (2).
[36] *Art. 29-Datenschutzgruppe,* WP 242 rev.01, 5. 4. 2017, S. 12.
[37] *Art. 29-Datenschutzgruppe,* WP 242 rev.01, 5. 4. 2017, S. 12.
[38] *Strubel* ZD 2017, 335 (357).
[39] GJSS/*Suda* DS-GVO Art. 20 S. 220; ebenso Gola/*Piltz* DS-GVO Art. 20 Rn. 14; *Piltz* K&R 2016, 634; *Voigt/von dem Bussche,* The EU General Data Protection Regulation (GDPR), 2017, S. 170; *Jülicher/Röttgen/v. Schönfeld* ZD 2016, 359; *Härting* Rn. 729; Kühling/Buchner/*Herbst* DS-GVO Art. 20 Rn. 11; Ehmann/Selmayr/*Kamann/Braun* DS-GVO Art. 20 Rn. 13.
[40] *Piltz* K&R 2016, 634.
[41] *Härting* Rn. 729.
[42] GJSS/*Suda* DS-GVO Art. 20 S. 220; ebenso Gola/*Piltz* DS-GVO Art. 20 Rn. 14; *Piltz* K&R 2016, 634; *Voigt/von dem Bussche,* The EU General Data Protection Regulation (GDPR), 2017, S. 170; *Jülicher/Rött-*

man in der Praxis dieser Auffassung folgen möchte, dürfte letztlich von der eigenen Risikobereitschaft abhängen.

Aktiv und wissentlich bereitgestellte Daten	+
Abgeleitete Daten	−
Beobachtete Daten	+/−
	je nach Risikobereitschaft

3. Format der zu übertragenden Daten.

Anders als das Recht auf Auskunft in Art. 15 DS-GVO verlangt Art. 20 DS-GVO, dass **54** die Daten in einem maschinenlesbaren, strukturierten und interoperablen Datenformat bereitgestellt werden sollen.

a) Ist das Format der zu portierenden Daten maschinenlesbar?

Der Begriff der Maschinenlesbarkeit findet sich nicht unter den Definitionen der **55** DS-GVO, aber zumindest im Hinblick auf Dokumente lässt sich der RL 2013/37/EU in den Erwgr. eine Definition entnehmen. Danach ist ein Dokument maschinenlesbar, wenn es in einem Dateiformat vorliegt, das so strukturiert ist, dass Softwareanwendungen die konkreten Daten, einschließlich einzelner Sachverhaltsdarstellungen und deren interner Struktur, einfach identifizieren, erkennen und extrahieren können.[43] Damit scheidet eine Datenübermittlung als PDF eindeutig aus. Möglich sind gemeinhin verwendete offene Formate wie XML, JSON oder CSV.[44] Daneben könnten branchenspezifische Standards in Betracht kommen. Die Entwicklung steht hier noch am Anfang. Um eine effektive Weiterverwendung von Daten zu ermöglichen, verlangt die Art. 29-Datenschutzgruppe dass „sämtliche Metadaten" bei der Übertragung beibehalten werden sollten.[45] Gleichzeitig weist sie aber darauf hin, dass die Speicherung von „zusätzlichen" Metadaten nur um Portabilitätsanfragen besser nachkommen zu können, nicht zulässig sei.[46] Eine ausdrückliche Verpflichtung zur Übertragung von Metadaten[47] der zur portierenden Daten besteht allerdings nicht.[48] Aus Gründen der Interoperabilität kann dies aber wohl dennoch erforderlich sein. Je gängiger ein Format ist, desto weniger Metadaten dürften bei der Übertragung erforderlich sein.[49]

b) Ist die Interoperabilität des gewählten Datenformates sichergestellt?

Auch wenn Art. 20 DS-GVO nicht von Interoperabilität spricht, sondern lediglich von **56** einem maschinenlesbaren, gängigen und strukturierten Dateiformat, dient diese Vorgabe – wie aus Erwgr. 68 hervorgeht – gerade dazu, die Interoperabilität und damit die sinnvolle Datenübertragbarkeit zu gewährleisten. Wie bereits eingangs erwähnt ist die Interoperabi-

---

gen/v. *Schönfeld* ZD 2016, 359; *Härting* Rn. 729; Kühling/Buchner/*Herbst* DS-GVO Art. 20 Rn. 11; Ehmann/Selmayr/*Kamann/Braun* DS-GVO Art. 20 Rn. 13.

[43] Hierauf weist *Art. 29-Datenschutzgruppe,* WP 242 rev.01, 5. 4. 2017, S. 21 hin.

[44] *Art. 29-Datenschutzgruppe,* WP 242 rev.01, 5. 4. 2017, S. 21; *Abschlussbericht Stiftung Datenschutz* S. 43, abrufbar unter https://stiftungdatenschutz.org/fileadmin/Redaktion/Datenportabilitaet/stiftungdatenschutz_abschlussbericht_Hyperlinks_20180124_01_web.pdf (zuletzt abgerufen am 10. 5. 2020).

[45] *Art. 29-Datenschutzgruppe,* WP 242 rev.01, 5. 4. 2017, S. 21.

[46] *Art. 29-Datenschutzgruppe,* WP 242 rev.01, 5. 4. 2017, S. 21.

[47] Metadaten beschreiben andere Datensätze näher und ermöglichen bspw. deren Ermittlung, die Aufnahme in Verzeichnisse und deren Nutzung, Art. 3 Nr. 6 RL 2007/2/EG.

[48] BeckOK DatenschutzR/*von Lewinski* DS-GVO Art. 20 Rn. 66−67.

[49] BeckOK DatenschutzR/von Lewinski DS-GVO Art. 20 Rn. 66−67.

lität der Dienste von Datenverantwortlichen eines der zentralen Anliegen des Anspruchs auf Datenübertragbarkeit. Dadurch soll ein Lock-In-Effekt verhindert werden.[50] Im Recht der Europäischen Union wird Interoperabilität als „die Fähigkeit verschiedener und unterschiedlicher Organisationen zur Interaktion zum beiderseitigen Nutzen und im Interesse gemeinsamer Ziele definiert. Dies schließt den Austausch von Informationen und Wissen zwischen den beteiligten Organisationen durch von ihnen unterstützte Geschäftsprozesse mittels Datenaustausch zwischen ihren jeweiligen IKT-Systemen ein".[51] Wesentlich für die Interoperabilität ist dabei, dass die unterschiedlichen Datenformate sinnvoll ineinander übersetzt werden können.[52] Mindestanforderung aus Art. 20 DS-GVO ist hierbei, dass das Dateiformat strukturiert und gängig ist. Hierzu müssen die verschiedenen Ebenen der Interoperabilität einbezogen werden: zum einen die strukturelle Interoperabilität, die das Datenmodell adressiert, die syntaktische Interoperabilität (gemeinsame oder kompatible Syntax) und die semantische Interoperabilität, die ein gemeinsames Verständnis der Dateninhalte sicherstellt.[53] Je gängiger das gewählte Datenformat für die Übertragung der zu portierenden Daten ist, desto eher ist die Interoperabilität sichergestellt.

57 In ihrem WP 242 rev. 01 fordern die europäischen Datenschutzbehörden die Hersteller und Wirtschaftsverbände auf, gemeinsam interoperable Standards und Formate zu entwickeln.[54] Bislang ist dieser Aufforderung allerdings nur zögerlich nachgekommen worden. So gibt es etwa eine Initiative von großen sozialen Netzwerken und eines Softwareherstellers, das „Data Transfer Project", das eine Open Source-basierte Lösung als Beitrag zur Standardisierung hervorgebracht hat.[55]

c) Sind die Voraussetzungen für eine sichere, unbehinderte Übertragung geschaffen?

58 Art. 20 DS-GVO verlangt, dass die Übertragung der Daten ohne Behinderung stattfindet. Dabei ist der Begriff der Behinderung nach funktionaler Auslegung des Abs. 1 weit zu verstehen.[56] Das bedeutet, dass es weder tatsächliche (technische oder finanzielle) noch rechtliche (zB durch Bedingungen oder Beschränkungen) Behinderungen für die Übertragung der Daten geben darf.[57] Die Übertragung darf also weder von Zahlungen noch von weiteren Bedingungen abhängig gemacht werden; dies gilt selbst dann, wenn die Daten an einen direkten Mitbewerber übertragen werden sollen.[58]

59 Nach Art. 20 DS-GVO kann die anfragende betroffene Person wählen, ob die Daten an die anfragende Person selbst oder nach Art. 20 Abs. 2 DS-GVO an einen gewählten Drittempfänger übertragen werden sollen. Die Übertragung an einen Dritten muss aber nicht unter allen Umständen erfolgen. Hier schränkt Art. 20 Abs. 2 DS-GVO den An-

---

[50] *Roßnagel/Richter/Nebel* ZD 2013, 103 (107); *Paal/Pauly/Paal* DS-GVO Art. 20 Rn. 20.

[51] Art. 2 Buchst. a Beschluss Nr. 922/2009/EG des Europäischen Parlaments und des Rates vom 16. 9. 2009 über Interoperabilitätslösungen für europäische öffentliche Verwaltungen (ABl. Nr. L 260 S. 20); Art. 2 Nr. 1 Beschluss (EU) 2015/2240 des Europäischen Parlaments und des Rates vom 25. 11. 2015 zur Einrichtung eines Programms über Interoperabilitätslösungen und gemeinsame Rahmen für europäische öffentliche Verwaltungen, Unternehmen und Bürger (Programm ISA^2) als Mittel zur Modernisierung des öffentlichen Sektors (ABl. Nr. L 318 S. 1).

[52] *Abschlussbericht Stiftung Datenschutz,* S. 25, abrufbar unter https://stiftungdatenschutz.org/fileadmin/Redaktion/Datenportabilitaet/stiftungdatenschutz_abschlussbericht_Hyperlinks_20180124_01_web.pdf (zuletzt abgerufen am 10. 5. 2020).

[53] *Abschlussbericht Stiftung Datenschutz,* S. 25, abrufbar unter https://stiftungdatenschutz.org/fileadmin/Redaktion/Datenportabilitaet/stiftungdatenschutz_abschlussbericht_Hyperlinks_20180124_01_web.pdf (zuletzt abgerufen am 10. 5. 2020).

[54] *Art. 29-Datenschutzgruppe,* WP 242 rev.01, 5. 4. 2017, S. 21.

[55] Mehr Informationen unter https://datatransferproject.dev/ (zuletzt abgerufen am 10. 5. 2020).

[56] *Ehmann/Selmayr/Kamann/Braun* DS-GVO Art. 20 Rn. 26; *Piltz* K& R 2016, 629 (634).

[57] NK-DatenschutzR/*Dix* DS-GVO Art. 20 Rn. 12; *Kühling/Buchner/Herbst* DS-GVO Art. 20 Rn. 22.

[58] Die berechtigten Interessen des Verantwortlichen keine Betriebs- oder Geschäftsgeheimnisse zu übertragen, wird in der Ausnahme des Art. 20 Abs. 4 DS-GVO berücksichtigt.

spruch auf Datenübertragbarkeit auf den Fall ein, dass die Übertragung technisch machbar ist. Die Frage, ob die Übertragung technisch machbar ist, ist zum einen anhand objektiver Kriterien unter Berücksichtigung des aktuellen Stands der Technik und zum anderen anhand subjektiver Kriterien zu bewerten.[59] Subjektiv dürfte die beim jeweiligen Verantwortlichen vorhandene Technik sowie der zeitliche und wirtschaftliche[60] Aufwand zur Herstellung der Machbarkeit zu berücksichtigen sein.[61]

In jedem Fall sind geeignete technische und organisatorische Maßnahmen bei der **60** Übermittlung der Daten nach Art. 32 DS-GVO einzuhalten. Denn bis zum Empfang der Daten bleibt die Verantwortlichkeit des übermittelnden Verantwortlichen bestehen. Die Übertragung muss also zumindest verschlüsselt erfolgen.

d) Wurde gleichzeitig das Recht auf Löschen durch die betroffene Person geltend gemacht?

Der Anspruch auf Datenübertragbarkeit zieht keine automatische Löschverpflichtung **61** nach sich. Hierzu müssen die Voraussetzungen des Art. 17 DS-GVO vorliegen. Ist dies der Fall, kann die betroffene Person auch gleichzeitig die Löschung verlangen. Da aber Art. 20 Abs. 3 DS-GVO ausdrücklich feststellt, dass das Recht auf Löschen von dem Anspruch auf Datenportabilität unberührt bleibt, wird ein solches Löschverlangen auch nicht in den Antrag auf Datenübertragbarkeit hineingelesen werden müssen, sondern muss von der betroffenen Person als solches (zusätzlich) gestellt werden.

---

[59] Ehmann/Selmayr/*Kamann*/*Braun* DS-GVO Art. 20 Rn. 30.
[60] BeckOK DatenschutzR/*von Lewinski* DS-GVO Art. 20 Rn. 9.1.
[61] Ehmann/Selmayr/*Kamann*/*Braun* DS-GVO Art. 20 Rn. 30.

Kapitel 8. Löschen von Daten

Literatur:

Abel, Lösch- und Sperrkonzepte nach DS-GVO, PinG 2017, 177; *Art. 29-Datenschutzgruppe,* WP 203 Opinion 03/2013 on purpose limitation, vom 2.4.2013 https://ec.europa.eu/justice/article-29/documentation/opinion-recommendation/files/2013/wp203_en.pdf (zuletzt abgerufen am 14.5.2020); DSK Kurzpapier Nr. 11 Recht auf Löschung/„Recht auf Vergessenwerden"; *Faas/Henseler,* Speicherdauer und Aufbewahrungsfristen unter der DS-GVO, BB 2018, 2292; *Fraenkel/Hammer,* Erfahrungen bei der Umsetzung eines Löschkonzeptes, DANA Datenschutznachrichten, 8; *Grimm/Kühne,* Löschkonzept DS-GVO – Alle Aufbewahrungspflichten und -rechte sowie Löschfristen bei Beschäftigtendaten im Überblick, ArbRB 2018, 144; *Hennemann,* Das Recht auf Löschung gem. Art. 17 Datenschutz-Grundverordnung, PinG 2016, 176; *Hunzinger,* Löschkonzepte nach der DS-GVO am Beispiel von ERP-Systemen, CR 2018, 357; *Jacobi/Jantz,* Löschpflichten nach der Datenschutzgrundverordnung – Was Arbeitgeber bereits jetzt tun müssen, ArbRB 2017, 22; *Knöpfle/Katko/Kirschner,* Archivierung und Löschung von Daten – Unterschätzte Pflichten in der Praxis und ihre Umsetzung, ZD 2014, 238; *v.Holleben/Menz,* IT-Risikomanagement – Pflichten der Geschäftsleitung, CR 2010, 63; *Keppeler/Berning,* Anforderungen an Löschkonzepte und Datenbankstrukturen, ZD 2017, 314; *Kipker/Voskamp,* Datenschutz in sozialen Netzwerken nach der Datenschutzgrundverordnung, DuD 2012, 737; *Leeb/Lorenz,* Datenschutzkonforme Dokumentenentsorgung, ZD 2018, 573; *Piltz,* Die Datenschutz-Grundverordnung Teil 2: Rechte der Betroffenen und korrespondierende Pflichten des Verantwortlichen, K & R 2016, 629; Standarddatenschutzmodell, Baustein 60 „Löschen und Vernichten" Version: V1.0, abrufbar unter https://www.datenschutz-mv.de/static/DS/Dateien/Datenschutzmodell/Bausteine/SDM-V1.1_60_L%C3%B6schen_V1.0_uagsdmbs_final.pdf (zuletzt abgerufen am 14.5.2020).

A. Einführung

Die Verpflichtung personenbezogene Daten zu löschen gibt es in der DS-GVO in zwei **1** Ausprägungen. Zum einen ist im Kapitel „Betroffenenrechte" der DS-GVO in Art. 17 DS-GVO ausdrücklich das Recht der betroffenen Person auf Löschung postuliert, sowie in Art. 17 Abs. 2 DS-GVO auch das „Recht auf Vergessenwerden" präzisiert wird. Zum anderen ist in der DS-GVO aus dem Grundsatz der Speicherbegrenzung in Art. 5 Abs. 1 Buchst. e DS-GVO eine Verpflichtung zum Löschen personenbezogener Daten für den Verantwortlichen enthalten, auch ohne dass dies ein oder mehrere betroffene Personen verlangt hätten. Der deutsche nationale Gesetzgeber hat in § 35 BDSG ergänzende Beschränkungen des Löschanspruchs für die nicht-automatisierte Datenverarbeitung getroffen.[1]

Flankiert werden diese Löschrechte und -verpflichtungen durch Benachrichtigungspflich- **2** ten in Art. 19 DS-GVO, sowie in bestimmten Fällen, Alternativen zur eigentlichen Löschung, Art. 18 DS-GVO.

Bei den Löschpflichten der DS-GVO ist also die regelmäßige antragslose Löschung von **3** personenbezogenen Daten und die auf Antrag des Betroffenen iRd Betroffenenrechts nach Art. 17 DS-GVO zu erfolgende Löschung zu unterscheiden. Für die regelmäßige Löschung ist ein Löschkonzept zu erstellen. Das Betroffenenrecht auf Löschen und auf Vergessen werden muss hingegen wie die sonstigen Betroffenenrechte, vorbereitet und im Fall des Verlangens durch den Betroffenen ausgeführt werden.

B. Erläuterungen zur Checkliste

I. Speicherbegrenzung – Regelmäßiges Löschen

Aus der Zusammenschau des Grundsatzes der Speicherbegrenzung in Art. 5 Abs. 1 **4** Buchst. e DS-GVO sowie der Zweckbindung in Art. 5 Abs. 1 Buchst. b DS-GVO ergibt

---

[1] Allerdings wird weitgehend bezweifelt, dass die in § 35 BDSG v. deutschem Gesetzgeber getroffenen Regelungen europarechtskonform sind, so etwa *DSK,* Kurzpapier Nr. 11, 29.8.2017, S. 3.

sich für den Verarbeitenden die Pflicht, personenbezogene Daten nicht über die Erreichung des Zwecks hinaus zu speichern.[2] Erwgr. 39 DS-GVO führt hierzu weiter aus:

> Dies erfordert insbesondere, dass die Speicherfrist für personenbezogene Daten auf das unbedingt erforderliche Mindestmaß beschränkt bleibt. Personenbezogene Daten sollen nur verarbeitet werden dürfen, wenn der Zweck der Verarbeitung nicht in zumutbarer Weise durch andere Mittel erreicht werden kann. Um sicherzustellen, dass die personenbezogenen Daten nicht länger als nötig gespeichert werden, sollte der Verantwortliche Fristen für ihre Löschung oder regelmäßige Überprüfung vorsehen.

5   Teilweise wird die Verpflichtung zu einem antragsunabhängigen Löschen aus Art. 17 Abs. 1 DS-GVO hergeleitet.[3] Allerdings ist der Wortlaut des Art. 17 Abs. 1 DS-GVO offen formuliert; so dass die Verpflichtung zur Löschung ebenso als bloßer Reflex des Rechts darauf, die Löschung zu verlangen gelesen werden kann. Gem. Art. 5 Abs. 2 DS-GVO, der den Grundsatz der Rechenschaftspflicht postuliert, muss der Verantwortliche die Einhaltung dieser Vorgaben nachweisen können. Es besteht Einigkeit, dass dies in geeigneter Weise durch ein sogenanntes „Löschkonzept" zu erreichen ist.[4] In einem solchen Löschkonzept werden die Regeln festgelegt, was wann wo von wem wie gelöscht wird. Dabei gilt es auch zu berücksichtigen, dass hier sowohl die automatisiert verarbeiteten Daten als auch die nicht automatisiert verarbeiteten Daten adressiert werden.

1. Löschkonzept

6   Kurz gesagt legt das Löschkonzept die Regeln für die regelmäßige Löschung von personenbezogenen Daten für den Verantwortlichen fest. Schwerpunkt von Löschkonzepten ist idR die Löschung von Daten in der automatisierten Datenverarbeitung, da diese besondere Herausforderungen birgt. Richtigerweise werden in einem Gesamtlöschkonzept eines Verantwortlichen auch die Regelfristen für die Löschung bzw. Vernichtung von nicht automatisierten Daten festgelegt.[5] Die nachfolgenden Ausführungen beziehen vorrangig auf die Löschverpflichtung bei automatisiert verarbeiteten Daten. Um ein Löschkonzept für die automatisierte Datenverarbeitung festzulegen existieren verschiedene Blaupausen wie etwa die DIN 66398 „Leitlinie zur Entwicklung eines Löschkonzeptes mit Ableitung von Löschfristen für personenbezogene Daten"[6] oder der Baustein „Löschen" des Standarddatenschutz-

---

[2] Der Wortlaut des Art. 17 Abs. 1 DS-GVO lässt offen, ob die Löschungspflicht des Verantwortlichen unabhängig von der Geltendmachung eines Löschungsrechts durch den Betroffenen besteht oder erst dadurch begründet wird. Während die Konjunktion „und" in Abs. 1 und die Regelung der Löschungspflicht im Kapitel über die Betroffenenrechte einen solchen Konnex nahezulegen scheinen, streiten historisch-genetische, systematische und teleologische Erwägungen für eine v. Löschungsbegehren des Betroffenen unabhängige, eigenständige Löschungspflicht des Verantwortlichen. Anders als in der Datenschutz-RL war eine eigenständige Löschungspflicht des Verantwortlichen in Kommissionsentwurf erstmals ausdrücklich in Abs. 3 geregelt. Aber auch ohne eine ausdrückliche Regelung und unabhängig von einem Löschungsbegehren des Betroffenen folgte die Löschungspflicht des Verantwortlichen bereits aus dem Erforderlichkeitsprinzip der Art. 6 Abs. 1 Buchst. e RL 95/46/EG und Art. 7 RL 95/46/EG, was heute gleichermaßen mit Blick auf Art. 5 Buchst. e und Art. 6 DS-GVO gilt. HK-DS-GVO/*Peuker* DS-GVO Art. 17 Rn. 43–45.
[3] Paal/Pauy/*Paal* DS-GVO Art. 17 Rn. 29; *Hennemann* PinG 2016, 176 (177); Kühling/Buchner/*Herbst* DS-GVO Art. 17 Rn. 8; Plath/*Kamlah* DS-GVO Art. 17 Rn. 6; Gola/*Nolte*/*Werkmeister* DS-GVO Art. 17 Rn. 7; Schantz/Wolff Neues DatenschutzR/Schantz Rn. 1213; aA wohl *Kipker*/*Voskamp* DuD 2012, 737 (741).
[4] Plath/Plath DS-GVO Art. 5 Rn. 18.
[5] Instruktiv hierzu *Leeb*/*Lorenz* ZD 2018, 573, 572.
[6] Die DIN 66398 basiert auf der Konzeption und Umsetzung des Löschkonzepts der Toll Collect GmbH und kann daher für sich in Anspruch nehmen, in der Praxis erprobt zu sein. Auch wenn sich die DIN 66398 noch auf die Löschverpflichtungen aus dem BDSG alt bezieht, hat die Konzeptionierung auch heute noch Bestand.

modells.[7] Gemeinsamer Nenner ist, dass sinnvollerweise in einem solchen Löschkonzept die Regeln festgelegt werden, was wann wo wer wie löscht.

a) Wurden Datenarten anhand des Zwecks der Datenverarbeitung identifiziert?

WAS. Der erste Schritt für die Erstellung eines Löschkonzeptes ist die Identifizierung der 7 zu löschenden personenbezogenen Daten für die die Regelfristen festgelegt werden und die entsprechend gelöscht werden sollen. Dabei werden für das „Was" sinnvollerweise sogenannte Datenarten oder Datentypen identifiziert, die sich am Zweck der Datenverarbeitung orientieren. Diesen Datenarten können und sollten dann in einem nächsten Schritt Datenobjekte[8] zugeordnet werden. Durch eine solche Vorgehensweise kann das Löschkonzept von der konkreten IT abstrahiert werden.[9]

Beispiele für Datenarten können etwa Personalstammdaten, Vertragsdaten, Protokolldaten 8 etc. sein. Datenobjekte, die einer Datenart zugeordnet werden können, sind am Beispiel der Personalstammdaten etwa die Personalnummer, Vorname, Nachname, Geburtsdatum.

b) Wurden die Fristen zur regelmäßigen Löschung (Regellöschfristen) identifiziert?

WANN. Weiteres Kernelement sind die Regelfristen zur Löschung. Hierzu sind die Pa- 9 rameter für die Festlegung solcher regelmäßigen Löschfirsten festzulegen. Dazu gehört zunächst einmal, die jeweilige Zweckerreichung der Erhebungszwecke zu definieren. Ferner sind weitere kompatible Zwecke nach Art. 5 Abs. 1 Buchst. b DS-GVO iVm Art. 6 Abs. 4 DS-GVO in Betracht zu ziehen. Hierher gehören neben Aufbewahrungspflichten auch Aufbewahrungsrechte wie etwa zu Verteidigungszwecke gegen Bußgelder oder Ansprüche sowie zur Gewährleistung der IT-Sicherheit. Schließlich sind die aufgefundenen Löschfristen in sinnvolle Löschzyklen zu bündeln.

aa) Wird der Erhebungszweck erreicht?

Die Grundsätze der Speicherbegrenzung und der Zweckbindung verlangen, dass die per- 10 sonenbezogenen Daten nach Erreichung des Zweckes nicht länger gespeichert werden dürfen, also gelöscht werden müssen. Dabei ist bei der automatisierten Datenverarbeitung auch immer zu beachten, dass ein und dasselbe Datum nicht nur für einen Zweck sondern für mehrere Zwecke erhoben und verwendet werden kann.[10]

Vertragsdaten eines Kunden eines Onlinehändlers können, unter den jeweiligen rechtlichen 11 Voraussetzungen, zum einen für die Vertragserfüllung als auch zum anderen für Marketingzwecke verwendet werden.

bb) Liegen alternative Zwecke vor?

Art. 5 Abs. 1 Buchst. b DS-GVO gestattet grds. eine Zweckänderung der Verarbeitung. 12 Unter den Voraussetzungen des Art. 6 Abs. 4 DS-GVO hat der Verantwortliche die Möglichkeit, eine Verarbeitung zu anderen Zwecken, die Speicherdauer durch Festlegung eines alternativen Zweckes „zu verlängern", wenn der ursprüngliche Speicherungszweck bereits

---

[7] Standarddatenschutzmodell, Baustein 60 „Löschen und Vernichten" – bislang nicht von der DSK verabschiedet.

[8] Datenobjekte können zB an die Infotypen des verwendeten ERP System angelehnt werden, sollten aber um die Abstraktionsfähigkeit und universelle Einsetzbarkeit des Löschkonzeptes für alle IT-Systeme nicht identisch sein.

[9] *Fraenkel/Hammer* DANA 2013, 8.

[10] *Abel* PinG, 2017, 177 (181), mit beispielhafter Aufzählung unterschiedlicher Zwecke.

vollständig erfüllt ist.[11] Art. 6 Abs. 4 DS-GVO verlangt hierzu, dass der neue Zweck der Verarbeitung mit dem Zweck, zu dem die Daten ursprünglich erhoben worden sind, vereinbar sein muss. Eine solche Vereinbarkeit ist unter anderem auch dann anzunehmen, wenn der neue Zweck der Weiterverarbeitung im Erhebungszweck bereits so impliziert ist, dass er als „logischer nächster Schritt" im Prozess der Datenverarbeitung angesehen werden kann.[12] Liegt es also für die betroffene Person nahe, dass die Daten auch zu dem neuen Zweck verarbeitet werden, ist eine solche Datenverarbeitung für einen weiteren, alternativen Zweck zulässig.[13] Zu beachten ist auch hierbei, dass durch technische und organisatorische Maßnahmen sichergestellt ist, dass die Daten dann nur noch für die relevanten alternativen Zwecke verarbeitet werden können. Art. 6 Abs. 4 Buchst. e DS-GVO spricht insoweit von geeigneten Garantien.

13   Ein anderweitiger zu erwartender Zweck kommt unter anderem bei Aufbewahrungsfristen und Aufbewahrungsrechten in Betracht. Dies ergibt sich daraus, dass der Verantwortliche insoweit anderweiten gesetzlichen Verpflichtungen bzw. aus gesetzlichen Verpflichtungen abgeleiteten Berechtigungen nachkommt.

(1) Werden Aufbewahrungsfristen gewahrt?

14   Gesetzliche Aufbewahrungsverpflichtungen gehören zu den prägnantesten Elementen eines Löschkonzeptes, denn erst wenn diese abgelaufen sind, dürfen die Daten auch tatsächlich gelöscht werden. In der Literatur[14] und vielen Datenschutzinformationen nach Art. 13 DS-GVO wird auf die Aufbewahrungspflichten nach § 147 AO und § 256 HGB verwiesen.[15] Dies sind zweifelsohne die wichtigsten Aufbewahrungspflichten nach deutschem Recht. Allerdings kommen in den unterschiedlichen Abteilungen des Verantwortlichen und je nach Tätigkeitsfeld unzählige weitere Aufbewahrungspflichten hinzu. Beispielhaft wird für die Personalabteilung angeführt, dass eine erstellte Übersicht von Aufbewahrungspflichten leicht 50 Vorschriften enthalten kann.[16] Eine umfassende Übersicht zu den in Deutschland geltenden gesetzlichen Aufbewahrungspflichten gibt es nicht. Es ist Aufgabe des Verantwortlichen, diese Pflichten für seine spezifische Tätigkeit zu ermitteln. Etwaige verfügbare Listen[17] können dabei als Ausgangspunkt dienen, sollten aber zusammen mit den jeweiligen Fachabteilungen überprüft und ergänzt werden. Dabei ist insbes. auch darauf zu achten, dass sog. versteckte Aufbewahrungspflichten mit aufgenommen werden. Dabei handelt es sich um Verpflichtungen, die nicht direkt auf die Aufbewahrung von Informationen gerichtet sind, aber mit Sanktionen für den Fall, dass Informationen nicht mehr zu Verfügung gestellt werden können, belegt sind.[18]

(2) Wie verhalten sich Aufbewahrungsrechte – Verjährungsfristen?

15   Auch wenn keine gesetzlichen Aufbewahrungspflichten bestehen, ist es dennoch möglich, dass zur Verteidigung oder Begründung von gesetzlich anerkannten Ansprüchen bestimmte Daten benötigt werden können. Bei diesen Fristen steht jedoch die Frage im Raum, ob sie abstrakt einen weiteren, der Löschung entgegen stehenden Aufbewahrungszweck liefern, oder ob dies nur dann der Fall ist, wenn im Sinne einer Wahrscheinlichkeits-

---

[11] Plath/*Plath* DS-GVO Art. 5 Rn. 18.

[12] *Art. 29-Datenschutzgruppe,* WP 203, 2.4.2013, S. 23.

[13] Kühling/Buchner/*Buchner/Petri* DS-GVO Art. 6 Rn. 187; NK-DatenschutzR/*Roßnagel* DS-GVO Art. 6 Abs. 4 Rn. 36–42.

[14] ZB bei *Keppeler/Bernin* ZD 2017, 314 (315).

[15] *Hunziger* CR 2018, 357 (359).

[16] *Hunziger* CR 2018, 357 (360).

[17] Weitere Beispiele für den Personalbereich werden etwa bei *Hunziger* CR 2018, 357 (360).

[18] *Hunziger* CR 2018, 357 (360 f.) nennt hier beispielhaft die Arbeitsbescheinigung.

betrachtung im Einzelfall ein Rechtsstreit in Aussicht steht.[19] Bei der Etablierung der nach der DS-GVO geforderten regelmäßigen Löschfristen, kann es aber auf die Eintrittswahrscheinlichkeit nicht ankommen. Denn die Regelmäßigkeit setzt einen gewissen Grad an Abstrahierung voraus, so dass im Rahmen eines Löschkonzeptes nur auf die abstrakte Möglichkeit eines potentiellen Anspruchs oder einer Geldbuße abzustellen sein dürfte.[20]

Die Verjährungsfristen lassen sich ebenfalls in gewissen Kategorien bündeln. Klassischerweise handelt es sich dabei um Fristen für, zB **16**

- Ansprüche aus Gewährleistung
- Deliktische Ansprüche bei Sachschäden
- Deliktische Ansprüche bei Verletzung von Leib und Leben
- Verjährungsfristen für Bußgelder, zB potentieller DS-GVO Bußgelder

Werden vom Verantwortlichen mit seinen Waren oder Dienstleistungen auch ausländische **17** Märkte bedient, ist hier insbes. auch zu klären, aus welcher einschlägigen Rechtsordnung sich die jeweiligen relevanten Verjährungsfristen ergeben, denn diese sind noch nicht einmal auf europäischer Ebene harmonisiert. Selbst für Geldbußen aus der DS-GVO gibt es keine harmonisierte Verfolgungsverjährung, so dass auch hier die Rechtsordnung der jeweils für die Verhängung von Bußgeldern zuständigen Aufsichtsbehörde zu berücksichtigen ist. Wie sich bereits gezeigt hat, kann es hier durchaus zu unterschiedlichen Ansichten zwischen den Verantwortlichen und den nationalen Aufsichtsbehörden kommen.[21] Solange hier keine Klarstellung durch den EuGH erfolgt ist, scheint es durchaus ratsam, die Verjährungsfristen sämtlicher Mitgliedsstaaten zu berücksichtigen in denen sich betroffene Personen befinden, von denen der Verantwortliche Daten verarbeitet. IÜ ist für die Ermittlung der Verjährungsfristen grds. nach Regeln des internationalen Kollisionsrechtes, die anwendbare Rechtsordnung zu bestimmen.

(3) Was sind weitere Maßnahmen der IT-Sicherheit?

Ein weiteres Aufbewahrungsrecht ergibt sich daraus, dass der Verantwortliche idR verpflichtet wird, Maßnahmen zur IT-Sicherheit zu ergreifen. Eine solche Verpflichtung ergibt sich nicht nur für personenbezogene Daten aus der DS-GVO → Kapitel 9, sondern neben spezialgesetzlichen Vorschriften für Betreiber bestimmter (kritischer) Infrastrukturen[22] auch aus den allgemeinen geschäftlichen Sorgfaltsverpflichtungen der Geschäftsleitung zur Einrichtung eines Risikomanagements.[23] Konkretisierungen der Anforderungen an das Risikomanagement werden zudem von den für den relevanten Sektor zuständige Aufsichtsbehörde vorgeben (zB konkretisieren für den Finanzsektor die MaRisk und BAIT der Bundesaufsicht für Finanzdienstleistungen § 25a KWG, der jeweilige IT-Sicherheitskatalog der Bundesnetzagentur zu § 11 Abs. 1a EnWG[24] sowie zu § 11 Abs. 1b EnWG und § 109 TKG und mögliche weitere branchenspezifische Anforderungen der BSI-KritisV). **18**

(aa) Wie werden Back-Ups gehandhabt?

---

[19] Kühling/Buchner/*Herbst* DS-GVO Art. 17 Rn. 83; BeckOK DatenschutzR/*Worms* DS-GVO Art. 17 Rn. 87.

[20] *Hunziger* CR 2018, 357 (362).

[21] CNIL Deliberation of the Restricted Committee SAN-2019-001 of 21 January 2019 pronouncing a financial sanction against GOOGLE LLC abrufbar unter https://www.cnil.fr/sites/default/files/atoms/files/san-2019-001.pdf (zuletzt abgerufen am 14.5.2020).

[22] Siehe Richtlinie (EU) 2016/1148 des Europäischen Parlaments und des Rates vom 6.7.2016 über Maßnahmen zur Gewährleistung eines hohen gemeinsamen Sicherheitsniveaus von Netz- und Informationssystemen in der Union (ABl. Nr. L 194 S. 1 ber. ABl. 2018 Nr. L 33 S. 5).

[23] Vgl. hierzu v. *Holleben/Menz* CR 2010, 263 (268).

[24] Abrufbar unter https://www.bundesnetzagentur.de/SharedDocs/Downloads/DE/Sachgebiete/Energie/Unternehmen_Institutionen/Versorgungssicherheit/IT_Sicherheit/IT_Sicherheitskatalog_08-2015.pdf?__blob=publicationFile&v=2 (zuletzt abgerufen am 14.5.2020).

19   Bestandteil eines vernünftigen IT-Risikomanagement-Systems ist dabei auch, dass die Daten in Back-ups redundant vorgehalten werden. Damit sind die zu löschenden Datenarten nicht nur in den aktiven Systemen sondern auch in jeder Kopie zu Datensicherungszwecken und jedem Back-up enthalten. Die in den Back-ups enthaltenen Datensätze dienen jedoch anderen Zwecken als die in den aktiven Datenbeständen. Eine Verarbeitung der Daten in den redundanten Datensätzen dient der IT-Sicherheit und der Risikominimierung und stellt damit einen alternativen Zweck der Datenverarbeitung nach Art. 5 Abs. 1 Buchst. b DS-GVO iVm Art. 6 Abs. 4 DS-GVO dar. Dies bedeutet, dass Daten die in den aktiven Systemen zu löschen sind, nicht auch unmittelbar in den Back-ups zu löschen sind, sondern erst dann, wenn der Zweck der Datensicherung entfällt.[25] Zu den nach Art. 6 Abs. 4 DS-GVO geeigneten Garantien gehört in diesem Fall, dass geeignete Mechanismen einzuführen sind, die verhindern, dass bei einem Wiedereinspielen von Daten aus Back-ups bereits aus den aktiven Systemen gelöschte Daten wieder zur Verarbeitung zur Verfügung stehen. Diese bereits gelöschten Daten müssen auch nach Einspielen wieder unmittelbar gelöscht werden.[26] Die Back-ups unterliegen allerdings auch eigenständigen, regelmäßigen Löschverpflichtungen, dh sie müssen insgesamt gelöscht bzw. vernichtet werden, wenn ihr Zweck erreicht ist. Eine dauerhafte Aufbewahrung von Back-ups ist für den Zweck der Erreichung der IT-Sicherheit nicht mehr erforderlich. Auch hierfür sind im Löschkonzept geeignete Fristen festzuhalten.

(bb) Wie werden Protokolldaten gehandhabt?

20   Zu Zwecken der IT-Sicherheit werden auch Protokolldaten erhoben und verarbeitet. Wie lange diese vorgehalten werden dürfen, richtet sich häufig nach anderen Rechtsgrundlagen als die der protokollierten eigentlichen Verarbeitung personenbezogener Daten.[27] Diese speziellen Aufbewahrungsfristen sind hier ebenfalls zu ermitteln und im Löschkonzept zu berücksichtigen. Neben den gesetzlichen Aufbewahrungsfristen sind auch häufig im Unternehmen Betriebsvereinbarungen zur IT-Sicherheit anzutreffen, die die Aufbewahrungsfristen der Protokolldaten regeln, die im Löschkonzept zu berücksichtigen sind.

(4) Bestehen regelmäßige Löschzyklen und Zuordnungen?

21   Um die ermittelten Aufbewahrungsrechte und Aufbewahrungsfristen in Löschfristen zu übersetzen, empfiehlt es sich neben den Aufbewahrungsfristen den Auslöser der Frist festzuhalten und den Startzeitpunkt zu dem die Frist zu laufen beginnt.[28] Insbes. dann, wenn Verantwortliche große Mengen personenbezogener Daten zu unterschiedlichen Zwecken verarbeiten und sich daher einer Unzahl unterschiedlicher relevanter Löschfristen gegenüber sehen, muss es dem Verantwortlichen als Ausfluss des Verhältnismäßigkeitsgrundsatzes gestattet sein, gewisse Typisierungen und Bündelungen vorzunehmen.[29] Dabei ist es auch hinzunehmen, dass es aufgrund der Standardisierung zu Verzögerungen bei der Löschung kommt, wenn dies dazu dient, dass die Löschung dauerhaft und zuverlässig in der gesamten IT-Landschaft stattfindet.[30] Schließlich spricht Erwgr. 39 DS-GVO von „regelmäßiger Überprüfung".

22   Die einmal so ermittelten, typisierten Löschfristen sind dann in einem nächsten Schritt, den Datenarten zuzuordnen, um eine Übersicht zu erhalten, wann was zu löschen ist. Eine solche Übersicht sollte auch enthalten, welche technischen und organisatorischen Maßnah-

---

[25] Vgl. auch Standarddatenschutzmodell, Baustein Löschen und Vernichten, S. 6.
[26] Standarddatenschutzmodell, Baustein Löschen und Vernichten, S. 6.
[27] Standarddatenschutzmodell, Baustein Löschen und Vernichten, S. 2.
[28] Norm DIN 66398 „Leitlinie zur Entwicklung eines Löschkonzepts mit Ableitung von Löschfristen für personenbezogene Daten".
[29] Vgl. Plath/*Plath* DS-GVO Art. 5 Rn. 18.
[30] Schaffland/Wiltfang/*Schaffland/Wiltfang* Musterkonzept zur Löschung personenbezogener Daten.

men ergriffen werden, um bei einem alternativen Zweck die geeigneten Garantien zur Vermeidung einer zweckfremden Verarbeitung ergriffen wurden. Werden die Daten nur noch zu Archivierungszwecken verarbeitet, kann etwa die Verlegung des Speicherortes und/oder die Einschränkung der zur Verarbeitung Berechtigten in Erwägung gezogen werden.

c) Wurden die Voraussetzungen für die technische Umsetzung geschaffen?

WO. Das Löschkonzept muss auch technisch umgesetzt werden, denn durch das Lösch- **23** konzept selbst wird noch kein Datum gelöscht. Entscheidender Faktor bei der technischen Umsetzung ist die Identifizierung, wo die zu löschenden Daten gelöscht werden müssen. In den meisten Unternehmen herrscht eine über die Zeit gewachsene sehr komplexe IT-Systemlandschaft vor, die die Beantwortung der Frage, wo die Daten zu löschen sind, zu einer Herausforderung werden lassen. Um der Komplexität Herr zu werden, empfiehlt sich ein mehrstufiges Vorgehen. Zunächst sollten (i) die IT-Systeme, in denen die jeweiligen Datenarten verarbeitet werden, identifiziert und weiter (ii) die Abhängigkeiten der Systeme untereinander überprüft werden und (iii) schließlich, wenn möglich, für die Datenarten jeweils ein führendes IT-System festgelegt werden.[31]

d) Sind die Verantwortlichkeiten iRd Löschkonzeptes festgelegt worden?

WIE. Ein wesentlicher weiterer Bestandteil eines Löschkonzeptes, ist die Festschreibung **24** der Verantwortlichkeiten im Löschprozess.[32] Die Verantwortlichkeiten sollten in einem Rollen- und Rechtekonzept beschrieben werden. Hinsichtlich der Rollen kann etwa auf das sogenannte RACI-Modell zurückgegriffen werden (Responsible, Accountable, Consulted, Informed). Auf dieser Grundlage ist der organisatorische Prozess niederzulegen, welche Person jeweils für die Prüfung, Anordnung und Durchführung des Löschens zuständig ist.[33]

Es ist durchaus empfehlenswert ein entsprechendes Rollenkonzept bereits im Frühstadi- **25** um der Konzipierung des Löschkonzeptes festzulegen und entsprechend der zugewiesenen Rollen auch eine Beteiligung bei der Formulierung des Löschkonzeptes zu verlangen.

e) Wurden im Löschkonzept die zulässigen Löschmethoden definiert und werden diese auch bei der tatsächlichen Löschung verwendet?

Wie. Der Begriff des Löschens ist in der Datenschutzgrundverordnung nicht definiert. **26** Art. 5 Buchst. e DS-GVO spricht auch nicht von Löschen sondern davon, dass die Daten nicht länger gespeichert werden dürfen, in einer Form die die Identifizierung der betroffenen Person ermöglicht.

Der in Art. 17 DS-GVO verwendete Begriff des Löschens ist weder in den Artikeln der **27** DS-GVO noch in den Erwägungsgründen definiert. Allerdings erwähnt Art. 4 Nr. 2 aE DS-GVO Löschen und Vernichten als eine Art der Datenverarbeitung. Beide sind als nebeneinander stehende Alternativen anzusehen zwischen denen der Verantwortliche im Rahmen seines Auswahlermessens wählen kann.[34] Vielfach findet sich in der Literatur der Hinweis, dass das Verständnis des Löschens wie es in § 3 Abs. 4 Nr. 5 BDSG definiert war, zu Grunde gelegt werden könne.[35] Möglich ist dies allerdings nur, solange dieses dem sich noch auszubildenden unionsrechtlichen Verständnis des Löschens entspricht. Im juristischen Sinne ist Löschen das dauerhafte Unkenntlich machen von gespeicherten personenbezogenen Daten mittels geeigneter Prozesse.[36] Dabei muss das Ergebnis erreicht werden, dass es

---

[31] *Fraenkel/Hammer* Datenschutznachrichten 2013, 9.
[32] Schläger/Thode/*Stutz* 8. Datenlöschung, Rn. 193.
[33] Standarddatenschutzmodell, Baustein Löschen und Vernichten, S. 5.
[34] Ehmann/Selmeyer/*Kamann/Braun* DS-GVO Art. 17 Rn. 32.
[35] *Jacobi/Jantz* ArbRB, 2017, 22 (23).
[36] Standarddatenschutzmodell, Baustein Löschen und Vernichten, S. 1.

niemandem mehr ohne unverhältnismäßigen Aufwand möglich ist, die betreffende Information wahrzunehmen.[37] Eine Voraussetzung dafür ist, dass das eingesetzte Verfahren irreversibel ist.[38]

Löschbefehl auf der PC-Tastatur	Ein derartiges „Löschen" sorgt idR nicht dafür, dass die Daten gelöscht werden, sondern hebt lediglich die Verbindung zwischen Fundstelle und Datenbestand auf, so dass eine spätere Wiederherstellung möglich ist.[39]	–
Physische Zerstörung	Auch durch physikalische Zerstörung des Datenträgers können Daten unkenntlich gemacht werden, zB durch magnetische Durchflutung, thermische oder mechanische Zerstörung.[40]	+
Endgültiges Überschreiben des Datenbestandes	Datenbestand wird ggf. mehrmals mit Zufallsdaten überschrieben, so dass eine Wiederherstellung ausgeschlossen ist.[41] Überschreiben der Informationen einzelner Datenfelder (Daten oder Attribute von Daten), die auf elektronischen Datenträgern gespeichert wurden, mit Hilfe von Löschprogrammen (bspw. sog. Wipe-Tools).	+
Einfaches Überschreiben	Einfaches Überschreiben mit Daten reicht nicht aus, da dies informationstechnisch reversibel ist.[42]	–
Endgültiges Überschreiben von Datenträgern	Mit speziellen Lösch- oder Anwendungsprogrammen, die für den zu überschreibenden Datenträger geeignet sind, kann datenschutzrechtlich ausreichend gelöscht werden.[43]	+
Austragen aus Verzeichnissen und Reorganisation der Datenbank	Austragen aus elektronischen Verzeichnissen bzw. Tabellen und anschließender Reorganisation bspw. durch Datenbank-Löschbefehle mit anschließender Reorganisation der Datenbank, ist ausreichend soweit gesichert ist, dass im Zuge der Reorganisation die zu löschenden Daten überschrieben werden.	+
Anonymisieren	Solange die Anonymisierung von Daten DS-GVO konform erfolgt, dürfte die Anonymisierung von Daten als Löschäquivalent ausreichen. Zum einen spricht Art. 5 Abs. 1 Buchst. e DS-GVO von der Identifizierbarkeit im Zusammenhang mit der Speicherbegrenzung und zum anderen weist nicht zuletzt Erwgr. 24 DS-GVO darauf hin, dass die DS-GVO bei anonymisierten Daten keine Anwendung findet.[44]	+/–

---

[37] Kühling/Buchner/*Herbst* DS-GVO Art. 17 Rn. 37–44.
[38] NK-DatenschutzR/*Roßnagel* DS-GVO Art. 4 Nr. 2 Rn. 30.
[39] *Jacobi/Janzt* ArbRB, 2017, 22 (23).
[40] Auer-Reinsdorff/Conrad IT-R-HdB/*Conrad/Hausen* Teil III.1 Rn. 90 mwN; Standarddatenschutzmodell, Baustein Löschen und Vernichten, S. 4.
[41] Plath/*Schreiber* BDSG § 3 Rn. 52; Jacobi/Janzt ArbRB, 2017, 22 (23); NK-DatenschutzR/*Roßnagel* DS-GVO Art. 4 Nr. 2 Rn. 30–32.
[42] NK-DatenschutzR/*Roßnagel* DS-GVO Art. 4 Nr. 2 Rn. 31; Kühling/Buchner/*Herbst* DS-GVO Art. 4 Rn. 36, Kühling/Buchner/*Herbst* DS-GVO Art. 17 Rn. 37; HK-DS-GVO/*Reimer* DS-GVO Art. 4 Rn. 75.
[43] Standarddatenschutzmodell, Baustein Löschen und Vernichten, S. 4.
[44] Vgl hierzu Entschiedung DSB Österreich v. 5.12.2018, aA Standarddatenschutzmodell, Baustein Löschen und Vernichten, S. 4.

Formatieren von Datenträgern	Nicht ausreichend	–
Freigabe von Datenträgern (zB eines USB-Sticks) zur Wiederverwendung durch Organisationsanweisung	Nicht ausreichend	–
Verschlüsselung von Daten	Gleich welches Verschlüsselungsverfahren verwendet wird, handelt es sich allenfalls um eine Einschränkung der Verarbeitung und kann je nach Ausgestaltung als geeignete Garantie in Betracht kommen.	–
Verschlüsselung von Daten und Vernichtung des Entschlüsselungsschlüssels	Wohl ausreichend, wenn Vorgang irreversibel.[45]	+
Organisatorische Maßnahmen zur Nichtverwendung von Daten	Bloße organisatorische Maßnahmen zur Nichtverwendung von Daten wie Aussprechen eines Verbots der Kenntnisnahme und Nutzung der Daten an Mitarbeiter/-innen der verantwortlichen Stelle Zusage des Verantwortlichen, Daten nicht mehr verwenden zu wollen – sind nicht ausreichend.	–

2. Unstrukturierte Daten

Eine nicht zu unterschätzende Herausforderung ist die Erfassung von unstrukturierten **28** Daten sowie eigenen Devices von Mitarbeitern und sog. Schatten-IT. Bei den unstrukturierten Daten handelt es sich präziser um unstrukturiert abgelegte Daten; klassische Beispiele hierfür sind etwa das E-Mail-Postfach der einzelnen Mitarbeiter des Unternehmens sowie File(sharing)server.[46] Eine automatisierte Datenlöschung ist hier mangels Struktur nicht möglich.[47] Bei E-Mail-Postfächern kommt bei erlaubter privater Nutzung noch hinzu, dass – soweit das Telekommunikationsgeheimnis einschlägig sein sollte – eine Löschung durch den Verantwortlichen unzulässig sein dürfte. Eine automatisierte Löschung ist auch dann ausgeschlossen, wenn die Speicherorte, nicht in der IT-Systemlandschaft erfasst sind. Dies gilt für eigene Endgeräte der Mitarbeiter ebenso wie nicht erfasste sog. Schatten-IT des Verantwortlichen.[48] Doch auch für diese Bereiche gilt die Löschverpflichtung des Verantwortlichen. Ähnliches gilt auch für systematische, nicht-automatisierte Datenverarbeitung. Um dem in rechenschaftspflichtiger Weise nachzukommen, sind im Löschkonzept Richtlinien zur Löschverpflichtung in diesen Konstellationen aufzunehmen. Ferner sollte dargelegt werden, wie die Mitarbeiter über die Pflichten informiert und zu diesen geschult werden.[49]

3. Löschverpflichtung bei Auftragsdatenverarbeitern

Die Datenverarbeitung bei den Auftragsverarbeitern gehört zum Verantwortungsbereich **29** des Verantwortlichen. Daher sind die ausgelagerten Datenverarbeitungen an Auftragsverarbeiter ebenfalls im Löschkonzept zu adressieren. Soweit eine Auftragsverarbeitung dergestalt ist, dass zwar die technische Infrastruktur zur Verfügung gestellt wird, der Verantwortliche

---

[45] AA Standarddatenschutzmodell, Baustein Löschen und Vernichten, S. 4, die darin allenfalls eine Maßnahme bis zur Durchführung des endgültigen Löschens sehen.
[46] *Knöpfle/Katko/Kirschner* ZD 2014, 238 (241).
[47] *Knöpfle/Katko/Kirschner* ZD 2014, 238 (241).
[48] Idealerweise werden diese nicht erfassten Geräte in die Systemlandschaft eingebracht, dort erfasst und den Regeln der IT-Systemlandschaft unterworfen. Bei eigenen Endgeräten kann dies über sogenannte Containerlösungen erfolgen.
[49] *Knöpfle/Katko/Kirschner* ZD 2014, 238 (241).

aber selbst berechtigt ist, Einstellungen und Parametrisierungen vorzunehmen, muss er unmittelbar dafür Sorge tragen, dass das Löschkonzept eingehalten ist. Ist dies nicht der Fall, muss der Auftragsverarbeiter verpflichtet werden, das Löschkonzept umzusetzen. Für die zukünftige Auswahl von Auftragsverarbeitern muss die Umsetzungsfähigkeit eines Löschkonzeptes mit zu berücksichtigen sein.

30　　Eine Unterrichtung sämtlicher Empfänger, also auch weiterer Verantwortlicher, über die regelmäßigen Löschverpflichtungen, die personenbezogene Daten vom Verantwortlichen erhalten haben, ist nach hiesiger Auffassung nicht erforderlich. Wie Eingangs bereits auseinandergesetzt, handelt es sich bei der regelmäßigen Löschverpflichtung nicht um eine Verpflichtung aus Art. 17 DS-GVO. Für diese gilt die Benachrichtigungspflicht an alle Empfänger nach Art. 19 DS-GVO.

II. Das Betroffenenrecht auf Löschen und das Recht auf Vergessenwerden

31　Das Betroffenenrecht auf Löschen hat neben der Löschverpflichtung für den Verantwortlichen eine eigene Daseinsberechtigung – und zwar auch dann, wenn es nicht um den Sonderfall der öffentlich gemachten Daten des Art. 17 Abs. 2 DS-GVO geht. Denn wie in Abschnitt 1 dieses Kapitels bereits gesehen, ist es dem Verantwortlichen gestattet für die Löschverpflichtung Regellöschfristen festzulegen. Das bedeutet, dass auch nach Zweckfortfall aufgrund der Regellöschfristen die personenbezogenen Daten trotz Löschreife noch aktiv in den Systemen des Verantwortlichen vorhanden sein können. Für diesen Fall, steht dem Betroffenen, das Recht auf Löschen gem. Art. 17 Abs. 1 DS-GVO sowie das flankierende Recht auf Einschränkung der Verarbeitung nach Art. 18 DS-GVO zu. Diese Rechte müssen, wenn sie vom Betroffenen geltend gemacht werden, innerhalb der Fristen des Art. 12 DS-GVO erfüllt werden.

1. Sind Sie auf Anträge auf Löschung organisatorisch vorbereitet?

32　　Sowohl Art. 17 Abs. 1 DS-GVO als auch Art. 17 Abs. 2 DS-GVO setzen als Betroffenenrecht einen Antrag voraus. Im Hinblick auf das Recht auf Vergessen werden nach Art. 17 Abs. 2 DS-GVO ergibt sich dies allerdings nicht direkt aus dem Wortlaut, sondern erst aus der Formulierung zur Rechtsfolge.[50] Die Anträge auf Löschen der Personenbezogenen Daten sowohl nach Art. 17 Abs. 1 DS-GVO als auch nach Art. 17 Abs. 2 DS-GVO gelten letztlich die gleichen Anforderungen wie zu den übrigen Betroffenenrechten. Auch hier müssen folgende Punkte adressiert werden:

❑ Rollen und Verantwortlichkeiten hinsichtlich der Erfassung, Prüfung, Beantwortung und Erfüllung der Anfragen
❑ Dokumentation des Eingangs und der Löschanträge selbst
❑ Zuordnung des Inhalts der Löschanträge
❑ Identifizierung der beantragenden betroffenen Person
❑ Abfrage weiterer eventuell benötigter Informationen

33　　Den Antragsteller trifft eine Darlegungs- und Substantiierungslast hinsichtlich seiner Identität und möglicher Löschungsgründe.

2. Sind Sie darauf eingerichtet die zu löschenden Daten DS-GVO konform zu löschen?

---

[50] Vgl. Kühling/Buchner/*Herbst* DS-GVO Art. 17 Rn. 52; Gola/*Nolte/Werkmeister* DS-GVO Art. 17 Rn. 36; Paal/Pauly/*Paal* DS-GVO Art. 17 Rn. 34; Schantz/Wolff Neues DatenschutzR/*Schantz* DatenschutzR Rn. 1216; aA *Piltz* K&R 2016, 629 (633).

Für das Löschen selbst gelten im Rahmen von Art. 17 DS-GVO letztlich keine anderen **34** Anforderungen als an das regelmäßige Löschen iSd Speicherbegrenzung des Art. 5 Abs. 1 Buchst. e DS-GVO. Insoweit kann auf die Ausführungen zu den → Rn. 7 ff. verwiesen werden. Ein wesentlicher Unterschied dürfte in den zeitlichen Anforderungen an das Löschen bestehen. Denn während die aus der Speicherbegrenzung abgeleitete Löschanordnung eine gewisse Bündelung von Löschvorgängen mit einer entsprechen zeitlichen Verzögerung zulässt, ist dies bei der Löschanforderungen aufgrund eines Betroffenenrechtes nach Art. 17 Abs. 1 DS-GVO und Art. 17 Abs. 2 DS-GVO nicht möglich.

Denn die berechtigten Löschanforderungen aus dem Betroffenenrecht müssen unverzüg- **35** lich umgesetzt werden, wie es Art 17 Abs. 1 DS-GVO und Art. 17 Abs. 2 DS-GVO verlangen. Nicht ganz klar ist, ob es sich bei dem Wortlaut damit um eine Verschärfung der Frist des Art. 12 Abs. 3 DS-GVO handelt.[51] Damit wird teilweise eine Frist von zwei Wochen bis zu einem Tätigwerden regelmäßig als unverzüglich betrachtet.[52] Allerdings bestimmt der auch hier geltende Art. 12 Abs. 3 DS-GVO die Obergrenzen des „unverzüglich" – mit einem Monat, der in besonderen Fällen max. auf drei Monate ausgeweitet werden kann. Auch bei einer autonomen Auslegung des Begriffes unverzüglich, ist ein Tätig werden „ohne schuldhaftes Zögern" ausreichend.[53]

3. Sind die Gründe für das Recht auf Löschen und deren Voraussetzungen bekannt?

Art. 17 Abs. 1 DS-GVO nennt in den Buchstaben a-f abschließend die Gründe aufgrund **36** derer die Löschung verlangt werden kann. Liegt einer dieser Gründe vor und wurde die Löschung durch die betroffene Person verlangt, müssen diese gelöscht werden. Dabei kommt es nicht darauf an, ob die betroffene Person den Grund benannt hat oder nicht. Der Antrag ist auch dann zu befolgen, wenn er sehr allgemein gehalten ist.

a) Ist die Verarbeitung für den Zweck der Verarbeitung nicht mehr erforderlich?

Die betroffene Person hat dann einen Anspruch auf Löschen ihrer personenbezogenen **37** Daten, wenn sie für den Zweck für die sie erhoben wurden oder auf sonstige Weise verarbeitet wurden, nicht mehr notwendig sind. Der jeweilige Zweck zu dem die Daten erhoben bzw. verarbeitet wurden, ergibt sich aus dem Verarbeitungsverzeichnis.[54] Dabei sind jedoch auch mögliche Zweckänderungen zu beachten. Werden die Daten zulässigerweise nunmehr zu einem anderen Zweck verarbeitet, ist die Datenverarbeitung – in dem Umfang in dem der neue Zweck dies erlaubt – zulässig.[55] Hierzu zählen die bereits angesprochenen Zweckänderungen zur Einhaltung gesetzlicher Aufbewahrungszwecke → Rn. 14 ff. ebenso wie die Verarbeitung einzelner Datenfelder für andere Zwecke → Rn. 12 ff.

b) Erfolgte der Widerruf der Einwilligung?

Eine einmal erteilte Einwilligung kann jederzeit mit Wirkung für die Zukunft widerru- **38** fen werden. Wurde die Einwilligung widerrufen, kann der Betroffene die Löschung der Daten, die auf Grundlage der Einwilligung verarbeitet wurden, verlangen. Die Geltendmachung des Anspruchs auf Löschung kann gleichzeitig mit dem Widerruf erfolgen oder zu einem späteren Zeitpunkt. Auch hier ist eine Weiterverarbeitung von Daten aufgrund anderer Zwecke denkbar, wie etwa die Archivierung der Einwilligungserklärung und der auf

---

[51] Paal/Pauly/*Paal* DS-GVO Art. 17 Rn. 31.
[52] Paal/Pauly/*Paal* DS-GVO Art. 17 Rn. 31.
[53] Kühling/Buchner/*Herbst* DS-GVO Art. 17 Rn. 45; Ehmann/Selmayr/*Kamann*/*Braun* DS-GVO Art. 17 Rn. 37; BeckOK DatenschutzR/*Worms* DS-GVO Art. 17 Rn. 57.
[54] Siehe hierzu näher → Kap. 3 Rn. 43 ff.
[55] Paal/Pauly/*Paal* DS-GVO Art. 17 Rn. 23; Kühling/Buchner/*Herbst* DS-GVO Art. 17 Rn. 21 ff.; Ehmann/Selmayr/*Kamann*/*Braun* DS-GVO Art. 17 Rn. 20.

Grundlage der Einwilligung verarbeiteten Daten zum Beleg der ursprünglichen Rechtmäßigkeit der Datenverarbeitung. Nicht denkbar ist es hingegen, dass die Datenverarbeitung wesensgleich weiter fortgesetzt wird und nunmehr auf eine Interessenabwägung nach Art. 6 Abs. 1 Buchst. f DS-GVO gestützt wird.

c) Erfolgte ein Widerspruch?

39   Ein weiterer Grund zur Löschung von personenbezogenen Daten besteht nach Art. 17 Abs. 1 Buchst. c DS-GVO dann, wenn die betroffene Person Widerspruch gegen die Verarbeitung der personenbezogenen Daten nach Art. 12 DS-GVO eingelegt hat. Der Löschgrund „Widerspruch" enthält zwei Alternativen: hinsichtlich des Widerspruchs und der damit verbundenen Löschverpflichtung ist zwischen dem Widerspruch nach Art. 21 Abs. 1 DS-GVO und nach Art. 21 Abs. 2 DS-GVO zu unterscheiden.

40   Handelt es sich um einen Widerspruch nach Art. 21 Abs. 1 DS-GVO, also gegen eine Verarbeitung, die auf die Interessenabwägungen nach Art. 6 Abs. 1 Buchst. e, f DS-GVO gestützt wurde, ist dies nur dann ein Löschgrund, wenn keine „vorrangigen berechtigten Interessen für die Verarbeitung" vorliegen.

41   Bei dem Widerspruch nach Art. 21 Abs. 2 DS-GVO handelt es sich um den Widerspruch gegen Direktwerbung, die auf die Interessenabwägung nach Art. 6 Abs. 1 Buchst. f DS-GVO gestützt wurde. Erfolgt hier ein Widerspruch, muss die Datenverarbeitung zu diesem Zweck zwingend eingestellt werden, Art. 21 Abs. 2 DS-GVO – und auch ohne weitere Prüfung oder Abwägung gelöscht werden, Art 17 Abs. 1 Buchst. c Alt. 2 DS-GVO. Auch hier gilt wieder, dass zu Beweissicherungszwecken eine weitergehende Speicherung unter den in → Rn. 2 genannten Voraussetzungen möglich sein wird.

d) Liegt eine unrechtmäßige Verarbeitung vor?

42   Ein weiterer Löschgrund nach Art. 17 Abs. 1 Buchst. d DS-GVO liegt dann vor, wenn die personenbezogenen Daten der betroffenen Person „unrechtmäßig verarbeitet wurden". Entgegen dem etwas unglücklichen Wortlaut der deutschen Fassung, ist der relevante Zeitpunkt für die Beurteilung der Rechtmäßigkeit der Zeitpunkt des Löschbegehrens.[56] Die Rechtmäßigkeit der Verarbeitung ist dann zu bejahen, wenn eine der Vorgaben des Art. 6 DS-GVO erfüllt ist.[57] Wie bereits erwähnt, trägt die die Löschung verlangende Person beim Betroffenenrecht auf Löschen und Recht auf Vergessen werden die Darlegungs- und Beweislast, dass die Daten unrechtmäßig verarbeitet werden. Gerade in diesem Fall kann also eine eingehendere Prüfung stattfinden, bevor die Rechtmäßigkeit oder Unrechtmäßigkeit abschließend beim Verantwortlichen beurteilt wurde. Dies ist iRd Fristbemessung des „unverzüglich" zu berücksichtigen.

e) Liegt eine Erfüllung einer rechtlichen Verpflichtung vor?

43   Nach Art. 17 Abs. 1 Buchst. e DS-GVO kann sich die rechtliche Verpflichtung auch aus einschlägigem nationalen oder europäischem Recht ergeben. Letztlich handelt es sich hierbei um eine Öffnungsklausel für spezialgesetzliche Löschanforderungen. Spezielle gesetzliche Löschpflichten ergeben sich in Deutschland zB aus dem Telekommunikationsgesetz.[58]

---

[56] Kühling/Buchner/*Herbst* DS-GVO Art. 17 Rn. 28; Paal/Pauly/*Paal* DS-GVO Art. 17 Rn. 26; NK-DatenschutzR/*Dix* DS-GVO Art. 17 Rn. 14.

[57] NK-DatenschutzR/*Dix* DS-GVO Art. 17 Rn. 14 geht darüber hinaus davon aus, dass bereits bestimmte Verletzungen der Informationspflichten nach Art. 13, 14 DS-GVO bereits zur Unrechtmäßigkeit der Verarbeitung führen können.

[58] Gola/*Nolte*/*Werkmeister* DS-GVO Art. 17 Rn. 26.

f) Handelt es sich um personenbezogene Daten von Kindern?

Auch die personenbezogenen Daten von Kindern, die aufgrund einer wirksamen Einwil- **44** ligung in Bezug auf einen Dienst der Informationsgesellschaft (zB Soziale Netzwerke, Online-Spiele) gem. Art. 8 Abs. 1 verarbeitet werden, sind auf Verlangen ohne weitere Voraussetzung zu löschen.[59] Eine Löschungspflicht ergibt sich damit allein aufgrund des Löschungsverlangens der betroffenen Person und kann auch dann noch ausgeübt werden, wenn der ehemals Minderjährige bereits Volljährig ist.[60] Weil Diensten der Informationsgesellschaft in Bezug auf Minderjährige weniger Schutzbedarf als den betroffenen Personen zugestanden wird, bedarf es neben dem Löschungsverlangen keiner weiteren Voraussetzung; auch kann dieser Anspruch noch als Erwachsener geltend gemacht werden.

4. Sind die Ausnahmen von der Löschungspflicht und dem Recht auf Vergessen werden bekannt?

Die Ausnahmen von dem Recht und der damit einhergehenden Pflicht zur Löschung **45** und dem Recht auf Vergessenwerden sind in Art. 17 Abs. 3 DS-GVO geregelt. Dabei greift dieser Ausnahmetatbestand nicht nur beim Recht auf Vergessen werden in Art. 17 Abs. 2 DS-GVO, sondern ist gleichermaßen auch auf das Löschrecht in Art. 17 Abs. 1 DS-GVO anwendbar. Greift eine dieser Ausnahmen, ist der Verantwortliche nicht verpflichtet oder gar berechtigt dem Löschantrag der betroffenen Person nachzukommen. Die betroffene Person ist entsprechend zu benachrichtigen. Dabei enthält die Benachrichtigung insbes. Angaben dazu, warum eine Löschung – evtl. nur zum aktuellen Zeitpunkt – ausgeschlossen ist.

a) Dient die Verabreitung der Meinungsäußerung- und Informationsfreiheit?

Art. 17 Abs. 3 S. 1 DS-GVO nennt als Ausnahme von der Pflicht zur Löschung perso- **46** nenbezogener Daten, wenn die Verarbeitung der Daten der Ausübung des Rechts auf freie Meinungsäußerung und Information dient, wie es in Art. 11 GRCh und Art. 10 EMRK iVm Art. 6 Abs. 1 EUV geschützt ist. Die iRd Abwägung der geschützten Interessen hat die DS-GVO selbst nicht näher präzisiert, so dass die grundrechtlichen Positionen in Ausgleich gebracht werden müssen.[61]

b) Dienen die Daten der Erfüllung rechtlicher Verpflichtungen?

Für die Dauer gesetzlicher Aufbewahrungspflichten gilt die Löschanordnung der **47** DS-GVO nicht – auch wenn ein Löschgrund nach Art. 17 Abs. 1 DS-GVO vorliegt. Art. 17 Abs. 3 DS-GVO legt fest, dass kein Anspruch und keine entsprechende Pflicht zur Löschung bestehen, wenn die Daten zur „Erfüllung einer rechtlichen Verpflichtung" verarbeitet werden. Zu diesen gesetzlichen Verpflichtungen gehören insbes. die gesetzlichen Aufbewahrungspflichten.[62] Auch die Beachtung der in einem Löschkonzept identifizierten Aufbewahrungsrechte, die daraus resultieren, dass es dem Verantwortlichen möglich sein muss, sich gegen mögliche Rechtsansprüche zu verteidigen oder sie zu begründen, wird in Art. 17 Abs. 3 Buchst. e DS-GVO ausdrücklich angeordnet.

c) Besteht ein besonderes öffentliches Interesse?

---

[59] *DSK,* Kurzpapier Nr. 11, 29.8.2017, S. 1.
[60] *DSK,* Kurzpapier Nr. 11, 29.8.2017, S. 1.
[61] NK-DatenschutzR/*Dix* DS-GVO Art. 17 Rn. 30.
[62] Keppeler/Berning ZD 2017, 314 (316).

Hierzu zählen zum einen die Zwecke der öffentlichen Gesundheit gem. Art. 17 Abs. 3 Buchst. c DS-GVO und zum anderen die Archivzwecke, Forschungszwecke und statistische Zwecke, Art. 17 Abs. 3 Buchst. d DS-GVO. Diese besonderen öffentlichen Interessen, die die Interessen der betroffenen Person an der Löschung ihrer personenbezogenen Daten trotz Löschgrund überwiegen, fordern angemessene und spezifische Maßnahmen zur Wahrung der Rechte und Freiheit der betroffenen Person (für die öffentliche Gesundheit ergibt sich dies aus Art. 9 Abs. Buchst. h DS-GVO) oder wie es Art. 89 Abs. 1 DS-GVO formuliert: geeignete Garantien.

5. Sind die für das Recht auf Vergessenwerden zusätzlichen Anforderungen bekannt?

49   Das Recht auf Vergessenwerden kommt dann in Betracht, wenn zunächst ein Löschgrund des Art. 17 Abs. 1 DS-GVO vorliegt. Kumulativ muss es sich bei den zu löschenden Daten der betroffenen Person auch um Daten handeln, die der Verantwortliche öffentlich gemacht hat. Unter Öffentlichmachen idS dürfte wohl das Ermöglichen des Zugriffs durch einen unbekannten Personenkreis zu verstehen sein.[63] Nach der jüngsten Rechtsprechung des EuGH ist das Recht auf Vergessenwerden territorial auf die Europäische Union beschränkt.[64]

6. Sind die technischen und organisatorischen Vorbereitungen zur Erfüllung des Rechts auf Vergessenwerden gegenüber Dritten vorhanden?

50   Das Recht auf Vergessenwerden verlangt von dem Verantwortlichen, um seine Verpflichtung für das „Vergessen" veröffentlichter personenbezogener Daten zu erfüllen, angemessene Maßnahmen zu ergreifen. Dabei sind diese Maßnahmen nicht darauf ausgerichtet, eine tatsächliche Löschung unmittelbar herbeizuführen, sondern andere Verantwortliche über die Pflicht zum Vergessen werden zu informieren.[65] Es wird also nicht das Vergessen werden als solches verlangt, sondern ein gesteigertes Bemühen die relevanten weiteren Verantwortlichen zu informieren, dass eine betroffene Person das Recht auf Vergessenwerden geltend gemacht hat.[66] Die eigentliche Verpflichtung des Dritten zur Löschung und der damit geschuldete Erfolg bestimmt sich dann nach Art. 17 Abs. 1 DS-GVO.[67]

7. Sind die nachgelagerten Benachrichtigungspflichten zur Löschung nach Art. 17 Abs. 1 DS-GVO gem. Art. 19 DS-GVO bekannt und werden ausgeführt?

51   Auch für das Betroffenenrecht auf Löschen nach Art 17 Abs. 1 DS-GVO gibt es eine nachgelagerte Benachrichtigungspflicht an sämtliche Empfänger der Daten darüber, dass die Daten gelöscht wurden und werden müssen. Wie sich aus der Definition des Empfängers in Art. 4 Nr. 9 DS-GVO ergibt, hat diese ungeachtet dessen zu erfolgen, ob es sich einen weiteren Verantwortlichen oder einen Auftragsverarbeiter handelt. Dabei steht diese Benachrichtigungspflicht unter dem Vorbehalt der Verhältnismäßigkeit. Erfordert eine Benachrichtigung unverhältnismäßigen Aufwand oder ist sie gar unmöglich, darf sie unterbleiben. In einem solchen Fall empfiehlt es sich, die Grundlagen der Entscheidung und die Entscheidung selbst zu dokumentieren und auch der betroffenen Person mitzuteilen.

---

[63] *Härting* Rn. 723; Ehmann/Selmayr/*Kamann/Braun* DS-GVO Art. 17 Rn. 40; Paal/Pauly/*Paal* DS-GVO Art. 17 Rn. 33.

[64] EuGH NJW 2019, 3499.

[65] Paal/Pauly/*Paal* DS-GVO Art. 17 Rn. 37 mwN.

[66] Ehmann/Selmayr/*Kamann/Braun* DS-GVO Art. 17 Rn. 43 f.

[67] Schantz/Wolff Neues DatenschutzR/*Schantz* Rn. 1215; Paal/Pauly/*Paal* DS-GVO Art. 17 Rn. 37.

Daneben enthält Art. 19 S. 2 DS-GVO auch das Recht, auf Antrag über die Empfänger **52** unterrichtet zu werden. Da Art. 13, 14, 14 DS-GVO bereits die Kategorien der Empfänger verlangen, müssen bei Antrag gem. Art. 19 Abs. 2 DS-GVO die Namen der Empfänger offengelegt werden.

Kapitel 9. Datensicherheit sowie technische und organisatorische Maßnahmen

Literatur:

Art. 29-Datenschutzgruppe WP 199 Opinion 08/2012 providing further input on the data protection reform discussions vom 5.10.2012; WP 216 Opinion 05/2014 on Anonymisation Techniques vom 10.4.2014; *Bayrisches Landesamt für Datenschutzaufsicht,* I Sicherheit der Verarbeitung – Art. 32 DS-GVO vom 9.6. 2016; *DSK Datenschutzkonferenz,* Kurzpapier Nr. 8 Maßnahmenplan „DS-GVO" für Unternehmen vom 26.7.2017; Kurzpapier Nr. 9 Zertifizierung nach Art. 42 DS-GVO vom 17.12.2018; Kurzpapier Nr. 18 Risiko für die Rechte und Freiheiten natürlicher Personen vom 26.4.2018; Kurzpapier Nr. 19 Unterrichtung und Verpflichtung von Beschäftigten auf Beachtung der datenschutzrechtlichen Anforderungen nach der DS-GVO vom 29.5.2018; *Foitzick/Plankemann,* Cloud Computing und Compliance: Probleme und Lösungsansätze, CCZ 2015, 180;*Leitfaden für die Erstellung eines IT-Sicherheitskonzepts,* URL: https://www. ztg-nrw.de/wp-content/uploads/2013/10/Leitfaden-für-die-Erstellung-eines-IT-Sicherheitskonzeptes.pdf, Stand: 29.9.2017.

A. Einführung

Personenbezogene Daten müssen in einer Weise verarbeitet werden, die eine angemessene Sicherheit (…) gewährleistet.[1]

Dieses Prinzip der Datensicherheit ist nicht neu und fand sich bereits in der Richtlinie 95/46/EG und dem Bundesdatenschutzgesetz aF (BDSG) wieder. Für die unternehmerische Praxis besteht daher nur punktueller Anpassungsbedarf, sofern der bisherige Umgang mit personenbezogenen Daten den rechtlichen Anforderungen vor Inkrafttreten der DS-GVO entspricht. **1**

Klassische Schutzziele sind die **Vertraulichkeit** (→ Rn. 13), **Integrität** (→ Rn. 14) und die **Verfügbarkeit** (→ Rn. 15) **(CIA)** personenbezogene Daten.[2] Die Sicherheitsanforderungen gelten für das gesamte System der Datenverarbeitung. Umfasst sind Hard- und Software, Netzwerkkomponenten, die komplette Infrastruktur sowie der Umgang mit Daten durch Personen.[3] **2**

B. Erläuterungen zur Checkliste

I. Datensicherheit nach Art. 32 DS-GVO

1. Allgemeines

Oberstes Ziel des Verordnungsgebers bei der Fassung des Art. 32 DS-GVO war es, Verantwortliche und andere Verarbeiter zu verpflichten, Schutzmechanismen in die Datenverarbeitungsvorgänge zu implementieren und somit die Datensicherheit zu gewährleisten. Die Anforderungen sind an die einzelnen Datenverarbeitungsvorgänge gestellt und gelten nicht nur pro Unternehmen, Behörde oder sonstiger an der Verarbeitung beteiligten Stelle. **3**

a) Ist der Verarbeiter Verantwortlicher oder Auftragsverarbeiter?

---

[1] Art. 5 Abs. 1 Buchst. f DS-GVO.
[2] *Bayerisches Landesamt für Datenschutzaufsicht,* I Sicherheit der Verarbeitung – Art. 32 DS-GVO, 9.6.2016, S. 1.
[3] Kühling/Buchner/*Jandt* DS-GVO Art. 32 Rn. 22.

4   Verantwortliche und Auftragsverarbeiter sind gemeinsam und unabhängig voneinander verpflichtet, geeignete technische und organisatorische Maßnahmen (TOM) umzusetzen und die Datensicherheit zur gewährleisten. Durch die Schaffung und Einhaltung geeigneter TOM erfüllt der Verantwortliche zum einen die Pflichten aus Art. 5 Abs. 1 DS-GVO (→ Kap. 4 Rn. 73 ff.)und zum anderen durch die Dokumentation der Maßnahmen die Rechenschaftspflicht aus Art. 5 Abs. 2 DS-GVO. Der Verarbeitende soll die Daten insbes. vor unbefugter Vernichtung, Verlust oder Offenlegung schützen.

b) Sind die TOM geeignet, um die Datensicherheit zu gewährleisten?

5   Praktisch gesehen ist es kaum möglich den **absoluten Schutz** personenbezogener Daten zu gewährleisten. Aus diesem Grund verlangt Art. 32 Abs. 1 DS-GVO nur TOM, die nach der Gegenüberstellung sowie der Abwägung von Schutzaufwand und Risiko keine übermäßige Belastung darstellen.[4] „Geeignet" ist nicht einschränkend auf eine bestimmte Maßnahme zu verstehen, sondern bedeutet, dass alle denkbaren Maßnahmen in Erwägung zu ziehen sind, die das Risiko der rechtswidrigen Verbreitung reduzieren.[5] Maßnahmen, die nur vorrübergehenden Schutz gewährleisten, sind nicht ausreichend.

6   Der Verordnungsgeber verzichtete sinnvollerweise, unter den Gesichtspunkten der **Technikneutralität** und **Entwicklungsoffenheit,** auf die Verpflichtung zu einzelnen Maßnahmen.[6] Der Verantwortliche erhält einen gewissen Spielraum und die Chance, die zu den jeweiligen Unternehmen passendsten Konzepte zu entwickeln und zu implementieren. Es gilt die Formel: Je höher der drohende Schaden ist, desto wirksamer sollten die TOM sein.[7] Sollte es zu der Verhängung eines Bußgeldes kommen, hat die Qualität der TOM Einfluss auf die Höhe der Strafe.[8]

c) Sind TOM Maßnahmen zum Schutz personenbezogener Daten eingerichtet?

7   Die DS-GVO konstatiert die Zielvorgabe der Gewährleistung der Vertraulichkeit, Integrität, Verfügbarkeit und Belastbarkeit der Datenverarbeitungssysteme und versucht dem Anwender zu helfen, indem es TOM beispielhaft vorstellt: Pseudonymisierung und Verschlüsselung, Wiederherstellbarkeit und regelmäßige Qualitätskontrolle.[9]

aa) Werden personenbezogene Daten pseudonymisiert oder verschlüsselt (Art. 32 Abs. 1 Buchst. a DS-GVO)?

8   **Pseudonymisierung** und **Verschlüsselung** sind als TOM vorgeschlagen, aber nicht zwingend oder unbedingt ausreichend.[10] Die DS-GVO definiert Pseudonymisierung als die

„Verarbeitung personenbezogener Daten in einer Weise, dass die personenbezogenen Daten ohne Hinziehung zusätzlicher Informationen nicht mehr einer spezifischen betroffenen Person zugeordnet werden können, sofern diese zusätzlichen Informationen gesondert aufbewahrt werden und TOM unterliegen, die gewährleisten, dass die personenbezogenen Daten nicht einer identifizierten oder identifizierbaren natürlichen Person zugewiesen werden."[11]

---

[4] BeckOK DatenschutzR/*Paulus* DS-GVO Art. 32 Rn. 4.
[5] Ehmann/Selmayr/*Hladjk* DS-GVO Art. 32 Rn. 4; Kühling/Buchner/*Jandt* DS-GVO Art. 32 Rn. 5.
[6] *Art. 29-Datenschutzgruppe,* WP 199, 5.10.2012, S. 29; Paal/Pauly/*Martini* DS-GVO Art. 32 Rn. 79; Gola/ *Piltz* DS-GVO Art. 32 Rn. 23.
[7] Ehmann/Selmayr/*Hladjk* DS-GVO Art. 32 Rn. 4.
[8] Gola/*Piltz* DS-GVO Art. 32 Rn. 54.
[9] Art. 32 Abs. 1 DS-GVO.
[10] Gola/*Piltz* DS-GVO Art. 32 Rn. 26.
[11] Art. 4 Nr. 5 DS-GVO.

Der wesentliche Unterschied zwischen pseudonymisierten und anonymisierten Daten **9** besteht darin, dass bei anonymisierten Daten die Zuordnung zu einer Person für jeden unmöglich ist, wohingegen bei der Pseudonymisierung die personenbezogenen Merkmale nur vorübergehend entpersonalisiert werden. Es handelt sich um eine Verschlüsselungstechnik, bei der das personenbezogene Datum durch ein anderes, nicht personenbezogenes Indentifikationsmerkmal, ersetzt wird. Ein Rückschluss auf die Person kann ohne „zusätzliche Information" nicht gezogen werden. Solche Informationen sind Listen, auf denen die Pseudonymisierung protokolliert ist, oder ein Schlüssel, ohne den sich die Pseudonymisierung nicht umkehren lässt. Der Vorteil der Pseudonymisierung besteht darin, dass im Falle einer Datenpanne nur die Pseudonyme betroffen sind.

Hierfür werden ERP-Systeme wie SAP genutzt, um bspw. Mitarbeitern eine bestimmte Personalnummer zuzuweisen, die externen Personen keinen Rückschluss auf die natürliche Person ermöglicht. Intern sind die Datensätze so angelegt, dass ein Rückschluss jederzeit möglich ist.

Anonymisierte Daten sind hingegen so verändert, dass ein Rückschluss auf eine Person **10** nicht mehr möglich ist oder mit einem unverhältnismäßig großem Aufwand verbunden wäre. Anonymisierung ist keine Unterkategorie der Pseudonymisierung.[12] Mangels Personenbezug fallen anonymisierte Daten nicht in den Anwendungsbereich der DS-GVO.

Ein Beispiel für die Anonymisierung ist das Löschen von eindeutigen Schlüsseln einer Datenbank, um Rückschlüsse auf einen bestimmten Kunden, Patienten oder Mitarbeiter zu verhindern.

Aus Art. 32 Abs. 1 DS-GVO ergibt sich nicht die Pflicht, vor jedem Verarbeitungs- **11** schritt zu prüfen, ob der Zweck auch mit pseudonymisierten Daten erreichbar ist.[13] Das Fehlen dieser Prüfung stellt keine Pflichtverletzung dar.[14] Erwgr. 28 S. 1 spricht nur davon, dass die Pseudonymisierung geeignet sein kann die Risiken für den Betroffenen zu reduzieren. Es bleibt bei dem Auswahlermessen[15] des Verantwortlichen und Auftragsverarbeiter, welche Maßnahmen geeignet, sinnvoll und zumutbar sind.[16]

Diese Flexibilität fördert nicht gerade die Rechtssicherheit der Verarbeitungsprozesse.

bb) Ist die Vertraulichkeit, Integrität, Verfügbarkeit und Belastbarkeit von Systemen und Diensten sichergestellt (Art. 32 Abs. 1 Buchst. b DS-GVO)?

Der Verantwortliche muss die Funktionsweise von Systemen und Diensten gewährleis- **12** ten, die im Zusammenhang mit der Verarbeitung stehen, Art. 32 Abs. Buchst. b DS-GVO. Für **Systemausfälle** sind **Notfallkonzepte** bereitzustellen. Die DS-GVO übernimmt die bewährten Schutzziele (CIA; → Rn. 2) und fordert ergänzend die Funktionsfähigkeit und Belastbarkeit der Datenverarbeitungssysteme.

(1) Ist die Vertraulichkeit (Confidentiality) gewahrt?

Vertraulichkeit meint, dass nur autorisierte Personen Zugang zu bestimmten Daten **13** haben und die Daten nicht frei verfügbar sind.[17] Die Vertraulichkeit ist verletzt, wenn Unbefugte Kenntnis der Daten erhalten.

---

[12] *Art. 29-Datenschutzgruppe,* WP 216, 10.4.2014, S. 24 ff.
[13] So aber Paal/Pauly/*Martini* DS-GVO Art. 32 Rn. 33.
[14] So aber Auernhammer/*Kramer/Meints* DS-GVO Art. 32 Rn. 17.
[15] Auernhammer/*Kramer/Meints* DS-GVO Art. 32 Rn. 13.
[16] So auch HK-DS-GVO/*Mantz* DS-GVO Art. 32 Rn. 11.
[17] Erwgr. 39 DS-GVO.

(2) Ist die Datenintegrität sichergestellt (Integrity)?

14   **Integrität** bedeutet die Korrektheit der Daten und ist verletzt, wenn Daten manipuliert oder verfälscht sind.

(3) Sind die Daten stets verfügbar (Availbility)?

15   **Verfügbarkeit** der Daten bedeutet, dass die Aufrufbarkeit jederzeit gesichert ist. Die dafür benutzten IT-Systeme müssen dauerhaft zur Verfügung stehen.

(4) Sind die Datenverarbeitungssysteme belastbar?

16   **Datenverarbeitungssysteme** müssen Angriffen von außen widerstehen können und nach den Attacken schnell einsatzfähig sein.[18] Die jeweils erfoderlichen Maßnahmen richten sich im Einzelfall nach der erwartbaren Angriffsintensität und den potentiell bedrohten Daten.

Beispiel: Patientendaten einer neuen bahnbrechenden Medizinstudie eines Pharmazieunternehmens erfodern stärkere Schutzmechanismen als die Mitgliederliste eines lokalen Sportclubs.

cc) Ist die Verfügbarkeit und der Zugang zu personenbezogenen Daten auch nach physischen und technischen Zwischenfällen gesichert (Art. 32 Abs. 1 Buchst. c DS-GVO)?

17   Der Verantwortliche muss in der Lage sein, Betroffenen schnell und detailliert Auskunft über die Art und den Umfang der Verarbeitung ihrer personenbezogenen Daten zu erteilen. Die **technischen Systeme** sollten in der Lage sein, derartige Anfragen zu erfüllen. Dies gilt auch und gerade für den Fall eines Systemabsturzes, Strom- oder Hardwareausfalles.

> Praxistipp: Unterbrechungsfreie Stromversorgungen können einen vorübergehenden Stromausfall kompensieren,[19] als Vorsorge für einen Totalausfall der Systeme ist hingegen eine Komplettspiegelung der Datenbank empfehlenswert.[20]

Wegen des höherrangigen Zieles der Verfügbarkeit, ist es in diesem Fall nicht schädlich, dass eine Komplettspiegelung des Speichermediums dem Grundsatz der Datensparsamkeit zuwider läuft.[21]

18   Der Auskunftspflichtige muss die Verfügbarkeit **„rasch"** wiederherstellen können.[22] Die DS-GVO schweigt sich über eine Definition von „rasch" aus. Die englische Version benutzt den Ausdruck „in a timely manner", was mit zügig, zeitnah und rechtzeitig übersetzt werden kann. Auch hier kann die Schwere des Zwischenfalls ein Indiz dahingehend sein, dass bei einem schweren Zwischenfall schneller zu reagieren ist.[23] Der strenge Maßstab „ohne schuldhaftes Zögern" ist wohl nicht gemeint.[24] Der Adressat sollte jedenfalls nicht zu lange warten.[25]

---

[18] HK-DS-GVO/*Mantz* DS-GVO Art. 32 Rn. 17.
[19] HK-DS-GVO/*Mantz* DS-GVO Art. 32 Rn. 16.
[20] Kühling/Buchner/*Jandt* DS-GVO Art. 32 Rn. 27.
[21] Paal/Pauly/*Martini* DS-GVO Art. 32 Rn. 9.
[22] Art. 32 Abs. 1 Buchst. c DS-GVO.
[23] HK-DS-GVO/*Mantz* DS-GVO Art. 32 Rn. 19.
[24] Gola/*Piltz* DS-GVO Art. 32 Rn. 33.
[25] HK-DS-GVO/*Mantz* DS-GVO Art. 32 Rn. 18.

Die Aufzählungen in Art. 32 Abs. 1 Buchst. d) DS-GVO sind Beispielmaßnahmen, um **19** die Sicherheit der Datenverarbeitung sicher zu stellen. Gemeint sind differenzierte Penetrationstests, die Schwachstellen der Sicherheitsmaßnahmen aufdecken sollen.

Der **Stand der Technik**[26] ist der aktuelle Entwicklungsstand technischer Möglichkei- **20** ten, der sich auf dem Markt bewährt hat und verfügbar ist. Er ergibt sich aus gesicherten Erkenntnissen von Wissenschaft, Technik und Erfahrung.[27] Es handelt sich nicht um einen festgesetzten Zustand zu einem bestimmten Zeitpunkt, der für alle Zeit Gültigkeit behält. Die Maßnahmen sollten regelmäßig auf die Wirksamkeit überprüft und an den jeweiligen Stand der Technik angepasst werden.

Der Stand der Technik ist nicht nach dem Grundsatz: „koste es was es wolle" sklavisch **21** umzusetzen, sondern bei der Beurteilung und Abwägung der „Geeignetheit" eine Maßnahme zu berücksichtigen.[28] Absolut unverhältnismäßige Maßnahmen werden nicht verlangt. Es bietet sich an, die Informationen und Empfehlungen staatlicher Stellen wie zB DSK zu berücksichtigen, da die Aufsichtsbehörden über die Einleitung von Verfahren entscheiden.[29]

Die **Implementierungskosten** fallen zwar bei der Abwägung ins Gewicht, werden **22** allerdings schwer unzureichende Schutzmaßnahmen entschuldigen,[30] da der wirtschaftliche Wert der Datenverarbeitung für den Verarbeiter letztendlich nicht unberücksichtigt bleiben kann. Die zumutbare Höhe für Implementierungskosten richtet sich nach dem Risiko für die Daten durch die Verarbeitung.[31] Faktische Schwierigkeiten, zeitlicher und finanzieller Aufwand durch Mitarbeiter-Stunden sind von dem Verantwortlichen bis zu einem gewissen Umfang hinzunehmen.[32] Detaillierte Parameter fehlen leider bisher.

Da der Verordnungsgeber die **wirtschaftliche Innovationsfähigkeit** nicht über Ge- **23** bühr belasten will und das Recht auf Schutz weder uneingeschränkt noch absolut gilt[33], läuft die Risikoprognose auf eine Abwägung nach dem Verhältnismäßigkeitsprinzip hinaus.[34]

Unter den Verarbeitungsumständen sind Art, Umfang und Zweck der Datenverarbei- **24** tung zu verstehen.[35] Ein sinnvolles Schutzkonzept kann nicht erstellt werden, ohne dass die Art der Erhebung (direkt beim Betroffenen oder bei Dritten), die Verarbeitung (Spei-

---

[26] Der Begriff Stand der Technik wird nicht immer einheitlich verwendet, sodass in Verträgen eine Spezifizierung geboten sein kann.
[27] Gola/*Piltz* DS-GVO Art. 32 Rn. 18.
[28] Gola/*Piltz* DS-GVO Art. 32 Rn. 14.
[29] Art. 57 DS-GVO.
[30] Plath/*Plath* DS-GVO Art. 32 Rn. 3.
[31] Kühling/Buchner/*Jandt* DS-GVO Art. 32 Rn. 12.
[32] Gola/*Piltz* DS-GVO Art. 32 Rn. 20.
[33] Erwgr. 4 DS-GVO.
[34] Paal/Pauly/*Martini* DS-GVO Art. 32 Rn. 3.
[35] Kühling/Buchner/*Jandt* DS-GVO Art. 32 Rn. 12.

chern, Kopieren, Übermitteln, Löschen etc.), die Datenkategorie (einfache personenbezogene Daten oder besondere Kategorien) oder der Verarbeitungszweck einbezogen werden.

25   Mit steigender Komplexität und Aufwand der Implementierung erhöhen sich auch die Implementierungs- und Unterhaltskosten der Sicherheitsmaßnahmen. Es ist daher zulässig, aufgrund der Risikoprognose verschieden hohe Schutzniveaus für unterschiedlich kritische Datenkategorien zu erstellen.

Beispiel: Werden Kontaktdaten verarbeitet, um bereits bezahlte Pakete zu versenden, sind im Ergebnis sicherlich geringere Anforderungen an die TOM gestellt, als bei der Auswertung von Patientendaten in medizinischen Studien zur Erprobung von HIV-Medikamenten.

hh) Wurde eine Risikoprognose vorgenommen?

26   Es ist nicht ganz einfach, objektive Kriterien für die Schwere negativer Auswirkungen und die Eintrittswahrscheinlichkeit eines Risikos für die Rechte und Freiheiten natürlicher Personen zu bestimmen.[36] „Rechte und Freiheiten natürlicher Personen" sind weit gefasst und beinhalten alle physischen, materiellen und moralischen Beeinträchtigungen.[37]

Beispiele für negative Auswirkungen sind der Verlust datenrechtlicher Selbstbestimmung, finanzielle Risiken, Rufschädigung, Identitätsdiebstahl, Diskriminierung, finanzielle Verluste, Aufhebung der Pseudonymisierung, Verletzung von Berufsgeheimnissen usw.[38]

27   Als Grundlage für die Prognoseentscheidung kann entweder ein Erfahrungswert aus der Vergangenheit, oder eine in die Zukunft gerichtete Wahrscheinlichkeit genommen werden.[39] Als Bewertungskriterium dient der Datenschutzgefährdungsmaßstab **(Privacy Risk Exposure)**. Dieser wird anhand der Risikofaktoren ermittelt. (→ Kap. 3 Rn. 35)

28   Für besondere Kategorien personenbezogener Daten besteht regelmäßig, allein schon wegen der Brisanz der Daten und den nachteiligen Folgen, ein hohes Risiko (→ Kap. 4 Rn. 51 ff.).

d) Werden genehmigte Zertifizierungsverfahren und Verhaltensregeln angewendet (Art. 32 Abs. 3 DS-GVO)?

29   Als Ausgleich für die unbestimmt vorgeschriebenen Sicherheitsmaßnahmen, ermöglicht der Verordnungsgeber eine Nachweiserleichterung für die Einhaltung der Verarbeitungsgrundsätze aus Art. 5 Abs. 1 DS-GVO (→ Kap. 4 Rn. 73). In Art. 32 Abs. 3 DS-GVO ist geregelt, dass die Einhaltung genehmigter Verhaltensregeln oder eines genehmigten Zertifizierungsverfahren (→ Kap. 3 Rn. 104) als Faktor herangezogen werden „kann", um die Erfüllung der Anforderungen nachzuweisen.

aa) Werden genehmigte Verhaltensregeln eingehalten?

30   Verbände und andere Gruppen von branchenspezifischen Interessenvertretern dürfen „in den Grenzen dieser Verordnung Verhaltensregeln ausarbeiten, um eine wirksame Anwendung dieser Vorschrift zu erleichtern".[40] Genehmigte Verhaltensregeln haben als Selbstkontrolle ein höheres Akzeptanzpotential als staatliche Regelungen. Verbände und andere Interessensvertreter sind viel näher an den Verarbeitern und können Bedürfnisse

---

[36] *Bayerisches Landesamt für Datenschutzaufsicht,* I Sicherheit der Verarbeitung – Art. 32 DS-GVO, 9.6.2016, S. 2.
[37] *DSK,* Kurzpapier Nr. 18, 26.4.2018, S. 1 ff.
[38] Kühling/Buchner/*Jandt* DS-GVO Art. 32 Rn. 13.
[39] Kühling/Buchner/*Jandt* DS-GVO Art. 32 Rn. 13.
[40] Erwgr. 98 DS-GVO.

und Schwierigkeiten der KMU viel besser aufgreifen. Durch die Regeln der Selbstkontrolle wird der Schutz personenbezogener Daten praktikabler.

bb) Werden genehmigte Zertifizierungsverfahren eingehalten?

Für Zertifizierungsverfahren regelt Art. 42 Abs. 1 DS-GVO lediglich, dass Mitgliedstaa- **31** ten, die Aufsichtsbehörden, der Europäische Datenschutzausschuss und die Kommission insbes. auf Unionsebene die Einführung von datenschutzspezifischen Zertifizierungsverfahren fördern sollen. Wer konkret die Entwicklung von Zertifizierungen vornehmen soll, ist noch offen.[41]

2. Liegt eine Datensicherheitskonzeption vor?

a) Was ist eine Datensicherheitskonzeption und was soll diese leisten?

Um eine unternehmensumfassende und einheitliche Datensicherheit gewährleisten zu **32** können, bedarf es der stetigen Überprüfung etablierter Systeme, vergebener Verantwortlichkeiten und durchzuführender Prozesse; die Sicherheit der personenbezogenen Daten stellt hierbei einen essentiellen Teil der zu prüfenden Punkte dar. Schwächen und Lücken müssen laufend identifiziert und dann verständlicherweise behoben und geschlossen werden. Eine Datensicherheitskonzeption dient hierbei als Baustein der Umsetzung der DS-GVO und der Erfüllung ihrer Anforderungen.

Eine solche Konzeption, falls im Unternehmen vorhanden, bündelt die datenschutz- **33** rechtlichen Thematiken und strukturiert das Vorgehen durch die Einführung unternehmensinterner Regelungen und Vergabe interner Verantwortlichkeiten. Inhaltlich umfasst das Konzept unternehmensabhängig verschiedene Unterpunkte, die sich bspw. in Maßnahmen zur Datensicherung, Archivierung, Notfallvorsorge oder auch zur Planung von Gegenmaßnahmen widerspiegeln. Hinzu kommen gesetzliche Vorgaben in Form der DS-GVO und des BDSG, aber auch handels- oder haftungsrechtliche Gesichtspunkte, sowie bereits im Unternehmen eingeführte Vorgaben wie Arbeitsanweisungen oder Betriebsvorgaben, die es allesamt zu beachten gilt.[42]

Es zeigt sich, dass ein funktionierendes Datenschutzrisikomanagement unternehmeri- **34** schen, juristischen, wirtschaftlichen und operativen Sachverstand erfordert. Gerade in Konzernen und großen Unternehmen sind oftmals verschiedene Abteilungen an der Umsetzung von Regularien beteiligt, die untereinander koordiniert werden müssen. Für eine konzern- und unternehmensweite Einschätzung sollten die Fachabteilungen Datenschutzrisikoindikatoren erstellen, in einheitlichen Metriken aufarbeiten und an einer zentralen Stelle bündeln. Diese decken Risiken auf, bewerten diese und treffen geeignete Gegenmaßnahmen. Die hierfür benötigten Prozesse und Vorgehensweisen müssen an geeigneter Stelle festgehalten und reglementiert werden – der **Datensicherheitskonzeption**.

Im gesamtunternehmerischen Kontext ist eine Trennung zwischen der Sicherheit der **35** im Unternehmen befindlichen Informationen und dem Schutz personenbezogener Daten im Speziellen nicht leicht und wird daher unterschiedlich scharf vorgenommen. Diese Unterscheidung ist auch nach Anwendungsbezug individuell gestaltbar und nicht vorgeschrieben. Daher lässt sich die Datensicherheitskonzeption gut als eine übergreifende, organisatorische Maßnahme verstehen und stellt den Schnittpunkt der Informationssicherheit und dem Schutz des personenbezogenen Datums im Unternehmen dar.

---

[41] Kühling/Buchner/*Jandt* DS-GVO Art. 32 Rn. 36.
[42] Leitfaden für die Erstellung eines IT-Sicherheitskonzepts, Stand: 29.9.2017, S. 11 ff.

b) Auf welcher Tatsachen-Grundlage ist das Konzept zur Datensicherheit zu entwickeln?

36   Grundsätzlich bietet es sich an, die Datenschutzkonzeption erst nach der Ermittlung des Ist-Zustandes zu entwickeln:[43]
   ❑ Auf welche konkrete Verarbeitung (oder Kategorie von Verarbeitungen) richtet sich die Datensicherheitskonzeption?
   ❑ Werden dabei tatsächlich personenbezogene Daten verarbeitet? Sind besondere Kategorien betroffen (→ Kapitel 4 Rn. 51)? Greifen darüberhinausgehende Schutzbedarfs- oder Geheimschutzklassifikationen?
   ❑ Welche Rechtsgrundlagen sind dafür einschlägig (zB MaRisk oder BAIT)? Sind diese ausreichend abgebildet und wird ihre Einhaltung sinnvoll dokumentiert?
   ❑ Wie wird die Einhaltung der Betroffenenrechte sichergestellt?
   ❑ Welche übergreifenden (und ggf. systembasierte) TOM gibt es? Sind diese zur Erreichung der Schutzziele geeignet? Wie verbindlich sind diese im konkreten Fall umzusetzen?
   ❑ Wird der Grundsatz von Privacy by Default and Design beachtet (→ Kap. 3 Rn. 76)?
   ❑ Gibt es eine Datenschutz-Folgeabschätzung (→ Kap. 3 Rn. 33)?
   ❑ Gibt es relevante Dienstleistungsbeziehungen mit Dritten, die die personenbezogene Daten betreffen (→ Kap. 11 Rn. 8 ff.)?
37 Sind die Grundlage der Verarbeitungstätigkeit und die sich hieraus ergebenden rechtlichen und technischen Anforderungen identifiziert, lässt sich auf Grundlage der erlangten Erkenntnisse und den gegebenen gesetzlichen und betrieblichen Vorgaben eine maßgeschneiderte Datensicherheitskonzeption erarbeiten. Unter dem Gesichtspunkt einer kosteneffizienten Ausgestaltung interner Vorgaben und Prozesse scheint es ratsam, dass sich die zuständigen Stellen untereinander abstimmen, um ggf. sogar weitere über den Datenschutz hinausgehende Synergien zu schaffen.

c) Welche abstrakten Inhalte sollte eine Konzeption aufweisen?

38   Ausgangspunkt der Konzeption ist der Art. 32 Abs. 1 Buchst. a–d DS-GVO mit den dort aufgeführten Anforderungen an die Sicherheit der Verarbeitung. Darüber hinaus bietet der IT-Grundschutzkatalog des Bundesamts für Sicherheit in der Informationstechnik einen weitreichenden Leitfaden für Analysen vorhandener Strukturen und die Realisierung von IT-Sicherheitsmaßnahmen.
39   Da im Einzelfall zu entscheiden ist, welche Inhalte in die Konzeption widerfinden werden und wie detailreich diese Inhalte ausgearbeitet werden, lassen sich allgemein folgende Punkte anführen:
   ❑ Sind die Rollen und Verantwortlichkeiten klar definiert?
   ❑ Sind alle Anforderungen an die Dokumentation erfüllt?
   ❑ Wie verständlich und verbindlich sind die TOM ausgearbeitet?
   ❑ Wie werden sowohl interne als auch externe Änderungen kommuniziert?
      o Eine interne Änderung ist bspw. eine neu eingeführte Unternehmensrichtlinie.
      o Eine externe Änderung ist bspw. eine Neuregelung der gesetzlichen Grundlage.
   ❑ Sind alle notwendigen Schutzbedarfe identifiziert und Prozesse für die fortlaufende Identifizierung etabliert?
   ❑ Wie wird eine hinreichende Skalierbarkeit der Maßnahmen sichergestellt?
   ❑ Wie wird eine thematische Verankerung im geschäftlichen Alltag des Unternehmens angestrebt?
   ❑ Wie wird eine emotionale Verbindlichkeit der Regelungen angestrebt?

---

[43] *DSK,* Kurzpapier Nr. 8, 26. 7. 2017, S. 1 f.

Für die langfristige und erfolgreiche Implementierung der Datensicherheitskonzeption 40
im gesamten Unternehmen bedarf es einer regelmäßigen oder anlassbegründeten Überprüfung der festgeschriebenen Konzepte. Hierzu bieten sich jährliche routinemäßige Kontrollen an, bei denen die Konzeption auf einschlägige gesetzliche, technische oder tatsächliche Änderungen und ihre konkreten Auswirkungen auf das Unternehmen hin überprüft wird.

3. Berechtigung – „Need-to-Know-Prinzip"

Das **Need-to-Know-Prinzip (Berechtigungskonzept)** ergibt sich im Bereich des Da- 41
tenschutzrechts mittelbar aus Art. 32 DS-GVO. Danach hat der Verantwortliche „geeignete technische und organisatorische Maßnahmen zu ergreifen, um ein dem Risiko angemessenes Schutzniveau zu gewährleisten". Dies schließt nach Art. 32 Abs. 1 Buchst. b DS-GVO unter anderem die Fähigkeit ein, die Vertraulichkeit der Systeme und Dienste im Zusammenhang mit der Verarbeitung auf Dauer sicherzustellen. Können unberechtigte Personen nicht auf die Systeme zugreifen, verringert sich das Risiko, der unbefugten Kenntnisnahme. Nichtberechtigt sind alle Personen, die keinen Zugriff auf die gespeicherten Daten benötigen, um die konkreten Aufgaben zu erfüllen. Zugriffsrechte (zB Lesen, Schreiben, Ausführen) sollen auf IT-Anwendungen, Teilanwendungen oder Daten von der Funktion abhängig gemacht werden, die die jeweilige Person wahrnimmt, zB Arbeitsvorbereitung, Revision, Datenerfassung, Sachbearbeitung.

Nach dieser Norm sollen in erster Linie Beschäftigte und alle anderen, die faktischen 42
Zugriff auf personenbezogene Daten besitzen und über die der Verantwortliche eine gewisse Weisungsbefugnis hat, zur ausschließlich weisungsgebundener Verarbeitung personenbezogener Daten, verpflichtet werden. Entscheidend ist die rechtliche Möglichkeit des Verantwortlichen der verarbeitenden Person Anweisungen zu geben.[44] Anders als die Maßnahmen nach Art. 32 Abs. 1 DS-GVO steht die Verpflichtung aus Abs. 4 nicht unter dem Vorbehalt der Verhältnismäßigkeit.[45]

Unterstellte natürliche Personen sind zB Mitarbeiter, Freiberufler, Auftragnehmer und Leiharbeiter.

Die DS-GVO stellt keine Anforderungen an die Ausgestaltung der Weisung. Eine aus- 43
drückliche Regelung für den Umgang mit personenbezogenen Daten ist möglich und empfehlenswert. In bestehenden Arbeitsverhältnissen steht Arbeitgebern gegenüber Arbeitnehmern ein Weisungsrecht zu, → § 106 GewO. Inhalt der Arbeit und Verhalten an der Arbeitsstelle können einseitig konkretisiert werden, wenn keine vertragliche Vereinbarung vorliegt. Wegen der Subsidiarität und Beweisschwierigkeiten sollten Arbeitnehmer vertraglich verpflichtet werden.[46]

---

[44] Gola/*Piltz* DS-GVO Art. 32 Rn. 50.
[45] HK-DS-GVO/*Mantz* DS-GVO Art. 32 Abs. 2.
[46] *DSK*, Kurzpapier Nr. 19, 29.5.2018, S. 1 ff.

44   Die Zugriffskontrolle nach dem „Need-to-Know-Prinzip" regelt, dass Mitarbeiter in einem Unternehmen nur auf Datenverarbeitungssysteme zurückgreifen dürfen, wenn diese Zugriffsberechtigung tatsächlich notwendig ist. Je sensibler die verarbeiteten Daten sind, desto restriktiver sollte die Berechtigungsverteilung erfolgen, um das Risiko und die Haftung für versehentliche Datenweitergabe so gering wie möglich zu halten.[47] Nicht jede Mitarbeiterfunktion ist auf gleichweitreichende Zugriffsmöglichkeiten angewiesen. Es sollten mithin immer nur so viele Zugriffsrechte vergeben werden, wie es für die Erfüllung der Aufgabe notwendig ist.

Praxistipp: Das Need-to-Know-Prinzip differenziert nach der Funktion des Beschäftigten und den ihm zugewiesenen Aufgaben. So sollten Beschäftigte, die etwa ausschließlich im B2B-Bereich tätig sind, nicht auf Daten von Privatkunden zugreifen können.

d) Sind Auftragsverarbeiter zur weisungsgemäßen Verarbeitung verpflichtet?

45   Nach der bisherigen Rechtslage musste der Auftragsverarbeiter zu diesen Schutzmaßnahmen im eigenen Unternehmen vertraglich verpflichtet werden.[48] Durch die Verpflichtung in der DS-GVO kann sich die Aufsichtsbehörde nun auch direkt an den Auftragsverarbeiter wenden.[49] Dennoch ist eine Regelung zwischen Verantwortlichen und Auftragsverarbeitern erforderlich, so dass auch der Verantwortliche einen vertraglichen Anspruch erhält. Im Falle eines Bußgeldes kann der Verantwortliche versuchen, sich beim Auftragsverarbeiter schadlos zu halten.

e) Wird die Einhaltung der Weisungen kontrolliert?

46   Im Rahmen eines Arbeitsverhältnisses sind Belehrungen, arbeitsvertragliche Verpflichtungserklärungen und die stichprobenartige Prüfung der Sicherheitsmaßnahmen wohl ausreichend.

II. Praxishinweise für die Umsetzung

47 In der DS-GVO sind – wie auch in der Datenschutzrichtlinie – keine konkreten Maßnahmen zur Gewährleistung der Sicherheit einer Datenverarbeitung vorgeschrieben. Mit der Umsetzung des Auftrages aus Art. 42 DS-GVO an die Mitgliedstaaten, die Aufsichtsbehörden, den Ausschuss sowie die Kommission europäischer Zertifizierungsverfahren zu fördern und Datenschutzsiegel sowie Datenschutzprüfzeichen zu schaffen, bestünden verbindliche Kriterien anhand derer Verantwortliche oder Auftragsverarbeiter ihre eigene Datensicherheit-Compliance prüfen könnten.[50]

48   Derartige Zertifizierungsverfahren wurden bisher jedoch nicht genehmigt. Bis dahin müssen andere Kriterien als Richtwert herangezogen werden.

49   Es spricht grundsätzlich nichts dagegen, sich an dem Katalog der Anlage zu → § 9 des BDSG a.F. zu orientieren, auch wenn dieser nicht abschließend ist.
- ❏ Zutrittskontrolle (Verwehrung des Zutritts Unbefugter zu Datenverarbeitungsanlagen, mit denen personenbezogene Daten verarbeitet oder genutzt werden),
- ❏ Zugangskontrolle (Verhinderung, dass Datenverarbeitungssysteme von Unbefugten genutzt werden können),
- ❏ Zugriffskontrolle (Gewährleistung, dass die zur Benutzung eines Datenverarbeitungssystems Berechtigten ausschließlich auf die ihrer Zugriffsberechtigung unterliegenden

---

[47] *Wächter* Datenschutz Rn. 625.
[48] Ehmann/Selmayr/*Hladjk* DS-GVO Art. 32 Rn. 1.
[49] Paal/Pauly/*Martini* DS-GVO Art. 32 Rn. 6.
[50] *DSK* Kurzpapier Nr. 9 v. 17.12.2018, S. 1.

Daten zugreifen können, und dass personenbezogene Daten bei der Verarbeitung, Nutzung und nach der Speicherung nicht unbefugt gelesen, kopiert, verändert oder entfernt werden können),

❑ Weitergabekontrolle (Gewährleistung, dass personenbezogene Daten bei der elektronischen Übertragung oder während ihres Transports oder ihrer Speicherung auf Datenträger nicht unbefugt gelesen, kopiert, verändert oder entfernt werden können, und dass überprüft und festgestellt werden kann, an welche Stelle eine Übermittlung personenbezogener Daten durch Einrichtungen zur Datenübertragung vorgesehen ist),

❑ Eingabekontrolle (Gewährleistung, dass nachträglich überprüft und festgestellt werden kann, ob und von wem personenbezogene Daten in Datenverarbeitungssysteme eingegeben, verändert oder entfernt worden sind),

❑ Auftragskontrolle (Gewährleistung, dass personenbezogene Daten, die im Auftrag verarbeitet werden, nur entsprechend den Weisungen des Auftraggebers verarbeitet werden können),

❑ Verfügbarkeitskontrolle (Gewährleistungen, dass personenbezogene Daten, die im Auftrag verarbeitet werden, nur entsprechend den Weisungen des Auftraggebers verarbeitet werden können).

Eine „irgendwie" Umsetzung ist für sich genommen wohl nicht ausreichend, da es nach Art. 32 auf einen „geeigneten" Schutz ankommt (vgl. → Rn. 5).

50 Die Schwierigkeit bei der Gewährleistung der Datensicherheit ist, diese abstrakten Zielvorgaben auf konkrete und individuelle Maßnahmen für jeden Verantwortlichen oder Auftragsverarbeiter zu übertragen.

51 Als Hilfestellungen dienen die mittlerweile umfangreichen internationalen Standardisierungen nach den ISO/IEC 27000 Normen,[51] auch wenn es sich bei diesem um sog. Managementsystemnormen handelt und – jedenfalls bisher – keine DS-GVO spezifischen Zertifizierungen. Das Bundesamt für Sicherheit in der Informationstechnik zertifiziert über diese Normen den IT-Grundschutz eines Unternehmens. Durch eine Zertifizierung sind wenigstens die wesentlichen Anforderungen der DS-GVO an die IT-Verarbeitungsanlagen abgedeckt,[52] was jedenfalls für die meisten Unternehmen einen wesentlichen Teil der Datenverarbeitung abdeckt.

---

[51] Dazu ausführlicher Taeger/Gabel/*Schultze-Melling* DS-GVO Art. 32 Rn. 26 ff.
[52] *Foitzick/Plankemann* CCZ 2015, 180 (183).

Kapitel 10. Meldungen und Benachrichtigung von Sicherheitsvorfällen

Literatur:
Art. 29-Datenschutzgruppe WP 248 Guidelines on Data Protection Impact Assessment (DPIA) and determining whether processing is „likely to result in a high risk" for the purposes of Regulation 2016/679 vom 4. 10. 2017; *Art. 29-Datenschutzgruppe* WP 250rev.01 Guidelines on Personal data breach notification under Regulation 2016/679 vom 6. 2. 2018; *Bayerisches Landesamt für Datenschutzaufsicht,* VIII Umgang mit Datenpannen vom 19. 9. 2016; *DSK Datenschutzkonferenz,* Kurzpapier Nr. 18 vom 26. 4. 2018.

A. Einführung

Das Thema **Sicherheit und Schutz** der **Rechte und Freiheiten Betroffener** ist ein **1** zentraler Punkt der DS-GVO. Es ist jedoch vor allem in unserer zunehmend digitalisierten Umgebung nicht auszuschließen, dass **Sicherheitsvorfälle** – ohne Eigenverschulden des Verantwortlichen – auftreten. Diese können in unterschiedlicher **Kritikalität** den Schutz der Rechte und Freiheiten Betroffener tangieren. Aus diesem Grund ist es essentiell, **präventiv zu Handeln** und für derartige Fälle bestmöglich vorbereitet zu sein, um auftretende Schäden einzugrenzen. Das aktuelle Kapitel erläutert die **Melde- und Benachrichtigungsanforderungen der DS-GVO** und Schritte, die Verantwortliche und Auftragsverarbeiter unternehmen können, um diesen neuen Verpflichtungen nachzukommen.

B. Erläuterungen zur Checkliste

I. Organisationspflichten des Verantwortlichen (Rechenschaftspflicht und Implementierung)

Datenschutzverletzungen stellen einen Sicherheitsvorfall im Unternehmen dar. Nicht alle **2** Sicherheitsvorfälle lösen eine **Melde- bzw. Benachrichtigungspflicht** aus. Die DS-GVO will personenbezogene Daten schützen, sodass nur Vorfälle melde- oder benachrichtigungspflichtig sind, die personenbezogene Daten betreffen.[1] Die Pflicht knüpft an das Risiko für Rechte und Freiheiten natürlicher Personen an (→ Kap. 3 Rn. 93). Werden diese Schutzgüter durch den Sicherheitsvorfall nicht beeinträchtigt, entfällt die Verpflichtung.[2]

Die Melde- und Benachrichtigungspflicht **gegenüber der Behörde** bzw. **den betrof- 3 fenen Personen** trifft nur den **Verantwortlichen,** Auftragsverarbeiter sind nur zur Meldung gegenüber dem Verantwortlichen verpflichtet, Art. 33 Abs. 2 DS-GVO.

„Gemeinsam für die Verarbeitung Verantwortliche" sollten ihre jeweiligen Verantwort- **4** lichkeiten für die Einhaltung der DS-GVO festlegen (→ Kap. 11 Rn. 116).[3] Eine solche Vereinbarung sollte auch regeln, welche Partei für die Einhaltung der Verpflichtungen aus den Art. 33, 34 DS-GVO verantwortlich ist (→ Kap. 11 Rn. 169).

Bei **Einsatz eines Auftragsverarbeiters** behält der Verantwortliche die Gesamtver- **5** antwortung für den Schutz personenbezogener Daten und ist auf die Unterstützung der Auftragsverarbeiter angewiesen, um der Melde- und Benachrichtigungspflicht nachzukommen, Art. 28 Abs. 3 S. 2 Buchst. f DS-GVO (→ Kap. 11 Rn. 58 und 67).

---

[1] *Bayerisches Landesamt für Datenschutzaufsicht,* VIII Umgang mit Datenpannen – Art. 33 und 34 DS-GVO, 19. 9. 2016, S. 1.
[2] Art. 33 Abs. 1 DS-GVO; Art. 34 Abs. 1 DS-GVO.
[3] Erwgr. 79 DS-GVO.

1. Allgemeine Anforderungen an die Implementierung

a) Sind die einzelnen Schritte des Kernprozesses zur Meldung von Datenschutzverletzungen definiert?

6 Ein **Schlüsselelement jeder Datensicherheitsstrategie** ist es, eine Datenschutzverletzung zu verhindern, mindestens aber diese zu erkennen und rechtzeitig darauf zu reagieren.[4] Zur Meldung und Benachrichtigung von Datenschutzverletzungen sind einzelne **Schritte im Kernprozess** durch den Verantwortlichen zu definieren. Die wesentlichen Schritte stellen sich wie folgt dar:
1. Identifikation und Aufnahme des Verstoßes
2. Analyse und Bewertung des Verstoßes
   2.1 Sachverhaltsaufklärung
   2.2 Feststellung eines Datenschutzverstoßes
   2.3 Information/Kommunikation mit betroffenen Personen
3. Definition von Maßnahmen
   3.1 Meldung an die Aufsichtsbehörde
   3.2 Informationserteilung an den Betroffenen
   3.3 Weitere risikoreduzierende Maßnahmen
4. Dokumentation und Abschluss des Vorfalls
In Abhängigkeit vom eingetretenen Sachverhalt müssen die Schritte 2.2 und 2.3 sowie 3.1 bis 3.3 nicht zwingend bzw. nicht ausführlich durchlaufen werden.

b) Sind im Kernprozess Rollen und Verantwortlichkeiten für die Meldung und Benachrichtigungen über Datenschutzverletzungen hinterlegt?

7 Die DS-GVO fordert, dass personenbezogene Daten

„in einer Weise verarbeitet werden, die eine **angemessene Sicherheit** der personenbezogenen Daten gewährleistet, einschließlich **Schutz vor unbefugter oder unrechtmäßiger Verarbeitung** und vor unbeabsichtigtem **Verlust,** unbeabsichtigter Zerstörung oder unbeabsichtigter **Schädigung** durch geeignete technische und organisatorische Maßnahmen („Integrität und Vertraulichkeit“)“

gewährleistet.[5]

8 Verantwortliche und Auftragsverarbeiter sind verpflichtet, geeignete **technische und organisatorische Maßnahmen** (TOM) zu implementieren, um ein dem Risiko der zu verarbeitenden personenbezogenen Daten angemessenes Sicherheitsniveau zu gewährleisten. Sie sollten den Stand der Technik (→ Kapitel 3 Rn. 91), die Kosten der Umsetzung (→ Kapitel 9 Rn. 21) und die Art, den Umfang, den Kontext und die Zwecke der Verarbeitung (→ Kapitel 2 Rn. 20) sowie die unterschiedliche Wahrscheinlichkeit und Schwere des Risikos für die Rechte und Freiheiten natürlicher Personen (→ Kapitel 3 Rn. 93) berücksichtigen.[6] Zudem müssen TOM getroffen werden, um bei einem Verstoß eine Entscheidung bzgl. der Meldepflicht zu erzielen.[7]

9 Die **Verteilung von Rollen, Funktionen und Verantwortlichkeiten** innerhalb einer Organisation stellen wesentliche Erfolgsfaktoren dar. Mögliche Rollen in einer Datenschutzorganisation sind zB: DSB, Datenschutzkoordinator, Informationssicherheitsbeauftragter, Prozessverantwortlicher, IT Helpdesk sowie das Kundenservicezentrum.

---

[4] *Art. 29-Datenschutzgruppe,* WP 250rev.01, 6.2.2018, S. 7.
[5] Art. 5 Abs. 1 Buchst. f DS-GVO und Art. 32 DS-GVO.
[6] Art. 32 DS-GVO; Erwgr. 83 DS-GVO.
[7] Erwgr. 87 DS-GVO.

In Art. 37 Abs. 1 DS-GVO sind die Voraussetzungen genannt, nach denen Verantwortli- **10** che und Auftragsverarbeiter verpflichtet sind, einen DSB zu benennen. Für eine, darüber hinausgehende, freiwillige Bestellung sprechen gute Gründe: Der DSB überwacht als **Instrument der Selbstkontrolle** die interne Einhaltung der DS-GVO und verfügt über datenschutzrechtliches Fachwissen.[8] Er berät und informiert den Verantwortlichen auch in Bezug auf die DSFA (→ Kapitel 3 Rn. 78 und 93). Art. 39 DS-GVO legt eine Reihe von Pflichtaufgaben für den DSB fest, entbindet ihn aber nicht davon, gegebenenfalls weitere zugewiesene Aufgaben wahrzunehmen.

Im Hinblick auf die **Dokumentation von Verstößen** kann der Verantwortliche den **11** Rat des DSB in Bezug auf die Struktur, die Einrichtung und die Verwaltung dieser Dokumentation einholen. Der DSB kann durch den Verantwortlichen auch zusätzlich mit der Führung solcher Aufzeichnungen beauftragt werden. Der **DSB** hat eine **Schlüsselrolle** bei der Verhinderung oder Aufbereitung eines Verstoßes durch Beratung und Überwachung der Einhaltung, sowie während des Umgangs mit einer Datenschutzverletzung (dh im Prüf- und Meldevorgang) und bei jeder weiteren Untersuchung durch die Aufsichtsbehörde.

c) Stellt der Verantwortliche sicher, dass sämtliche Datenschutzverstöße innerhalb der Organisation erfasst werden?

Die wichtigste Frage ist zunächst, ob durch die **Datenschutzverletzung** auch **Risi-** **12** **ken** für die **Rechte und Freiheiten** natürlicher Personen bestehen, da der Vorfall nur dann datenschutzrechtlich relevant ist. Der Verantwortliche muss im Falle eines Hinweises auf einen Datenschutzverstoß, sicherstellen, dass dieser Hinweis auch an einer zentralen Stelle erfasst wird. Die Dokumentation sämtlicher Hinweise bietet die Grundlage für den Verantwortlichen, um der Rechenschaftspflicht aus Art. 33 Abs. 5 DS-GVO nachkommen zu können.

Die DS-GVO definiert eine „Verletzung des Schutzes personenbezogener Daten" in **13** Art. 4 Nr. 12 DS-GVO als:

„eine Verletzung der Sicherheit, die, ob unbeabsichtigt oder unrechtmäßig, zur Vernichtung, zum Verlust, zur Veränderung, oder zur unbefugten Offenlegung von beziehungsweise zum unbefugten Zugang zu personenbezogenen Daten führt, die übermittelt, gespeichert oder auf sonstige Weise verarbeitet wurden."[9]

Eine **Verletzung des Schutzes** personenbezogener Daten umfasst demnach folgende **14** Fälle unbefugter Verarbeitung:
– Vernichtung
– Verlust
– Veränderung
– Offenlegung
– Zugang

„Vernichtete Daten" existieren nicht mehr oder nicht mehr in einer Form, die für den **15** Verantwortlichen von Nutzen sind. Der Informationsgehalt ist unwiederbringlich verloren. „Beschädigte Daten" wurden verändert, zerstört oder sind nicht mehr vollständig. „Verlust" personenbezogener Daten ist so zu interpretieren, dass die Daten zwar noch vorhanden sein können, der Verantwortliche aber die Kontrolle oder den Zugang zu ihnen verloren hat oder sie nicht mehr in seinem Besitz hat, zB bei einem Diebstahl eines Datenträgers. Schließlich umfasst der Begriff der Datenschutzverletzung auch nicht autorisierte oder unrechtmäßige Verarbeitung, die Weitergabe personenbezogener Daten an

---

[8] BeckOK DatenschutzR/*Moos* DS-GVO Art. 37 Rn. 4.
[9] *Art. 29-Datenschutzgruppe,* WP 250rev.01, 6.2.2018, S. 7.

(oder den Zugriff durch) nicht autorisierte Empfänger, sowie jede andere Form der Verarbeitung, die gegen die DS-GVO verstößt.

d) Besteht in der Organisation des Verantwortlichen eine Formblattvorlage zur Meldung von Verstößen?

16   An eine **Meldung und Benachrichtigung** sind **keine Formvorschriften** gestellt. Da der Verantwortliche für den ordnungsgemäßen Umgang mit der Datenschutzverletzung beweispflichtig ist, sollten die Meldung und Benachrichtigung dennoch in Textform und nachweisbar erfolgen. Zur **Definition der Mindestangaben** sowie zur einheitlichen Dokumentation von Meldungen innerhalb einer Organisation ist zur Meldung von Verstößen ein **Formblatt als Vorlage** zu empfehlen.

aa) Erfüllt die Formblattvorlage für die Meldung an die Datenschutzbehörde den geforderten Umfang (Art. 33 Abs. 1 DS-GVO)?

17   Der Art. 33 Abs. 3 DS-GVO formuliert die **Mindestanforderungen der Meldung** eines Verstoßes an die Aufsichtsbehörde wie folgt:
18   ❏ Beschreibung der Art der Verletzung
      ❏ Kategorien von betroffenen Personen (soweit möglich)
      ❏ Ungefähren Zahl von betroffenen Personen (soweit möglich)
      ❏ Ungefähren Zahl der betroffenen Kategorien (soweit möglich)
      ❏ Ungefähren Zahl der betroffenen personenbezogenen Datensätze (soweit möglich)
      ❏ Namen und die Kontaktdaten des DSB
      ❏ Beschreibung der wahrscheinlichen Folgen
      ❏ Beschreibung der von dem Verantwortlichen ergriffenen oder vorgeschlagenen Maßnahmen
      ❏ Maßnahmen zur Abmilderung
19   Die **Aufsichtsbehörde** muss anhand der Meldung **beurteilen können,** ob ein Risiko für die Rechte und Freiheiten natürlicher Personen besteht, und ob die eingeleiteten Maßnahmen geeignet sind oder weitere **Folgemaßnahmen zur Schadensminderung** erforderlich sind.
20   Das **Ziel der Meldung** besteht darin, den Schaden für betroffene Personen zu begrenzen.[10] Wenn die Kategorie der betroffenen Personen oder die Kategorie der personenbezogenen Daten ein Risiko eines besonderen Schadens infolge einer Datenschutzverletzung (zB Identitätsdiebstahl, Betrug, finanzieller Verlust, Bedrohung des Berufsgeheimnisses) erkennen lassen, ist es wichtig, dass in der Mitteilung auf diese Kategorien hingewiesen wird. Auf diese Weise ist ein Bezug zu der Anforderung gegeben, die wahrscheinlichen Folgen des Verstoßes zu beschreiben.
21   Es ist nicht auszuschließen, dass in Einzelfällen für die Aufarbeitung und **konkrete Aufklärung von Verstößen** weitreichendere Informationen als die der in Art. 33 Abs. 3 DS-GVO definierten notwendig sein können. Dies kann sich insbes. in komplexen Prozessen ereignen.

bb) Erfüllt die Formblattvorlage für die Benachrichtigung betroffener Personen den geforderten Umfang (Art. 34 Abs. 2 DS-GVO)?

22   In Art. 34 Abs. 2 DS-GVO werden die Mindestanforderungen in Bezug auf Pflichtangaben wie folgt definiert:

---

[10] Erwgr. 85 DS-GVO.

„Die in Absatz 1 genannte Benachrichtigung der betroffenen Person beschreibt in klarer und einfacher Sprache die Art der Verletzung des Schutzes personenbezogener Daten und enthält zumindest die in Art. 33 Abs. 3 Buchst. b, c und d DS-GVO genannten Informationen und Maßnahmen."[11]

❏ Gemäß dieser Bestimmung sind vom Verantwortlichen mindestens folgende Angaben 23
   zu machen:
❏ Beschreibung der Art des Verstoßes
❏ Name und Kontaktdaten des DSB oder einer anderen Kontaktstelle
❏ Beschreibung der wahrscheinlichen Folgen des Verstoßes
❏ Beschreibung der Maßnahmen, die der Verantwortliche getroffen hat oder zu ergreifen
   gedenkt, um den Verstoß zu beheben, gegebenenfalls einschließlich der Maßnahmen
   zur Milderung der möglichen nachteiligen Auswirkungen.

Zusätzlich können durch den Verantwortlichen bei den **mitigierenden Maßnahmen** 24
konkrete Empfehlungen, wie zB die Änderung des Passwortes, an die Betroffenen ausgesprochen werden. Grundsätzlich entscheidet der Verantwortliche selbst, welche Zusatzinformationen sinnvoll sind und an die Betroffenen zu adressieren sind.

cc) Beschreibt der Verantwortliche bei der Benachrichtigung der Betroffenen die Art der Verletzung des Schutzes personenbezogener Daten in klarer und einfacher Sprache?

Um eine klare und **transparente Kommunikation** (→ Kap. 4 Rn. 81; → Kap. 5 25
Rn. 170) eines Verstoßes zu erzielen, sollte eine **gesonderte Nachricht** an die Betroffenen gerichtet werden. Eine Benachrichtigung zusammen mit anderen Informationen, wie zB regelmäßigen Newslettern wäre nicht angemessen.[12]

Beispielsweise stellen E-Mail, SMS, Webseiten-Banner oder Pop-ups, Postkommunikation 26
sowie Werbung in Printmedien transparente Kommunikationsmethoden dar.

Eine Benachrichtigung, die sich ausschließlich auf eine **Pressemitteilung** oder einen 27
Unternehmensblog beschränkt, wäre **kein wirksames Mittel,** um einen Verstoß an
eine Person zu kommunizieren. In Abhängigkeit von den Umständen kann dies den Einsatz und die Verwendung mehrerer Kommunikationsmethoden nach sich ziehen.

2. Risikoprognose

Die Melde- und Benachrichtigungspflicht hängt davon ab, ob die Rechte und Freiheiten 28
natürlicher Personen durch die Datenschutzverletzung gefährdet sind. Die Einschätzung
des **Risikos** und der **Eintrittswahrscheinlichkeit** wird anhand einer objektiven Bewertung eine **Risikoprognose** vorgenommen.[13]

a) Ist eine nach DS-GVO angemessene Risikomethodik im Einsatz?

Die Bewertung des Risikos für die Rechte und Freiheiten der betroffenen Personen 29
infolge einer Datenschutzverletzung hat einen anderen Schwerpunkt als das in einer
DSFA betrachtete Risiko (→ Kapitel 2 Rn. 139). Die DSFA berücksichtigt sowohl die
Risiken der planmäßigen Durchführung der Datenverarbeitung als auch die Risiken im
Falle eines Verstoßes. Bei der Betrachtung einer **Datenschutzverletzung** geht es generell
um die **Eintrittswahrscheinlichkeit** und das **Ausmaß** eines möglichen Risikos für die

---

[11] Art. 34 Abs. 2 DS-GVO.
[12] *Art. 29-Datenschutzgruppe,* WP 250rev.01, 6.2.2018, S. 24.
[13] Erwgr. 75f. DS-GVO.

Rechte und Freiheiten betroffener Person, dh um die Beurteilung eines hypothetischen Ereignisses.

30 Dementsprechend sollte der Verantwortliche bei der Beurteilung des Risikos für Einzelpersonen als Folge eine Datenschutzverletzung die besonderen Umstände, einschließlich der Schwere der möglichen Auswirkungen und die Eintrittswahrscheinlichkeit berücksichtigen. Bei der Bewertung sind daher die folgenden Kriterien zu berücksichtigen:

31 ❑ Art der Datenschutzverletzung
   ❑ Art, Sensibilität und Umfang der personenbezogenen Daten
   ❑ Einfache Identifizierbarkeit der Personen
   ❑ Schwere der Folgen für einzelne Betroffenen
   ❑ Besondere Merkmale einzelner Betroffenen
   ❑ Besondere Merkmale des Verantwortlichen
   ❑ Anzahl der betroffenen Personen

32 Bei der Beurteilung des Risikos, das sich aus einem Verstoß ergeben kann, sollte der Verantwortliche daher eine **Kombination** aus der Schwere der möglichen **Auswirkungen** auf die Rechte und Freiheiten des Einzelnen und der **Eintrittswahrscheinlichkeit** berücksichtigen. Wenn die Folgen eines Verstoßes schwerwiegender sind, ist das Risiko höher, und wenn die Eintrittswahrscheinlichkeit eines solchen Verstoßes größer ist, erhöht sich auch das Risiko. Im **Zweifelsfall** sollte der Verantwortliche nach dem **Vorsichtsprinzip** handeln und benachrichtigen.

33 Die Methodik zur initialen Risikoanalyse dient als Orientierung insbes. im Hinblick auf:
   ❑ Parameter mit Blick auf Art, Umfang und Umstände,
   ❑ Risikoermittlung als Zusammenspiel der Eintrittswahrscheinlichkeit und Schwere der Risiken für die Rechte und Freiheiten natürlicher Personen.

34 Erforderlich ist, dass der Verantwortliche iRd **Prognoseentscheidung** alle maßgeblichen Umstände vollständig einbezogen sowie zutreffend und nachvollziehbar bewertet hat. Der Datenschutzbeauftragte dokumentiert das Ergebnis der Prognoseentscheidung.

35 Zur **Risikobeurteilung** sind die beschriebenen Phasen zu durchlaufen:

36 1. Risikoidentifikation
   2. Abschätzung von Eintrittswahrscheinlichkeit und Schwere möglicher Schäden
   3. Zuordnung zu Risikoabstufungen.

37 Grundlage einer Risikobeurteilung muss eine konkrete Beschreibung des zugrunde gelegten Sachverhalts (des Verstoßes) sein, für den das Risiko abgeschätzt werden soll.[14]

38 Zur Identifikation von Datenschutzrisiken bietet es sich an, von folgenden Fragen auszugehen:

39 ❑ Welche Schäden können für die natürlichen Personen auf der Grundlage der vom Verstoß betroffenen personenbezogenen Daten bewirkt werden?
   ❑ Wodurch, dh, durch welche Ereignisse kann es zu dem Schaden kommen?
   ❑ Durch welche Handlungen und Umstände kann es zum Eintritt dieser Ereignisse kommen?[15]

b) Setzt der Verantwortliche standardisierte Kriterien iRd Risikoprognose ein?

40 Ein Risiko für die Rechte und Freiheiten natürlicher Personen besteht, wenn dem Betroffenen:
   ❑ Diskriminierung,
   ❑ Identitätsdiebstahl oder –betrug,
   ❑ finanzielle Verluste,
   ❑ unbefugte Aufhebung der Pseudonymisierung,

---

[14] *Art. 29-Datenschutzgruppe,* WP 248, 4.10.2017; *DSK,* Kurzpapier Nr. 18, 26.4.2018, S. 2.
[15] *DSK,* Kurzpapier Nr. 18 v. 24.7.2017, S. 2.

❑ Rufschädigung,
❑ Verlust der Vertraulichkeit von dem Berufsgeheimnis unterliegenden Daten oder andere erhebliche wirtschaftliche oder gesellschaftliche Nachteile drohen.

c) Ist die Datenschutzverletzung meldepflichtig gegenüber der Aufsichtsbehörde?

Datenschutzverletzungen die „voraussichtlich **keine Gefahr** für die Rechte und Freiheiten natürlicher Personen darstellen, sind **nicht meldepflichtig**, Art. 33 Abs. 1. DS-GVO. Der Risikobegriff ist nicht näher spezifiziert, sodass eine Meldepflicht vom Wortlaut her auch bei geringen Risiken besteht. Der Verantwortliche trägt die Darlegungslast für die Risiko- und Folgenfreiheit für die Rechte und Freiheiten betroffener Personen. 41

Ein Beispiel für ein fehlendes Risiko könnte sein, wenn personenbezogene Daten bereits öffentlich zugänglich sind und eine Offenlegung dieser Daten kein Risiko für den Einzelnen darstellt.[16] 42

Wurden personenbezogene Daten im Wesentlichen unverständlich gemacht und handelt es sich bei den Daten um Kopien oder ein Backup, so ist die Datenschutzverletzung dann nicht meldepflichtig, wenn durch ordnungsgemäße **Verschlüsselung der personenbezogenen Daten** eine unbefugte Verarbeitung unmöglich ist. In einem solchen Fall besteht wahrscheinlich keine Gefahr für die Rechte und Freiheiten des einzelnen Betroffenen. Die Risikolage kann sich im Laufe der Zeit ändern und eine Meldung gegenüber der Behörde muss in einem solchen Fall nachgeholt werden. 43

Wird bspw. festgestellt, dass der Schlüssel nachträglich kompromittiert wurde oder eine Schwachstelle in der Verschlüsselungssoftware vorliegt, kann aus der unsicheren Verschlüsselung nachträglich ein Risiko für die Rechte und Freiheiten natürlicher Personen entstehen.[17] 44

d) Ist die Datenschutzverletzung gegenüber den betroffenen Personen benachrichtigungspflichtig?

Art. 34 DS-GVO definiert eine **Benachrichtigungspflicht** des Verantwortlichen gegenüber allen **Betroffenen,** die infolge einer Verarbeitung eine Verletzung ihrer personenbezogenen Daten iSd Art. 4 Nr. 12 DS-GVO erlitten haben.[18] Löst der Vorfall aber **kein hohes Risiko** für natürliche Personen aus, so entfällt auch die Benachrichtigungspflicht.[19] 45

„Hat die Verletzung des Schutzes personenbezogener Daten voraussichtlich ein **hohes Risiko** für die persönlichen Rechte und Freiheiten natürlicher Personen zur Folge, so **benachrichtigt der Verantwortliche die betroffene Person unverzüglich** von der Verletzung."[20] 46

Der Verantwortliche muss werten, ob die Datenschutzverletzung voraussichtlich zu einem Risiko für Rechte und Freiheiten betroffener Personen führt. Führt die Prüfung zu der Erkenntnis, dass die Datenschutzverletzung ein Risiko für die betroffenen Personen birgt, ist zu prüfen, ob dieses Risiko „hoch" ist, also ob eine erhöhte Eintrittswahrscheinlichkeit für das drohende Schadensereignis besteht oder die betroffenen Daten besonders sensibel sind. 47

---

[16] *Art. 29-Datenschutzgruppe,* WP 250rev.01, 6.2.2018, S. 21.
[17] *Art. 29-Datenschutzgruppe,* WP 250rev.01, 6.2.2018, S. 22.
[18] Paal/Paul/*Martini* DS-GVO Art. 34, Rn. 1.
[19] Paal/Pauly/*Martini* DS-GVO Art. 34, Rn. 2.
[20] Art. 34 Abs. 1 DS-GVO.

48 Beispiele für erhebliche Schäden sind Diskriminierung, Identitätsdiebstahl oder Betrug, finanzielle Verluste und Reputationsschäden. Wenn es sich bei dem Verstoß um personenbezogene Daten handelt, die eine rassistische oder ethnische Herkunft, politische Meinung, Religion oder philosophische Überzeugungen oder Gewerkschaftszugehörigkeit oder genetische Daten, Daten zur Gesundheit oder Daten zum Sexualleben oder zu strafrechtlichen Verurteilungen und Verstöße oder damit zusammenhängende Sicherheitsmaßnahmen offenlegen, sollten solche Schäden als wahrscheinlich angesehen werden.[21]

3. Besondere Anforderungen an die Implementierung

a) Ist sichergestellt, dass die Meldung einer Datenschutzverletzung innerhalb von 72 Stunden an die Aufsichtsbehörde erfolgt?

49   Der Verantwortliche muss die Datenschutzverletzung **unverzüglich** und **möglichst innerhalb von 72 Stunden** nach Bekanntwerden melden, Art. 33 Abs. 1 DS-GVO. Die 72 Stunden Frist sollte nicht vollständig ausgereizt werden. Der Begriff unverzüglich ist nicht mit „sofort" zu verwechseln, sondern als **„ohne schuldhaftes Zögern"** zu begreifen.[22] Die Frist gestattet dem Verantwortlichen in angemessenem Umfang den Vorfall zu prüfen, aufzuklären und rechtlich einzuordnen.[23]

50 „... **Benachrichtigungen der betroffenen Person** sollten stets so rasch wie nach allgemeinem Ermessen möglich, in enger **Absprache mit der Aufsichtsbehörde** und nach Maßgabe der von dieser oder von anderen zuständigen Behörden wie bspw. Strafverfolgungsbehörden erteilten Weisungen erfolgen. Um bspw. das Risiko eines unmittelbaren Schadens mindern zu können, müssten betroffene Personen sofort benachrichtigt werden, wohingegen eine längere Benachrichtigungsfrist gerechtfertigt sein kann, wenn es darum geht, geeignete Maßnahmen gegen fortlaufende oder vergleichbare Verletzungen des Schutzes personenbezogener Daten zu treffen."[24]

b) Stellt der Verantwortliche den Beginn der Melde- und Benachrichtigungsfrist fest?

51 „Es sollte festgestellt werden, ob alle geeigneten technischen Schutz- sowie organisatorischen Maßnahmen getroffen wurden, um sofort feststellen zu können, ob eine Verletzung des Schutzes personenbezogener Daten aufgetreten ist, und um die Aufsichtsbehörde und die betroffene Person umgehend unterrichten zu können. Bei der Feststellung, ob die Meldung unverzüglich erfolgt ist, sollten die Art und Schwere der Verletzung des Schutzes personenbezogener Daten sowie deren Folgen und nachteilige Auswirkungen für die betroffene Person berücksichtigt werden. Die entsprechende Meldung kann zu einem Tätigwerden der Aufsichtsbehörde im Einklang mit ihren in dieser Verordnung festgelegten Aufgaben und Befugnissen führen."[25]

52   Die **Melde- und Benachrichtigungspflicht beginnt,** wenn dem Verantwortlichen die Verletzung bekannt wurde. Das ist dann der Fall, wenn er **hinreichende Sicherheit hat,** dass eine Datenschutzverletzung zu einem Risiko für die Rechte und Freiheiten natürlicher Personen führte.[26] Der genaue Zeitpunkt der gesicherten Erkenntnis einer Datenschutzverletzung hängt vom jeweiligen Vorfall ab. Eine erste Einschätzung des potenziellen Risikos kann sich aus der DSFA (→ Kapitel 2 Rn. 139) ergeben,[27] da in dieser bereits das Datenschutzrisiko einzuschätzen ist.

---

[21] Erwgr. 75, 85 DS-GVO.
[22] Die englische Fassung benutzt den Ausdruck: „without undue delay"
[23] Ausf. dazu: Gola/*Reif* DS-GVO Art. 33 Rn. 25 ff.
[24] Erwgr. 87 DS-GVO.
[25] Erwgr. 87 DS-GVO.
[26] Paal/Pauly/*Martini* DS-GVO Art. 33, Rn. 18.
[27] Paal/Pauly/*Martini* DS-GVO Art. 35 Rn. 22a.

Setzt der Verantwortliche im Rahmen einer Verarbeitung zur Zweckerfüllung einen **53** Auftragsverarbeiter ein, ist **mit Kenntniserlangung des Auftragsverarbeiters** der Datenschutzverletzung auch das **Bekanntwerden beim Verantwortlichen verbunden,** die Kenntnis des Auftragsverarbeiters wird zugerechnet. Die Verpflichtung des Auftragsverarbeiters zur Benachrichtigung des Verantwortlichen ermöglicht ihm, den Verstoß zu beheben und einzuschätzen, ob eine Meldepflicht gemäß der Art. 33 Abs. 1 DS-GVO und Art. 34 Abs. 1 DS-GVO vorliegt. Die **rechtzeitige Benachrichtigung** durch den Auftragsverarbeiter fällt in den **Risikobereich des Verantwortlichen** und sollte daher in einen **Auftragsverarbeitungsvertrag** aufgenommen werden.

Der Verantwortliche sollte daher über interne Prozesse verfügen, um eine Datenschutz- **54** verletzung zu erkennen und zu beheben. Unregelmäßigkeiten in der Datenverarbeitung können zB durch **Datenfluss- und Protokollanalysatoren** aufgedeckt werden.[28] Mitarbeiter müssen die zuständige Leitungsebene umgehend über Risiken und Vorfälle in Kenntnis setzen. Solche Maßnahmen und Berichterstattungsmechanismen könnten in **Reaktionsplänen und Governance-Richtlinien** des Verantwortlichen detailliert beschrieben werden. Diese helfen dem Verantwortlichen, effektiv zu planen und festzustellen, wer innerhalb der Organisation die operative Verantwortung für das Management eines Verstoßes trägt und wie oder ob ein Vorfall gegebenenfalls eskaliert werden soll.

c) Liegen besondere Umstände vor, die eine spätere Meldung an die Aufsichtsbehörde zulassen (Art. 33 Abs. 4 DS-GVO)?

Spätestens mit dem Ende von 72 Stunden ist die Datenschutzverletzung zu **melden,** **55** **unabhängig** davon, ob der Verantwortliche den Prozess zur Beurteilung der Meldepflicht **beendet** hat. Erfolgt die Meldung gegenüber der Datenschutzbehörde später, müssen die Gründe vor die Verzögerung angegeben werden. Diese Regel gilt nicht ausnahmslos:

„Wenn und soweit die Informationen nicht zur gleichen Zeit bereitgestellt werden können, der Verantwortliche diese Informationen ohne unangemessene weitere Verzögerung schrittweise zur Verfügung stellen."[29]

Die DS-GVO erkennt an, dass der Verantwortliche **nicht immer alle** notwendigen **56** **Informationen über einen Verstoß innerhalb von 72 Stunden** nach Bekanntwerden des Verstoßes haben kann, da die vollständigen und umfassenden Informationen über den Vorfall nicht immer in dieser Anfangsphase verfügbar sind. Sie ermöglicht deshalb eine **schrittweise Meldung** mit den Informationen, die dem Verantwortlichen gesichert zur Verfügung stehen. Die **fehlenden Informationen** sind schnellstmöglich **nachzureichen,** wenn die Folgeuntersuchung Beweise für oder gegen eine Datenschutzverletzung liefern. Es gibt keine Strafe für die Meldung eines Vorfalls, der sich letztendlich als keine Datenschutzverletzung herausstellt.[30] Die Aufsichtsbehörde könnte die Meldung allerdings als Anlass für eine Überprüfung der Datenschutz-Compliance nehmen.

Es ist wahrscheinlicher, dass diese Ausnahme bei komplexeren Datenschutzverletzun- **57** gen einschlägig sein wird, wie etwa bei **Cyber-Sicherheitsvorfällen,** bei denen bspw. eine eingehende **forensische Untersuchung** erforderlich ist, um die Art des Verstoßes und das Ausmaß, in dem personenbezogene Daten kompromittiert wurden, vollständig festzustellen.

---

[28] Es ist zu beachten, dass Protokolldaten, die die Nachvollziehbarkeit zB der Speicherung, Änderung oder Löschung von Daten erleichtern, auch als personenbezogene Daten desjenigen gelten können, der die jeweilige Verarbeitung veranlasst hat.
[29] Art. 33 Abs. 4 DS-GVO.
[30] *Art. 29-Datenschutzgruppe,* WP 250rev.01, 6. 2. 2018, S. 19.

58 Eine Verzögerung kann dann eintreten, wenn ein Verantwortlicher innerhalb eines kurzen Zeitraums mehrere ähnliche Vertraulichkeitsverletzungen erleidet, die eine große Zahl von Betroffenen in gleicher Weise betreffen. Ein Verantwortlicher könnte von einem Verstoß erfahren und zu Beginn seiner Untersuchung und vor der Benachrichtigung weitere ähnliche Verstöße feststellen, die unterschiedliche Ursachen haben. Je nach Umständen kann es einige Zeit in Anspruch nehmen, bis der Verantwortliche das Ausmaß der Verstöße feststellt. Statt in solch einem Fall jeden Verstoß einzeln zu melden, organisiert der Verantwortliche stattdessen eine aussagekräftige Meldung, die mehrere sehr ähnliche Verstöße mit möglichen unterschiedlichen Ursachen darstellt. Dies könnte dazu führen, dass die Meldung an die Aufsichtsbehörde über die 72 Stunden verzögert wird, nachdem der Verantwortliche von diesen Verstößen Kenntnis erlangt hat.[31]

59 Der wesentliche **Aspekt der Vorabmeldepflicht** besteht darin, die Verantwortlichen anzuregen, bei einer Datenschutzverletzung unverzüglich zu handeln, den Verstoß einzudämmen und nach Möglichkeit die gefährdeten personenbezogenen Daten wiederherzustellen und sich von der Aufsichtsbehörde beraten zu lassen. Besteht bspw. eine unmittelbare **Gefahr des Identitätsdiebstahls** oder werden **besondere Kategorien** personenbezogener Daten (→ Kapitel 3 Rn. 38)[32] offengelegt, sollte der Verantwortliche unverzüglich handeln, um den Verstoß zu mitigieren, und zugleich den Betroffenen informieren. In Ausnahmefällen kann die Meldung an Betroffene sogar vor der Meldung an die Aufsichtsbehörde erfolgen. Generell darf also die Mitteilung an die Aufsichtsbehörde nicht als Rechtfertigung für die unterlassene Benachrichtigung der Betroffenen dienen, wenn diese objektiv erforderlich ist.[33]

60 Streng genommen ist jede einzelne Datenschutzverletzung ein meldepflichtiger Vorfall. Um jedoch eine übermäßige Belastung zu vermeiden, kann der Verantwortliche eine „gebündelte" Meldung über alle diese Verstöße einreichen, vorausgesetzt, sie betreffen die gleiche Art von personenbezogenen Daten, die auf die gleiche Weise in relativ kurzer Zeit verletzt wurden. Wenn es zu einer Reihe von Vorfällen kommt, die verschiedene Arten von personenbezogene Daten betreffen und auf unterschiedliche Weise verletzt werden, dann sollte die Meldung in üblicher Weise mit für jeden Vorfall erfolgen. Auch gebündelte Meldungen für mehrere ähnliche Verstöße können innerhalb von 72 Stunden erfolgen, sodass die Bündelung nicht automatisch zu einer Verlängerung der Meldepflicht führt.[34]

d) Werden die betroffenen Personen unverzüglich benachrichtigt?

61 Der Begriff **„unverzüglich"** in Art. 33 DS-GVO und 34 DS-GVO ist einheitlich, sodass auch betroffene Personen schnellstmöglich von der Verletzung personenbezogener Daten in Kenntnis zu setzen sind. Das Hauptziel der Benachrichtigung von Einzelpersonen besteht darin, spezifische Informationen über die Maßnahmen bereitzustellen, die sie ergreifen sollten, um sich selbst vor den Folgen der Datenschutzverletzung zu schützen.

e) Ist eine effektive Kommunikation zur Aufsichtsbehörde sichergestellt?

62 Die **Konsultation und Kommunikation** mit der Aufsichtsbehörde sind wichtige Punkte im Meldeprozess von Datenschutzverletzungen. Die Verantwortlichen sollten sich daher nicht nur bezüglich der Benachrichtigung der Betroffenen an die Aufsichtsbehörde wenden und diese konsultieren, sondern auch bezüglich der entsprechenden Inhalte der

---

[31] *Art. 29-Datenschutzgruppe,* WP 250rev.01, 6.2.2018, S. 19.
[32] Art. 9 DS-GVO.
[33] *Art. 29-Datenschutzgruppe,* WP 250rev.01, 6.2.2018, S. 18.
[34] *Art. 29-Datenschutzgruppe,* WP 250rev.01, 6.2.2018, S. 19.

Mitteilungen, sowie bezüglich der geeignetsten Art der Kontaktaufnahme mit den Betroffenen.

In bestimmten Konstellationen kann es „den berechtigten **Interessen der Strafverfolgungsbehörden**" entsprechen, von einer Benachrichtigung der betroffenen Personen vorläufig abzusehen.[35] Würden Details über Art und Umfang der Datenschutzverletzung öffentlich bekannt werden, könnte dies Untersuchungen und Ermittlungen beeinträchtigen oder sogar vereiteln. Die Betroffenen müssten nach Abschluss der Ermittlungen umgehend informiert werden. **63**

4. Dokumentationspflichten des Verantwortlichen nach Art. 33 Abs. 5 DS-GVO

a) Dokumentiert der Verantwortliche alle Datenschutzverstöße, die zu Verletzungen des Schutzes personenbezogener Daten führen?

„Der Verantwortliche dokumentiert Verletzungen des Schutzes personenbezogener Daten einschließlich aller im Zusammenhang mit der Verletzung des Schutzes personenbezogener Daten stehenden Fakten, von deren Auswirkungen und der ergriffenen Abhilfemaßnahmen. Diese Dokumentation muss der Aufsichtsbehörde die Überprüfung der Einhaltung der Bestimmungen dieses Artikels ermöglichen."[36] **64**

Um der **Rechenschaftspflicht** als Verantwortlicher (→ Kap. 2 Rn. 64) nachzukommen, ist es unabdingbar, sämtliche **Vorfälle zentral zu erfassen** und entsprechend zu dokumentieren, Art. 33 Abs. 5 DS-GVO. Das Resultat des einzelnen Vorfalls ist so festzuhalten, dass auch eine **nachträgliche Sachverhaltsbeurteilung** durch Dritte (zB durch eine Aufsichtsbehörde) vorgenommen werden kann. Dies gilt erst recht für nicht meldepflichtige Datenschutzverletzungen, da die Datenschutzbehörden diese auf ein mögliches Fehlverhalten hin kontrollieren könnten. **65**

b) Sind iRd Dokumentation alle Fakten zur Datenschutzverletzung festgehalten und gehen daraus die Auswirkungen für natürliche Personen hervor?

Während es Sache des Verantwortlichen ist, zu bestimmen, welche **Methode und Struktur bei der Dokumentation** eines Verstoßes zu verwenden ist, gibt es in Bezug auf erfassbare Informationen Schlüsselelemente, die in allen Fällen einbezogen werden sollten. Wie in Art. 33 Abs. 5 DS-GVO gefordert, muss der Verantwortliche Angaben über die Datenschutzverletzung machen, die die Ursachen, den Vorfall und die betroffenen personenbezogenen Daten enthalten sollten. Sie sollten auch die **Auswirkungen** und **Folgen des Verstoßes** sowie die **Abhilfemaßnahmen** des für die Verarbeitung Verantwortlichen umfassen. **66**

c) Sind die in Bezug auf die Datenschutzverletzung ergriffene Maßnahmen und die Entscheidung vom Verantwortlichen dokumentiert?

Zusätzlich zu den genannten Angaben ist zu empfehlen, die **Begründung für die Entscheidungen** zu dokumentieren, die als Reaktion auf einen Vorfall getroffen wurden. Insbes., wenn eine Datenschutzverletzung nicht gemeldet wird, sollte eine Begründung für diese Entscheidung dokumentiert werden. Diese sollte insbes. die Informationen enthalten, die zu der Annahme führten, dass kein Risiko für Rechte und Freiheiten natürlicher Personen bestehe.[37] Ist der Verantwortliche der Auffassung, dass eine der in Art. 34 **67**

---

[35] Erwgr. 88 DS-GVO.
[36] *Art. 29-Datenschutzgruppe*, WP 250rev.01, 6.2.2018, S. 31.
[37] Erwgr. 85 DS-GVO.

Abs. 3 DS-GVO genannten Bedingungen erfüllt ist, so sollte er in der Lage sein, dies in angemessener Weise – auch nachträglich – nachzuweisen.

68   Meldet der Verantwortliche der Aufsichtsbehörde einen Verstoß, aber die Meldung verzögert sich, so muss der Verantwortliche in der Lage sein, diese Verzögerung zu begründen. Die Dokumentation könnte diesbezüglich dem Nachweis beitragen, dass die Verzögerung bei der Meldung gerechtfertigt ist.

69   Wenn der Verantwortliche den betroffenen Personen einen Verstoß mitteilt, sollte er über den Verstoß in transparenter und effektiver Weise rechtzeitig kommunizieren. Dementsprechend würde es dem Verantwortlichen helfen, die Rechenschaftspflicht und die Einhaltung der Vorschriften nachzuweisen, indem Beweise für eine solche Kommunikation aufbewahrt werden.

70   Um die **Einhaltung** der Art. 33 DS-GVO und 34 DS-GVO zu erleichtern, wäre es sowohl für die Verantwortlichen als auch für die Auftragsverarbeiter von Vorteil, ein **dokumentiertes Meldeverfahren** einzurichten. In dem Verfahren sollte festgelegt sein, dass nach Identifizierung eines Verstoßes die Maßnahmen zu definieren und umzusetzen sowie die Risikobewertung und die Meldung des Verstoßes zu dokumentieren sind. In diesem Zusammenhang könnte es auch nützlich sein, nachzuweisen, dass die Arbeitnehmer über die Existenz solcher Verfahren und Mechanismen informiert wurden und dass sie wissen, wie sie auf Verstöße zu reagieren haben.

71   Es sei darauf hinzuweisen, dass die **Nichteinhaltung** einer ordnungsgemäßen Dokumentation dazu führen kann, dass die Aufsichtsbehörde ihre Befugnisse gem. Art. 58 DS-GVO ausübt und gegebenenfalls eine Geldbuße gem. Art. 83 DS-GVO verhängt.

d) Wird die Dokumentation in Bezug auf Datenschutzverletzungen für eine angemessene Frist aufbewahrt?

72   Die DS-GVO legt keine **Aufbewahrungsfrist** für solche Unterlagen fest. Enthalten diese Aufzeichnungen personenbezogene Daten, so obliegt es dem Verantwortlichen, die angemessene Aufbewahrungsfrist im Einklang mit den Grundsätzen für die Verarbeitung personenbezogener Daten[38] festzulegen und eine rechtmäßige Grundlage für die Verarbeitung zu schaffen.[39] Der Verantwortliche muss die Unterlagen gem. Art. 33 Abs. 5 DS-GVO aufbewahren, sofern sie der Aufsichtsbehörde den Nachweis der Einhaltung dieses Artikels oder des Grundsatzes der Rechenschaftspflicht im Allgemeinen erbringen kann.

II. Ausschlusstatbestände für die Benachrichtigung von betroffenen Personen (Art. 34 Abs. 3 DS-GVO)

73 In Art. 34 Abs. 3 DS-GVO werden drei Ausnahmen genannt, die entweder eine Meldepflicht vollständig ausschließen oder eine modifizierte Meldung zulassen:

a) der Verantwortliche geeignete technische und organisatorische Sicherheitsvorkehrungen getroffen hat und diese Vorkehrungen auf die von der Verletzung betroffenen personenbezogenen Daten angewandt wurden, insbes. solche, durch die die personenbezogenen Daten für alle Personen, die nicht zum Zugang zu den personenbezogenen Daten befugt sind, unzugänglich gemacht werden, etwa durch Verschlüsselung;

b) der Verantwortliche durch nachfolgende Maßnahmen sichergestellt hat, dass das hohe Risiko für die Rechte und Freiheiten der betroffenen Personen gemäß Absatz 1 aller Wahrscheinlichkeit nach nicht mehr besteht;

---

[38] Art. 5 DS-GVO.
[39] Art. 6 DS-GVO und Art. 9 DS-GVO.

c) dies mit einem unverhältnismäßigen Aufwand verbunden wäre. In diesem Fall hat stattdessen eine öffentliche Bekanntmachung oder eine ähnliche Maßnahme zu erfolgen, durch die die betroffenen Personen vergleichbar wirksam informiert werden.

Gemäß dem **Grundsatz der Rechenschaftspflicht** sollte der Verantwortliche der 74 Aufsichtsbehörde nachweisen können, dass er eine oder mehrere dieser Bedingungen erfüllt.[40] Dabei ist zu berücksichtigen, dass, wenn keine Gefahr für die Rechte und Freiheiten natürlicher Personen besteht, eine Meldung zwar zunächst nicht erforderlich ist, sich dies jedoch im Laufe der Zeit ändern kann und das Risiko neu bewertet werden müsste.

Beschließt ein Verantwortlicher, dem Einzelnen einen Verstoß nicht mitzuteilen, kann 75 die Aufsichtsbehörde die Benachrichtigung nach Art. 34 Abs. 4 DS-GVO verlangen, wenn sie der Ansicht ist, dass die Datenschutzverletzung zu einem hohen Risiko für betroffene Personen führen könnte. Alternativ kann sie davon ausgehen, dass die Voraussetzungen des Art. 34 Abs. 3 DS-GVO erfüllt sind; in diesem Fall ist eine Mitteilung an Einzelpersonen nicht erforderlich. Stellt die Aufsichtsbehörde fest, dass die Entscheidung, die Betroffenen nicht zu unterrichten, nicht begründet ist, kann sie in Erwägung ziehen, von ihren verfügbaren Befugnissen und Sanktionen Gebrauch zu machen.

1. Trifft der Verantwortliche geeignete technische und organisatorische Sicherheitsvorkehrungen und wendet er diese Vorkehrungen auf die von der Verletzung betroffenen personenbezogenen Daten an?

Falls der Verantwortliche geeignete **technische und organisatorische Sicherheits-** 76 **vorkehrungen** trifft und diese auf diejenigen personenbezogenen Daten angewendet hatte, die von der Verletzung betroffen sind, entfällt die Benachrichtigungspflicht.[41] Wegen der Sicherheitsvorkehrungen besteht kein Risiko für die Rechte und Freiheiten natürlicher Personen.

Als Sicherheitsvorkehrungen sind insbes. die Maßnahme der **Verschlüsselung,** der 77 **Pseudonymisierung** sowie der Umsetzung **räumlicher Sicherheitsmaßnahmen** oder dienstlicher Anweisungen geeignet.[42]

2. Wendet der Verantwortliche durch nachfolgende Maßnahmen das hohe Risiko für die Rechte und Freiheiten der Betroffenen ab?

Wenn ein Verantwortlicher unmittelbar nach einer Datenschutzverletzung Maßnahmen 78 ergreift, die sicherstellen, dass ein Risiko für die Rechte und Freiheiten natürlicher Personen aller Wahrscheinlichkeit nicht mehr besteht, entfällt die Benachrichtigungspflicht.[43]

3. Ist die individuelle Benachrichtigung mit einem unverhältnismäßigen Aufwand verbunden?

Gemäß Art. 34 Abs. 1 DS-GVO wird grds. davon ausgegangen, dass **Betroffene** vom 79 Verantwortlichen **direkt informiert** werden. Die Voraussetzungen an die Benachrichtigung nach Art. 34 Abs. 3 Buchst. c DS-GVO wandeln sich.[44] In solchen Fällen, in denen sich die Erfüllung für den Verantwortlichen zu einem **unverhältnismäßigen Aufwand** führt, kann der Verantwortliche auf eine individuelle **Benachrichtigung verzichten.**[45]

---

[40] Art. 5 Abs. 2 DS-GVO.
[41] Paal/Pauly/*Martini* DS-GVO Art. 34, Rn. 37 f.
[42] Paal/Pauly/*Martini* DS-GVO Art. 34, Rn. 37 f.
[43] Paal/Pauly/*Martini* DS-GVO Art. 34, Rn. 39.
[44] Paal/Pauly/*Martini* DS-GVO Art. 34, Rn. 40 ff.
[45] Paal/Pauly/*Martini* DS-GVO Art. 34, Rn. 40 ff.

Vielmehr ist die Benachrichtigungspflicht auf eine öffentliche Bekanntmachung oder eine sachlich ähnliche Maßnahme begrenzt.[46] Der Verantwortliche hat zwischen diesen Maßnahmen ein **Wahlrecht,** um den Aufwand in Relation zu der individuellen Adressierung der Betroffenen auf einem angemessenen Niveau zu halten.[47]

---

[46] Paal/Pauly/*Martini* DS-GVO Art. 34, Rn. 40 ff.
[47] Paal/Pauly/*Martini* DS-GVO Art. 34, Rn. 40 ff.

Kapitel 11. Auftragsverarbeitung und gemeinsame Verantwortlichkeit

Literatur:

Art. 29-Datenschutzgruppe, Leitlinien für die Meldung von Verletzungen des Schutzes personenbezogener Daten gemäß der Verordnung (EU) 2016/679, WP 250 rev.01 vom 6.2.2018; *Art. 29-Datenschutzgruppe,* Stellungnahme 1/2010 zu den Begriffen „für die Verarbeitung Verantwortlicher" und „Auftragsverarbeiter", WP 169 vom 16.2.2010; *BayLDA,* Auslegungshilfe „Abgrenzung Auftragsverarbeitung" vom 15.5.2019; *VGH München* Beschl. v. 26.9.2018 – 5 CS 18.1157, ZD 2019, 43; *Dovas,* Joint Controllership – Möglichkeiten oder Risiken der Datennutzung? Regelungen der gemeinsamen datenschutzrechtlichen Verantwortlichkeit in der DS-GVO, ZD 2016, 512; *DSK Datenschutzkonferenz,* Kurzpapier Nr. 16 Gemeinsam für die Verarbeitung Verantwortliche, Art. 26 DS-GVO vom 19.3.2018; *DSK Datenschutzkonferenz,* Kurzpapier Nr. 19 Unterrichtung und Verpflichtung von Beschäftigten auf Beachtung der datenschutzrechtlichen Anforderungen nach der DS-GVO vom 29.5.2018; *Dumus,* Gegenstand und Zweck von Controller-to-Controller Vereinbarungen, Datenschutz-Berater 2019, 129; *Golland,* Gemeinsam einsam: Ein „Like" für die gemeinsame Verantwortlichkeit?, ZD 2019, 381; *von Holleben/Knaut,* Die Zukunft der Auftragsverarbeitung – Privilegierung, Haftung, Sanktionen und Datenübermittlung mit Auslandsbezug unter der DSGVO, CR 2017, 299; *Kartheuser/Nabulsi,* Abgrenzungsfragen bei gemeinsam Verantwortlichen, MMR 2018, 717; *Lee/Cross,* (Gemeinsame) Verantwortlichkeit beim Einsatz von Drittinhalten auf Websites, MMR 2019, 559; *Kremer,* Gemeinsame Verantwortlichkeit: Die neue Auftragsverarbeitung?, CR 2019, 225; *Lezzi/Oberlin,* Gemeinsam Verantwortliche in der konzerninternen Datenverarbeitung, ZD 2018, 398; *Lissner,* Auftragsdatenverarbeitung nach der DSGVO – Was kommt, was bleibt?, DSRITB 2016, 401; *Möllenkamp/Orthmann,* Auftragsverarbeitung im Konflikt mit Beweissicherungsinteressen des Auftragnehmers, ZD 2019, 445; *Monreal,* „Der für die Verarbeitung Verantwortliche" – das unbekannte Wesen des deutschen Datenschutzrechts, ZD 2014, 611; *Monreal,* Der Rahmen der Verantwortung und die klare Linie in der Rechtsprechung des EuGH zu gemeinsam Verantwortlichen, CR 2019, 797; *Schäfer/Fox,* Zertifizierte Auftragsdatenverarbeitung – Das Standard-ADV-Modell, DuD 2016, 744; *Schmidt/Freund* Perspektiven der Auftragsverarbeitung – Wegfall der Privilegierung mit der DS-GVO? ZD 2017, 14; *Schreiber,* Gemeinsame Verantwortlichkeit gegenüber Betroffenen und Aufsichtsbehörden, ZD 2019, 55; *Specht-Riemenschneider/Schneider,* Die gemeinsame Verantwortlichkeit im Datenschutzrecht, MMR 2019, 503; *Strauß/Schreiner,* Gemeinsame Verantwortung: Der Vertrag zur getrennten Verantwortung – Rechtsklarheit bei Unklarheit, Datenschutz-Berater 2019, 96. *Laue/Kremer,* Das neue Datenschutzrecht in der betrieblichen Praxis, 2. Aufl. 2019 Rn. 52 ff.

A. Einführung

Die Einbindung von spezialisierten Dienstleistern in die eigene Aufgabenerfüllung ist in unserer arbeitsteiligen und zunehmend digitalisierten Gesellschaft nicht mehr wegzudenken. In diesem Zusammenhang werden den eingesetzten Dienstleistern zwangsläufig auch personenbezogene Daten offengelegt. So werden dem Anbieter einer cloudbasierten eCommerce-Plattform bspw. personenbezogene Daten der eigenen Kunden oder dem „Shared Service Center" im Konzern personenbezogene Daten der Mitarbeiter der verschiedenen Konzerngesellschaften übermittelt. **1**

Welche datenschutzrechtlichen Anforderungen an solche Offenlegungen bzw. Austausche von personenbezogenen Daten zu stellen sind, hängt maßgeblich von der **datenschutzrechtlichen Einordnung der am Datenaustausch beteiligten Stellen** ab.[1] **2**

Bei den beteiligten Stellen kann es sich um zwei oder mehr **eigenständig „Verantwortliche"** iSd Art. 4 Nr. 7 DS-GVO handeln, mit der Folge, dass sowohl die datenübermittelnde als auch die datenempfangende Stelle jeweils eine Rechtsgrundlage für die Übermittlung bzw. die damit korrespondierende (Dritt-)Erhebung der Daten benötigen. Auch iÜ unterliegt in einer solchen Konstellation jeder der Beteiligten – in seiner jeweiligen Sphäre – allen datenschutzrechtlichen Pflichten eines „Verantwortlichen". **3**

Es kann sich auch um Datenaustausche zwischen zwei oder mehr **gemeinsam Verantwortlichen** („Joint Controllers") handeln. Dies wäre der Fall, wenn die beteiligten Stellen gemeinsam über die Zwecke und Mittel der Datenverarbeitung entscheiden, in deren Rahmen die Daten ausgetauscht bzw. gemeinschaftlich genutzt werden. Auch inso- **4**

---

[1] Vgl. zu den möglichen Konstellationen zuletzt *Kremer* CR 2019, 225 (226).

weit ist – jedenfalls im Außenverhältnis – grds. jeder der Beteiligten „Verantwortlicher" und damit Regeladressat der Verpflichtungen aus der DS-GVO. Gleichwohl bestehen in dieser Konstellation darüber hinausgehende Verpflichtungen, welche speziell die Ausgestaltung und Offenlegung der internen Zuständigkeitsverteilung betreffen (vgl. Art. 26 DS-GVO).

5 Sollte ein Beteiligter hingegen keinen (nennenswerten) Einfluss auf die Zwecke und Mittel der Datenverarbeitung haben, sondern stattdessen die personenbezogenen Daten nur weisungsgebunden im Auftrag eines oder mehrerer anderer Beteiligter verarbeiten, liegt eine sog. **Auftragsverarbeitung** vor. Auch insoweit bestehen spezifische Ausgestaltungspflichten (vgl. Art. 28 DS-GVO).

6 Die nachfolgenden Erläuterungen befassen sich ausschließlich mit den beiden letztgenannten Konstellationen[2] der Auftragsverarbeitung sowie der gemeinsamen Verantwortlichkeit und allen voran deren speziellen Ausgestaltungs- und Transparenzanforderungen.

B. Erläuterungen zur Checkliste

7 Im Folgenden werden zunächst die Anforderungen an die Ausgestaltung und Umsetzung der Auftragsverarbeitung dargestellt (→ Rn. 8 ff.) und im Anschluss daran die mit einer gemeinsamen Verantwortlichkeit einhergehenden Verpflichtungen der gemeinsam Verantwortlichen (→ Rn. 115 ff.) aufgezeigt.

I. Auftragsverarbeitung

8 Liegt ein Fall der Auftragsverarbeitung vor (→ Rn. 11 ff.), ist die hierbei erfolgende Offenlegung personenbezogener Daten auch nach der DS-GVO weiterhin insofern **datenschutzrechtlich privilegiert,** als hierfür keine explizite Rechtsgrundlage (zB berechtigtes Interesse/Interessensabwägung gem. Art. 6 Abs. 1 S. 1 Buchst. f DS-GVO) vorliegen muss.[3] Die Offenlegung personenbezogener Daten an den Auftragnehmer ist vielmehr kraft Gesetzes zulässig. Dies ist auch nur konsequent, da der Auftragsverarbeiter aufgrund seiner **Weisungsgebundenheit** letztlich nur als **„verlängerter Arm"** des datenschutzrechtlich (allein) verantwortlichen Aufraggebers fungiert. Der Auftragsverarbeiter ist damit gewissermaßen **innerhalb der Verantwortungssphäre des Verantwortlichen** – ebenso wie zB dessen weisungsgebundene Mitarbeiter. Den Auftragsverarbeiter treffen damit **im Außenverhältnis** gegenüber den betroffenen Personen und den Aufsichtsbehörden **grundsätzlich**[4] **keine unmittelbaren** *gesetzlichen* **Verpflichtungen.** So trifft ihn weder die allgemeine Rechenschaftspflicht aus Art. 5 Abs. 2 DS-GVO, noch muss er konkret Informationspflichten nach Art. 13 f. DS-GVO erfüllen, Betroffenenanfragen nach Art. 15 ff. DS-GVO beantworten und umsetzen oder „Datenpannen" nach Art. 33 f. DS-GVO an Aufsichtsbehörden und ggf. betroffene Personen melden.

9 Diese Privilegierung setzt jedoch voraus, dass der Auftragsverarbeiter rechtlich an den Verantwortlichen gebunden ist, dh grds. nur nach dessen Weisungen handelt und damit in die datenschutzrechtliche Verantwortungssphäre des Verantwortlichen eingegliedert ist. An

---

[2] Nicht erfasst ist das Verhältnis zwischen zwei getrennt Verantwortlichen und dessen etwaige Ausgestaltung durch „Data-Sharing"- bzw. „Controller-to-Controller"-Agreements, näher dazu *Strauß/Schreiner*, Datenschutz-Berater 2019, 96 sowie *Durmus*, Datenschutz-Berater 2019,129.

[3] Ausf. zur weiterhin bestehenden Privilegierung der Auftragsverarbeitung *Schmidt/Freund* ZD 2017, 14; Kühling/Buchner/*Hartung* DS-GVO Art. 28 Rn. 15 ff.

[4] Ausnahmen sind zB die Verpflichtungen des Auftragsverarbeiters nach Art. 30 Abs. 2 DS-GVO, Art. 32 DS-GVO und Art. 37 DS-GVO. Die Haftung des Auftragsverarbeiters bezieht sich gem. Art. 82 Abs. 2 S. 2 DS-GVO dementsprechend auch nur auf die Verletzung dieser Pflichten sowie weisungswidriges Handeln (vgl. Art. 29 DS-GVO).

die **(vertrags-)rechtliche Bindung** und insbes. **deren Pflichtinhalt** (→ Rn. 18 ff.) stellt der europäische Gesetzgeber in Art. 28 DS-GVO sehr konkrete Anforderungen.

Darüber hinaus muss die rechtliche Bindung an den Verantwortlichen in der Praxis 10 auch gelebt werden, was insbes. die Regelung und Implementierung hinreichender **Steuerungs- und Kontrollmechanismen** durch den Verantwortlichen erfordert (→ Rn. 96 ff.).

1. Vorliegen einer Auftragsverarbeitung

> a) Erfolgt die Datenverarbeitung im Auftrag bzw. Interesse eines anderen und nicht nur gelegentlich einer Tätigkeit für einen anderen?

In Art. 4 Nr. 8 DS-GVO wird der Auftragsverarbeiter definiert als *„eine natürliche oder* 11 *juristische Person, Behörde, Einrichtung oder andere Stelle, die personenbezogene Daten im Auftrag des Verantwortlichen verarbeitet"*. Aus dieser Definition lässt sich ableiten, dass die Datenverarbeitung entweder selbst unmittelbarer Gegenstand des Auftrags sein muss (zB Cloud-Speicherdienst) oder aber zumindest regelmäßiger und zentraler Bestandteil der Aufgabenerfüllung für den Verantwortlichen (zB Verarbeitung von Adressdaten durch Lettershop zur Aussendung von Werbemailings). Eine Datenverarbeitung die nur gelegentlich einer Tätigkeit erfolgt oder die nur eine völlig untergeordnete Rolle bei der Aufgabenerfüllung einnimmt (zB Hausmeister einer Firma, der bei Reparaturen in den Büroräumen personenbezogene Daten sieht (= erhebt)), stellt keine Datenverarbeitung „im Auftrag" des Verantwortlichen dar.[5]

> b) Ist sichergestellt, dass der Auftragnehmer nicht über den „Zweck" und die (wesentlichen) Mittel der Datenverarbeitung (mit)entscheidet?

Aus einer Zusammenschau der Definitionen des Art. 4 Nr. 7 DS-GVO und Nr. 8 12 DS-GVO lässt sich zunächst ableiten, dass Verantwortlicher und Auftragsverarbeiter in Bezug auf ein und dieselbe Datenverarbeitung unterschiedliche Akteure sein müssen und der Auftragsverarbeiter dementsprechend gerade nicht (maßgeblich) über die Zwecke und Mittel der Verarbeitung personenbezogener Daten entscheidet. Der Auftragsverarbeiter führt die Datenverarbeitung vielmehr nur **im Auftrag und nach den Weisungen (Art. 29 DS-GVO) des Verantwortlichen** – allen voran dessen Zweckbestimmung – aus. Bei der Bewertung der datenschutzrechtlichen Rollen der Beteiligten und insbes. der entscheidenden Frage, ob eine eigene Entscheidung über die Zwecke und Mittel der Verarbeitung vorliegt, sind die **tatsächlichen Beziehungen maßgeblich** und nicht eine etwaige – hiervon abweichende – vertragliche Festlegung (sog. **funktionelle Betrachtungsweise**).[6] Dementsprechend ist umgekehrt auch der Abschluss einer den Pflichtinhalt des Art. 28 Abs. 3 DS-GVO umfassenden vertraglichen Vereinbarung bzw. das Vorliegen eines anderweitig bindenden Rechtsinstruments (→ Rn. 18 ff.) **nicht konstitutiv** für ein Auftragsverarbeitungsverhältnis.[7]

Der Qualifizierung als Auftragsverarbeitung steht es nicht entgegen, wenn der Auf- 13 tragsverarbeiter über einen **Ermessensspielraum bei der Wahl der (risikoadäquaten) technischen und organisatorischen Maßnahmen** verfügt und er daher zumindest in-

---

[5] So bereits BeckOK DatenschutzR/*Spoerr* DS-GVO Art. 28 Rn. 21; weitere Beispiele für diese Fallgruppe finden sich bei BayLDA, Auslegungshilfe „Abgrenzung Auftragsverarbeitung", abrufbar unter der URL: https://www.lda.bayern.de/media/FAQ_Abgrenzung_Auftragsverarbeitung.pdf (zuletzt abgerufen am 13.2.2020).

[6] *Art. 29-Datenschutzgruppe*, WP 169, 16.2.2010, S. 14 und 33; darauf referenzierend auch VGH München ZD 2019, 43 Rn. 14.

[7] *Art. 29-Datenschutzgruppe*, WP 169, 16.2.2010, S. 33.

soweit eines der Elemente der „Mittel" der Verarbeitung festlegt.[8] Umgekehrt liegt bei einer (Mit-)Entscheidung des Auftragnehmers über die **„Zwecke"** der Verarbeitung – jenseits des immanenten (finanziellen) Eigeninteresses an der Auftragserfüllung gegenüber dem Verantwortlichen[9] – und über die **wesentlichen Aspekten der „Mittel"**, wie zB die Entscheidung über die Art der verarbeiteten Daten oder deren Speicherdauer, **keine Auftragsverarbeitung** vor.[10]

14	Praxishinweis:
	Bei der Prüfung der Voraussetzungen einer Auftragsverarbeitung sollte in der Praxis daher darauf geachtet werden, dass dem Auftraggeber (= Verantwortlicher) hinreichende Weisungs- bzw. Konfigurationsmöglichkeiten insbes. in Bezug auf die Arten der verarbeiteten personenbezogenen Daten und deren Speicherdauer eingeräumt sind.

15   Eine **eigene Entscheidung über die Zwecke und Mittel der Datenverarbeitung** durch den Auftragnehmer wird regelmäßig in stark regulierten Bereichen (zB Banken- und Finanzsektor) anzunehmen sein. Die Datenverarbeitung erfolgt hier zwar im Regelfall auch im Zuge der Erbringung von Fachdienstleistungen für einen Verantwortlichen. Gleichwohl werden die beauftragten Leistungen oder zumindest die hierbei erfolgenden Datenverarbeitungen oftmals vom Gesetzgeber oder der Aufsichts- bzw. Regulierungsbehörde vorgegeben sein. Die Datenverarbeitung erfolgt insoweit dann mehr zur Erfüllung einer eigenen rechtlichen Verpflichtung als auf Weisung des beauftragenden Verantwortlichen.

c) Ist der Auftragnehmer rechtlich eigenständig?

16   Aus der gesonderten Aufführung in Art. 29 DS-GVO lässt sich zudem ableiten, dass eine dem Verantwortlichen **„unterstellte Person"** (zB Mitarbeiter des Verantwortlichen) trotz der insoweit ebenfalls bestehenden Weisungsgebundenheit **nicht als Auftragsverarbeiter iSd Art. 4 Nr. 8 DS-GVO zu qualifizieren** ist. Selbiges gilt für den Einsatz von dem Auftragsverarbeiter unterstellten Personen. Ihr Einsatz stellt keine Unter-Auftragsverarbeitung iSd Art. 28 Abs. 2 und Abs. 4 DS-GVO dar. Eine Auftragsverarbeitung setzt mithin zumindest eine (organisations-)rechtliche Selbstständigkeit des Auftragnehmers voraus.[11]

17	Praxishinweis:
	Auch wenn die Mitarbeiter des Verantwortlichen über Art. 29 DS-GVO bereits kraft Gesetzes dazu verpflichtet sind, personenbezogene Daten ausschließlich auf Weisung des Verantwortlichen zu verarbeiten und insoweit auch keine explizite Verpflichtung des Verantwortlichen mehr[12] besteht, erscheint es mit Blick auf die Rechenschaftspflicht im Allgemeinen (Art. 5 Abs. 2 DS-GVO und Art. 24 Abs. 1 DS-GVO) sowie die Vorschrift

---

[8] *Art. 29-Datenschutzgruppe,* WP 169, 16.2.2010, S. 17f.
[9] Näher zu dieser Einschränkung BeckOK DatenschutzR/*Spoerr* DS-GVO Art. 28 Rn. 19; zur Frage, inwieweit eine (weitere) Verarbeitung zu Beweissicherungszwecken durch den Auftragnehmer – insoweit dann als Verantwortlicher – zulässig sein kann vgl. *Möllenkamp/Orthmann* ZD 2019, 445.
[10] Vgl. *Art. 29-Datenschutzgruppe,* WP 169, 16.2.2010, S. 17f. *(„Entscheidungen über inhaltliche Frage, die den Kern der Rechtmäßigkeit der Verarbeitung betreffen, sind dem für die Verarbeitung Verantwortlichen vorbehalten.").*
[11] *Art. 29-Datenschutzgruppe,* WP 169, 16.2.2010, S. 30; dem folgend BeckOK DatenschutzR/*Spoerr* DS-GVO Art. 28 Rn. 17.
[12] In § 5 S. 2 BDSG aF bestand eine explizite Verpflichtung, die Beschäftigten bei der Aufnahme ihrer Tätigkeit auf das Datengeheimnis zu verpflichten. In der DS-GVO besteht eine solche explizite Verpflichtung zur Vertraulichkeit des eingesetzten Personals nur für Auftragsverarbeiter (vgl. Art. 28 Abs. 3 S. 2 Buchst. b DS-GVO).

des Art. 32 Abs. 4 DS-GVO im Besonderen durchaus sinnvoll, die **Mitarbeiter zur Ver-traulichkeit und zur Einhaltung der datenschutzrechtlichen Anforderungen zu ver-pflichten.**[13]

2. (Vertrags-)Rechtliche Bindung des Auftragsverarbeiters in Bezug auf den Verantwortlichen

a) Liegt ein Vertrag oder anderes Rechtsinstrument vor, das den Auftragsverarbeiter in Bezug auf den Verantwortlichen bindet?

Nach Art. 28 Abs. 3 S. 1 DS-GVO muss der Auftragsverarbeiter entweder auf der [18] Grundlage eines **Vertrags** oder eines **anderen Rechtsinstruments** an den Verantwortlichen und dessen Vorgaben bzw. Weisungen gebunden sein. In der Praxis wird regelmäßig ein Vertrag bzw. eine Vereinbarung zur Auftragsverarbeitung geschlossen. Andere bindende Rechtsinstrumente dürften in der Praxis wohl eher im öffentlich-rechtlichen Bereich relevant sein. Auf sie wird nachfolgend nicht näher eingegangen.

b) Ist der Vertrag dokumentiert?

Nach Art. 28 Abs. 9 DS-GVO ist der Vertrag zwischen dem Verantwortlichem (= Auf- [19] traggeber) und dem Auftragsverarbeiter (= Auftragnehmer) schriftlich abzufassen, was nach dem letzten Halbsatz aber auch in einem elektronischen Format erfolgen kann. Die EU-Kommission hat klargestellt, dass die Abfassung in einem **„elektronischen Format"** nicht zwingend eine (qualifizierte) elektronische Signatur erfordert.[14] Es handelt sich bei Art. 28 Abs. 9 DS-GVO daher **nicht um ein strenges Schriftformerfordernis iSd § 126 f. BGB.** Es reicht vielmehr aus, wenn der Vertrag zwischen den Parteien **dokumentiert** ist. Das Formerfordernis ist daher bspw. auch dann gewahrt, wenn der Vertrag als PDF-Datei vorliegt, auf der beide Parteien ihre (einfachen) elektronischen Unterschriften eingefügt haben. Ebenso zulässig sind Vereinbarungen, die von einer Partei[15] wie Allgemeine Geschäftsbedingungen bereitgestellt und von der anderen Partei zB durch ein (protokolliertes) Anklicken einer Checkbox akzeptiert werden (sog. **„Click-Agreements"**).

Praxistipp für Auftragsverarbeitungen im Konzern [20]

Der Abschluss eines vorformulierten Vertrags zur Auftragsverarbeitung zwischen Konzerngesellschaften lässt sich bei entsprechenden Vollmachten sowie entsprechend etablierten Worksflows und Freigabeprozessen auch in die Dokumentation der betreffenden Verarbeitungstätigkeiten in das (Konzern-)Verarbeitungsverzeichnis nach Art. 30 DS-GVO integrieren. Die Zuweisung der datenschutzrechtlichen Rollen (→ Rn. 23 f.) sowie die Konkretisierung zur jeweiligen Verarbeitungstätigkeit (→ Rn. 25 ff.) im Verarbeitungsverzeichnis bilden dann zusammen mit den im Konzern abgestimmten standardisierten Auftragsverarbeitungsklauseln einen konkreten Vertrag zur Auftragsverarbeitung für die betreffende Verarbeitungstätigkeit zwischen den beteiligten Konzerngesellschaften.

---

[13] Näher dazu sowie zur Umsetzung *DSK*, Kurzpapier Nr. 19, 29.5.2018.

[14] Vgl. *EU-Kommission* Antwort v. 27.8.2018 – E-003163/2018, abrufbar unter der URL: http://www.eu roparl.europa.eu/doceo/document/E-8-2018-003163-ASW_EN.pdf (zuletzt abgerufen am 14.2.2020).

[15] Der Vertrag kann auch v. Auftragsverarbeiter vorgefertigt sein; vgl. dazu *Art. 29-Datenschutzgruppe,* WP 169, 16.2.2010, S. 32 sowie Kühling/Buchner/*Hartung* DS-GVO Art. 28 Rn. 82.

c) Sind die erforderlichen Regelungsinhalte aus Art. 28 Abs. 3 DS-GVO im Vertrag abgebildet?

21 Art. 28 Abs. 3 DS-GVO enthält einen – nicht abschließenden („insbesondere") – Katalog an Regelungsinhalten, die in einem Vertrag zur Auftragsverarbeitung enthalten sein müssen. Solange insoweit keine Standardvertragsklauseln der EU-Kommission oder der Aufsichtsbehörden nach Art. 28 Abs. 7 bzw. 8 DS-GVO vorliegen, ist es Aufgaben der Parteien sicherzustellen, dass der konkrete Vertrag den inhaltlichen Anforderungen des Art. 28 Abs. 3 DS-GVO genügt.

aa) Erfolgt eine klare Zuweisung der datenschutzrechtlichen Rollen?

22 Im Vertrag sollte zunächst klar geregelt sein, welche Vertragspartei, welche datenschutzrechtliche Rolle einnimmt, dh wer Auftraggeber und damit „Verantwortlicher" iSd Art. 4 Nr. 7 DS-GVO und wer Auftragnehmer und damit „Auftragsverarbeiter" iSd Art. 4 Nr. 8 DS-GVO ist. Am zweckmäßigsten erfolgt diese Zuweisung im Rubrum des Vertrags bei der Benennung der Vertragsparteien und/oder in einem den vertraglichen Regelungen vorangestellten Definitionsteil.

23 | **Praxistipp für Auftragsverarbeitungen im Konzern**
Bei Auftragsverarbeitungen im Konzern kann sich die Zuweisung der datenschutzrechtlichen Rollen an die beteiligten Konzerngesellschaften auch aus der Dokumentation der betreffenden Verarbeitungtätigkeit im (Konzern-)Verarbeitungsverzeichnis nach Art. 30 DS-GVO ergeben.

bb) Sind die wesentlichen Parameter der Auftragsverarbeitung geregelt?

24 Die vertraglichen Regelungen sollten mit der nach Art. 28 Abs. 3 S. 1 DS-GVO erforderlichen Konkretisierung der Auftragsverarbeitung beginnen. Die geforderten Konkretisierungen können dabei direkt im Hauptteil des Vertrages zur Auftragsverarbeitung oder in einer gesonderten „Konkretisierungs"-Anlage zum Vertrag erfolgen. Letzteres bietet sich insbes. bei stark standardisierter Vertragsklauseln an, die für eine Vielzahl unterschiedlicher Produkte zur Anwendung kommen sollen.

25 | **Praxistipp für Auftragsverarbeitungen im Konzern**
Bei Auftragsverarbeitungen im Konzern können die nachfolgend beschriebenen Konkretisierungsanforderungen auch dadurch umgesetzt werden, dass auf die entsprechende Dokumentation der betreffenden Verarbeitungtätigkeit im (Konzern-)Verarbeitungsverzeichnis nach Art. 30 DS-GVO verwiesen wird.

(1) Ist der Gegenstand der Verarbeitung spezifiziert?

26 Gegenstand der Auftragverarbeitung ist die Durchführung des Auftrags, mithin also die **Erbringung der vereinbarten Dienstleistung.** Es kann sich dabei bspw. um die Bereitstellung von Cloud-Speicherplatz, das Hosting einer IT-Anwendung, die Entsorgung von Datenträgern oder die Durchführung der Lohnbuchhaltung handeln. Da die beauftragte Dienstleistung **regelmäßig bereits im Service- bzw. Hauptvertrag konkreti-**

siert ist, kann iRd Vertrags zur Auftragsverarbeitung[16] auf den Service- bzw. Hauptvertrag verwiesen werden.

(2) Ist die Dauer der Verarbeitung konkretisiert?

Die Dauer der Auftragsverarbeitung wird im Regelfall **an die Dauer der zugrunde** **27** **liegenden Dienstleistung gekoppelt** sein. Endet die Laufzeit des Service- bzw. Hauptvertrags über die zugrunde liegende Dienstleistung, endet damit (automatisch) auch die Laufzeit des Vertrags zur Auftragsverarbeitung.

Der Auftragsverarbeiter darf die personenbezogenen Daten danach nur noch zur Er- **28** füllung seiner **nachwirkenden Rückgabe- bzw. Löschverpflichtung** oder zur Erfüllung von etwaig bestehenden Aufbewahrungsfristen verarbeiten (vgl. Art. 28 Abs. 3 S. 2 Buchst. g DS-GVO).

(3) Sind die Arten der Verarbeitung beschrieben?

Hierbei geht es um die Konkretisierung der Verarbeitungsform(en), wie sie beispielhaft **29** in der Legaldefinition des Art. 4 Nr. 2 DS-GVO beschrieben sind. Also bspw. „Erhebung", „Speicherung", „Berichtigung", „Löschung" personenbezogener Daten.

(4) Sind die Zwecke der Verarbeitung genannt?

Der Zweck der Datenverarbeitung korreliert weitestgehend mit dem Gegenstand des **30** Auftrags bzw. der Dienstleistung (→ Rn. 26) also bspw. „Bereitstellung einer cloudbasierten Bewerberplattform", „IT-Hosting der Kundenwebsite" oder „Lohnbuchhaltung für Personal".

Bei der Inanspruchnahme einer umfassenden IT-Lösung eines externen Auftragsverar- **31** beiters, mit der eine Vielzahl von Geschäftsprozessen mit unterschiedlichen Teilzwecken abgewickelt werden, sollten nach Möglichkeit die verschiedene Geschäftsprozesse und deren jeweilige Unterzwecke genannt werden und dann zur weiteren Konkretisierung auf die jeweiligen Leistungsbeschreibung der verschiedenen Module verwiesen werden. So kann der Verantwortliche im Idealfall gewährleisten, dass die Beschreibung im Auftragverarbeitungsvertrag mit der Dokumentation der über die IT-Lösung abgebildeten Verarbeitungstätigkeiten/Geschäftsprozesse im Verarbeitungsverzeichnis vollständig korreliert.

(5) Sind die Arten personenbezogener Daten spezifiziert?

In jedem Fall sollte hierbei eine Differenzierung nach **„einfachen" personenbezoge-** **32** **nen Daten** (Art. 4 Nr. 1 DS-GVO), **besonderen Kategorien personenbezogener** **Daten** (Art. 9 Abs. 1 DS-GVO) und **personenbezogene Daten über strafrechtliche** **Verurteilungen und Straftaten** (Art. 10 DS-GVO) erfolgen.[17]

Diese grundsätzlichen Arten personenbezogener Daten sollen auch noch grob **(unter-)** **33** **kategorisiert** werden. So lassen sich „einfache" personenbezogene Daten bspw. weiter untergliedern in „Stammdaten", „Kontaktdaten", „Bankdaten", etc. Die weitere Unterteilung der besonderen Kategorien von personenbezogenen Daten ergibt sich aus Art. 9 Abs. 1 DS-GVO. Umfasst sind ua „Gesundheitsdaten" (Art. 4 Nr. 15 DS-GVO), „biometrische Daten" (Art. 4 Nr. 14 DS-GVO), „genetische Daten" (Art. 4 Nr. 13 DS-GVO) sowie Daten, aus denen politische Meinungen und religiöse Überzeugungen hervorgehen.

---

[16] Dieser wird regelmäßig ein Annex zum Service- bzw. Hauptvertrag sein.
[17] Vgl. zum Begriff „Art der personenbezogenen Daten" und deren beispielhafte Untergliederung auch Art. 6 Abs. 4 Buchst. c DS-GVO.

34   Eine **Aufzählung (sämtlicher) verarbeiteter Datentypen bzw. -felder ist hingegen nicht erforderlich.** Gerade iRd Kategorisierung „einfacher" personenbezogener Daten kann es unter Transparenzgesichtspunkten jedoch hilfreich sein, pro Datenkategorien beispielhaft ein paar konkrete Datentypen zu nennen.

(6) Sind die Kategorien betroffener Personen benannt?

35   Zu einer Betroffenenkategorie lässt sich eine Gruppe betroffener Personen iSd Art. 4 Nr. 1 DS-GVO zusammenfassen, die in einer **im Wesentlichen gleichen Stellung bzw. Beziehung zum datenschutzrechtlich verantwortlichen Auftraggeber** steht.

36   Beispiele:

„Kunden des Auftraggebers"; „Mitarbeiter des Auftraggebers"; „Besucher der Website des Auftraggebers" etc.

37   Diese Spezifizierung steht **im engen Zusammenhang mit der Konkretisierung der Arten der personenbezogenen Daten** (→ Rn. 32 ff.). Gerade bei mehreren Betroffenenkategorien und verschiedenen Datenarten kann sich eine kombinierte Darstellung anbieten, um so eine bessere Zuordnung von Datenarten zu Betroffenenkategorien zu gewährleisten.

(7) Sind der Ort der Datenverarbeitung und ggf. Regelungen zum anwendbaren Legitimationsmechanismus bei Datentransfers in Drittländer geregelt?

38   Wie sich Art. 28 Abs. 3 S. 2 Buchst. a DS-GVO ergibt, kann der Verantwortliche dem Auftragsverarbeiter auch Weisungen bezüglich der Übermittlung personenbezogener Daten in Länder außerhalb der Europäischen Union (EU) und des Europäischen Wirtschaftsraumes (EWR) (= **Drittländer**) erteilen. Im Auftragsverarbeitungsvertrag sollten daher auch Regelungen über den Ort der Datenverarbeitung enthalten sein.

39   Sofern ein Datentransfer in Drittländer von den Vertragsparteien nicht ohnehin ausgeschlossen wird, sollte geregelt werden, dass der Auftragsverarbeiter einen solchen Drittlandtransfer vom Verantwortlichen vorab **genehmigen** oder aber zumindest unter **Nachweis eines geeigneten Legitimationsmechanismus**[18] nach Art. 44 ff. DS-GVO (zB Angemessenheitsbeschluss, Binding Corporate Rules etc.) **vorab anzeigen** muss (näher zu den Anforderungen an Datenübermittlungen in Drittländer → Kapitel 11 Rn. 11 ff.).

40   Sollen **„Controller-to-Processor" (C2P)-Standardvertragsklauseln** nach dem Anhang des Beschlusses 2010/87/EU[19] der EU-Kommission als „geeignete Garantien" des Auftragsverarbeiters fungieren, müssen diese gegenwärtig noch *zusätzlich* zur Auftragsverarbeitungsvereinbarung abgeschlossen werden. Die genannten Standardvertragsklauseln allein genügen nämlich inhaltlich nicht vollends den Anforderungen des Art. 28 Abs. 3 S. 2 DS-GVO.[20]

---

[18] Näher zu den Rechtfertigungsmöglichkeiten für einen Drittlandtransfer von *Holleben/Knaut* CR 2017, 299 (305).

[19] Beschluss der Kommission vom 5.2.2010 über Standardvertragsklauseln für die Übermittlung personenbezogener Daten an Auftragsverarbeiter in Drittländern nach der Richtlinie 95/46/EG des Europäischen Parlaments und des Rates (ABl. Nr. L 39 S. 5). Diese Standardvertragsklauseln bleiben gem. Art. 46 Abs. 5 S. 2 DS-GVO solange in Kraft, bis sie durch Standarddatenschutzklauseln nach Art. 46 Abs. 2 Buchst. c DS-GVO ersetzt werden.

[20] Näher dazu BeckOK DatenschutzR/*Lange/Filip* DS-GVO Art. 46 Rn. 43.

> **Praxishinweis:** 41
>
> Sobald die Standardvertragsklauseln von der EU-Kommission aktualisiert und dahingehend angepasst wurden, dass sie sämtliche Pflichtinhalte des Art. 28 Abs. 3 S. 2 DS-GVO abdecken, können diese nicht nur als Legitimationsgrundlage für einen Drittlandtransfer von personenbezogenen Daten dienen (vgl. Art. 46 Abs. 2 Buchst. c DS-GVO), sondern zugleich als Auftragsverarbeitungsvertrag fungieren (vgl. Art. 28 Abs. 7 DS-GVO).

cc) Sind eine Weisungsbindung des Auftragsverarbeiters und eine entsprechende Weisungsbefugnis des Verantwortlichen geregelt?

Auch wenn der Auftragsverarbeiter gem. Art. 29 DS-GVO bereits kraft Gesetzes dazu 42 verpflichtet ist, personenbezogene Daten ausschließlich auf Weisung des Verantwortlichen zu verarbeiten, ist eine entsprechende Weisungsbindung nach Art. 28 Abs. 3 S. 2 Buchst. a DS-GVO auch vertraglich zu regeln.

Mit der Weisungsbindung auf Seiten des Auftragsverarbeiters korrespondiert eine ent- 43 sprechende Weisungsbefugnis des Verantwortlichen. Diese Weisungsbefugnis wird initial durch die **Regelungen des Vertrags zur Auftragsverarbeitung** ausgeübt. Darüber hinaus sollte der Vertrag auch eine Befugnis des Verantwortlichen zur **Erteilung konkretisierender Einzelweisungen** enthalten, um zB neue oder geänderte Anforderungen, die zum Zeitpunkt des Vertragsschlusses noch nicht absehbar waren, durch „Weiterreichung" an den Auftragsverarbeiter umsetzen zu können.

> **Praxishinweis:** 44
>
> In der Praxis begegnet man immer wieder Klauseln, wonach die vertraglichen Regelungen als abschließende Weisungen des Verantwortlichen anzusehen seien. Der damit einhergehende gänzliche Ausschluss der Befugnis zur Erteilung von konkretisierenden Einzelweisungen – mag er auch aus Sicht eines Auftragsverarbeiters nachvollziehbar sein – sollte von einem Verantwortlichen auf keinem Fall akzeptiert werden.

Im Zusammenhang mit der Befugnis zur Erteilung von Einzelweisungen erscheint es 45 sinnvoll, auch gleich die **Modalitäten der Weisungserteilung** (dh weisungsberechtigte Person(en) beim Verantwortlichen; Weisungsempfänger beim Auftragsverarbeiter; Kommunikationsmittel; etc.)[21] im Vertrag mitzuregeln. Aus Art. 28 Abs. 3 S. 2 Buchst. a DS-GVO ergibt sich, dass auch[22] solche Einzelweisungen des Verantwortlichen dokumentiert sein müssen. Diese Vorgabe schließt zwar mündliche Einzelweisungen nicht aus. Der Vertrag sollte diesbezüglich jedoch eine Regelung enthalten, wonach der Verantwortliche mündliche Einzelweisungen unverzüglich in Textform gegenüber dem Auftragsverarbeiter zu bestätigen hat.

Eine **Ausnahme von der Weisungsgebundenheit** des Auftragsverarbeiters und insbes. der darin enthaltenen Zweckbindung der Datenverarbeitung ist gem. Art. 28 Abs. 3 S. 2 Buchst. a Hs. 1 aE DS-GVO für Fälle vorzusehen, in denen der Auftragsverarbeiter rechtlich verpflichtet ist, die personenbezogenen Daten (auch) für einen anderen Zweck zu verarbeiten. Für solche Fälle ist jedoch vertraglich sicherzustellen, dass der Auftragsverarbeiter dem Verantwortlichen die rechtlichen Anforderungen vor der Weiterverarbeitung

---

[21] Vgl. dazu auch → Rn. 108 ff.

[22] Die Dokumentation der allgemeinen Weisungen in Form der vertraglichen Verpflichtungen des Auftragsverarbeiters ist aufgrund der diesbezüglichen Formvorschrift in Art. 28 Abs. 9 DS-GVO gewährleistet.

mitteilt, sofern keine wichtigen öffentlichen Interessen entgegenstehen (Art. 28 Abs. 3 S. 2 Buchst. a Hs. 2 DS-GVO).

47   Unter welchen **Bedingungen** konkretisierende Einzelweisungen vom Auftragsverarbeiter umgesetzt werden müssen, unterliegt grds. der Disposition der Parteien. So erscheint es grds. möglich, jedenfalls für die Umsetzung solcher Einzelweisungen, die eine Änderung am bestehenden Service-Modell nach sich ziehen würden, eine **Entgeltpflicht** zu vereinbaren oder die aufgrund der Weisungen erforderlichen Anpassungen einem formalen **Change-Request-Mechanismus** zu unterwerfen. Bei der konkreten Ausgestaltung solcher Regelung ist jedoch darauf zu achten, dass das Weisungsrecht des Verantwortlichen damit nicht faktisch ausgeschlossen wird. Umgekehrt besteht für den Fall der **Unmöglichkeit** der Umsetzung einer Einzelweisung – jedenfalls im Falle einer datenschutzrechtlich zwingend gebotenen Weisung – ein außerordentliches Kündigungsrecht aus wichtigem Grund (vgl. § 314 BGB).

48   Ist der Auftragsverarbeiter der Auffassung, dass eine erteilte **Weisung des Verantwortlichen gegen die DS-GVO oder andere relevante Datenschutzbestimmungen verstößt,** ist er gem. Art. 28 Abs. 3 S. 3 DS-GVO bereits kraft Gesetzes dazu verpflichtet, dies unverzüglich dem Verantwortlichen **mitzuteilen.** Diese Verpflichtung wird in der Praxis regelmäßig auch vertraglich geregelt, verbunden mit dem Recht des Auftragsverarbeiters, die Durchführung der betreffenden Weisung solange auszusetzen, bis sie durch den Verantwortlichen entweder bestätigt oder zurückgenommen wird.

49   Setzt ein Auftragsverarbeiter eine rechtmäßig erteilte Weisung des Verantwortlichen nicht um oder handelt dieser zuwider, haftet er nach Art. 82 Abs. 2 S. 2 DS-GVO für den daraus resultierenden Schaden (→ Rn. 94 f.). Betrifft der **Verstoß gegen die Weisung** die Bestimmung der Zwecke und Mittel der Verarbeitung und schwingt sich der Auftragsverarbeiter damit gewissermaßen selbst zum Verantwortlichen auf, ist er gem. Art. 28 Abs. 10 DS-GVO insoweit konsequenterweise auch als eigenständiger Verantwortlicher zu behandeln.

dd) Ist eine Verpflichtung zur Umsetzung der erforderlichen technischen und organisatorischen Maßnahmen enthalten?

50   Nach Art. 32 DS-GVO ist (auch) der Auftragsverarbeiter bereits unmittelbar von Gesetzes wegen dazu verpflichtet, geeignete technische und organisatorische Maßnahmen (TOM) zu treffen, um ein risikoadäquates Schutzniveau bei der Datenverarbeitung zu gewährleisten (näher zu den Verpflichtungen aus Art. 32 DS-GVO → Kapitel 9).

51   Gleichwohl ist der Auftragsverarbeiter – ähnlich wie bei der Weisungsgebundenheit – insoweit auch vertraglich gegenüber dem Verantwortlichen zu verpflichten. Gem. Art. 28 Abs. 3 S. 2 Buchst. c DS-GVO würde es prinzipiell ausreichen, den Auftragsverarbeiter zu verpflichten, alle gem. Art. 32 DS-GVO erforderlichen Maßnahmen zu ergreifen. Allein diese **abstrakte Verpflichtung** wird aber für den Verantwortlichen regelmäßig nicht ausreichen, um seiner nach Art. 28 Abs. 1 DS-GVO bestehenden Verpflichtung gerecht zu werden, nur mit solchen Auftragsverarbeitern zusammenzuarbeiten, die **hinreichende Garantien** dafür bieten, dass geeignete technische und organisatorische Maßnahmen durchgeführt werden, damit die Datenverarbeitung im Einklang mit der DS-GVO erfolgt und insbes. der Schutz der Rechte der betroffenen Personen gewährleistet ist. Um vom Vorliegen einer „hinreichenden Garantie" ausgehen zu können, sollte der Verantwortlichen daher nicht nur eine abstrakte Verpflichtung zur Datensicherheit nach Art. 32 DS-GVO in den Vertrag aufnehmen, sondern sich auch einen ausreichenden Eindruck davon verschaffen, mit welchen Maßnahmen der Auftragsverarbeiter dieser Verpflichtung nach Art. 32 DS-GVO konkret nachkommt.[23] Hierfür sollte sich der Verantwortliche

---

[23] Vgl. dazu auch *Bayerisches Landesamt für Datenschutzaufsicht,* Pressemitteilung v. 20. 8. 2015, abrufbar unter URL: https://www.lda.bayern.de/media/pm2015_11.pdf (zuletzt abgerufen am 25. 2. 2020), welches –

vom Auftraggeber zumindest eine **hinreichend aussagekräftige Dokumentation** der getroffenen technischen und organisatorischen Maßnahmen aushändigen lassen (zu den diesbezüglichen vertraglichen Verpflichtungen des Auftragsverarbeiters zur Kooperation und der Vorlage von erforderlichen Informationen sowie den Kontrollrechten des Verantwortlichen siehe → Rn. 62f. und Rn. 100ff.). Der Verantwortlichen kann dem Auftragsverarbeiter dafür auch ein Muster bereitstellen, in dem er bestimmte *abstrakte* Maßnahmen, die vom Auftragsverarbeiter zur Sicherstellung der Schutzziele aus Art. 32 DS-GVO gewährleistet sein müssen, vorgibt und in das der Auftragnehmer seine diesbezüglichen *konkreten* Umsetzungsmaßnahmen hineindokumentieren kann.

Praxistipp: 52

Weitverbreitete Praxis ist es, die Dokumentation der TOM so aufzubauen, dass dem jeweiligen **Schutzziel** des Art. 32 DS-GVO (zB Vertraulichkeit, Integrität, Verfügbarkeit, Belastbarkeit etc.) jeweils *abstrakte* **Maßnahmen zugewiesen** werden, die sich an den Katalogen in der Anlage zu § 9 BDSG aF bzw. des § 64 Abs. 3 BDSG orientieren (zB Zutrittskontrolle, Zugangskontrolle, Zugriffskontrolle, Weitergabekontrolle, etc.). Gewissermaßen noch eine Ebene tiefer wir dann dokumentiert, wie die abstrakt vorgegebenen Maßnahmen beim Auftragsverarbeiter (gegenwärtig) *konkret* **umgesetzt** werden (zB Konkrete Umsetzung der Zutrittskontrolle: Automatische Schließanlagen mit Chipkartensystem, Besucherregistrierung und -begleitpflicht, Werksschutz, Videoüberwachung etc).

Die **Dokumentation** der getroffenen technischen und organisatorischen Maßnahmen 53 **muss nicht zwingend Vertragsbestandteil sein.** Gleichwohl ist es in der Praxis weit verbreitet, diese Dokumentation als (konkretisierende) Anlage zur abstrakten Verpflichtung nach Art. 28 Abs. 3 S. 2 Buchst. c DS-GVO im Hauptteil des Vertrages aufzunehmen und damit ebenfalls zum Vertragsbestandteil zu machen.

Praxistipp: 54

Da die Dokumentation nur den aktuellen **Ist-Stand** an TOM abbildet, sollte bei einer solchen Vorgehensweise eine Klausel aufgenommen werden, die klarstellt, dass die dokumentierten Maßnahmen nur den **aktuellen Mindeststandard** an Datensicherheit bilden, der Auftragsverarbeiter aber berechtigt und – bei entsprechender Fortentwicklung des Stands der Technik – auch verpflichtet ist, seine **konkreten Maßnahmen zu ändern bzw. fortzuentwickeln,** solange dadurch das dokumentierte Schutzniveau nicht unterschritten wird. Dies ermöglicht dem Auftragsverarbeiter eine gewisse Flexibilität bei der Auswahl seiner konkreten Maßnahmen und verhindert, dass jede kleine Änderung einer konkreten Maßnahme einer Zustimmung der Verantwortlichen bedarf.[24] Gleichwohl sollte die Dokumentation dann regelmäßig oder zumindest bei bestimmten Anlässen (zB Vertragsverlängerung) (mit-)aktualisiert und dem Verantwortlichen zur Verfügung gestellt werden.

---

ee) Enthält der Vertrag eine Regelung zur Benennung eines Datenschutzbeauftragten beim Auftragsverarbeiter? *(fakultativ)*

---

wenngleich noch zur alten Rechtslage nach § 11 BDSG aF – ein nicht unerhebliches Bußgeld gegen einen Auftraggeber verhängt hat, weil dieser in seinen Verträgen mit den Auftragsverarbeitern keine hinreichend konkreten technischen und organisatorischen Maßnahmen vereinbart hatte.

[24] Letzteres kann freilich auch schon dadurch vermieden werden, dass die umgesetzten Maßnahmen von Anfang an nicht zu konkret beschrieben werden.

55   Auch Auftragsverarbeiter müssen unter den Voraussetzungen des Art. 37 DS-GVO und – im Anwendungsbereich des BDSG – des § 38 BDSG einen Datenschutzbeauftragten (Art. 38 DS-GVO) benennen (näher dazu → Kapitel 2 Rn. 137 ff.). Auch wenn diese Verpflichtung bereits von Gesetzes wegen besteht, ist in vielen Auftragsverarbeitungsverträgen eine flankierende vertragliche Regelung enthalten, in der klargestellt wird, dass der Auftragsverarbeiter einen solchen benannt oder – mangels Verpflichtung – nicht benannt hat. Auch wenn dies nicht zwingend erforderlich erscheint, ist dies vor dem Hintergrund der Verpflichtung des Verantwortlichen, den Auftragsverarbeiter sorgfältig auszuwählen (vgl. Art. 28 Abs. 1 DS-GVO) zweckmäßig. Die (Nicht-)Benennung eines Datenschutzbeauftragten kann nämlich durchaus ein Indikator für den Reifegrad der Datenschutzorganisation beim Auftragsverarbeiter sein.

ff) Sind Unterstützungspflichten des Auftragsverarbeiters bei der Erfüllung datenschutzrechtlicher Verpflichtungen des Verantwortlichen geregelt?

56   Die meisten Pflichten der DS-GVO, insbes. im Bereich des Datenschutz-Managements, sind allein an den Verantwortlichen adressiert. So muss bspw. nur der Verantwortliche eine Risikobewertung und ggf. eine Datenschutz-Folgenabschätzung nach Art. 35 f. DS-GVO durchführen, Informationspflichten nach Art. 13 f. DS-GVO erfüllen, Betroffenenrechte nach Art. 15 ff. DS-GVO umsetzen und die Verletzungen des Schutzes personenbezogener Daten nach Maßgabe der Art. 33 f. DS-GVO bei der zuständigen Aufsichtsbehörde und ggf. auch an die betroffenen Personen melden.

57   Nur vereinzelt sind auch **Auftragsverarbeiter unmittelbar Adressaten der Vorschriften der DS-GVO,** wie zB bei der Umsetzung geeigneter technischer und organisatorischer Maßnahmen nach Art. 32 DS-GVO (→ Rn. 50) oder den Vorgaben zur Benennung eines Datenschutzbeauftragten nach Art. 37 DS-GVO (→ Rn. 55). Zum Teil bestehen auch – im Verhältnis zu den Verpflichtungen des Verantwortlichen – abgewandelte bzw. flankierende gesetzliche Verpflichtungen der Auftragsverarbeiter. Als Beispiele können insoweit die Pflichten zur Verführung eines Verzeichnisses nach Art. 30 Abs. 2 DS-GVO (→ Rn. 60 f.) sowie zur unverzüglichen Meldung von Verletzungen des Schutzes personenbezogener Daten an den Verantwortlichen nach Art. 33 Abs. 2 DS-GVO (→ Rn. 66) genannt werden.

58   Um zu gewährleisten, dass die eingangs beschriebenen Verpflichtungen des Verantwortlichen aus dem Bereich des Datenschutz-Managements auch beim Einsatz von Auftragsverarbeitern wirksam umgesetzt werden, ist es nicht nur sinnvoll, sondern zum Teil auch vorgeschrieben (vgl. Art. 28 Abs. 3 S. 2 Buchst. e, f DS-GVO), die Auftragsverarbeiter insoweit **vertraglich zumindest[25] zu einer angemessenen Unterstützung des Verantwortlichen zu verpflichten.** Nachfolgend werden sowohl die zwingend vorzusehenden als auch fakultative Unterstützungspflichten aufgezeigt.

59   Praxistipp:

Auch wenn diesbezüglich keine explizite Regelung in Art. 28 Abs. 3 S. 2 Buchst. e, f DS-GVO enthalten ist, ist es grds. zulässig, eine Vergütungspflicht für Unterstützungspflichten vorzusehen. Eine Ausnahme von der Vergütungspflicht sollte jedoch für Fälle vereinbart werden, in denen der Auslöser für die datenschutzrechtliche Verpflichtung des Verantwortlichen und die diesbezügliche Unterstützungspflicht des Auftragsverarbeiters aus dem Sphäre bzw. dem Verantwortungsbereich des Auftragsverarbeiters selbst stammt, wie zB bei einer „Datenpanne" bei Auftragsverarbeiter.

---

[25] Es erscheint auch denkbar, den Auftragsverarbeiter vertraglich zur Umsetzung gewisser Pflichten (zB Umsetzung von Löschanfragen oder Anträgen auf Datenportabilität) nach Weisung des Verantwortlichen zu verpflichten.

(1) Besteht eine Verpflichtung zur Unterstützung bei der Dokumentation der Verarbeitungstätigkeit im Verarbeitungsverzeichnis? *(fakultativ)*

Nach Art. 30 Abs. 2 DS-GVO ist der Auftragsverarbeiter grundsätzlich[26] verpflichtet, **60** ein eigenes **Verzeichnis über seine im Auftrag von Verantwortlichen durchgeführten Tätigkeiten** zu führen. Einer ergänzenden vertraglichen Verpflichtung gegenüber dem Verantwortlichen bedarf es daher eigentlich nicht zwingend. Gleichwohl ist eine solche Verpflichtung in der Praxis in vielen Verträgen zur Auftragsverarbeitung zu finden. Sie dient vornehmlich der Absicherung der nach Art. 28 Abs. 1 DS-GVO bestehenden Pflicht, nur mit Auftragsverarbeitern zusammenzuarbeiten, die auch geeignete organisatorische Maßnahmen treffen, dass die Verarbeitung DS-GVO-konform erfolgt.

Darüber hinaus, *kann* die Aufnahme einer Pflicht des Auftragsverarbeiters zur **Unter-** **61** **stützung** des Verantwortlichen bei der Dokumentation der betreffenden Verarbeitungstätigkeiten in dessen **Verzeichnis der Verarbeitungstätigkeiten nach Art. 30 Abs. 1 DS-GVO** sinnvoll sein. Eine entsprechende Unterstützungsverpflichtung des Auftragsverarbeiters in Form der Bereitstellung von (ergänzenden) Informationen zur Verarbeitungstätigkeit ist insbes. dann hilfreich, wenn die nach Art. 28 Abs. 3 S. 1 DS-GVO erforderlichen Konkretisierungen zu Gegenstand und Dauer der Verarbeitung, Art und Zweck der Verarbeitung sowie den Kategorien/Arten betroffener Personen und verarbeiteter personenbezogener Daten im Einzelfall nicht ausreichend sein sollten, um die entsprechende(n) Verarbeitungstätigkeit(en) nach Maßgabe des Art. 30 Abs. 1 DS-GVO dokumentieren zu können.

(2) Besteht eine Verpflichtung zur Unterstützung bei der Bewertung und Sicherstellung eines risikoadäquaten Schutzniveaus bei der Datensicherheit?

Nach Art. 28 Abs. 3 S. 2 Buchst. f DS-GVO ist der Auftragsverarbeiter vertraglich zu **62** verpflichten, den Verantwortlichen bei der Einhaltung seiner nach Art. 32 DS-GVO bestehenden Verpflichtung zur Sicherstellung eines risikoadäquaten Schutzniveaus bei der Datensicherheit zu unterstützen. Diese Unterstützungspflicht steht in sehr engem Zusammenhang mit der (eigenen) gesetzlichen und vertraglichen Verpflichtung des Auftragsverarbeiters, die nach Art. 32 DS-GVO erforderlichen technischen und organisatorischen Maßnahmen zu treffen (→ Rn. 50 ff.). Sie stellt gewissermaßen das Bindeglied zwischen den parallel bestehenden Verpflichtungen des Verantwortlichen und des Auftragsverarbeiters dar. Es geht insoweit insbes. um die Bereitstellung von Informationen über die getroffenen technischen und organisatorischen Maßnahmen des Auftragsverarbeiters, damit der Verantwortliche diese an seinem „internen" Maßstab messen und in seine Dokumentation nach Art. 30 Abs. 1 S. 2 Buchst. g DS-GVO aufnehmen kann (→ Kapitel 3 Rn. 21).

(3) Besteht eine Verpflichtung zur Unterstützung bei der Durchführung von Risikobewertungen und etwaigen Datenschutz-Folgenabschätzungen?

Art. 28 Abs. 3 S. 2 Buchst. f DS-GVO fordert darüber hinaus auch eine vertragliche **63** Verpflichtung des Auftragsverarbeiters, den Verantwortlichen bei der Durchführung von Risikobewertungen und sich ggf. daran anschließenden Datenschutz-Folgenabschätzungen (Art. 35 f. DS-GVO) zu unterstützen. Die Unterstützung beschränkt sich grds. auf die **Bereitstellung von verfügbaren Informationen** (zB Beschreibung der (technischen)

---

[26] Zwar besteht nach Art. 30 Abs. 5 DS-GVO für Unternehmen mit weniger als 250 Mitarbeitern eine Ausnahme von dieser gesetzlichen Verpflichtung. Diese Ausnahmeregelung dürfte aber in der Praxis aufgrund der sehr weiten Rückausnahmen de facto kaum greifen.

Datenverarbeitungsvorgänge sowie der getroffenen technischen und organisatorischen Maßnahmen (→ Rn. 50 ff.; 62), die für die Risikobewertung der im Auftrag durchgeführten Datenverarbeitungen von Relevanz sind.

64   Der **Umfang der Unterstützungspflicht** hat sich dabei an der Art der Verarbeitung zu orientieren. Je höher die Vorprägung bzw. der Standardisierungsgrad der vom Auftragsverarbeiter angebotenen Dienstleistung ist, desto umfangreicher sind auch die Anforderungen an die Unterstützungspflicht.

65   Unter Umständen hat der Auftragsverarbeiter in solchen Fällen auch selbst – obwohl ihn eigentlich keine diesbezügliche gesetzliche Verpflichtung trifft – bereits eine **eigene Risikobewertung und ggf. Datenschutz-Folgenabschätzung** durchgeführt, die er dem Verantwortlichen bereitstellen kann.

(4) Besteht eine Verpflichtung zur Unterstützung beim Management von Datenpannen?

66   Wird dem Auftragsverarbeiter eine Verletzung des Schutzes personenbezogener Daten iSd Art. 4 Nr. 12 DS-GVO („Datenpanne") bekannt, besteht nach Art. 33 Abs. 2 DS-GVO eine gesetzliche **Verpflichtung, diese *dem Verantwortlichen* unverzüglich zu melden.** Es soll damit sichergestellt werden, dass der Verantwortliche schnell reagieren und seinen etwaig bestehenden Verpflichtungen zur Meldung an die Aufsichtsbehörde sowie ggf. auch die Betroffenen gem. Art. 33 und 34 DS-GVO nachkommen kann. Auftragsverarbeitungsverträge enthalten insoweit im Regelfall auch eine flankierende vertragliche Verpflichtung des Auftragsverarbeiters gegenüber dem Verantwortlichen.

67   Darüber hinaus ist im Vertrag zwischen dem Verantwortlichem und dem Auftragsverarbeiter gem. Art. 28 Abs. 3 S. 2 Buchst. f DS-GVO auch eine Pflicht des Auftragsverarbeiters zur (weiteren) **Unterstützung des Verantwortlichen bei dessen Dokumentations- und Meldepflichten** nach Art. 33 und 34 DS-GVO aufzunehmen. Die Unterstützung besteht auch insoweit im Wesentlichen in der Bereitstellung von nach Art. 33 Abs. 3, 5 DS-GVO erforderlichen Informationen zu den konkreten Umständen der Verletzung des Schutzes personenbezogener Daten, deren mögliche Folgen sowie den getroffenen bzw. geplanten Abhilfemaßnahmen.

(5) Besteht eine Verpflichtung zur Unterstützung bei der Umsetzung von Betroffenenrechten?

68   Eine weitere zwingend vorzusehende Unterstützungspflicht des Auftragsverarbeiters besteht in Bezug auf die Pflicht des Verantwortlichen zur Beantwortung von Anträgen auf Wahrnehmung der Betroffenenrechte aus Kapitel III der DS-GVO (zB Recht auf Auskunft (Art. 15 DS-GVO), Recht auf Berichtigung (Art. 16 DS-GVO); Recht auf Löschung (Art. 17 DS-GVO) etc.). Die Unterstützung soll insoweit **durch „geeignete technische und organisatorische Maßnahmen"** erfolgen. Es kann im Einzelfall sinnvoll sein, im Vertrag nicht nur die abstrakte Verpflichtung aus Art. 28 Abs. 3 S. 2 Buchst. e DS-GVO zu wiederholen, sondern vielmehr – zumindest in Grundzügen – auch zu regeln, auf welche Art und Weise die Unterstützung durch den Auftragsverarbeiter konkret erfolgen soll.

69   **Technische Maßnahmen** können je nach Art der im Auftrag durchgeführten Verarbeitungstätigkeit von der Bereitstellung entsprechender Datenexportfunktionen für den Verantwortlichen, über die (technische) Umsetzung von Datenberichtigungen bzw. -löschungen auf Geheiß des Verantwortlichen, bis hin zur (teilweisen) Bereitstellung von Funktionalitäten für die betroffenen Personen zur direkten Wahrnehmung/Umsetzung ihrer Betroffenenrechte reichen.

In **organisatorischer Hinsicht** enthalten Auftragsverarbeitungsverträge regelmäßig 70
eine Verpflichtung des Auftragsverarbeiters, etwaig bei ihm eingehende Anträge von betroffenen Personen auf Wahrnehmung ihrer Betroffenenrechte unverzüglich an den Verantwortlichen weiterzuleiten. Damit soll die fristgerechte Beantwortung der Anträge nach Maßgabe des Art. 12 Abs. 3 DS-GVO abgesichert werden.

gg) Sind die Bedingungen für die Einschaltung von Unter-Auftragsverarbeitern geregelt?

Regelmäßig erbringen auch die Auftragsverarbeiter ihre Dienstleistung und die damit 71
verbundene Datenverarbeitung nicht vollständig selbst, sondern setzen hierfür wiederum Subunternehmer ein. Handelt es sich bei dem unterbeauftragten Dienstleister aus datenschutzrechtlicher Sicht ebenfalls um einen Auftragsverarbeiter[27], muss der Auftragsverarbeiter die Vorgaben in Art. 28 Abs. 2 und 4 DS-GVO beachten. Mit diesen Regelungen soll sichergestellt werden, dass das **Datenschutzniveau** entlang der mitunter sehr langen bzw. sehr stark abgestuften Leistungsketten **konstant bleibt.**

Auch wenn der Auftragsverarbeiter die Vorgaben aus Art. 28 Abs. 2 und 4 DS-GVO 72
bereits von Gesetzes wegen zu beachten hat, sind die Bedingungen für die Inanspruchnahme der Dienste eines Unter-Auftragsverarbeiters nach Art. 28 Abs. 3 S. 2 Buchst. d DS-GVO auch zwingender Bestandteil eines Auftragsverarbeitungsvertrags. Diese Verpflichtung ist vor dem Hintergrund zu sehen, dass die Vorgaben aus Art. 28 Abs. 2 und 4 DS-GVO nicht allesamt final sind, sondern den Vertragsparteien auch einen **gewissen Auswahl- und Ausgestaltungsspielraum** belassen, der durch konkrete vertragliche Regelungen auszufüllen ist.

(1) Besteht eine Einzelgenehmigungspflicht oder zumindest eine Allgemeingenehmigung mit Einspruchsrecht?

So sieht Art. 28 Abs. 2 S. 1 DS-GVO vor, dass der Auftragsverarbeiter keine Unter- 73
Auftragsverarbeiter ohne vorherige gesonderte oder allgemeine schriftliche Genehmigung des Verantwortlichen einsetzt. Der Gesetzgeber gibt damit eine grundsätzliche Genehmigungspflicht sowie zwei mögliche Genehmigungsregime vor. Die konkrete Auswahl steht hingegen zur Disposition der Vertragsparteien.

> **Praxishinweis:** 74
> Die Parteien können selbstverständlich auch vertraglich vereinbaren, dass der Einsatz von Unter-Auftragsverarbeitern ausgeschlossen ist.

Im Falle einer vereinbarten **Einzelgenehmigungspflicht** muss der Verantwortliche 75
jedem geplanten Einsatz eines Unter-Auftragsverarbeiters vorab schriftlich zustimmen („Opt-In").

Bei einer **Allgemeingenehmigung** stimmt der Verantwortliche hingegen allgemein 76
dem Einsatz der (gegenwärtigen) Unter-Auftragsverarbeiter des Auftragsverarbeiters zu. Bei künftigen Änderungen am Bestand der Unter-Auftragsverarbeiter (zB Einsatz weiterer Unter-Auftragsverarbeiter oder Wechsel bestehender Unter-Auftragsverarbeiter) ist der Auftragsverarbeiter gem. Art. 28 Abs. 2 S. 2 DS-GVO dann jedoch verpflichtet, den Verantwortlichen **vorab über die Änderungen zu informieren,** so dass der Verantwortliche die Möglichkeit hat, gegen diese Änderung Einspruch einzulegen.

---

[27] Dieser Subunternehmer ist dann gewissermaßen Auftragsverarbeiter des Auftragsverarbeiters „1. Stufe", und damit mittelbar auch Auftragsverarbeiter des Verantwortlichen auf „2. Stufe". Er wird nachfolgend zur besseren Unterscheidung als „Unter-Auftragsverarbeiter" bezeichnet.

77 | **Praxishinweise:**

Setzt der Auftragsverarbeiter eine Vielzahl von Unter-Auftragsverarbeitern ein, wird in der Praxis üblicherweise eine Allgemeingenehmigung gewählt. Der Auftragsverarbeiter legt hierfür zumeist eine Auflistung seiner zum Zeitpunkt des Vertragsschlusses eingesetzten Unter-Auftragsverarbeiter vor, die dem Auftragsverarbeitungsvertrag als Anhang/Annex „Genehmigte Unter-Auftragsverarbeiter" beigefügt wird. Im Vertrag wird dann geregelt, dass die in diesem Annex aufgelisteten Unter-Auftragsverarbeiter als vom Verantwortlichen genehmigt gelten. Diese Genehmigungsfiktion kann dabei auch an Bedingungen/Voraussetzungen geknüpft werden (zB Erfüllung der Anforderungen des Art. 28 Abs. 4 DS-GVO[28]; Vorliegen geeigneter Garantien bei etwaigen Unter-Auftragsverarbeitern in Drittländern).

Zugleich wird geregelt, dass jede Hinzuziehung neuer oder Ersetzung bestehender Unter-Auftragsverarbeiter vor deren geplanten Vollzug beim Verantwortlichen angezeigt werden muss. Ergänzend dazu wird vereinbart, dass die angezeigte Änderung als vom Verantwortlichen genehmigt gilt, wenn er dieser nicht binnen einer vorgegebenen Frist (zB 14 Werktage) nach Anzeige dem geplanten Einsatz des neuen Unter-Auftragsverarbeiters Einspruch erhoben hat.[29]

78   Der Vertrag sollte zudem die Voraussetzungen regeln, **aus welchen Gründen** der Verantwortliche seine **Einzelgenehmigung verweigern** bzw. – im Falle einer Allgemeingenehmigung – einen **Einspruch** gegen den Einsatz eines Unter-Auftragsverarbeiters erheben kann. In der Regel wird dies auf datenschutzrechtliche Gründe beschränkt sein (zB Auftragsverarbeiter möchte Unter-Auftragsverarbeiter in einem (anderen) Drittland einsetzen). Es können jedoch auch andere Gründe relevant sein (zB geplanter Einsatz eines Unter-Auftragsverarbeiters, der in einem Konkurrenzverhältnis zum Verantwortlichen steht). Zudem sollte geregelt werden, welche **Folgen** eine (berechtigte) Verweigerung der Genehmigung bzw. ein (berechtigter) Einspruch hat.

(2) Ist sichergestellt, dass der Unter-Auftragsverarbeiter dasselbe Datenschutzniveau gewährleistet wie der Auftragsverarbeiter?

79   Die Beauftragung eines Unter-Auftragsverarbeiters durch den Auftragsverarbeiter muss nach Art. 28 Abs. 4 S. 1 DS-GVO sowohl formell als auch materiell denselben Anforderungen genügen, wie die Beauftragung des Auftragsverarbeiters durch den Verantwortlichen.

80   Dementsprechend muss der Unter-Auftragsverarbeiter **formell** durch einen Vertrag oder ein anderes Rechtsinstrument an den Auftragsverarbeiter[30] gebunden werden (→ Rn. 18 ff.).

81   Auch **inhaltlich** müssen dem Unter-Auftragsverarbeiter im Vertrag dieselben bzw. zumindest vergleichbare Datenschutzpflichten auferlegt werden, die im Vertrag zwischen dem Verantwortlichen und dem Auftragsverarbeiter festgelegt sind. Mit der Verpflichtung soll sichergestellt werden, dass das zwischen dem Verantwortlichen und dem Auftragsverarbeiter vereinbarte Datenschutzniveau über die gesamte Vertragskette hinweg erhalten bleibt und nicht Schritt für Schritt bzw. Stufe für Stufe durch abweichende vertragliche Regelungen sukzessive abfällt. Nicht erforderlich – und praktisch regelmäßig auch nicht

---

[28] → Rn. 79 ff.
[29] Auch insoweit kann die Genehmigungsfiktion wieder von gewissen Bedingungen (zB Abschluss eines Vertrages mit Unter-Auftragsverarbeiter nach Maßgabe des Art. 28 Abs. 4 DS-GVO; Vorliegen geeigneter Garantien bei Einsatz eines Unter-Auftragsverarbeiters in Drittländern) abhängig gemacht werden.
[30] Im Verhältnis zum Unter-Auftragnehmer hat der Auftragsverarbeiter die Rechte und Pflichten eines Verantwortlichen, auch wenn er ultimativ, dh bei einer Gesamtbetrachtung der Datenverarbeitung, kein Verantwortlicher ist.

umsetzbar – ist jedoch, dass der Vertrag 1:1 an den Unter-Auftragsverarbeiter „weitergereicht" wird. Mit Blick auf die technischen und organisatorischen Maßnahmen reicht es aus, wenn die abstrakte Verpflichtung zur Umsetzung risikoadäquater Maßnahmen zur Gewährleistung der verschiedenen Schutzziele des Art. 32 DS-GVO weitergereicht wird und der Unter-Auftragsverarbeiter zur Sicherstellungen eines Schutzniveaus verpflichtet wird, dass in seiner Gesamtheit dem des Auftragsverarbeiters entspricht. Eine Verpflichtung des Unter-Auftragsverarbeiters zur Umsetzung der identischen Einzelmaßnahmen ist hingegen nicht erforderlich.

Praxishinweise: 82

Die in Art. 28 Abs. 4 S. 1 DS-GVO vorgegebene pauschale Verpflichtung zur „Spiegelung" der materiellen Regelungen entlang der Vertragskette verschlankt zwar einerseits das diesbezügliche Regelungserfordernis im Vertrag zwischen Verantwortlichen und Auftragsverarbeiter. Anderseits können damit auch **praktische Schwierigkeiten** insbes. für den (ersten) Auftragsverarbeiter verbunden sein. Das ist insbes. dann der Fall, wenn der Auftragsverarbeiter sowohl einem mächtigen Verantwortlichen (zB internationaler Konzern) – auf der einen Seite – als auch einem verhandlungsmächtigen Unter-Auftragsverarbeiter (zB großer Hosting-Provider) – auf der anderen Seite – gegenüber steht und jeweils deren Vertragsmuster akzeptieren soll. In diesen Fällen kann es sein, dass sich die Regelungen in den unterschiedlichen Mustervereinbarungen aufgrund der bestehenden Gestaltungsspielräume nicht decken und der Auftragsverarbeiter damit eigentlich gegen seine Verpflichtung aus Art. 28 Abs. 4 S. 1 verstoßen würde.

Um dieses Problem zu vermeiden, ist es aus Sicht des Verantwortlichen gerade bei ausgelagerten Datenverarbeitungen im IT-Bereich mit sehr verzweigten Wertschöpfungsketten und großen Cloud-Hosting-Providern wie Microsoft, Amazon und Co. am Ende der Leistungskette ratsam, nicht allzu detaillierte Vorgaben im Vertrag zu machen und insbes. auch nicht immer die strengste Ausgestaltung zu wählen, um so eine **hinreichende Flexibilität** zu gewährleisten. Aus Sicht des Auftragsverarbeiters kann es auch sinnvoll sein, die technischen und organisatorischen Maßnahmen, die faktisch von Unter-Auftragsverarbeitern sichergestellt werden – mit entsprechender Kennzeichnung – direkt mit in die eigene Dokumentation der technischen und organisatorischen aufzunehmen.

Die Anforderungen an die Beauftragung von Unter-Auftragsverarbeiter nach Art. 28 83 Abs. 4 S. 1 DS-GVO sind prinzipiell losgelöst von der Genehmigungspflicht nach Art. 28 Abs. 2 DS-GVO. Die Regelungen in Art. 28 Abs. 2 und 4 DS-GVO *können* jedoch dergestalt miteinander verbunden werden, dass die Erfüllung der Anforderungen des Art. 28 Abs. 4 S. 1 DS-GVO als Voraussetzung bzw. Bedingung für die Genehmigung bzw. Genehmigungsfiktion ausgestaltet wird.

Durchgriffsrechte für den Verantwortlichen? 84

Es kann vertraglich zwischen dem Verantwortlichen und dem Auftragsverarbeiter auch vereinbart werden, dass der Auftragsverarbeiter im Vertrag mit dem Unter-Auftragsverarbeiter bestimmte Durchgriffsrechte zugunsten des Verantwortlichen vorsehen muss (zB Weisungsdurchgriff; Auditrechte des Verantwortlichen; Genehmigungsvorbehalt bei der Einschaltung von Unter-Unter-Auftragsverarbeitern etc.).

Selbst wenn eine Verpflichtung zu Sicherstellung von Durchgriffsrechten vereinbart wurde, dürften diese in der Praxis, zumindest in Fällen, in denen der Auftragsverarbeiter eine Vielzahl von Unter-Auftragsverarbeitern einsetzt, regelmäßig leer laufen, da der Verantwortliche schlichtweg nicht die Ressourcen haben dürfte, neben dem Auftragsverarbeiter auch noch dessen Unter-Auftragsverarbeiter effektiv zu steuern.

Sind keine Durchgriffsrechte des Verantwortlichen vereinbart, stehen im Verhältnis zum Unter-Auftragsverarbeiter – entsprechend dem zivilrechtlichen Grundsatz der Relativität der Schuldverhältnisse – allein dem Auftragsverarbeiter die datenschutzrechtlichen Rechte des „Verantwortlichen" zu.

(3) Ist sichergestellt, dass der Einsatz von Unter-Auftragsverarbeitern in Drittländern hinreichend legitimiert ist?

85   Möchte der Auftragsverarbeiter Unter-Auftragsverarbeiter in Drittländern einsetzen, muss zudem sichergestellt sein, dass die Übermittlung personenbezogener Daten an diese Unter-Auftragsverarbeiter nach Maßgabe der Art. 44 ff. DS-GVO zulässig ist (→ Kapitel 12 Rn. 11 ff.).

86   Sofern der Auftragsverarbeiter bereits selbst zur Gewährleistung eines Legitimationsmechanismus nach Art. 44 ff. DS-GVO verpflichtet ist (→ Rn. 39 ff.), wäre eine entsprechende Regelung für den Einsatz von Unter-Auftragsverarbeitern in Drittländern redundant, weil der Auftragsverarbeiter „seine" diesbezügliche Verpflichtung ohnehin an die Unter-Auftragsverarbeiter weitergeben muss (vgl. Art. 28 Abs. 4 S. 1 DS-GVO; → Rn. 80 ff.).

87   Eine entsprechende Regelung (auch) im Zusammenhang mit den Verpflichtungen des Auftragsverarbeiters beim Einsatz von Unter-Auftragnehmer ist jedoch für Fälle empfehlenswert, in denen durch den Einsatz eines **Unter-Auftragsverarbeiters erstmalig personenbezogene Daten in ein Drittland transferiert** und hierbei **Standardvertragsklauseln** iSd Art. 46 Abs. 5 iVm Art. 26 Abs. 4 der Richtlinie 95/46/EG zur Legitimation des Drittlandtransfers herangezogen werden sollen.[31] Aufgrund der Tatsache, dass es derzeit noch keine genehmigten „Processor-to-Processor" (P2P)-Standarddatenschutzklauseln gibt, ist es gegenwärtig (Stand: Februar 2020) noch erforderlich, dass direkt zwischen dem Verantwortlichen in der EU und dem Unter-Auftragnehmer im Drittland „Controller-to-Processor" (C2P)-Standardvertragsklauseln abgeschlossen werden.[32] Es sollte insoweit also zumindest geregelt werden, wie der Abschluss von Standardvertragsklauseln zwischen dem Verantwortlichen und dem Unter-Auftragsverarbeiter im Drittland vollzogen wird.

88 | Praxishinweis:
In der Praxis wird der Vertragsschluss regelmäßig durch Einschaltung des Auftragsverarbeiters vollzogen, da dieser in direktem Kontakt zum Unter-Auftragsverarbeiter steht. Bei dieser Lösung wird dem Auftragsverarbeiter im Auftragsverarbeitungsvertrag eine **Vollmacht** eingeräumt, **namens und im Auftrag des Verantwortlichen Standardvertragsklauseln direkt mit dem Unter-Auftragsverarbeiter abzuschließen.**

(4) Ist eine Haftung des Auftragsverarbeiters für Verstöße des Unter-Auftragsverarbeiters geregelt?

89   Nach Art. 28 Abs. 4 S. 2 DS-GVO haftet der erste Auftragsverarbeiter *gegenüber dem Verantwortlichen* für die Einhaltung der Pflichten des Unter-Auftragsverarbeiters. Diese

---

[31] Zur Alternative des Abschlusses eines genehmigungsbedürftigen „Ad hoc"-Vertrages iSd Art. 46 Abs. 3 Buchst. a DS-GVO zwischen dem Auftragsverarbeiter und dem Unter-Auftragsverarbeiter vgl. Paal/Pauly/*Pauly* DS-GVO Art. 46 Rn. 28; BeckOK DatenschutzR/*Lange/Filip* DS-GVO Art. 46 Rn. 42 sowie *Art. 29-Datenschutzgruppe,* WP 214, 21.3.2014.

[32] Vgl. Erwgr. 23 Beschl. 2010/87/EU sowie *Art. 29-Datenschutzgruppe,* WP 176, 12.7.2010, S. 3 f.; näher dazu auch BeckOK DatenschutzR/*Lange/Filip* DS-GVO Art. 46 Rn. 41 ff.

Einstandspflicht sollte aufgrund von Art. 28 Abs. 3 S. 2 Buchst. d DS-GVO ebenfalls in den Vertrag aufgenommen werden.

hh) Ist eine Pflicht zur Löschung und Rückgabe der Daten enthalten?

Der Auftragsverarbeiter ist nach Art. 28 Abs. 3 S. 2 Buchst. g DS-GVO zu verpflich- **90** ten, nach Abschluss der Erbringung der Verarbeitungsleistungen alle personenbezogenen Daten nach Wahl des Verantwortlichen entweder zu **löschen** oder – unter Löschung vorhandener eigener Kopien – an den Verantwortlichen **zurückzugeben.**

Eine **Ausnahme** von der Pflicht besteht nur soweit nach Unionsrecht oder dem Recht **91** der Mitgliedstaaten eine Verpflichtung des Auftragsverarbeiters zur weiteren Speicherung besteht.

Eine Pflicht des Auftragsverarbeiters zur **Löschung** von personenbezogenen Daten **92** kann auch **während des bestehenden Auftragsverarbeitungsverhältnisses** bestehen, zB wenn bestimmte personenbezogene Daten für den Verarbeitungszweck nicht mehr erforderlich sind (vgl. Art. 5 Abs. 1 Buchst. e DS-GVO) oder eine betroffene Person berechtigterweise die Löschung ihrer personenbezogenen Daten nach Art. 17 DS-GVO begehrt. Die entsprechende Pflicht zur Umsetzung der Löschung ergibt sich dann aber entweder aus einer entsprechenden (Einzel-)Weisung des Verantwortlichen (Art. 28 Abs. 3 S. 2 Buchst. a DS-GVO und Art. 29 DS-GVO; → Rn. 42 ff.) oder aus der Pflicht zur Unterstützung bei der Umsetzung von Betroffenenrechten (Art. 28 Abs. 3 S. 2 Buchst. e DS-GVO; → Rn. 68 ff.). Bei Softwarelösungen kann die Umsetzung von Löschpflicht bzw. -anfragen auch direkt im Produkt des Auftragsverarbeiters integriert sein (zB Konfigurationsmöglichkeiten in Bezug auf Speicherdauer; Möglichkeit der betroffenen Personen zur Löschung bestimmter Daten etc.).

ii) Sind Haftungs(freistellungs)regelungen im Innenverhältnis enthalten? *(fakultativ)*

Im Hauptvertrag über die vom Auftragsverarbeiter zu erbringende Dienstleistung wer- **93** den regelmäßig auch Haftungsregelungen für den Fall von Verstößen gegen die vertraglichen Verpflichtungen, insbes. die vereinbarte Servicequalität, enthalten sein. Es sollte insoweit darauf geachtet werden, dass sich diese Regelungen dann auch auf Verstöße aus der Auftragsverarbeitungsvereinbarung, die im Regelfall einen Annex zum Hauptvertrag bildet, beziehen und dabei die speziellen datenschutzrechtlichen Haftungs- und Bußgeldrisiken ausreichend reflektieren.

Exkurs: Schadensersatz- und Bußgeldhaftung von Verantwortlichem und Auftragsverarbeiter **94** nach DS-GVO[33]

Verstößt ein Auftragsverarbeiter gegen **eine ihn betreffende Verpflichtung aus der DS-GVO** (zB Sicherstellung einer ausreichenden Datensicherheit nach Art. 32 DS-GVO) oder eine **rechtmäßig erteilte Weisung** des Verantwortlichen[34] und ist dadurch einer (betroffenen) Person ein Schaden entstanden, haftet er dieser Person gem. Art. 82 DS-GVO grds. auf **Schadenersatz,** es sei denn, er kann nachweisen, dass er in keinerlei Hinsicht für den Umstand durch den der Schaden eingetreten ist, verantwortlich ist (Art. 82 Abs. 3 DS-GVO). Bei einem zumindest fahrlässigen Verstoß kommt insoweit auch eine **Bußgeldhaftung** nach Art. 83 DS-GVO in Betracht.

Durch einen schadensersatzpflichtigen Verstoß des Auftragsverarbeiters kommt es gem. Art. 82 Abs. 2 S. 1 DS-GVO grds. auch zu einer **abgeleiteten Schadensersatzhaftung des Verantwortlichen,** der die Verarbeitung der personenbezogenen Daten in die Hand des Auftragsverar-

---

[33] Vgl. zum Thema Haftung in Auftragsverarbeitungsverhältnissen auch von *Holleben/Knaut* CR 2017, 299 (302); *Lissner* DSRITB 2016, 401 (413 und 415 f.).

[34] Mit einem solchen Verstoß gegen eine Weisung wird oftmals auch eine eigene Entscheidung des Auftragsverarbeiters über die Zwecke und Mittel der Verarbeitung einhergehen, mit der Folge, dass der Auftragsverarbeiter gem. Art. 28 Abs. 10 DS-GVO insoweit also Verantwortlicher gilt.

beiters gelegt hat. Eine Haftung besteht auch insoweit nur dann nicht, wenn der Verantwortliche nachweisen kann, dass er für den Umstand durch den Schaden eingetreten ist (im obigen Beispiel: die nicht ausreichende Datensicherheit beim Auftragsverarbeiter), in keinerlei Hinsicht verantwortlich ist. Hat der Verantwortliche im Beispiel die technischen und organisatorischen Maßnahmen bei Auftragsverarbeiter nicht (ausreichend) geprüft, insbes. sich keine diesbezüglichen Dokumentationen/Zertifizierung vorlegen lassen, wird er sich im Regelfall nicht (vollständig) exkulpieren können und daher im Außenverhältnis gegenüber dem Geschädigten **gesamtschuldnerisch** haften (vgl. Art. 82 Abs. 4 DS-GVO). Zudem stünde in diesem Fall auch ein zumindest fahrlässiger **Verstoß gegen seine Verpflichtung aus Art. 28 Abs. 1 DS-GVO** und damit eine **eigenständige Schadensersatz- und Bußgeldhaftung** im Raume. Haftete der Verantwortliche nach außen gesamtschuldnerisch für einen (primär) durch eine datenschutzrechtliche Pflichtverletzung des Auftragsverarbeiters verursachten Schaden, so steht ihm gegenüber dem Auftragsverarbeiter im Innenverhältnis ein **Regressanspruch** nach Art. 82 Abs. 5 DS-GVO zu, der sich nach dem **Anteil** des Auftragsverarbeiters **an der (Gesamt-)Verantwortung** für den Schaden bestimmt.

95   Die Parteien können vor diesem Hintergrund – jedenfalls für bestimmte Verstöße – durchaus ein Interesse an einer **klarstellenden bzw. abweichenden Haftungsverteilung im Innenverhältnis** haben. So kann bspw. eine – ggf. der Höhe nach begrenzte – **Haftungsfreistellung** für materielle Schäden vereinbart werden, die einer Partei dadurch entstehen, dass sie im Außenverhältnis mit in eine (abgeleitete) Haftung (zB auf Schadensersatz oder Bußgeld) gedrängt wird, obwohl die primär verletzte Pflicht zum Pflichtenkreis der anderen Partei gehörte.[35] So dürfte bspw. ein Auftragsverarbeiter ein Interesse an einer Freistellung von einer etwaigen Haftung für Schäden und Bußgelder haben, deren primäre Ursache eine rechtswidrige Weisung des Verantwortlichen war. Umgekehrt kommt zB eine Freistellung des Verantwortlichen von der Haftung für Schäden und Bußgelder in Betracht, die hauptsächlich auf eine schuldhafte Verletzung der vertraglich zugesicherten Datensicherheit nach Maßgabe des Art. 32 DS-GVO durch den Auftragsverarbeiter zurückzuführen sind.

3. Implementierung von Kontroll- und Steuerungsmechanismen

96   Nach Art. 28 Abs. 1 DS-GVO trifft den Verantwortlichen die Pflicht, nur mit solchen Auftragsverarbeitern zusammenzuarbeiten, die **hinreichende Garantien** dafür bieten, dass geeignete technische und organisatorische Maßnahmen so durchgeführt werden, dass die Verarbeitung im Einklang mit den Anforderungen dieser Verordnung erfolgt und den Schutz der Rechte der betroffenen Person gewährleistet. Um dieser Verpflichtung gerecht zu werden, reicht es im Regelfall nicht aus, sich auf den Abschluss eines Auftragsverarbeitungsvertrags zu beschränken. Denn jedenfalls dort, wo die vertraglichen Verpflichtungen sehr abstrakt formuliert sind und daher erheblicher Konkretisierungsbedarf und -spielraum für den Auftragsverarbeiter verbleibt, ist die **vertragliche Verpflichtung** des Auftragsverarbeiters für sich selbst genommen **noch keine „hinreichende Garantie"** für deren tatsächliche und ausreichende Umsetzung.

97   Der Verantwortliche sollte sich vielmehr – getreu dem Motto: *„Vertrauen ist gut, Kontrolle ist besser"* – auch in ausreichendem Umfang von der **tatsächlichen Einhaltung der vertraglichen Verpflichtungen,** insbes. der getroffenen technischen und organisatorischen Maßnahmen, **überzeugen.** Die Möglichkeiten reichen insoweit von der Anforderung hinreichend aussagekräftiger Informationen zur konkreten Umsetzung und/oder

---

[35] Dies ist dann der Fall, wenn sich diese Partei nicht v. Vorwurf der eigenen Fahrlässigkeit exkulpieren kann (vgl. Art. 82 Abs. 3 DS-GVO) bzw. damit eine eigene fahrlässige Pflichtverletzung dieser Partei (zB Verstoß gegen Art. 28 Abs. 1 DS-GVO) einhergeht (Art. 83 Abs. 2 S. 2 Buchst. b DS-GVO).

entsprechenden Zertifikaten[36] bis hin zur Durchführung entsprechender Kontrollen/Audits beim Auftragsverarbeiter.

Exkurs: 98

Dass die Verpflichtung, sich auch im ausreichenden Maße von der Einhaltung der im Vertrag mehr oder weniger abstrakt zugesicherten technischen und organisatorischen Maßnahmen zu überzeugen, nicht unterschätzt werden sollte, zeigt der Data Breach bei einer großen US-Wirtschaftsauskunftei aus dem Jahr 2017. Bei dem Vorfall wurden bei einer Cyber-Attacke die Systeme der US-Muttergesellschaft kompromittiert, was ua auch dazu führte, dass die Angreifer die Datensätze von Millionen von UK-Bürgern erbeuten konnten. Diese waren Kunden der englischen Tochtergesellschaft der Auskunftei. Die englische Tochtergesellschaft nutzte die Systeme der US-Muttergesellschaft mit. Die britische Datenschutzaufsichtsbehörde ICO verhängt daraufhin, ein − nach altem britischen Datenschutzrecht − Maximalbußgeld von 500.000 Pfund gegen die *englische Tochtergesellschaft*. Begründet wurde dies maßgeblich damit, dass zum einen die zwischen den Gesellschaften abgeschlossene Auftragsverarbeitungsvereinbarung keine hinreichenden technischen und organisatorischen Maßnahmen regle und die englische Tochtergesellschaft als datenschutzrechtlich Verantwortliche sich zudem nicht ausreichend von den technischen und organisatorischen Maßnahmen in den Systemen bei der US-Muttergesellschaft (= Auftragsverarbeiterin) überzeugt habe.[37]

Auch die übrigen vertraglich vorgesehenen **Steuerungs- und Prüfmechanismen** (zB 99 Befugnis des Verantwortlichen zur Erteilung von Einzelweisungen; Genehmigung bzw. Kenntnisgabe und ggf. Einspruch gegen neue Unter-Auftragsverarbeiter etc.) sollten nicht nur „auf dem Papier" bestehen, sondern auch **in der Praxis implementiert und „gelebt" werden.**

a) Hat der Auftragsverarbeiter ausreichende Nachweise zur Einhaltung seiner Verpflichtungen erbracht?

Nach Art. 28 Abs. 3 S. 2 Buchst. h DS-GVO ist der Auftragsverarbeiter vertraglich zu 100 verpflichten, alle **erforderlichen Informationen zum Nachweis der Einhaltung seiner in Art. 28 DS-GVO niedergelegten Verpflichtungen** zur Verfügung zu stellen.

Diese Regelung wird insbes. in Zusammenhang mit den Verpflichtungen zur Umset- 101 zung risikoadäquater technischer und organisatorischer Maßnahmen sowie zum Einsatz von Unter-Auftragsverarbeitern relevant.

Am einfachsten lässt sich der Nachweis „hinreichender Garantien" nach Art. 28 Abs. 1 102 und 4 DS-GVO mittels Informationen über eine etwaige **Verpflichtung zur Einhaltung genehmigter Verhaltensregeln** nach Art. 40 DS-GVO oder durch Vorlage etwaig vorhandener **Zertifikate** nach Art. 42 DS-GVO führen (vgl. Art. 28 Abs. 5 DS-GVO). Daneben können aber auch Zertifizierungen im Bereich der Informationssicherheit (zB ISO/IEC 27001; BSI IT-Grundschutz) hinreichende Garantien begründen.

Soweit keiner der soeben genannten Garantiemechanismen greift, muss der Auftrags- 103 verarbeiter auf andere Weise die Einhaltung seiner vertraglichen Verpflichtungen nachweisen können. Hierfür sollte der Auftragsverarbeiter dem Verantwortlichen zumindest eine **hinreichende Dokumentation seiner konkret getroffenen technischen und organisatorischen Maßnahmen** sowie einer **Auflistung der eingesetzten Unter-Auftragsverarbeiter** bereitstellen. Bei (Unter-)Auftragsverarbeitern in Drittstaaten sind zudem Nachweise über die **Legitimation des Datentransfers in Drittstaaten** zu erbringen.

---

[36] Näher zur Zertifizierung von Auftragsverarbeitungen *Schäfer/Fox* DuD 2016, 744 (745 ff.).
[37] *ICO,* Monetary penalty notice, 19. 9. 2018, S. 16 ff. Rn. 35, abrufbar unter der URL: https://ico.org.uk/media/action-weve-taken/mpns/2259808/equifax-ltd-mpn-20180919.pdf (zuletzt abgerufen am 27.2 2020).

104 | Praxishinweise:

Sofern der Auftragsverarbeiter nicht von sich aus bereits hinreichend konkrete Informationen vorlegt, sollte der Verantwortliche vor Vortragsschluss auf die Vorlage derselben bestehen.

Die Dokumentationen zu den konkret getroffenen technischen und organisatorischen Maßnahmen sowie den eingesetzten Unter-Auftragsverarbeitern (inkl. Legitimationsmechanismen bei etwaigen Datentransfers in Drittstaaten) werden dem Auftragsverarbeitungsvertrag in der Praxis regelmäßig als konkretisierende Anlagen zu den entsprechenden abstrakten Verpflichtungen beigefügt. Für die notwendige Flexibilität sorgen dann regelmäßig Änderungs- bzw. Fortentwicklungsklauseln (→ Rn. 54 und Rn. 76 ff.). Bei etwaigen Änderungen ist die betreffende Dokumentation zu aktualisieren und dem Verantwortlichen bekanntzugeben.

Um die Aktualität zu gewährleisten, können die Dokumentationen auch außerhalb des Vertrags (zB in einem Kundenportal) bereitgestellt und im Vertrag insoweit nur ein dynamischer Verweis auf die betreffende Fundstelle aufgenommen werden. Es sollte dann jedoch sichergestellt sein, dass der Verantwortliche zumindest über das Vorliegen einer aktualisierten Dokumentation unterrichtet wird.

b) Sind Kontrollrechte durch den Verantwortlichen und deren Modalitäten vertraglich geregelt?

105   Flankierend zur Pflicht des Auftragsverarbeiters, die erforderlichen Informationen zum Nachweis der Datenschutz-Compliance vorzulegen, sind nach Art. 28 Abs. 3 S. 2 Buchst. h DS-GVO auch **Überprüfungsrechte des Verantwortlichen** – einschließlich eines **Inspektionsrechts** – zu regeln. Der Verantwortliche muss sich also nicht mit den vertraglichen Versprechen des Auftragsverarbeiters und den (vermeintlichen) Nachweisen zu deren Umsetzung zufrieden geben, sondern hat auch das Recht, die Einhaltung der Verpflichtungen selbst oder durch einen von ihm beauftragten Prüfer auditieren zu lassen.

106 | Praxishinweis:

Jedenfalls das Inspektionsrecht des Verantwortlichen wird in der Praxis gleichwohl **regelmäßig nur nachrangige Bedeutung** haben, insbes. wenn der Auftragsverarbeiter bereits über aktuelle Zertifizierungen und/oder Audit-Reports verfügt.

107   Im Vertrag sind insbes. auch die **Modalitäten dieses Überprüfungs- und Inspektionsrechts** zu regeln. Dies kann Regelungen zu ua folgenden Themen beinhalten:
- Ausreichende vorherige Ankündigung und Abstimmung mit dem Auftragsverarbeiter;
- Beschränkung zB in Bezug auf Anzahl und Zeitraum der Inspektionen;
- Verpflichtung zur Verschwiegenheit sowie Verbot des Einsatzes von Konkurrenzunternehmen als Prüfer;
- Kostentragungspflicht; sowie
- Kooperationspflichten des Auftragsverarbeiters.

c) Ist eine schnelle und reibungslose Kommunikation zwischen den Vertragsparteien gewährleistet?

108   Während der Laufzeit des Auftragsverarbeitungsverhältnisses kann aus verschiedensten Gründen eine Kommunikation zwischen dem Verantwortlichen und dem Auftragsverarbeiter erforderlich sein. So beispielsweise, wenn der Verantwortliche dem Auftragsverarbeiter eine Einzelweisung erteilen möchte oder – umgekehrt – der Auftragsverarbeiter den Verantwortlichen über einen neuen Unter-Auftragsverarbeiter oder eine Datenschutzverletzung informieren muss.

Besonders mit Blick darauf, dass der Zugang gewisser Mitteilungen den **Lauf einer** 109 **Frist** bedingt[38], deren Ablauf ggf. mit **ungewünschten Rechtswirkungen beim Empfänger** verbunden sein kann (zB Genehmigungsfiktion eines neuen Unter-Auftragsverarbeiters; Bußgeld ect.), sollte sichergestellt werden, dass die Kommunikation zwischen den Vertragsparteien schnell und reibungslos funktioniert. Es muss insbes. sichergestellt sein, dass die Mitteilungen der jeweils anderen Vertragspartei auch wirklich zur Kenntnis gelangen.

Dies setzt zum einen **klare Regelungen zur Kommunikation** voraus. Es sollten ins- 110 bes. die jeweiligen Ansprechpartner (insbes. die weisungs(empfangs)berechtigten Personen und – soweit vorhanden – der/die Datenschutzbeauftragte(n)) mit deren Kontaktdaten sowie Form und Mittel der Kommunikation klar festgelegt werden. Diese Regelungen müssen dann **in der Praxis auch umgesetzt** werden. So müssen zB etwaig angegebene Funktionspostfächer regelmäßig kontrolliert oder angebotene Notifizierungsservices auch abonniert werden.

Beispiel: 111

Wird vereinbart, dass der Auftragsverarbeiter in seinem Support-Portal, das über einen entsprechenden Notifizierungsservice bei neuen Posts verfügt, vorab über den geplanten Einsatz neuer Unter-Auftragsverarbeiter informiert, hat der Verantwortliche sicherzustellen, dass er den Notifizierungsservice abonniert, um dann auch tatsächlich von den geplanten Änderungen Kenntnis nehmen zu können.

d) Werden Änderungen dokumentiert, ggf. geprüft und auch regelmäßig (vertraglich) nachgehalten?

Es muss auch gewährleistet sein, dass Änderungen, die während der Laufzeit des Vertra- 112 ges eintreten, auch **dokumentiert** werden. Dies gilt angefangen von Änderungen bei den festgelegten Ansprechpartnern (zB Weisungsberechtigte und -empfänger; Datenschutzbeauftragte) über Änderungen im Bestand der Unter-Auftragsverarbeiter sowie bei technischen und organisatorischen Maßnahmen (einschließlich etwaiger diesbezüglicher Zertifikate) bis hin zu angewiesenen Änderungen bezüglich der zu verarbeitenden Daten und/oder deren Speicherdauer. Diese (dokumentierten) Änderungen, die sich ggf. „außerhalb des Vertrages" vollzogen haben, sollten auch **vertraglich nachgehalten** werden, indem bspw. etwaige im Auftragsverarbeitungsvertrag enthaltene oder zumindest einbezogene Auflistungen von genehmigten Unter-Auftragsverarbeitern und/oder der getroffenen TOM entsprechend aktualisiert werden.

Essentielle Änderungen, wie zB der geplante Einsatz neuer Unter-Auftragsverarbeiter 113 oder die Weisung des Verantwortlichen, personenbezogene Daten künftig anders zu verarbeiten, sollten von der jeweils anderen Vertragspartei auch auf deren Vereinbarkeit unter datenschutzrechtlichen Gesichtspunkten **überprüft** werden.[39] Das gilt insbes. für den Verantwortlichen, der nach außen hin die Rechtmäßigkeit der Verarbeitung personenbezogener Daten, die in seinem Auftrag erfolgt, durchgängig sicherstellen muss.

---

[38] Informiert der Auftragsverarbeiter bspw. den Verantwortlichen über eine Datenschutzverletzung, die sich beim Auftragsverarbeiter ereignet hat und von der auch personenbezogene Daten des Verantwortlichen betroffen sind, beginnt damit regelmäßig die 72-Stunden-Frist des Art. 33 Abs. 1 S. 1 zu laufen; vgl. dazu *Art. 29-Datenschutzgruppe,* WP 250rev.01, 6.2.2018, S. 15.

[39] Solche nachträglichen Änderungen stehen vertraglich im Regelfall auch unter gewissen Vorbehalten, wie zB dem Vorbehalt einer Einwilligung – sei diese auch nur fingiert durch einen fehlenden/nicht fristgerechten Einspruch – des Verantwortlichen beim angekündigten Einsatz neuer Unter-Auftragsverarbeiter.

114 | **Praxistipp:**
Um die soeben aufgezeigten Anforderungen effizient bewältigen zu können, bietet sich insbes. bei Multi-Mandanten Auftragsverarbeitern sowie bei Verantwortlichen, die eine Vielzahl von Auftragsverarbeitern zu verschiedensten Zwecken einsetzen, die Nutzung einer **Contract-Management-Lösung** an.

II. Gemeinsame Verantwortlichkeit

115 Legen zwei oder mehr Verantwortliche *gemeinsam* die Zwecke und Mittel der Verarbeitung fest, sind sie nach Art. 26 Abs. 1 S. 1 DS-GVO „gemeinsam Verantwortliche" (engl.: „joint controllers"). Auch wenn jeder der gemeinsam Verantwortlichen *im Außenverhältnis* grds. als „Verantwortlicher" iSd Art. 4 Nr. 7 DS-GVO für die Einhaltung des Datenschutzes verantwortlich ist, stellt der Gesetzgeber bei **Vorliegen einer solchen gemeinsamen Verantwortlichkeit** (→ Rn. 118 ff.) besondere Anforderungen an die interne Zuständigkeitsverteilung zwischen den gemeinsam Verantwortlichen. So müssen die gemeinsam Verantwortlichen ihre interne Zuständigkeitsverteilung nicht nur in einer **Vereinbarung** regeln (→ Rn. 134 ff.), sondern die getroffenen Regelungen auch – jedenfalls in Teilen – **nach außen hin bekannt geben und „leben"** (→ Rn. 172 ff.).

116 Sinn und Zweck dieser besonderen Reglementierung der gemeinsamen Verantwortlichkeit ist die Sicherstellung einer klaren internen Aufgaben- und Verantwortungszuweisung. Diese dient primär dazu, **interne Verantwortlichkeitslücken und Missverständnisse zwischen den gemeinsam Verantwortlichen zu vermeiden** und damit potentiell einhergehende Datenschutzverletzungen gegenüber den betroffenen Personen möglichst auszuschließen. Sollte es dennoch zu einem Datenschutzverstoß kommen, kann die interne Zuständigkeits- und Verantwortlichkeitsverteilung ggf. bei der **Bußgeldhaftung** gegenüber der Datenschutzaufsicht (vgl. Art. 83 Abs. 2 S. 2 Buchst. d DS-GVO), jedenfalls aber bei **internen Regressforderungen** nach Art. 82 Abs. 5 DS-GVO eine Rolle spielen.

117 Privilegierung von Datentransfers zwischen gemeinsam Verantwortlichen?
In der Literatur ist umstritten, ob Datentransfers zwischen zwei gemeinsam Verantwortlichen – ebenso wie Datenaustausche zwischen einem Verantwortlichen und seinen Auftragsverarbeitern[40] – dergestalt **privilegiert** sind, dass sie **keiner gesonderten**[41] Rechtsgrundlage bedürfen.[42] Selbst wenn man insoweit einen eigenständigen Erlaubnistatbestand fordert, dürfte ein solcher regelmäßig in Form eines **berechtigten Interesses am arbeitsteiligen Vollzug der Verarbeitung in gemeinsamer Verantwortlichkeit** gegeben sein (vgl. Art. 6 Abs. 1 S. 1 Buchst. f DS-GVO). Dieses berechtigte Interesse der gemeinsam Verantwortlichen dürfte im Regelfall auch etwaige entgegenstehenden Interessen, Grundrechte und Grundfreiten der betroffenen Personen überwiegen – jedenfalls sofern sich die Verarbeitung gegenüber den Betroffenen per se auf eine Rechtsgrundlage stützen lässt und intern die Anforderungen des Art. 26 DS-GVO gewahrt sind. Der

---

[40] Ausf. dazu Kühling/Buchner/*Hartung* DS-GVO Art. 28 Rn. 15 ff. sowie zuletzt *Kremer* CR 2019, 225 (230 f.); → Rn. 9.

[41] Die Verarbeitung muss freilich per se, gewissermaßen „nach außen hin", auf eine (primäre) Rechtsgrundlage gestützt werden können (zB Vertragserfüllung nach Art. 6 Abs. 1 S. 1 Buchst. b DS-GVO). Fraglich ist insoweit nur, ob damit automatisch auch ein Datentransfer zwischen den gemeinsam Verantwortlichen „hinter den Kulissen" mit abgedeckt ist oder, ob es insoweit einer eigenständigen (komplementären) Rechtsgrundlage (zB Art. 6 Abs. 1 S. 1 Buchst. f DS-GVO) bedarf.

[42] Gegen eine Privilegierung Kühling/Buchner/*Hartung* DS-GVO Art. 26 Rn. 27; *Dovas* ZD 2016, 512 (515); aA hingegen Paal/Pauly/*Martini* DS-GVO Art. 26 Rn. 3a; Gola/*Piltz* DS-GVO Art. 26 Rn. 8 sowie zuletzt *Kremer* CR 2019, 225 (231); ebenso zur alten Rechtslage bereits *Monreal* ZD 2014, 611 (616).

betroffenen Person haften im Außenverhältnis schließlich auch alle gemeinsam Verantwortlichen für ein und dieselbe Datenverarbeitung.

1. Vorliegen einer gemeinsamen Verantwortlichkeit

Eine gemeinsame Verantwortlichkeit liegt nach Art. 26 Abs. 1 S. 1 DS-GVO vor, wenn **118** zwei oder mehr Verantwortliche gemeinsam die Zwecke und Mittel der Verarbeitung festlegen. Entscheidend ist insoweit eine **funktionelle Betrachtung**.[43] Für die Bewertung kommt es daher maßgeblich auf die **tatsächlichen Umstände** der jeweiligen Datenverarbeitung an. Eine Vereinbarung nach Art. 26 Abs. 1 S. 2 DS-GVO ist hingegen nicht Voraussetzung für eine gemeinsame Verantwortlichkeit, sondern vielmehr deren Rechtsfolge und muss die tatsächlichen Umstände gebührend widerspiegeln (vgl. Art. 26 Abs. 2 S. 1 DS-GVO).[44]

a) Entscheiden *mehrere* Verantwortliche über die Zwecke und Mittel der Verarbeitung?

Möchte man sich der Prüfung des Vorliegens einer gemeinsamen Verantwortlichkeit **119** systematisch nähern, ist bei einem festgestellten Zusammenwirken mehrerer Stellen zunächst zu prüfen, ob es sich auch um mehrere Verantwortliche handelt. Dieser erste Prüfungsschritt dient dazu, die gemeinsame Verantwortlichkeit **von der Auftragsverarbeitung abzugrenzen.** Zwar sind auch bei einem Auftragsverarbeitungsverhältnis mehrere Stellen in die Datenverarbeitung involviert. Der Unterschied zum Verantwortlichen besteht jedoch darin, dass der Auftragsverarbeiter gerade nicht selbst über die Zwecke und Mittel der betreffenden Verarbeitung entscheidet, sondern nur die diesbezüglichen Weisungen des Verantwortlichen umsetzt (→ Rn. 12 ff.).

Anknüpfungspunkt für die Prüfung ist eine **„Verarbeitung".** Art. 4 Nr. 2 DS-GVO **120** definiert als Verarbeitung *„jeden mit oder ohne Hilfe automatisierter Verfahren ausgeführten Vorgang oder jede solche Vorgangsreihe im Zusammenhang mit personenbezogenen Daten wie das Erheben, das Erfassen, […] die Speicherung, […] das Löschen oder die Vernichtung".*[45] Jedenfalls im Rahmen dieses ersten Prüfungsschrittes sollte noch der weitere Fokus gewählt und untersucht werden, ob die an einer **Kette von zusammenhängenden Verarbeitungsvorgängen („Vorgangsreihe")** beteiligten Stellen jeweils – und sei es auch nur in Teilbereichen – über die Zwecke und Mittel der umfassten Verarbeitungsvorgänge (mit)entscheiden können.

Die (Mit-)Entscheidung muss sich gem. Art. 4 Nr. 7 DS-GVO auf die „Zwecke und **121** Mittel" der Verarbeitung beziehen.[46] Der **„Zweck"** beschreibt den Grund, die Motivation bzw. das erwartete bzw. gewünschte Ergebnis der Verarbeitung (= „Warum" der Verarbeitung"). Die **„Mittel"** hingegen beschreiben die Art und Weise wie der Zweck erreicht werden soll (= „Wie" der Verarbeitung). Zu den „Mitteln" idS gehören vor allem die **wesentlichen (inhaltlichen) Aspekte der Verarbeitung,** wie die Arten der verarbeiteten Daten, deren Verarbeitungsdauer sowie die Empfänger der Daten.

> Hinweis: **122**
>
> Auch wenn die technischen Methoden und Mittel (zB die genutzten Systeme) ebenfalls Bestandteil der „Mittel" der Verarbeitung sind, können diese auch vollständig an Auftragsverarbeiter delegiert werden (→ Rn. 13). Das bedeutet, dass eine Entscheidungsbe-

---

[43] Grundlegend – wenngleich auch noch zur Richtlinie 95/46/EG – *Art. 29-Datenschutzgruppe,* WP 169, 16.2.2010, S. 22 iVm S. 11 ff.; vgl. dazu auch *Dovas* ZD 2016, 512 (514 f.); Kühling/Buchner/*Hartung* DS-GVO Art. 26 Rn. 14.

[44] Paal/Pauly/*Martini* DS-GVO Art. 26 Rn. 22; ebenso *Kartheuser/Nabulsi,* MMR 2018, 717 (718).

[45] Hervorhebungen durch den Verfasser.

[46] Ausführlich dazu und zum Folgenden *Art. 29-Datenschutzgruppe,* WP 169, 16.2.2010, S. 15 ff.

> fugnis allein über die technischen Methoden und Mittel noch nicht die Einstufung als „Verantwortlicher" bedingt.

123   Jedenfalls nach dem Wortlaut der Legaldefinition muss der Verantwortliche **sowohl über die Zwecke als auch über die Mittel entscheiden.** Gleichwohl geht insbes. die Artikel-29-Datenschutzgruppe davon aus, dass bereits die für das Datenschutzrecht zentrale[47] Entscheidung über die Zwecke für die Einstufung als „Verantwortlicher" ausreicht. Auch Stellen, die – unabhängig von einer (konkreten) Festlegung des Zwecks – über (andere) inhaltliche Fragen, „die den Kern der Rechtmäßigkeit der Verarbeitung wesentlich betreffen" sollen demnach als Verantwortliche zu qualifizieren sein.

124   Für die Bewertung, ob eine (Mit-)Entscheidung über die Zwecke und Mittel der Verarbeitung bei den Beteiligten vorliegt, sind **vorrangig die tatsächlichen Umstände** maßgeblich. Es ist also zu hinterfragen, ob die jeweilige Partei tatsächlich einen **(mit-) bestimmenden Einfluss auf die wesentlichen Elemente der Verarbeitung** hat. Auch die initiale Veranlassung einer überwiegend von einem Dritten parametrierten Datenverarbeitung kann bereits als *eigene* (Mit-)Entscheidung über die Zwecke und Mittel der Verarbeitung angesehen werden.[48] Die noch weitreichendere Auffassung des Europäischen Gerichtshofes (EuGH) – zur alten Rechtslage unter der Richtlinie 95/46/EG –, dass selbst die bloße Förderungen einer Datenverarbeitung durch einen Dritten schon als *eigene* (Mit-)Entscheidung über die Zwecke und Mittel der Verarbeitung angesehen werden könne[49], erscheint jedoch zumindest mit Blick auf die neue Rechtslage nach der DS-GVO äußerst zweifelhaft.[50]

125 | **Fragestellungen:**
> Folgende Fragestellungen können bei der konkreten Bewertung eines bestimmenden Einflusses auf eine Datenverarbeitung hilfreich sein.[51]
> - Warum bzw. auf wessen Geheiß wird diese Verarbeitung durchgeführt?
> - Wer hat die Verarbeitung veranlasst?
> - Wer legt fest, welche Daten verarbeitet werden?
> - Wer entscheidet über die Speicherdauer der Daten?
> - Wer bestimmt über die (weiteren) Empfänger der Daten?

126   Eine etwaige **vertragliche Rollenzuweisung durch die Parteien** kann zwar Indizwirkung haben, ist aber letztlich unbeachtlich, wenn diese die Realität nicht widerspiegelt.[52]

127   Auch wenn die Prüfung ergibt, dass eine Partei keinen tatsächlichen Einfluss auf die Zwecke und wesentlichen inhaltlichen Aspekte der Datenverarbeitung hat, sollte noch untersucht werden, ob bei der betreffenden Stelle eine datenschutzrechtliche Zuständig-

---

[47] Das gesamten Datenschutzrecht ist „zweckzentriert", was in insbes. in den Grundsätzen der „Zweckbindung" (Art. 5 Abs. 1 Buchst. b DS-GVO), der „Datenminimierung" (Art. 5 Abs. 1 Buchst. c DS-GVO) sowie der „Speicherbegrenzung" (Art. 5 Abs. 1 Buchst. e DS-GVO) zum Ausdruck kommt.

[48] Vgl. Generalanwalt beim EuGH Schlussantrag v. 19.12.2018 – C–40/17, BeckRS 2018, 32835 Rn. 108 – Fashion ID (Veranlassung einer Datenerhebung durch Einbindung eines von einem Dritten bereitgestellten Plugins in eine Website begründet Mitverantwortlichkeit zumindest in Bezug auf die Phase der Datenerhebung); bestätigt durch EuGH, Urt.v. 29.7.2019, (C–40/17 Fashion ID), Rn. 75 ff., insb. Rn. 85; aA Paal/Pauly/*Martini* DS-GVO Art. 26 Rn. 19.

[49] So EuGH NZA 2018, 991 Rn. 75 – Jehovan todistajat – uskonnollinen yhdyskunta (Förderung und Ermunterung der iRd Verkündigungstätigkeit der Mitglieder einer Religionsgemeinschaft stattfindenden Datenverarbeitung begründet Mitverantwortlichkeit der Religionsgemeinschaft für diese Datenverarbeitung).

[50] Zur Begrenzung der Zurechnung fremder Datenverarbeitungen → Rn. 131 ff.

[51] *Art. 29-Datenschutzgruppe,* WP 169, 16.2.2010, S. 11.

[52] Näher dazu *Art. 29-Datenschutzgruppe,* WP 169, 16.2.2010, S. 11 und 14.

keit und (Mit-)Verantwortlichkeit der betreffenden Stelle für die Verarbeitung nicht **rechtlich ausdrücklich zugewiesen oder zumindest impliziert** ist. So kann die **gesetzliche bzw. vertragliche Zuweisung einer bestimmten Rolle (zB Rolle als Arbeitgeber)** insoweit auch automatisch mit der Verantwortlichkeit hinsichtlich des Datenschutzes verknüpft sein.[53]

Beispiel: HR „Shared Service Center" im Konzern 128

Wird in einem Konzern die Personalverwaltung für die verschiedenen Konzerngesellschaften zentral von einem „Shared Service Center" erbracht, das rechtlich bei einer Gesellschaft angesiedelt ist, liegt es näher, im Verhältnis zwischen der jeweiligen Konzerngesellschaft und der „Shared Service Center"-Gesellschaft eine gemeinsame Verantwortlichkeit als ein Auftragsverarbeitungsverhältnis anzunehmen.[54] Das spezialisierte „Shared Service Center" wird nämlich im Regelfall selbst zumindest über die Zwecke und die wesentlichen inhaltlichen Aspekte der HR-Datenverarbeitungen (zB Art der verarbeiteten Daten; Speicherdauer; Empfänger) entscheiden. Die Annahme einer Auftragsverarbeitung dürfte insoweit eher nicht der Realität entsprechen, da jedenfalls der tatsächliche Einfluss der einzelnen Konzerngesellschaft auf die Datenverarbeitung nicht zuletzt aufgrund der bezweckten Harmonisierung der Prozesse eher gering sein dürfte. Gleichwohl haben die Konzerngesellschaften, für die jeweils bei ihnen angestellten Arbeitnehmer (weiterhin) die rechtliche Rolle des Arbeitgebers, welche eine Entscheidungskompetenz und Verantwortung auch in mitarbeiterdatenschutzrechtlichen Fragen impliziert, die nicht vollständig an die „Shared Service Center" übertragen werden kann.

b) Erfolgt die Entscheidung über die Zwecke und Mittel der Verarbeitung zumindest in Teilen „gemeinsam"?"

Steht fest, dass im Rahmen einer Verarbeitungsvorgangsreihe mehrere Parteien über die **129** Zwecke und Mittel der umfassten Verarbeitungsvorgänge (mit)entscheiden, ist damit noch nicht gesagt, dass es sich auch um gemeinsam Verantwortliche iSd Art. 26 Abs. 1 S. 1 DS-GVO handelt. Eine gemeinsame Verantwortlichkeit setzt vielmehr voraus, dass die Verantwortlichen – zumindest in Bezug auf einzelne Verarbeitungsvorgänge bzw. -phasen (→ Rn. 134) – über die Zwecke und Mittel (= wesentlichen inhaltlichen Aspekte) **gemeinsam entscheiden** (vgl. Art. 4 Nr. 7 DS-GVO) bzw. diese Kernelemente der Datenverarbeitung **gemeinsam festlegen** (vgl. Art. 26 Abs. 1 S. 1 DS-GVO). Das Merkmal der gemeinsamen Entscheidung/Festlegung über Zwecke und Mittel der Verarbeitung grenzt die gemeinsame Verantwortlichkeit damit von **Datenübermittlungen zwischen zwei getrennt Verantwortlichen** ab.[55]

Erforderlich ist mithin eine **„pluralistische Kontrolle"** über bzw. ein **pluralistischer 130 Einfluss** auf einen konkreten Verarbeitungvorgang. Die Zwecke und Mittel des betreffenden Verarbeitungsvorgangs dürfen also nicht exklusiv von einem Verantwortlichen bestimmt werden, sondern im Zusammenwirken mit einem anderen Verantwortlichen.

Es sind dabei **unterschiedliche Formen des Zusammenwirkens sowie Beteili- 131 gungsgrade an der gemeinsamen Entscheidung** denkbar. Nicht erforderlich ist, dass der Einfluss der Parteien auf die Zwecke und Mittel der Verarbeitung gleich groß ist. Denkbar ist auch ein Zusammenwirken dergestalt, dass eine Partei die Parameter der Verarbeitung mehr oder weniger „in Eigenregie" vorgibt, sich die andere Partei die getroffenen Entscheidungen dann aber (unwidersprochen) zu eigen macht, indem sie die „Initialzün-

---

[53] *Art. 29-Datenschutzgruppe,* WP 169, 16.2.2010, S. 13.

[54] So schon *Lezzi/Oberlin* ZD 2018, 398 (403); tendenziell auch *DSK,* Kurzpapier Nr. 16, v. 19.3.2018, S. 4; zweifelnd an gemeinsamer Verantwortlichkeit in diesen Fällen dagegen offenbar *Monreal* CR 2019, 797 (808).

[55] Vgl. *Art. 29-Datenschutzgruppe,* WP 169, 16.2.2010, S. 24.

dung" zur Datenverarbeitung nach den vorgegebenen Parametern gibt.[56] Ein Zugang aller beteiligten Parteien zu den verarbeiteten Daten ist zwar ein Indiz für eine gemeinsame Verantwortlichkeit, jedoch nicht zwingende Voraussetzung.[57] Eine bloße Förderung/Bestärkung dürfte ohne konkreten Einfluss zumindest auf das initiale „Ob" der Datenverarbeitung aber – entgegen der Auffassung des EuGH zur alten Rechtslage[58] – kein ausreichender Beitrag sein.

132 Es ist zudem auch **keine vollständige Zweck- und Mittelidentität erforderlich.** So ist es unschädlich, wenn die *konkret* mit dem Verarbeitungsvorgang verfolgten Zwecke der Parteien nicht deckungsgleich sind, sofern zumindest auf einer abstrakteren Ebene ein gemeinsamer „Oberzweck" vorliegt bzw. sich die Zwecke der Parteien wechselseitig zu einer Zweckeinheit ergänzen.[59]

133 Soweit im Rahmen einer Verarbeitungskette bzw. Vorgangsreihe **nur in bestimmten Phasen bzw. bei bestimmten Verarbeitungsvorgängen** ein maßgeblicher Einfluss mehrerer Parteien auf die wesentlichen Elemente der betreffenden Verarbeitung vorliegt, besteht **auch nur insoweit eine** *gemeinsame* **Verantwortlichkeit** iSd Art. 4 Nr. 7 DS-GVO und Art. 26 Abs. 1 S. 1 DS-GVO. Es ist also nicht so, dass eine gemeinsame Entscheidung/Festlegung für bestimmte Verarbeitungsvorgänge automatisch auch eine gemeinsame Verantwortlichkeit für vor- bzw. nachgelagerte Verarbeitungsvorgänge einer Verarbeitungskette begründet, wenn insoweit tatsächlich nur (noch) eine Partei entscheidenden Einfluss hat oder unterschiedliche (Ober-)Zwecke durch die Parteien verfolgt werden.[60]

2. Vereinbarung über die gemeinsame Verantwortlichkeit

134 Liegt eine gemeinsame Verantwortlichkeit vor, haben die gemeinsam Verantwortlichen gem. Art. 26 Abs. 1 S. 2 DS-GVO eine Vereinbarung zu schließen, in der sie insbes. in transparenter Weise festlegen müssen, wer von Ihnen welche Verpflichtungen aus der DS-GVO erfüllt. Sinn und Zweck dieser Verpflichtung besteht darin, **Transparenz in Bezug auf die konkrete Zuständigkeits- und Verantwortlichkeitsverteilung** zwischen den gemeinsam Verantwortlichen sowohl gegenüber den betroffenen Personen als auch gegenüber der Datenschutzaufsicht herzustellen.[61]

135 Wird eine solche **Vereinbarung nicht geschlossen,** stellt dies zwar einen **bußgeldbewehrten Verstoß** gegen Art. 26 Abs. 1 S. 2 DS-GVO dar (vgl. Art. 83 Abs. 4 Buchst. a DS-GVO), die **gemeinsame Verantwortlichkeit bleibt davon jedoch unangetastet.**[62] Das Fehlen der Vereinbarung kann dann aber uU dazu führen, dass die ge-

---

[56] In diese Richtung tendierend Generalanwalt beim EuGH Schlussantrag v. 19.12.2018 – C-40/17, Beck-RS 2018, 32835 Rn. 67 ff.; bestätigt durch EuGH Urt. v. 29.7.2019, C-40/17 (Fashion ID), Rn. 75 ff.

[57] EuGH ZD 2018, 357 Rn. 38 – Wirtschaftsakademie; NZA 2018, 991 Rn. 69 – Jehovan todistajat – uskonnollinen yhdyskunta.

[58] So EuGH NZA 2018, 991 Rn. 75 – Jehovan todistajat – uskonnollinen yhdyskunta.

[59] In diese Richtung bereits *Art. 29-Datenschutzgruppe*, WP 169, 16.2.2010, S. 25, die ausführt, dass verschiedene Verarbeitungen entlang einer Verarbeitungskette auf „Mikroebene" unabhängig erscheinen und insbes. unterschiedlichen Zwecken dienen können, sich dann aber ggf. auf „Makroebene" als eine Vorgangsreihe mit einem gemeinsamen Zweck darstellen; iErg auch EuGH, Urt. v. 29.7.2019, C-40/17 (Fashion ID), Rn. 80 f.; kritisch demgegenüber *Lee/Cross*, MMR 2019, 559 (561 f.), die in diesem Ansatz eine Vortäuschung der Gemeinsamkeit der Zwecke durch Abstraktion sehen und stattdessen jeweils eigenständige/getrennte Verantwortlichkeiten annehmen.

[60] So Generalanwalt beim EuGH Schlussantrag v. 19.12.2018 – C-40/17, Beck RS 2018, 32835 Rn. 101; bestätigt durch EuGH, Urt. v. 29.7.2019, C-40/17, Rn. 75 f. und 85; *Golland*, ZD 2019, 381 (381 f.) sieht in dieser Entbündelung der Verarbeitungsvorgänge und der vorgangsbezogenen Bewertung das notwendige „Adäquanz"-Korrektiv; vgl. zum Erfordernis einer gewissen Relevanz/Adäquanz des Beitrags bei der gemeinsamen Entscheidung bzw. Festlegung über Mittel und Zwecke bereits → Rn. 131.

[61] Vgl. Erwgr. 79 DS-GVO; auf die Notwendigkeit einer solchen Transparenz, insbes. gegenüber den betroffenen Personen, hat auch schon die *Art. 29-Datenschutzgruppe*, WP 169, 16.2.2010, S. 27 f., hingewiesen, obwohl es nach alter Rechtslage unter der Richtlinie 95/46/EG noch keine mit Art. 26 Abs. 1 S. 2 DS-GVO vergleichbare Verpflichtung gab.

[62] Vgl. GSSV/*Veil* DS-GVO Art. 26 Rn. 33; Paal/Pauly/*Martini* DS-GVO Art. 26 Rn. 22.

meinsame Datenverarbeitung unkoordiniert erfolgt und die Verpflichtungen aus der DS-GVO insbes. gegenüber den betroffenen Personen nicht (vollständig) erfüllt werden, was dann wiederum zu einer (weiteren) gesamtschuldnerischen Haftung der gemeinsam Verantwortlichen führen kann.

Vor diesem Hintergrund sollte der Abschluss einer solchen Vereinbarung nicht nur als **136** lästige „Förmelei", sondern als ein Mittel verstanden werden, **Datenaustausche bzw. -nutzungen** durch mehrere Verantwortliche **zu koordinieren** und das **diesbezügliche Datenschutzmanagement auf „sichere Beine"** zu stellen.

Die Vereinbarung ist zudem wichtig für die Bemessung des „Anteil[s] an der Verant- **137** wortung" bei der **internen Regresshaftung** zwischen den Parteien (vgl. Art. 82 Abs. 5 DS-GVO).[63]

Eine darüber hinausgehende **Außenwirkung** der in der Vereinbarung getroffenen **138** Zuständigkeitsverteilung, insbes. gegenüber den betroffenen Personen sowie gegenüber der Datenschutzaufsicht, wird nicht zuletzt aufgrund der Regelung in Art. 26 Abs. 3 DS-GVO **überwiegend verneint.**[64] Gleichwohl ist die Zuständigkeitsverteilung jedenfalls in einer *den Vorgaben des Art. 26 DS-GVO entsprechenden* Vereinbarung bei der Bemessung eines Bußgeldes und ggf. auch schon bei der Auswahl des „richtigen" Adressaten des Bußgelds von der Datenschutzaufsichtsbehörde zu berücksichtigen (vgl. Art. 83 Abs. 2 S. 2 Buchst. d DS-GVO).[65]

Exkurs: Verhältnis zwischen dem Umfang der gemeinsamen Verantwortlichkeit und der gesamtschuldnerischen Haftung

139

Sofern man – wie zuletzt der EuGH[66] – den Umfang der gemeinsamen Verantwortlichkeit allein auf die konkreten Verarbeitungsvorgänge begrenzt, in denen beiden Parteien einen hinreichenden Einfluss auf die Zwecke und Mittel der Verarbeitung haben, ist eine gesamtschuldnerische Außenhaftung (vgl. Art. 82 Abs. 4 DS-GVO) der gemeinsam Verantwortlichen – ohne Berücksichtigung der konkreten Aufgaben- und Zuständigkeitsverteilung im Innenverhältnis – gerechtfertigt.

Würde man hingegen den Umfang der gemeinsamen Verantwortlichkeit auch auf die – mit einem in gemeinsamer Verantwortung durchgeführten Verarbeitungsvorgang in Verbindung stehenden – anderen Verarbeitungsvorgänge einer zusammenhängenden Vorgangsreihe ausdehnen, bei denen – jedenfalls bei isolierter Betrachtung – ein gemeinsamer Einfluss fehlt,[67] müsste sich dies nicht nur in einer entsprechend ausdifferenzierten Zuständigkeitsverteilung in der Vereinbarung widerspiegeln (vgl. Art. 26 Abs. 2 S. 1 DS-GVO; → Rn. 144). Bezüglich der Verarbeitungsvorgänge, bei denen eine Partei gar keinen Einfluss (mehr) auf die Zwecke und Mittel hat und dementsprechend in der Vereinbarung nach Art. 26 DS-GVO auch keine Zuständigkeit und Verantwortlichkeit dieser Partei vorgesehen ist, müsste dann konsequenterweise auch eine Exkulpation dieser Partei im Außenverhältnis gem. Art. 82 Abs. 3 DS-GVO möglich sein[68].[69]

---

[63] Näher dazu und zur damit verbundenen Beweislastumkehr im Innenverhältnis Paal/Pauly/*Martini* DS-GVO Art. 26 Rn. 5.

[64] Beispielhaft Paal/Pauly/*Martini* DS-GVO Art. 26 Rn. 4 und 37.

[65] Nach *Kremer* CR 2019, 225 (233), scheidet ein Bußgeld gegen den im Innenverhältnis unständigen Verantwortlichen aus; eingehender zur Auswahl des Adressaten eines Bußgelds sowie aufsichtsbehördlicher Maßnahmen nach Art. 58 DS-GVO im Falle einer gemeinsamen Verantwortlichkeit *Schreiber* ZD 2019, 55 (58 ff.).

[66] EuGH, Urt.v. 29.7.2019, C-40/17 (Fashion ID), Rn. 74, 76 und 85, so zuvor bereits Generalanwalt beim EuGH Schlussantrag v. 19.12.2018 – C-40/17, BeckRS 2018, 32835 Rn. 94 ff. – Fashion ID.

[67] In diese Richtung könnte man noch die Aussagen EuGH ZD 2018, 357 Rn. 43 – Wirtschaftsakademie; NZA 2018, 991 Rn. 66 – Jehovan todistajat – uskonnollinen yhdyskunta – verstehen („Bestehen einer gemeinsamen Verantwortlichkeit […] nicht zwangsläufig eine gleichwertige Verantwortlichkeit der verschiedenen Akteure […]. Vielmehr können diese Akteure in die Verarbeitung personenbezogener Daten in verschiedenen Phasen und in unterschiedlichem Ausmaß in der Weise einbezogen sein, dass der Grad der Verantwortlichkeit eines jeden von ihnen unter Berücksichtigung aller maßgeblichen Umstände des Einzelfalls zu beurteilen ist.").

[68] So – wenngleich noch zur Rechtslage nach der Richtlinie 95/46/EG – *Art. 29-Datenschutzgruppe,* WP 169, 16.2.2010, S. 27 („Dies kann unter einigen Umständen – nicht aber generell – zu einer gesamt-

a) Sind die formalen Vorgaben an die Vereinbarung erfüllt?

140   Nach Art. 26 Abs. 1 S. 2 DS-GVO bedarf es einer **transparenten Vereinbarung** zwischen den gemeinsam Verantwortlichen.

aa) Gibt es eine dokumentierte Vereinbarung zwischen den gemeinsam Verantwortlichen?

141   Anders als bei der Auftragsverarbeitung (vgl. Art. 28 Abs. 9 DS-GVO) gibt es in Bezug auf die Vereinbarung zwischen den gemeinsam Verantwortlichen keine explizite Formvorgabe. Gleichwohl sollte die Vereinbarung aus Gründen der Rechenschaftspflicht nicht nur mündlich abgeschlossen werden, sondern zumindest auch in Textform vorgehalten werden. Dies gilt auch mit Blick darauf, dass der wesentliche Inhalt der Vereinbarung gem. Art. 26 Abs. 2 S. 2 DS-GVO den betroffenen Personen zur Verfügung zu stellen ist.[70]

bb) Sind die getroffenen Regelungen zur Zuständigkeits- und Verantwortlichkeitsverteilung auch klar und transparent?

142   Die in der Vereinbarung getroffenen Festlegungen müssen nach Art. 26 Abs. 1 S. 2 DS-GVO auch „in transparenter Form" erfolgen. Die Regelungen müssen daher im Ergebnis nicht nur für die gemeinsam Verantwortlichen, sondern insbes. **auch für die betroffenen Personen,** denen der wesentliche Inhalt der Vereinbarung zur Verfügung zu stellen ist, **klar und verständlich** sein.[71]

b) Sind die inhaltlichen Vorgaben an die Vereinbarung erfüllt?

143   Inhaltlich muss die Vereinbarung gem. Art. 26 Abs. 1 S. 2 DS-GVO eine **Zuständigkeits-/Verantwortlichkeitsallokation** zwischen den gemeinsam Verantwortlichen in Bezug auf die Wahrnehmung der an einen „Verantwortlichen" adressierten Verpflichtungen der DS-GVO enthalten. Besonders hervorgehoben werden insoweit die Informationspflichten aus Art. 13 f. DS-GVO sowie die Verpflichtungen zur Gewährleistung bzw. Umsetzung der Betroffenenrechte aus Art. 15 ff. DS-GVO.

144   Aus Art. 26 Abs. 2 S. 1 DS-GVO lässt sich zudem entnehmen, dass auch die **tatsächlichen Funktionen und Beziehungen der gemeinsam Verantwortlichen** gegenüber den betroffenen Personen in der Vereinbarung dargestellt werden müssen.

Dispositionsbefugnis der Partei und ihre Grenzen

Die gemeinsam Verantwortlichen verfügen über eine **gewisse Flexibilität bei der Verteilung und Zuweisung von Verpflichtungen und Verantwortlichkeiten** untereinander.[72]

Dieses Ermessen findet seine Grenzen dort, wo die jeweiligen Aufgaben der gemeinsam Verantwortlichen **durch Rechtsvorschrift vorgegeben** werden (vgl. Art. 26 Abs. 1 S. 2 aE DS-GVO).

---

schuldnerischen Haftung führen; in vielen Fällen können die verschiedenen für die Verarbeitung Verantwortlichen für die Verarbeitung personenbezogener Daten in verschiedenen Phasen und in unterschiedlichem Ausmaß verantwortlich – und damit haftbar – sein").

[69] Zu Recht zweifelnd an einer solchen Konstruktion und vor diesem Hintergrund deshalb auch an einer zu weiten Festlegung des Umfangs der gemeinsamen Verantwortlichkeit Generalanwalt beim EuGH Schlussantrag v. 19. 12. 2018 – C-40/17, BeckRS 2018, 32835 Rn. 96 – Fashion ID.

[70] Kühling/Buchner/*Hartung* DS-GVO Art. 26 Rn. 20; *Lezzi/Oberlin* ZD 2018, 398 (402).

[71] Vgl. Gola/*Piltz* DS-GVO Art. 26 Rn. 13 sowie Plath/*Plath* DS-GVO Art. 26 Rn. 12.

[72] So *Art. 29-Datenschutzgruppe,* WP 169, 16. 2. 2010, S. 29.

In Bezug auf die Verteilung der Aufgaben und Verantwortlichkeiten betreffend die Verpflichtungen unmittelbar gegenüber den betroffenen Personen begrenzt auch das „Wahrheitsgebot" aus Art. 26 Abs. 2 S. 1 DS-GVO den Spielraum der gemeinsam Verantwortlichen. Demnach muss die Vereinbarung aus Art. 26 Abs. 1 S. 2 DS-GVO, also insbes. die Aufteilung und Zuweisung von Verantwortlichkeiten zur Umsetzung der Informationspflichten und der Betroffenenrechte, die jeweiligen tatsächlichen Funktionen und Beziehungen der gemeinsam Verantwortlichen gegenüber den Betroffenen „gebührend widerspiegeln". Es dürfte daher einen Verstoß gegen Art. 26 Abs. 2 S. 1 DS-GVO darstellen, wenn einem gemeinsam Verantwortlichen die Verantwortlichkeit zur Umsetzung von Informationspflichten gegenüber den betroffenen Personen aufgebürdet wird, obwohl dieser – im Gegensatz zu einem anderen gemeinsamen Verantwortlichen – keinen „Berührungspunkt" mit den betroffenen Personen hat. Mit dieser Regelung soll zum einen verhindert werden, dass die betroffenen Personen in die Irre geführt und ihnen die Durchsetzung ihrer Rechte erschwert wird.[73] Zum anderen werden damit auch verhandlungsschwächere gemeinsam Verantwortliche vor Verantwortlichkeitszuweisungen geschützt, die sich nicht an den tatsächlichen Gegebenheiten orientieren, sondern vielmehr Resultat einer stärkeren Verhandlungsmacht des Partners sind.[74]

Neben den Zuweisungen der (Durchführungs-)Verantwortlichkeit für die betreffenden Verpflichtungen der DS-GVO sollten auch **flankierende Kooperations- und Unterstützungspflichten** für den/die im Innenverhältnis „unzuständigen" gemeinsam Verantwortlichen vorgesehen werden.[75]   145

Auch klarstellende[76], mit der Pflichtenverteilung korrespondierende, **Haftungs(freistellungs)regelungen** zwischen den gemeinsam Verantwortlichen sind empfehlenswert.[77]   146

aa) Sind die Funktionen und Beziehungen der gemeinsam Verantwortlichen untereinander und gegenüber den Betroffenen geregelt?

Zu Beginn der Vereinbarung sollten zunächst die tatsächlichen Funktionen und Beziehungen sowohl zwischen den gemeinsam Verantwortlichen als auch zu betroffenen Personen dargestellt werden, die dann gem. Art. 26 Abs. 2 S. 1 DS-GVO bei der internen Verantwortlichkeitszuweisung „gebührend wider[zu]spiegeln" sind (→ Rn. 144).   147

Es ist insbes. darzustellen, für welche Verarbeitungsvorgänge bzw. -phasen eine gemeinsame Verantwortlichkeit zwischen welchen gemeinsam Verantwortlichen besteht. Hierbei sollten das konkrete Zusammenwirken, insbes. die Datenströme, die jeweiligen Funktionen und Einflüsse der gemeinsam Verantwortlichen sowie deren jeweilige Stellung zu den betroffenen Personen konkretisiert werden.[78] Es bietet sich auch an, den Gegenstand bzw. die Reichweite der gemeinsamen Verantwortlichkeit negativ von etwaigen vor- bzw. nachgelagerten Datenverarbeitungsvorgängen abzugrenzen, für die nur (noch) eine Partei die datenschutzrechtliche Verantwortlichkeit trägt.   148

---

[73] Vgl. Paal/Pauly/*Martini* DS-GVO Art. 26 Rn. 30.
[74] Vgl. zu dieser Schutzwirkung auch Paal/Pauly/*Martini* DS-GVO Art. 26 DS-GVO, Rn. 10 sowie GSSV/ *Veil* DS-GVO Art. 26 Rn. 49.
[75] Vgl. Laue/Kremer Neues DatenschutzR/*Laue* § 1 Rn. 60.
[76] Zu einem möglichen gesetzlichen Schadensersatzanspruch aus Art. 82 DS-GVO im Verhältnis zwischen den gemeinsamen Verantwortlichen vgl. *Specht-Riemenschneider/Schneider*, MMR 2019, 503 (507).
[77] Vgl. Laue/Kremer Neues DatenschutzR/*Laue* § 1 Rn. 61.
[78] Vgl. dazu auch *Schreiber* ZD 2019, 55 (57) (Artikel 1).

149 | **Praxistipp:**

Die Darstellung sollte folgende Fragen beantworten:
- In Bezug auf welche Verarbeitungsvorgänge besteht eine gemeinsame Verantwortlichkeit?
- Zwischen welchen Stellen besteht die gemeinsame Verantwortlichkeit?
- Wie wirken die gemeinsam Verantwortlichen bei diesen Verarbeitungsvorgängen zusammen?
- In welcher Beziehung zu den betroffenen Personen stehen die gemeinsam Verantwortlichen jeweils?

bb) Ist geregelt, wie die Informationspflichten aus Art. 13, 14 DS-GVO erfüllt werden sollen?

150 Zum Pflichtbestandteil der Vereinbarung gehört nach Art. 28 Abs. 1 S. 2 DS-GVO die Zuweisung der Verantwortlichkeit für die Erteilung der Datenschutzinformationen nach Art. 13, 14 DS-GVO.

151 Hier sind verschiedenen Ausgestaltungen denkbar. So kann bspw. vereinbart werden, dass nur einer der gemeinsam Verantwortlichen die betroffenen Personen über alle Verarbeitungsvorgänge, bei denen die gemeinsame Verantwortlichkeit besteht, in einer zentralen Datenschutzinformation vollumfänglich informiert. Es ist auch denkbar, dass die gemeinsam Verantwortlichen die Datenschutzinformationen zu den verschiedenen Verarbeitungsvorgängen aufteilen und die Zuständigkeit jeweils demjenigen gemeinsam Verantwortlichen zuweisen, der in „engerem Kontakt" zur betroffenen Person steht und/oder über genauere Informationen zum jeweiligen Verarbeitungsvorgang verfügt. Welche Ausgestaltung gewählt werden sollte, hängt maßgeblich von den konkreten Umständen des Einzelfalls ab.

152 | **Praxistipp:**

Folgende Fragestellungen können für die „richtige" bzw. zweckmäßige Zuweisung der Zuständigkeit hilfreich sein:
- Wer verfügt ggf. an welchen Stellen über einen Berührungspunkt mit den betroffenen Personen?
- Wer verfügt über das genauere Wissen in Bezug auf die jeweiligen Verarbeitungsvorgänge?

153 Um sicherzustellen, dass der für die Erfüllung der Informationspflichten zuständige gemeinsam Verantwortliche über alle nach Art. 13, 14 DS-GVO erforderlichen Informationen verfügt, sollte eine **Unterstützungspflicht** der übrigen gemeinsam Verantwortlichen vereinbart werden. Das gilt insbes. für Fälle in denen ein gemeinsam Verantwortlicher zentral über alle Verarbeitungsvorgänge informieren soll. Die Unterstützung kann bspw. darin bestehen, dass die anderen gemeinsam Verantwortlichen Informationen oder Textbausteine zu den Verarbeitungsvorgängen, bei denen sie „im Lead" sind, zur Verfügung stellen, damit der Zuständige diese in die zentrale Datenschutzinformation „einbauen" kann. Zudem ist es auch sinnvoll, einen **Abstimmungs- bzw. Freigabemechanismus** zwischen den gemeinsam Verantwortlichen zu regeln.

154 | **Datenschutzinformationen als Träger des wesentlichen Inhalts der Vereinbarung**

Die Datenschutzinformationen aus Art. 13 DS-GVO und Art. 14 DS-GVO erscheinen auch sehr gut geeignet, um den betroffenen Personen darin inzident die wesentlichen

Schall

Inhalte der Vereinbarung zwischen den gemeinsam Verantwortlichen zur Verfügung zu stellen (→ Rn. 172 ff.).

cc) Ist geregelt, wie die Rechte der betroffenen Personen umgesetzt werden sollen?

Ebenfalls von zentraler Bedeutung und vom Gesetzgeber als Pflichtinhalt der Vereinba- **155** rung zwischen den gemeinsam Verantwortliche hervorgehoben, ist die Zuweisung der Verantwortlichkeit(en) für die Umsetzung der Rechte der betroffenen Personen. Dazu zählen vorrangig die **Rechte aus Kapitel 3 DS-GVO,** namentlich:
- Auskunftsrecht (Art. 15 DS-GVO),
- Recht auf Berichtigung (Art. 16 DS-GVO),
- Recht auf Löschung („Recht auf Vergessenwerden") (Art. 17 DS-GVO),
- Recht auf Einschränkung der Verarbeitung (Art. 18 DS-GVO),
- Recht auf Datenübertragbarkeit (Art. 20 DS-GVO),
- Widerspruchsrecht(e) (Art. 21 DS-GVO), sowie
- Recht auf Erwirkung des Eingreifens einer Person, auf Darlegung des eigenen Standpunktes und auf Anfechtung der Entscheidung im Falle automatisierter Entscheidungen im Einzelfall mit rechtlicher/beeinträchtigender Wirkung (Art. 22 Abs. 3 DS-GVO).

Sofern eine Verarbeitung in gemeinsamer Verantwortlichkeit auf der Grundlage einer **156** Einwilligung erfolgt (Art. 6 Abs. 1 S. 1 Buchst. a DS-GVO; Art. 9 Abs. 2 Buchst. a DS-GVO), sollte in diesem Zusammenhang auch die Verantwortlichkeit für die Umsetzung des **Widerrufsrechts nach Art. 7 Abs. 3 DS-GVO** geregelt werden.

Auch insoweit gilt – wie schon bei den Datenschutzinformationen (→ Rn. 150 ff.) –, **157** dass die **Zuweisung der internen Verantwortlichkeit** nicht zuletzt aufgrund des Wahrheitsgebots aus Art. 26 Abs. 2 S. 1 DS-GVO von **Zweckmäßigkeits- und Praktikabilitätserwägungen** geleitet sein muss.

Die bloße Zuweisung der Verantwortlichkeit an einen der gemeinsam Verantwortli- **158** chen alleine reicht zudem regelmäßig noch nicht aus, um eine effektive Wahrnehmung der Rechte der betroffenen Personen zu gewährleisten. Es sollten vielmehr auch **flankierende Mitteilungs-, Unterstützungs- und Abstimmungspflichten** der übrigen gemeinsam Verantwortlichen festgelegt werden.

Eine **Mitteilungspflicht** ist insbes. vor dem Hintergrund relevant, dass die **betroffe-** **159** **nen Personen nicht an die interne Zuständigkeitsverteilung gebunden** sind, sondern gem. Art. 26 Abs. 3 DS-GVO ihre Rechte bei und gegenüber jedem einzelnen der (gemeinsam) Verantwortlichen geltend machen können. Wendet sich bspw. eine betroffene Person an einen im Innenverhältnis zwischen den gemeinsam Verantwortlichen eigentlich „unzuständigen" Verantwortlichen, muss zumindest gewährleistet sein, dass dieser den Antrag unverzüglich an den „zuständigen" Verantwortlichen weiterleitet.

Praxishinweis: **160**
Auch wenn die betroffenen Personen ihre Rechte bei und gegenüber jedem einzelnen der gemeinsam Verantwortlichen geltend machen können, haben sie keinen Anspruch darauf, dass auch *der konkret kontaktierte* Verantwortliche ihre Rechte anschließend umsetzt.[79]

Auch für den Umsetzungsverantwortlichen können sich im Falle von Berichtigungs-, **161** Löschungs- und Einschränkungsbegehren entsprechende Mitteilungspflichten gegenüber den übrigen gemeinsam Verantwortlichen ergeben, insbes. wenn diese über einen eigenen – nicht synchronisierten – Datenbestand verfügen, in dem die Berichtigung, Löschung

---

[79] Vgl. dazu Gola/*Piltz* DS-GVO Art. 26 Rn. 25 f.

oder Einschränkung der Verarbeitung dann auch umgesetzt werden muss (vgl. Art. 19 S. 1 DS-GVO).

162 **Unterstützungspflichten** sind dann relevant, wenn dem Umsetzungsverantwortlichen bspw. nicht sämtliche Informationen, die zur Beantwortung eines Auskunftsbegehrens einer betroffenen Person erforderlich sind, unmittelbar selbst vorliegen und er daher auf entsprechenden Input von den anderen gemeinsam Verantwortlichen angewiesen ist.

163 Gerade für kompliziertere Betroffenenanfragen kann auch die Vereinbarung eines **Abstimmungsmechanismus** zwischen den gemeinsam Verantwortlichen sinnvoll sein, um zu gewährleisten, dass die konkrete Beantwortung/Umsetzung der Anfrage von allen gemeinsam Verantwortlichen „mitgetragen" wird.

164 | Praxistipp:
Im Idealfall vereinbaren die gemeinsam Verantwortlichen gleich entsprechende Prozesse, in denen die jeweiligen Rollen (zB anhand des sog. RACI-Modells[80]) festgelegt sowie der Ablauf zur Beantwortung/Umsetzung der verschiedenen Betroffenenanfragen jeweils vom Eingang bis zur Beantwortung des Begehrens beschrieben werden.

dd) Ist eine zentrale Anlaufstelle für die betroffenen Personen festgelegt? *(fakultativ)*

165 Nach Art. 26 Abs. 1 S. 3 DS-GVO kann in der Vereinbarung auch eine Anlaufstelle für die betroffenen Personen angegeben werden. Wie sich aus dem Wortlaut („kann") ergibt, ist die Festlegung einer solchen zentralen Anlaufstelle nicht zwingend. Gleichwohl ist eine solche Regelung insbes. im Zusammenhang mit der Wahrnehmung von Betroffenenrechten sehr sinnvoll, um Anträge von betroffenen Personen gleich in die „richtigen Bahnen" zu leiten. Dies gilt ungeachtet der Tatsache, dass die betroffenen Personen nach Art. 26 Abs. 3 DS-GVO ihre Rechte (theoretisch) bei und gegenüber jedem einzelnen der gemeinsam Verantwortlichen geltend machen können.

ee) Erfolgt auch eine Zuweisung von Verantwortlichkeiten bezüglich der Umsetzung der übrigen Verpflichtungen aus der DS-GVO?

166 Auch wenn der Gesetzgeber die Informationspflichten sowie die Verpflichtungen im Zusammenhang mit der Wahrnehmung von Betroffenenrechte besonders hervorgehoben hat, muss gem. Art. 26 Abs. 1 S. 2 DS-GVO eine solche **Verantwortlichkeitsallokation auch für die übrigen – an einen „Verantwortlichen" adressierten – Verpflichtungen der DS-GVO** erfolgen („Sie legen in einer Vereinbarung in transparenter Form fest, wer von ihnen welche Verpflichtung gemäß dieser Verordnung erfüllt, insbesondere […]").

167 Es bietet sich insoweit an – zB eingangs der Vereinbarung – eine **allgemeine Regelung** zu treffen, wonach (auch intern) jeder Einzelne der gemeinsam Verantwortlichen grds. für die Einhaltung und Umsetzung der Verpflichtungen der DS-GVO selbst zuständig und verantwortlich ist, soweit in den weiteren Regelungen der Vereinbarung keine konkrete Zuständigkeits- und Verantwortlichkeitsallokation erfolgt.

168 Gleichwohl sollte eine solche konkrete interne Zuständigkeits-/Verantwortlichkeitsallokation dann nicht nur in Bezug auf die Informationspflichten und Rechte der betroffenen Personen erfolgen. Insbes. bei den nachfolgend genannten DS-GVO-Verpflichtungen bietet sich ebenfalls eine **zentralisierte und koordinierte Umsetzung** durch einen oder mehrere gemeinsam Verantwortliche in Bezug auf die in gemeinsamer Verantwortlichkeit durchgeführten Verarbeitungen an:

---

[80] Vgl. dazu https://de.wikipedia.org/wiki/RACI (zuletzt abgerufen am 28.2.2020).

- Erstellung der Dokumentation für das **Verzeichnis der Verarbeitungstätigkeiten** nach Art. 30 Abs. 1 DS-GVO,
- Umsetzung von **Privacy by Design** (Art. 25 DS-GVO) und/oder **Risikobewertung** der Verarbeitung(en) und ggf. Durchführung einer diesbezüglichen **Datenschutz-Folgenabschätzung** nach Art. 35 f. DS-GVO[81],
- Gewährleistung risikoadäquater **technischer und organisatorischer Maßnahmen** sowie – sofern relevant –
- Regelungen zur **Legitimation eines etwaigen Drittlandtransfers** von personenbezogenen Daten.

Wie bei den Betroffenenrechten, sollten zudem auch für die Dokumentations- und Meldeverpflichtungen im Zusammenhang mit **Verletzungen des Schutzes personenbezogener Daten (Art. 4 Nr. 12 DS-GVO) („Datenpannen"; „Data Breaches")** nach Art. 33, 34 DS-GVO neben einer – zweckmäßigen – Zuweisung der konkreten oder von bestimmten Bedingungen abhängigen[82] Durchführungsverantwortlichkeit auch flankierende Melde-, Unterstützungs- und Abstimmungspflichten oder im Idealfall sogar ein entsprechender Prozess für das „Data Breach"-Management geregelt werden. 169

Weitere sinnvolle Regelungsinhalte könnten bspw. sein: 170

- Regelungen zum **Change Management** (zB insbes. bei geplanten Änderungen am Zweck oder den wesentlichen Mittel der Verarbeitung),
- Festlegung der **entscheidungsbefugten Niederlassung** der gemeinsam Verantwortlichen (relevant für Bestimmung der federführenden Aufsichtsbehörde)[83] und
- Regelung zur **Bestellung eines (gemeinsamen) Datenschutzbeauftragten.**

Grundlegende Verpflichtungen wie die Beachtung der **Grundsätze der Datenverarbeitung** aus Art. 5 DS-GVO, allen voran die **Rechtmäßigkeit der Verarbeitung** (Art. 5 Abs. 1 Buchst. a DS-GVO iVm Art. 6, 9 DS-GVO), sollen hingegen – auch im Innenverhältnis – nicht (weg-)delegiert werden können.[84] Die gemeinsam Verantwortlichen sollten daher gemeinsam über die einschlägige(n) Rechtsgrundlage der Verarbeitung(en) entscheiden und diese ggf. auch bei der Beschreibung der Verarbeitung(en) vertraglich fixieren. Der für die Datenschutzinformationen zuständige gemeinsam Verantwortliche muss die Rechtsgrundlage(n) dann ohnehin mit in die Datenschutzinformationen aufnehmen (Art. 13 Abs. 1 Buchst. c DS-GVO bzw. Art. 14 Abs. 1 Buchst. c DS-GVO). 171

3. Anforderungen an die Implementierung

a) Werden die wesentlichen Inhalte der Vereinbarung den betroffenen Personen zur Verfügung gestellt?

Nach Art. 28 Abs. 2 S. 2 DS-GVO ist das „wesentliche" der Vereinbarung den betroffenen Personen zur Verfügung zu stellen. 172

Was zu den **wesentlichen Inhalten** der Vereinbarung gehört, wird nicht weiter definiert. Sinn und Zweck dieser Regelung dürfte die Herstellung von Transparenz für die betroffenen Personen sein, damit diese ihre Rechte genauso effektiv wie gegenüber einem einzelnen Verantwortlichen wahrnehmen können. Dementsprechend erscheint es ausreichend, wenn den betroffenen Personen die **Beschreibung der in gemeinsamer Verantwortlichkeit erfolgenden Verarbeitung(en)**, die jeweiligen **Funktionen und Be-** 173

---

[81] Zur Datenschutz-Folgenabschätzung bei gemeinsamer Verantwortlichkeit vgl. auch *Dovas* ZD 2016, 512 (516).

[82] Die Durchführungsverantwortlichkeit muss nicht immer zwingend direkt einem bestimmten gemeinsam Verantwortlichen zugewiesen werden. Es könnte in diesem Zusammenhang bspw. auch eine generische Regelung gewählt werden, nach dem die Verantwortlichkeit grds. demjenigen treffen soll, in dessen Sphäre sich die Datenpanne ereignet hat.

[83] Vgl. auch *Art. 29-Datenschutzgruppe*, WP 244 rev.01 v. 5. 4. 2017, S. 8 f.

[84] So GSSV/*Veil* DS-GVO Art. 26 Rn. 55; *Lezzi/Oberlin* ZD 2018, 398 (402).

ziehung der gemeinsam Verantwortlichen ihnen gegenüber (→ Rn. 147 ff.) sowie die **Verantwortlichkeiten und ggf. Anlaufstelle für die Geltendmachung der Betroffenenrechte** (→ Rn. 155 ff.) offengelegt werden. Die Regelung zur Verteilung und Zuweisung der übrigen Verpflichtungen der DS-GVO haben hingegen keine unmittelbare Relevanz für betroffenen Personen und müssen daher – ebenso wenig wie dies bei einem einzelnen Verantwortlichen der Fall wäre – nicht zur Verfügung gestellt werden.[85] So muss bspw. nicht offengelegt werden, wer intern für die Dokumentation der Verarbeitung(en) im Verzeichnis der Verarbeitungstätigkeiten oder die Durchführung einer etwaig erforderlichen Datenschutz-Folgenabschätzung etc. zuständig ist. Selbiges gilt für die Regelungen betreffend die Informations- und Meldepflichten nach Art. 13, 14 DS-GVO bzw. Art. 33, 44 DS-GVO. Die betroffenen Personen werden hier nämlich automatisch mit dem intern zuständigen gemeinsam Verantwortlichen konfrontiert, der ihnen die Informationen über die Datenverarbeitung(en) und/oder eine etwaige Verletzung des Schutzes ihrer personenbezogenen Daten proaktiv mitteilen muss.

174   Die wesentlichen Inhalte werden den betroffenen Personen in der Praxis am besten **iRd Datenschutzinformationen** nach Art. 13, 14 DS-GVO zur Verfügung gestellt.[86] Es ist hierbei nicht zwingend erforderlich, dass der genaue Wortlaut der relevanten Regelungen der Vereinbarung zur Verfügung gestellt wird. Mit Blick auf den Sinn und Zweck der Regelung erscheint es vielmehr ausreichend, wenn die relevanten Festlegungen und Inhalte der Vereinbarung direkt in die entsprechenden Informationen, insbes. zur betreffenden Datenverarbeitung (Zwecke, Rechtsgrundlage etc.), zum Verantwortlichen (vgl. Art. 13 Abs. 1 Buchst. a DS-GVO; Art. 14 Abs. 1 Buchst. a DS-GVO), zu den Empfängern (vgl. Art. 13 Abs. 1 Buchst. e DS-GVO; Art. 14 Abs. 1 Buchst. e DS-GVO) und zu den Betroffenenrechten (Art. 13 Abs. 2 Buchst. b DS-GVO; Art. 14 Abs. 2 Buchst. c DS-GVO) integriert werden.

b) Ist eine schnelle und reibungslose Kommunikation zwischen den gemeinsam Verantwortlichen gewährleistet?

175   Für die Umsetzung der geregelten Mitteilungs-, Unterstützungs- und Abstimmungspflichten ist es erforderlich, dass eine schnelle und reibungslose Kommunikation zwischen den gemeinsam Verantwortlichen gewährleistet ist. Dies setzt klare Regelungen zur Kommunikation voraus. Es sollten insbes. die **jeweiligen Ansprechpartner** und – soweit vorhanden – der/die Datenschutzbeauftragte(n) mit deren Kontaktdaten sowie **Form und Mittel der Kommunikation** klar festgelegt und in der Praxis dann auch eingehalten werden.

---

[85] AA offenbar GSSV/*Veil* DS-GVO Art. 26 Rn. 65.
[86] Ähnl. Gola/*Piltz* DS-GVO Art. 26 Rn. 21.

Kapitel 12. Drittlandtransfers

Literatur:
Art. 29-Datenschutzgruppe, Arbeitsdokument 01/2014 zum Entwurf von Ad-hoc-Vertragsklauseln „EU-Datenverarbeiter an Unterauftragsverarbeiter außerhalb der EU", WP 214; *Art. 29-Datenschutzgruppe,* Arbeitsdokument mit einer Übersicht über die Bestandteile und Grundsätze verbindlicher interner Datenschutzvorschriften (BCR) WP 256/rev.01 vom 6.2.2018; *DSK Datenschutzkonferenz,* Kurzpapier Nr. 4 Datenübermittlung in Drittländer vom 11.7.2018; *DSK Datenschutzkonferenz,* Kurzpapier Nr. 13 Auftragsverarbeitung nach Art. 28 DS-GVO vom 16.1.2018; *Grapentin,* Haftung und anwendbares Recht im internationalen Datenverkehr, CR 2011, 102; *Hoeren,* Datenschutz: Jetzt wird's ernst – Großbritannien wird Drittland, MMR 2018, 53; *Kuner/Hladjk,* Die alternativen Standardvertragsklauseln der EU für internationale Datenübermittlungen, RDV 2005, 193; *Lejeune,* Datentransfer in das außereuropäische Ausland. Hinweise zur Lösung aktueller Fragestellungen, ITRB 2005, 94.

A. Einführung

„Jedwede Übermittlung personenbezogener Daten (…) an ein Drittland oder eine internationale 1 Organisation (…) ist nur zulässig, wenn der Verantwortliche und der Auftragsverarbeiter die in diesem Kapitel niedergelegten Bedingungen (…) und auch die sonstigen Bestimmungen dieser Verordnung eingehalten werden", Art. 44 DS-GVO.

Die DS-GVO hebt das Datenschutzrecht in der EU und dem EWR auf ein einheitli- 2 ches Niveau. Länder außerhalb davon werden auch als **„Drittländer"** bezeichnet. Das Schutzniveau soll durch eine Übermittlung und Verarbeitung in Ländern (oder internationale Organisationen), die der Jurisdiktion der EU nicht unterfallen, nicht umgangen werden. Daher sind derartige Übermittlungen dann zulässig, wenn angemessene Garantien gemäß Kapitel V der DS-GVO ein vergleichbares Schutzniveau sicherstellen. Die DS-GVO will weltweite Datenströme demnach nicht unterbinden, sondern den Betroffenen angemessen schützen. Folgerichtig verbieten Art. 44 S. 2 DS-GVO und Erwgr. 101 DS-GVO die Umgehung der Vorschriften des Kapitels V der DS-GVO (zu Drittlandtransfers).[1]

B. Erläuterungen zur Checkliste

I. Vorliegen eines Drittlandtransfers

1. Handelt es sich um ein Drittland oder eine internationale Organisation?

Ein Drittland iSd DS-GVO ist jeder Staat, der **nicht Mitgliedstaat der Europäi-** 3 **schen Union** oder gem. Art. 335 AEUV vom Anwendungsbereich der europäischen Verträge ausgenommen ist.[2] In den **EWR-Staaten Liechtenstein, Norwegen und Island ist die DS-GVO am 20.7.2018** in Kraft getreten, sodass es sich **nicht mehr um Drittstaaten handelt.**[3] Der Begriff der **internationalen Organisation** ist in Art. 4 Nr. 26 DS-GVO definiert als eine völkerrechtliche Organisation und ihre nachgeordneten Stellen oder jede sonstige Einrichtung, die durch eine zwischen zwei oder mehr Ländern geschlossene Übereinkunft, oder auf Grundlage einer solchen Übereinkunft geschlossen wurde. Der Begriff umfasst also zB internationale humanitäre Organisationen

---

[1] Taeger/Gabel/*Gabel* DS-GVO Art. 44 Rn. 17.
[2] Ehmann/Selmayr/*Zerdick* DS-GVO Art. 44 Rn. 10.
[3] *Wybitul/Ströbel/Reuß* ZD 2027, 503.

oder Organisationen der UN, OECD, **nicht jedoch Nichtregierungsorganisationen (NGO)** wie die Welt-Anti-Doping-Agentur (WADA).[4]

4   Durch den **„Brexit"** wurde die Anzahl der europäischen Drittländer um Großbritannien und Nordirland erweitert.[5] Im Falle eines „No-Deal-Szenarios" werden keine datenschutzrechtlichen Privilegierungen der Verarbeitungsprozesse personenbezogener Daten bestehen.[6] Gem. der zwischen der EU und Großbritannien im Austrittsvertrag (in Art. 70ff.) vorgesehenen Übergangsregelung gilt der EU-Datenschutz bis zum 31. 12. 2020. Daher dürfte die Drittlandeigenschaft erst ab dem 1. 1. 2021 eintreten.

2. Werden personenbezogene Daten an ein Drittland oder eine internationale Organisation übermittelt?

5   Die DS-GVO definiert die Übermittlung nicht, erfasst gleichwohl gem. Art. 44 S. 1 DS-GVO „jedwede" Übermittlung in ein Drittland. Allerdings spricht Art. 4 Nr. 2 DS-GVO von **„Offenlegung durch Übermittlung"** und Erwgr. 101 setzt die Übermittlung ohne nähere Spezifizierung mit „Datenströmen" gleich. Aufgrund des schon unter der DSRL gebotenen weiten Verständnisses der Übermittlung ist eine tatsächliche Kenntnisnahme nicht erforderlich. Die Übermittlung ist vielmehr abgeschlossen, wenn einer Stelle Zugriffsrechte eingeräumt wurden.[7] In Abgrenzung zur Datenschutzverletzung gem. Art. 4 Nr. 12 DS-GVO enthält das Tatbestandsmerkmal Übermittlung aber ein subjektives Element: die Daten müssen wissentlich bereitgestellt worden sein.

6   **Die Offenlegung ist also jede Verschaffung der Gelegenheit zur Kenntnisnahme von personenbezogenen Daten.**[8]

Offenlegung liegt zum Beispiel vor, wenn eine, sich in der EU befindende Person auf einer Webseite postet, deren Host sich ebenfalls in der EU befindet, zu dem jedoch aus einem Drittland eine Zugriffsmöglichkeit besteht.[9] Dies wäre etwa bei Softwaresupport aus den USA oder Indien der Fall, wenn faktische Zugriffsmöglichkeiten auf die personenbezogenen Daten iRd Unterstützungsleistungen bestehen.

3. Werden Daten an einen Verantwortlichen oder Auftragsverarbeiter in das unmittelbare Drittland oder ein weiteres Drittland übermittelt?

7   Für die Praxis besonders relevant ist die Frage, ob sich der Anwendungsbereich der Art. 44ff. DS-GVO mit der **„ersten" Übermittlung in ein Drittland erschöpft,** oder ob die Verpflichtungen auch für nachfolgende Datentransfer innerhalb des Drittlandes bzw. in andere Drittländer gelten. Nach Art. 44 S. 1 Hs. 2 DS-GVO gelten die Anforderungen jedoch auch dann, wenn sich die Daten bereits in einem Drittland befinden und diese an einen anderen Verantwortlichen oder Auftragsverarbeiter übermittelt werden. Ausweislich des Wortlauts **gilt dies für Übermittlungen innerhalb desselben Drittlands, aber auch für Übermittlungen an Verantwortliche oder Auftragsverarbeiter in anderen Drittländern.**[10]

---

[4] Ehmann/Selmayr/*Zerdick* DS-GVO Art. 44 Rn. 11; Paal/Pauly/*Pauly* DS-GVO Art. 44 Rn. 8.
[5] Europäische Kommission, Notice to Stakeholders, S. 1: https://ec.europa.eu/info/sites/info/files/file_im port/data_protection_en.pdf (zuletzt abgerufen am 24.6.2019).
[6] Europäische Kommission, COM(2018) 880 final, S. 11: https://ec.europa.eu/info/sites/info/files/file_im port/data_protection_en.pdf (zuletzt abgerufen am 24.6.2019).
[7] Ehmann/Selmayr/*Zerdick* DS-GVO Art. 44 Rn. 7; Kühling/Buchner/*Schröder* DS-GVO Art. 44 Rn. 16.
[8] Kühling/Buchner/*Herbst* DS-GVO Art. 4 Nr. 2 Rn. 29.
[9] EuGH MMR 2004, 95 Rn. 25 – Lindqvist; GRUR 2014, 895 Rn. 28 – Google Spain und Google; HK-DS-GVO/*Reimer* DS-GVO Art. 4 Rn. 70.
[10] Ausführlich zur sprachlichen Ungenauigkeit der Formulierung: Kühling/Buchner/*Schröder* DS-GVO Art. 44 Rn. 19.

Als Konsequenz daraus gilt: unterfallen Daten erst einmal der DS-GVO, darf das 8
Schutzniveau auch bei Datenexport nicht mehr unterschritten werden. Es soll keinen
„(Un-)Safe Harbour" für Verarbeitungen personenbezogener Daten geben.

4. Handelt es sich um eine Übermittlung durch Offenlegung seitens eines Verantwortlichen oder Auftragsverarbeiters?

Die DSRL sprach in deren Art. 25 Abs. 1 DS-GVO nur von „Daten die Gegenstand 9
einer Verarbeitung sind oder nach der Übermittlung verarbeitet werden sollen", womit
sich die Vorschrift der DSRL nur an Verantwortliche richtete. Obwohl die DS-GVO an
einigen Stellen zwischen Rechten und Pflichten von Verantwortlichen und Auftragsverarbeitern unterscheidet,[11] hält die DS-GVO an der Konzeption der DSRL in diesem Punkt
nicht fest. Aus der etwas kryptischen Formulierung: „Daten, die bereits verarbeitet werden (…) oder nach Übermittlung (…) verarbeitet werden sollen" wird jedoch verdeutlicht, dass bei einer Übermittlung in ein Drittland gerade **nicht unterschieden wird, ob
ein Verantwortlicher oder ein Auftragsverarbeiter die Daten überträgt bzw. erhält.**

Beispiel: Typische Fälle der Datenübermittlung in Drittländer zur Auftragsverarbeitung sind: 10
Support, Cloud-Computing, oder Fernzugriffe.[12]

II. Zulässigkeit eines Drittlandtransfers

Die Prüfung der Zulässigkeit einer Übermittlung in einen Drittstaat erfolgt in **zwei Stu-** 11
fen.[13] Als erstes wird die Übermittlung nach den allgemeineren Grundsätzen beurteilt.
Hier werden die allgemeinen Anforderungen einer Übermittlung wie auch an einen europäischen Empfänger geprüft. Auf der zweiten Stufe ist die Einhaltung der spezifischen
Vorschriften für den Drittlandtransfer nach Art. 44 ff. DS-GVO gefragt.

1. Ist die Übermittlung per se mit der DS-GVO vereinbar (1. Stufe)?

Die Regelungen des Art. 44 DS-GVO enthalten keine über Art. 6 Abs. 1 DS-GVO 12
hinausgehenden Rechtsgrundlagen zur Datenverarbeitung, sondern stellen vielmehr zusätzliche Anforderungen an die Drittstaatenbeteiligung. **Auf der ersten Stufe wird beurteilt, ob eine Datenweitergabe an ein Unternehmen**, eine Organisation oder Behörde gem. den allgemeinen Grundsätzen über die Datenverarbeitung nach Art. 5 ff.
DS-GVO (→ Kap. 2, Rn. 13 ff.; → Kap. 4 Rn. 73 ff.) zu dem vorgesehenen Zweck überhaupt zulässig wäre, wenn der Empfänger in der EU residierte. Die Prüfung beschränkt
sich dabei nicht nur auf Art. 5 und 6 DS-GVO (vor allem Rechtsgrundlage), sondern
beinhaltet auch alle anderen – nicht drittlandspezifischen – Regelungen der DS-GVO.
Also zum Beispiel auch Informationspflichten oder die Dokumentation im Verarbeitungsverzeichnis.[14]

Sollte sich bereits hier die Unzulässigkeit der Verarbeitung herausstellen, erübrigt sich 13
die Prüfung auf der 2. Stufe.

---

[11] Wie zB Erfordernis einer eigenen Rechtsgrundlage, Melde- und Benachrichtungspflicht sowie Betroffenenrechte.
[12] *DSK,* Kurzpapier Nr. 13, 16. 1. 2018, S. 3 f.
[13] *DSK,* Kurzpapier Nr. 4, 22. 7. 2019, S. 1.; Taeger/Gabel/*Gabel* DS-GVO Art. 44 Rn. 14.
[14] BeckOK DatenschutzR/*Kamp* DS-GVO Art. 44 Rn. 30.

2. Liegt einer der (abschließenden) Rechtfertigungsgründe für einen Drittlandtransfer vor (2. Stufe)?

14   Die Art. 44 ff. DS-GVO sehen die „Übermittlung auf der Grundlage eines Angemessenheitsbeschlusses" (→ Rn. 14 ff.), „Datenübermittlung vorbehaltlich geeigneter Garantien" (→ Rn. 34 ff.), „verbindliche interne Datenschutzvorschriften" (→ Rn. 21 ff.) und Einzelgenehmigungen als Mitigierung von Übermittlungen vor. Ferner sind gem. Art. 49 DS-GVO Ausnahmen von den Beschränkungen der Drittlandtransfers möglich (→ Rn. 45 ff.). Dabei ist es ausreichend, **wenn einer der Rechtfertigungsgründe erfüllt ist.**

a) Handelt es sich um einen Drittlandtransfer auf der Grundlage eines Angemessenheitsbeschlusses (Art. 45 DS-GVO)?

15   Die simpelste Rechtfertigung einer Drittstaatenübermittlung wird durch einen Angemessenheitsbeschluss der EU-Kommission ermöglicht. In diesem Fall bedarf der Transfer keiner gesonderten Genehmigung. Nach Art. 45 DS-GVO beschließt die Kommission, „dass ein Drittland, ein Gebiet oder ein oder mehrere spezifische Sektoren in diesem Drittland oder die betreffende internationale Organisation ein angemessenes Schutzniveau bietet.", wenn die Voraussetzungen des Art. 45 Abs. 2 DS-GVO erfüllt sind. Die Anforderungen in Art. 45 DS-GVO sind nicht abschließend oder konstitutiv. Die Behörde ist lediglich verpflichtet, diese Kriterien „insbesondere" zu „berücksichtigen".

aa) Hat die EU-Kommission beschlossen, dass in dem betreffenden Drittland ein angemessenes Datenschutzniveau besteht?

16   Die Kommission hat bisher noch keine Angemessenheitsbeschlüsse nach der DS-GVO erlassen außer für Japan. Südkorea erfüllt mit der Einführung von umfassenden Datenschutzregelungen wohl die Anforderungen für einen Angemessenheitsbeschluss nach der DS-GVO, sodass die Kommission einen solchen vorbereitet.[15] **Bereits erlassene Angemessenheitsbeschlüsse nach Art. 25 Abs. 6 DSRL gelten aus Gründen der Rechtssicherheit** und Vertrauensschutz **fort,** sofern die Kommission diese nicht ändert, ersetzt oder aufhebt.

17   Bisher wurden Angemessenheitsbeschlüsse für folgende Drittstaaten erlassen:
  – Europa: Andorra[16]; Färöer Inseln[17]; Guernsey[18]; Isle of Man[19]; Jersey[20]; Schweiz[21];

---

[15] Ehmann/Selmayr/*Zerdick* DS-GVO Art. 45 Rn. 25.

[16] Beschluss der Kommission vom 19.10.2010 gemäß der Richtlinie 95/46/EG des Europäischen Parlaments und des Rates über die Angemessenheit des Datenschutzniveaus in Andorra (ABl. Nr. L 277 S. 27).

[17] Beschluss der Kommission vom 5.3.2010 gemäß der Richtlinie 95/46/EG des Europäischen Parlaments und des Rates über die Angemessenheit des Schutzniveaus, den das färöische Gesetz über die Verarbeitung personenbezogener Daten bietet (ABl. Nr. L 58 S. 17).

[18] Entscheidung der Kommission vom 21.11.2003 über die Angemessenheit des Schutzes personenbezogener Daten in Guernsey (ABl. Nr. L 308 S. 27).

[19] Entscheidung 2004/411/EG der Kommission vom 28.4.2004 über die Angemessenheit des Schutzes personenbezogener Daten auf der Insel Man (ABl. Nr. L 151, S. 51, ber. L 208, S. 47).

[20] Entscheidung der Kommission vom 8.5.2008 gemäß der Richtlinie 95/46/EG des Europäischen Parlaments und des Rates über die Angemessenheit des Datenschutzniveaus in Jersey (ABl. Nr. L 138 S. 21).

[21] Entscheidung der Kommission vom 26.7.2000 gemäß der Richtlinie 95/46/EG des Europäischen Parlaments und des Rates über die Angemessenheit des Schutzes personenbezogener Daten in der Schweiz (ABl. Nr. L 215 S. 1); sa Kommissions-Bewertungsbericht SEC (2004) 1322.

- Amerika: Argentinien[22]; Kanada[23]; Uruguay[24]; USA (EU-US Privacy Shield);[25]
- Sonstige: Israel[26]; Neuseeland[27]; Japan[28]

bb) Ist das Unternehmen vom EU-US Privacy Shield erfasst?

Hat sich ein in den USA ansässiges Unternehmen dem EU-US-Privacy Shield unter- **18**
worfen, wird dadurch der Nachweis eines vergleichbaren Datenschutzniveaus nachgewiesen. Personenbezogene Daten dürfen dann in die USA transferiert werden. Eine jeweils
aktuelle Liste der registrierten Unternehmen ist im Internet abrufbar.[29] Im Gegensatz zu
anderen **Angemessenheitsbeschlüssen,** attestiert der Privacy Shield das vergleichbare
Datenschutzniveau **nicht für das ganze Land, sondern nur für registrierte Unternehmen.**

Der Privacy Shield ist ein Abkommen zwischen der Europäischen Union und den **19**
USA, welches am 1.8.2016 in Kraft getreten ist und das Safe-Harbor Abkommen ablös-
te.[30] Es handelt sich um ein Abkommen, das die Übermittlung und Verarbeitung von personenbezogenen Daten aus der EU in den Vereinigten Staaten legitimiert und die Schwächen des vorherigen sog. Safe-Harbor Abkommens weitestgehend beheben soll.[31] Streng
genommen, handelt es sich um einen **Angemessenheitsbeschluss** der Kommission nach
Art. 45 DS-GVO. Im Vordergrund steht das Prinzip der Selbstzertifizierung. US amerika-
nische Unternehmen versichern freiwillig, die Anforderungen des Abkommens einzuhalten und sich bestimmten Grundprinzipien des US Department of Commerce (US-Handelsministerium) zum Umgang mit personenbezogenen Daten zu unterwerfen.[32] Der EU-
US Privacy Shield enthält grds. strengere Auflagen als das jeweils anwendbare amerikani-
sche Datenschutzrecht, weshalb das US-Handelsministerium die teilnehmenden US-Un-
ternehmen in regelmäßigen Abständen auf die Einhaltung der Auflagen kontrollieren
muss.[33] Besondere Anforderungen gelten in den Bereichen Transparenz der Verarbeitung,
Rechte betroffener Personen und der Einrichtung einer Beschwerdestelle. Die Rechte der

---

[22] Entscheidung der Kommission vom 30.6.2003 gemäß der Richtlinie 95/46/EG des Europäischen Parlaments und des Rates über die Angemessenheit des Datenschutzniveaus in Argentinien (ABl. Nr. L 168
S. 19).
[23] Entscheidung der Kommission vom 20.12.2001 gemäß der Richtlinie 95/46/EG des Europäischen Parlaments und des Rates über die Angemessenheit des Datenschutzes, den das kanadische Personal Information Protection and Electronic Documents Act bietet (ABl. Nr. L 2 S. 13); sa Kommissions-Bewertungsbericht SEC(2006) 1520.
[24] Durchführungsbeschluss der Kommission vom 21.8.2012 gemäß der Richtlinie 95/46/EG des Europäischen Parlaments und des Rates über die Angemessenheit des Datenschutzniveaus in der Republik Östlich
des Uruguay im Hinblick auf die automatisierte Verarbeitung personenbezogener Daten (ABl. Nr. L 227
S. 11).
[25] Durchführungsbeschluss (EU) 2016/1250 der Kommission vom 12.7.2016 gemäß der Richtlinie 95/46/
EG des Europäischen Parlaments und des Rates über die Angemessenheit des vom EU-US-Datenschutz-
schild gebotenen Schutzes (ABl. Nr. L 207 S. 1).
[26] Beschluss der Kommission vom 31.1.2011 gemäß der Richtlinie 95/46/EG des Europäischen Parlaments
und des Rates über die Angemessenheit des Datenschutzniveaus im Staat Israel im Hinblick auf die automatisierte Verarbeitung personenbezogener Daten (ABl. Nr. L 27 S. 39).
[27] Durchführungsbeschluss der Kommission vom 19.12.2012 gemäß der Richtlinie 95/46/EG des Europäischen Parlaments und des Rates über die Angemessenheit des Datenschutzniveaus in Neuseeland (ABl.
Nr. L 28 S. 12).
[28] Durchführungsbeschluss (EU) 2019/419 der Kommission vom 23.1.2019 nach der Verordnung (EU)
2016/679 des Europäischen Parlaments und des Rates über die Angemessenheit des Datenschutzniveaus
in Japan im Rahmen des Gesetzes über den Schutz personenbezogener Informationen (ABl. 2019 L 76,
1).
[29] https://www.privacyshield.gov/list (zuletzt abgerufen am 24.6.2019).
[30] HK-DS-GVO/V. *Towfigh/Ulrich* DS-GVO Art. 44 Rn. 14.
[31] Paal/Pauly/*Pauly* DS-GVO Art. 45 Rn. 14.
[32] Ehmann/Selmayr/*Zerdick* DS-GVO Art. 45 Rn. 28.
[33] Gola/*Klug* DS-GVO Art. 45 Rn. 11. Allerdings nunmehr auch in Kalifornien hoher Verbraucher-Daten-
schutz durch den Caifornia Consumer Privacy Act (CCPa).

Einzelnen sollen also auch dadurch gestärkt werden, dass sie sich bei Verletzung ihrer Rechte oder Daten an eine Beschwerdestelle in den USA wenden können.[34] Betroffene Personen können über einen Ombudsmann, sogar von Europa aus, eine Schlichtungsstelle anrufen, um Datenschutzverletzungen geltend zu machen oder Auskünfte über die Verwendung der Daten zu erhalten.[35]

cc) Wurde dieser Angemessenheitsbeschluss durch die EU-Kommission auch nicht abgeändert?

20   Die **Kommission ist gem. Art. 45 Abs. 5 DS-GVO berechtigt, den Angemessenheitsbeschluss in Form eines Durchführungsrechtsaktes zu widerrufen, abzuändern oder aussetzen,** sofern sich nach einer Prüfung ergibt, dass ein Drittland oder eine internationale Organisation **kein angemessenes Schutzniveau** iSd Art. 45 Abs. 2 DS-GVO gewährleistet. Dies resultiert aus der Pflicht der Kommission gem. Art. 45 Abs. 4 DS-GVO fortlaufend die Entwicklungen in Drittländern und bei internationalen Organisationen und damit getroffene Angemessenheitsentscheidungen zu überprüfen. Die Überprüfung ist in regelmäßigen Abständen vorzunehmen, insbes. dann, wenn Anhaltspunkte vorliegen, die Zweifel am angemessenen Schutzniveau erwecken.[36] Für die Abänderung, Aussetzung und den Widerruf ist ein Dringlichkeitsverfahren vorgesehen. Im nächsten Schritt nimmt die Kommission gem. Art. 45 Abs. 6 DS-GVO Beratungen mit dem betreffenden Drittland bzw. der betreffenden internationalen Organisation auf, um Abhilfe für die Situation zu schaffen, die zu dem gem. Art. 45 Abs. 5 DS-GVO erlassenen Beschluss geführt hat. Art. 45 Abs. 7 DS-GVO sieht vor, dass trotz Abänderung, Aussetzung oder Widerruf des Angemessenheitsbeschlusses der Datentransfer in ein Drittland oder an eine internationale Organisation auf Grundlage der Art. 46 bis 49 DS-GVO erfolgen kann. Allerdings stellt die Möglichkeit des Widerrufs eines bereits erlassenen Angemessenheitsbeschlusses die ultima ratio dar.[37] Es kann daher von einer zurückhaltenden Anwendung ausgegangen werden, schließlich wird zunächst versucht, auf ein angemessenes Schutzniveau hinzuwirken.

Die Funktionsweise des Privacy Shields wird bspw. jährlich durch die EU-Kommission und das US-Handelsministerium, unter Beteiligung amerikanischer Nachrichtendienste gemeinsam überprüft.[38]

b) Handelt es sich um einen Drittlandtransfer auf der Grundlage von Standarddatenschutzklauseln (Art. 46 DS-GVO)?

21   Auch wenn die EU Kommission keinen Angemessenheitsbeschluss für ein Drittland erlassen hat, kann eine Übermittlung nach Art. 46 Abs. 1 DS-GVO zulässig sein, wenn geeignete Garantien zur Sicherung des Datenschutzniveaus vorgesehen sind und betroffene Personen durchsetzbare Rechte und wirksame Rechtsbehelfe zur Verfügung stehen. Begrifflich stellt Art. 46 DS-GVO höhere Anforderungen an das Datenschutzniveau: nach Art. 45 DS-GVO reicht der Angemessenheitsbeschluss wohingegen die Standarddatenschutzklauseln das angemessene Schutzniveau „garantieren" müssen.

---

[34] Paal/Pauly/Pauly DS-GVO, Art. 45 Rn. 18.
[35] Kühling/Buchner/Schröder DS-GVO Art. 45 Rn. 41.
[36] EuGH ZD 2015, 549 – Schrems/Digital Rights Ireland; Paal/Pauly/*Pauly* DS-GVO Art. 45 Rn. 29a.
[37] Ehmann/Selmayr/*Zerdick* DS-GVO Art. 45 Rn. 23 f.
[38] Kühling/Buchner/*Schröder* DS-GVO Art. 45 Rn. 41.

„Diese geeigneten Garantien können darin bestehen, dass verbindliche interne Datenschutzvor- **22** schriften, von der Kommission oder von einer Aufsichtsbehörde angenommene Standarddatenschutzklauseln, oder von einer Aufsichtsbehörde genehmigte Vertragsklauseln greifen."[39]

Standarddatenschutzklauseln können gem. Art. 46 Abs. 2 Buchst. c, d DS- **23** **GVO sowohl von der EU-Kommission als auch von nationalen Aufsichtsbehörden erlassen werden.** Die Kommission stellte bereits unter der DSRL Standardvertragsklauseln als Instrument zur Verfügung, um die Übermittlung personenbezogener Personen in Drittländer zu legitimieren. Diese dienen als Nachweis für ein angemessenes Schutzniveau – allerdings für die DSRL. Solange die Kommission diese nicht aufhebt, ändert oder ersetzt, können diese drei „alten" Standarddatenschutzklauseln uneingeschränkt verwendet werden, Art. 46 Abs. 5 DS-GVO:

1. Standarddatenschutzklauseln für die Übermittlung personenbezogener Daten in Dritt- **24** länder (**Standardvertrag Set I – „Controller-to-Controller"**)[40]
2. Alternative Standarddatenschutzklauseln für die Übermittlung personenbezogener Daten in Drittländer (**Standardvertrag Set II – „Controller-to-Controller"**)[41]
3. Standarddatenschutzklauseln für die Übermittlung personenbezogener Daten an Auftragsverarbeiter (**Standardvertrag Set III – „Controller-to-Processor"**)[42]

Die drei Standarddatenschutzklauseln regeln die **Pflichten des Verantwortlichen oder** **25** **des Auftragsverarbeiters als sog. Datenexporteur sowie des korrespondierenden Datenimporteurs.** Hierzu zählen Pflichten in Bezug auf Sicherheitsmaßnahmen, die Information der betroffenen Person, im Falle der Übermittlung sensibler Daten, die Information des Datenexporteurs über von einer Strafverfolgungsbehörde des Drittstaats angeforderte Daten und über jeden zufälligen oder unberechtigten Zugang, Pflichten in Bezug auf die Rechte der betroffenen Personen auf Auskunft, Berichtigung und Löschung ihrer personenbezogenen Daten sowie in Bezug auf die Haftung für Schäden, die der betroffenen Person infolge eines von einer Partei zu vertretenden Verstoßes gegen die Standardvertragsklauseln entstanden sind.[43]

Die Klauseln nach Art. 46 DS-GVO unterscheiden sich hinsichtlich der Genehmi- **26** gungsbedürftigkeit. Während die von der Kommission erlassenen Standarddatenschutzklauseln genehmigungsfrei genutzt werden können, ist für **die Wirksamkeit der Standarddatenschutzklauseln der nationalen Aufsichtsbehörden eine Genehmigung der EU Kommission erforderlich, Art. 46 Abs. 2 Buchst. d DS-GVO.** Zudem bedarf es bei unverändert übernommenen Standarddatenschutzklauseln keiner erneuten Genehmigung.[44] Einer Genehmigung bedarf es auch dann nicht, wenn weitere Klauseln oder Garantien hinzugefügt werden, die weder im Widerspruch zu den Standarddatenschutzklauseln noch zu den Grundrechten und Grundfreiheiten der betroffenen Person stehen.[45] Mit der Standardvertragsklausel verpflichtet sich die Daten empfangende Stelle

---

[39] Erwgr. 108 DS-GVO.
[40] Entscheidung der Kommission vom 15. 6. 2001 hinsichtlich Standardvertragsklauseln für die Übermittlung personenbezogener Daten in Drittländer nach der Richtlinie 95/46/EG (ABl. Nr. L 181 S. 19), zuletzt geändert durch Art. 1 B 2016/2297/EU (ABl. Nr. L 344 S. 100).
[41] Entscheidung der Kommission vom 27. 12. 2004 zur Änderung der Entscheidung 2001/497/EG bezüglich der Einführung alternativer Standardvertragsklauseln für die Übermittlung personenbezogener Daten in Drittländer (ABl. Nr. L 385 S. 74).
[42] Beschluss der Kommission vom 5. 2. 2010 über Standardvertragsklauseln für die Übermittlung personenbezogener Daten an Auftragsverarbeiter in Drittländern nach der Richtlinie 95/46/EG des Europäischen Parlaments und des Rates (ABl. Nr. L 39 S. 5); abgeändert durch B 2016/2297/EU (ABl. Nr. L 344 S. 1); diese haben die zuvor geltende Entscheidung der Kommission vom 27. 12. 2001 hinsichtlich Standardvertragsklauseln für die Übermittlung personenbezogener Daten an Auftragsverarbeiter in Drittländern nach der Richtlinie 95/46/EG (ABl. EG Nr. L 6, 52) ersetzt.
[43] Ehmann/Selmayr/*Zerdick* DS-GVO Art. 46 Rn. 10.
[44] *DSK,* Kurzpapier Nr. 4, 11. 7. 2017, S. 2.
[45] *DSK,* Kurzpapier Nr. 4, 11. 7. 2017, S. 2.

gegenüber demjenigen, der die Daten übermittelt, **dass bestimmte datenschutzrechtliche Grundsätze eingehalten werden.**[46]

27   aa) Handelt es sich um die passenden Standarddatenschutzklauseln?

28   Die Standarddatenschutzklauseln von Set I und Set II regeln die Datenübermittlung
zwischen Verantwortlichen (**„Controller-to-Controller"**), während die Standarddatenschutzklauseln für Auftragsverarbeiter dann anzuwenden sind, wenn die Daten im Auftrag
der verantwortlichen Stelle von der datenempfangenden Stelle im Drittland verarbeitet
werden (**„Controller-to-Processor"**). Set I und II sind für „reguläre" Übermittlungen
in Drittländer vorgesehen, und grds. alternativ anwendbar.[47] Set I und II sehen ein unter-
schiedliches Haftungssystem vor. Während Set I eine gesamtschuldnerische Haftung beinhaltet,[48] orientiert sich die Haftung nach Set II an der Verursachung des Haftungsfalls,
und gilt daher als wirtschaftsfreundlicher.[49] Die Auffassung der deutschen Aufsichtsbehörden, dass Set II wegen der verschuldensabhängigen Haftung und Auskunftspflicht der
übermittelnden Stelle nicht zulässig sei,[50] ist nicht überzeugend. Bei den Standardvertragsklauseln handelt es sich um genehmigte Muster von der Kommission, die datenschutzrechtliche Bedenken der mitgliedstaatlichen Aufsichtsbehörden überlagern. Schließlich
wurde die Fortgeltung der Standardvertragsklauseln in der DS-GVO ausdrücklich in
Art. 46 Abs. 5 DS-GVO angeordnet, obwohl die Rechte und Pflichten der DS-GVO
über die Regelungen in der DSRL hinausgehen.

bb) Wurden die Standarddatenschutzklauseln zwischen den richtigen Parteien abgeschlossen?

29   Die Standarddatenschutzklauseln müssen zwischen den richtigen Parteien vereinbart
werden. Vertragsparteien der Standarddatenschutzklauseln sind die jeweilige datenexpor-
tierende Stelle (sog. Datenexporteur) und die datenempfangende Stelle (Datenimpor-
teur).[51]

30   Die Anwendung von Standarddatenschutzklauseln in Konstellationen, in denen der
Auftragsverarbeiter Daten in ein Drittland übermittelt, ist mit den vorhandenen Sets
schwer abbildbar. Das Set III von 2010 enthält zwar Regelungen zur Unterbeauftragung,
diese Regelungen benachteiligen jedoch Auftragsverarbeiter innerhalb der EU, da sie
nicht wie ein Drittland-Auftragsverarbeiter einen Dritten durch Abschluss eines gleichwertigen Vertrages einbinden können.[52] Innereuropäische Auftragsverarbeiter können somit unter diesem Regime personenbezogene Daten nur in ein Drittland übertragen, sofern ein direkter Vertrag zwischen Controller und dem Auftragsverarbeiter im Drittland
geschlossen ist.[53] Aus Gesichtspunkten der Praktikabilität wurden **Stellvertretungsbe-
fugnisse** vereinbart oder aber die Verpflichtung aufgenommen, mit dem Verantwortlichen einen Vertrag auf Grundlage der Standarddatenschutzklauseln zu schließen. Diesen
Missstand will die EU-Kommission schon seit langem durch ein viertes Set von Standarddatenschutzklauseln beheben.[54]

---

[46] Schantz/Wolff Neues DatenschutzR/*Schantz* Teil D Rn. 781.
[47] Taeger/Gabel/*Gabel* DS-GVO Art. 46 Rn. 13; *Lejeune* ITRB 2005, 94 (95).
[48] Paal/Pauly/*Pauly* DS-GVO Art. 46 Rn. 26.
[49] Taeger/Gabel/*Gabel* DS-GVO Art. 46 Rn. 13; *Kuner/Hladjak* RDV 2005, 193; *Grapentin* CR 2011, 102.
[50] Paal/Pauly/*Pauly* DS-GVO Art. 46 Rn. 27.
[51] Landesbeauftragte für Datenschutz und Informationsfreiheit Nordrhein-Westfalen, https://www.ldi.nrw.de/
mainmenu_Datenschutz/submenu_Datenschutzrecht/Inhalt/InternationalerDatenverkehr/Inhalt2/Schutz_der_Per
soenlichkeitsrechte/Schutz_der_Persoenlichkeitsrechte.php (zuletzt abgerufen am 24.6.2019).
[52] Kühling/Buchner/*Schröder* DS-GVO Art. 46 Rn. 31.
[53] Erwgr. 23 B 2010/87/EU-Standardvertrag Set III.
[54] *Art. 29-Datenschutzgruppe,* Arbeitsdokument 01/2014 zum Entwurf von Ad-hoc-Vertragsklauseln „EU-
Datenverarbeiter an Unterauftragsverarbeiter außerhalb der EU", WP 214.

Dies hat sie jüngst bekräftigt, denn mit der Industrie, der Zivilgesellschaft und den Da- 31
tenschutzbehörden seien „das volle Potential des Instrumentariums der DS-GVO auszu-
schöpfen"[55] und bestehende Standardvertragsmuster zu überarbeiten und um weitere
Muster zu ergänzen.

cc) Sind die Standarddatenschutzklauseln unverändert übernommen worden?

Standarddatenschutzklauseln müssen inhaltlich unverändert übernommen werden, und 32
dürfen **nicht zum Nachteil der betroffenen Personen oder des Exporteurs geändert werden.**[56] Da vertreten wird, eine Änderung zu einem „Mehr" an betroffenen
Rechten führe ebenfalls zur Unwirksamkeit der Standarddatenschutzklauseln,[57] sollten
diese zur Wahrung der Rechtssicherheit zurückhaltend, und wenn überhaupt in zusätzlichen Vereinbarungen festgehalten werden.

dd) Wurden die Parameter der Übermittlung detailliert (Art der Daten sowie der Verarbei-tung, technische und organisatorische Maßnahmen etc.) und verpflichtend geregelt?

Die Formulare der Standarddatenschutzklauseln verpflichten bereits zur Detaillierung 33
der jeweiligen Verarbeitung. Ähnlich wie bei der Auftragsverarbeitung **dient diese Konkretisierung der Transparenz** und soll das Bewusstsein der Parteien fördern, die vertraglichen Pflichten in Bezug auf die konkrete Verarbeitung tatsächlich umzusetzen.
Zudem soll das durch die DS-GVO erreichte Schutzniveau nicht durch einen Datentransfer untergraben werden, Art. 44 DS-GVO. Die Sicherheitsstandards ergeben sich aus
Art. 32 DS-GVO (→ Kapitel 9). Die Anforderungen richten sich an Verantwortliche und
Auftragsverarbeiter gleichermaßen, sodass die Einhaltung der Standards in Drittländern für
jeden Übermittler wichtig ist.
Verantwortliche und Auftragsverarbeiter sollten daher Pflichten bzgl. der anzuwenden- 34
den technischen und organisatorischen Sicherheitsmaßnahmen, Betroffenenrechte, Umgang mit Strafverfolgungsbehörden im Drittland oder auch Folgen bei Verstößen gegen
die Standardvertragsklauseln regeln.[58]

c) Handelt es sich um einen Drittlandtransfer auf der Grundlage von verbindlichen inter-nen Datenschutzvorschriften (Binding Corporate Rules – BCR)?

Die DS-GVO ermöglicht Unternehmen **interne Datenschutzvorschriften** zu gestal- 35
ten, die nach einer behördlichen Genehmigung eine hinreichende Garantie für die Einhaltung des Datenschutzniveaus in einem Drittland darstellen, Art. 46 Abs. 2 Buchst. b
DS-GVO iVm Art. 47 DS-GVO. Gemäß Art. 4 Nr. 20 DS-GVO werden als interne Datenschutzvorschriften bezeichnet verbindliche Maßnahmen zum Schutz personenbezogener Daten, zu deren Einhaltung *„sich ein im Hoheitsgebiet eines Mitgliedstaats niedergelassener
Verantwortlicher oder Auftragsverarbeiter verpflichtet im Hinblick auf Datenübermittlungen oder eine
Kategorie von Datenübermittlungen personenbezogener Daten an einen Verantwortlichen oder Auf-
tragsverarbeiter derselben Unternehmensgruppe oder derselben Gruppe von Unternehmen, die eine
gemeinsame Wirtschaftstätigkeit ausüben, in einem oder mehreren Drittländern".* Diese **internen
Datenschutzvorschriften werden auch als Binding Corporate Rules bezeichnet.**
Die Genehmigung erfolgt durch die jeweiligen Aufsichtsbehörden in den Mitgliedstaaten.

---

[55] EU-Kommission COM (2017) 7 final v. 10.1.2017, Nr. 2 und 3.
[56] BeckOK DatenschutzR/*Lange/Filip* DS-GVO Art. 46 Rn. 32.
[57] So jdf. Paal/Pauly/*Pauly* DS-GVO Art. 46 Rn. 21.
[58] Ehmann/Selmayr/*Zerdick* DS-GVO Art. 46 Rn. 11.

Haben die BCR das Kohärenzverfahren nach Art. 63 DS-GVO erst einmal durchlaufen, sind keine weiteren Genehmigungen für die Datenflüsse in Drittländer erforderlich.[59]

aa) Erfüllen die BCR die Voraussetzungen nach Art. 47 DS-GVO?

36 Die internen Datenschutzvorschriften müssen insbes. die rechtlichen, technischen und organisatorischen Anforderungen an die Verarbeitung personenbezogener Daten enthalten, Art. 47 Abs. 2 Buchst. d DS-GVO. Zu regeln sind:

„die Anwendung der allgemeinen Datenschutzgrundsätze, insbes. Zweckbindung, Datenminimierung, begrenzte Speicherfristen, Datenqualität, Datenschutz durch Technikgestaltung und durch datenschutzfreundliche Voreinstellungen, Rechtsgrundlage für die Verarbeitung, Verarbeitung besonderer Kategorien von personenbezogenen Daten, Maßnahmen zur Sicherstellung der Datensicherheit und Anforderungen für die Weiterübermittlung an nicht an diese internen Datenschutzvorschriften gebundene Stellen".

37 Als vorteilhaft können sich BCR für international agierende Konzerne erweisen, da ein Gewirr von konzerninternen Standardvertragsklauseln vermieden wird (→ Rn. 21 ff.). Unternehmensgruppen können einen **Schutzstandard,** der den Mindestanforderungen hinsichtlich des Schutzes der personenbezogenen Daten entspricht, für die Tochterunternehmen in den jeweiligen Drittländern festlegen.[60] Dann ist das jeweilige Unternehmen verpflichtet, den Schutzstandard so zu gestalten, dass die Mindestanforderungen nach Art. 47 Abs. 2 DS-GVO erfüllt werden. Zudem müssen die BCR neben diesen Mindestanforderungen gem. Art. 47 Abs. 1 DS-GVO für **alle betreffenden Mitglieder der Unternehmensgruppe bindend** sein und den betroffenen Personen ausdrücklich durchsetzbare Rechte hinsichtlich der Verarbeitung der personenbezogenen Daten übertragen. *Eine Unternehmensgruppe ist gem. Art. 4 Nr. 19 DS-GVO eine Gruppe, die aus einem herrschenden Unternehmen und den von diesem abhängigen Unternehmen besteht.* Ein bloßer Hinweis in den Gruppenrichtlinien, dass der Datenschutz eingehalten wird oder eine Wohlverhaltenserklärung der Führungsspitze des Unternehmens erfüllt jedenfalls nicht die Voraussetzungen des Art. 47 DS-GVO.[61] Vielmehr müssen die BCR gem. Art. 47 Abs. 1 DS-GVO von der zuständigen Aufsichtsbehörde genehmigt sein.

bb) Sind die Voraussetzungen nach den Working Paper der Art. 29-Datenschutzgruppe zu BCR erfüllt?

38 Die BCR folgen den Anforderungen der DS-GVO, sodass die von der Art. 29-Arbeitsgruppe im Working Paper 256 festgestellten Anforderungen eine **inhaltliche Orientierungslinie** bieten:[62]
- Verpflichtung aller teilnehmenden Mitglieder der Unternehmensgruppe zur Einhaltung der BCR;
- Betroffenenrechte und Verpflichtung, dass betroffene Personen als Drittbegünstigte behandelt werden;
- Verpflichtung eines Unternehmens im Anwendungsbereich der DS-GVO für die Unternehmen in Drittländern Verantwortung zu übernehmen und für Schäden und Widergutmachungsansprüche einzustehen und die Beweislast zu übernehmen;
- Transparenter, umfangreicher und leichter Zugang zu den BCR für die betroffenen Personen;

---

[59] Kühling/Buchner/*Schröder* DS-GVO Art. 46 Rn. 24; *DSK,* Kurzpapier Nr. 4, 11.7.2017, S. 2.

[60] *DSK,* Kurzpapier Nr. 4, 11.7.2017, S. 2.

[61] Paal/Pauly/*Pauly* DS-GVO Art. 46 Rn. 16.

[62] *Art. 29-Datenschutzgruppe,* Arbeitsdokument mit einer Übersicht über die Bestandteile und Grundsätze verbindlicher interner Datenschutzvorschriften (BCR), WP 256/rev.01, 6.2.2018.

- Bestehen eines geeigneten Schulungsprogramms für die Mitarbeiter die einen dauerhaften und regelmäßigen Zugang zu personenbezogenen Daten haben;
- Bestehen und Angaben zum Ablauf eines internen Beschwerdeverfahrens;
- regelmäßige bzw. auf besonderen Antrag des DSB erfolgende Datenschutzaudits um die Einhaltung der BCR zu prüfen;
- Einrichtung eines Netzwerks von DSB oder geeigneter Mitarbeiter zur Überwachung der Einhaltung der Vorschriften;
- Pflicht zur Zusammenarbeit mit Aufsichtsbehörden;
- Beschreibung des sachlichen und geographischen Anwendungsbereiches der BCR (Art der übermittelten Daten, Art der betroffenen Personen, Länder);
- Verfahren zur Aktualisierung der BCR;
- Beschreibung der Datenschutzgrundsätze und Verpflichtung zur Einhaltung;
- Rechenschaftspflicht und andere Instrumente um dem Verantwortlichen zu ermöglichen die DS-GVO Compliance nachzuweisen;
- Verzeichnis der an die BCR gebundenen Unternehmen einschließlich der Kontaktdaten;
- Erfordernis der Transparenz, falls einzelstaatliche Rechtsvorschriften die Einhaltung der BCR durch die Unternehmensgruppe verhindern;
- Erklärung zum Verhältnis zwischen einzelstaatlichen Rechtsvorschriften und den BCR und insbes. zum Informationsaustausch über Umstände, die dazu führen, dass sich ein Gruppen-Mitglied wegen nationaler Regelungen nicht an die BCR halten kann.

d) Handelt es sich um einen Drittlandtransfer auf der Grundlage sonstiger geeigneter Garantien gem. Art. 46 DS-GVO?

Ein Drittlandtransfer kann neben Standardvertragsklauseln, Angemessenheitsbeschlüssen 39 oder BCR auf Grundlage weiterer geeigneter Garantien iSd Art. 46 Abs. 1 und Abs. 2 DS-GVO rechtmäßig sein.

aa) Handelt es sich um einen Drittlandtransfer auf der Grundlage von Verwaltungsvereinbarungen?

Ein sonstiges Legitimationsinstrument für den Drittlandtransfer stellt die Behördenver- 40 einbarung gem. Art. 46 Abs. 2 Buchst. a DS-GVO dar. Dabei handelt es sich gem. Art. 46 Abs. 2 Buchst. a DS-GVO um ein rechtlich bindendes und durchsetzbares Dokument zwischen den Behörden oder öffentlichen Stellen. Diese Behördenvereinbarung entfaltet nun Bindungswirkung, mit der die Rechte der betroffenen Personen durchgesetzt werden können.[63] Daneben besteht die Möglichkeit einer Zusatzbestimmung zu Verwaltungsvereinbarungen gem. Art. 46 Abs. 3 Buchst. b DS-GVO. Im Unterschied zu Art. 46 Abs. 2 Buchst. a DS-GVO bezieht sich die Regelung ausschließlich auf **Verwaltungsvereinbarungen, die nicht rechtsverbindlich sind, also etwa in Form eines sog. „Memorandum of Understanding".**[64] Diese können Zusatzvereinbarungen enthalten, um ein angemessenes Schutzniveau zu gewährleisten.[65] Diese Vereinbarung bedarf gem. Art. 46 Abs. 3 DS-GVO einer Genehmigung der zuständigen Aufsichtsbehörde.

bb) Handelt es sich um einen Drittlandtransfer auf der Grundlage einer genehmigten Individualvereinbarung?

---

[63] Ehmann/Selmayr/*Zerdick* DS-GVO Art. 46 Rn. 8.
[64] Ehmann/Selmayr/*Zerdick* DS-GVO Art. 46 Rn. 17.
[65] Ehmann/Selmayr/*Zerdick* DS-GVO Art. 46 Rn. 17.

41   Ein weiteres geeignetes Instrument für die Legitimation eines Drittlandtransfers stellt die Individualvertragsklausel gem. Art. 46 Abs. 3 Buchst. a DS-GVO dar, die zwischen dem Verantwortlichen oder Auftragsverarbeiter einerseits und dem Verantwortlichen, dem Auftragsverarbeiter oder dem Empfänger der personenbezogenen Daten im Drittland vereinbart wurden. Diese Vertragsklauseln samt den darin enthaltenen Garantien **bedürfen gem. Art. 46 Abs. 4 DS-GVO einer Genehmigung der zuständigen Aufsichtsbehörde nach dem Kohärenzverfahren iSd Art. 63 DS-GVO.**

cc) Handelt es sich um einen Drittlandtransfer auf der Grundlage von durch eine nationale Aufsichtsbehörde angenommenen Standarddatenschutzklauseln?

42   Mit der DS-GVO sind nationale Aufsichtsbehörden legitimiert, gem. Art. 46 Abs. 2 Buchst. d DS-GVO Standarddatenschutzklauseln anzunehmen, sofern sie von der Kommission gemäß dem Prüfverfahren nach Art. 93 Abs. 2 DS-GVO genehmigt wurden. Diese Regelung bezweckt eine Arbeitsteilung.[66] Die von der Aufsichtsbehörde angenommen Standarddatenschutzklauseln unterscheiden sich inhaltlich nicht von den Standarddatenschutzklauseln, die von der Kommission erlassen werden (→ Rn. 26).[67] Dies soll auch mit dem Prüfverfahren Rechnung getragen werden. Inwieweit nationale Aufsichtsbehörden von diesem Recht Gebrauch machen bleibt abzuwarten.

dd) Handelt es sich um einen Drittlandtransfer auf der Grundlage von genehmigten Verhaltensregeln?

43   Eine weitere geeignete Garantie, die den Drittlandtransfer legitimiert, stellen gem. Art. 46 Abs. 2 Buchst. e DS-GVO genehmigte Verhaltensregeln iSd Art. 40 DS-GVO (auf engl. „Code of Conduct") zusammen mit rechtsverbindlichen und durchsetzbaren Verpflichtungen des Verantwortlichen oder des Auftragsverarbeiters in dem Drittland zur Anwendung der geeigneten Garantien dar. Für die Wirksamkeit des Drittlandtransfers bedarf es einer **Genehmigung von der zuständigen Aufsichtsbehörde** iSd Art. 55 DS-GVO, die gem. Art. 40 Abs. 5, 6 DS-GVO veröffentlicht werden muss.[68] Zudem **muss gewährleistet werden, dass im Drittland nicht gegen diese Verhaltensregeln verstoßen wird.**[69] Überdies müssen die Verhaltensregeln solche Garantien enthalten, die den erforderlichen Grundsätzen hinsichtlich des Schutzes der Rechte der Betroffenen in Bezug auf den Drittlandtransfer nach der DS-GVO entsprechen.[70]

ee) Handelt es sich um einen Drittlandtransfer auf der Grundlage eines genehmigten Zertifizierungsmechanismus?

44   Eine weitere mögliche Garantie ist gem. Art. 46 Abs. 2 Buchst. f DS-GVO ein genehmigter Zertifizierungsmechanismus iSd Art. 42 DS-GVO (→ Kap. 3 Rn. 104) zusammen mit rechtsverbindlichen und durchsetzbaren Verpflichtungen des Verantwortlichen oder des Auftragsverarbeiters in dem Drittland zur Anwendung der geeigneten Garantien, einschließlich in Bezug auf die Rechte der betroffenen Personen. Auch hier gelten die Anforderungen wie bei einem Drittlandtransfer auf der Grundlage von genehmigten Verhaltensregeln. Hiernach muss der **Zertifizierungsmechanismus genehmigt werden und die verantwortliche Stelle oder die internationale Organisation im Drittland zertifiziert werden.**[71] Daneben muss sichergestellt werden, dass die verantwortliche Stelle

---

[66] Ehmann/Selmayr/*Zerdick* DS-GVO Art. 46 Rn. 13.
[67] Paal/Pauly/*Pauly* DS-GVO Art. 46 Rn. 30.
[68] Paal/Pauly/*Pauly* DS-GVO Art. 46 Rn. 34.
[69] Paal/Pauly/*Pauly* DS-GVO Art. 46 Rn. 35.
[70] Paal/Pauly/*Pauly* DS-GVO Art. 46 Rn. 36.
[71] Paal/Pauly/*Pauly* DS-GVO Art. 46 Rn. 40.

oder die internationale Organisation die Zertifizierungskriterien anwenden.[72] Überdies müssen die Verhaltensregeln Garantien enthalten, damit auch bei Drittlandtransfers die Rechte der Betroffenen nach der DS-GVO gewährleistet sind.[73]

e) Liegen Ausnahmen von den Beschränkungen des Drittlandtransfers gem. Art. 49 DS-GVO vor?

Datentransfers in unsichere Drittstaaten sollen zur Erleichterung des Wirtschaftskreis- **45** laufs in bestimmten Konstellationen zulässig bleiben. Die entsprechenden Ausnahmen sind in Art. 49 DS-GVO aufgezählt.

aa) Hat die betroffene Person in die Datenübermittlung ausdrücklich eingewilligt, nachdem sie über Risiken derartiger Datenübermittlungen ohne Vorliegen eines Angemessenheitsbeschlusses und ohne geeignete Garantien unterrichtet wurde?

Diese Ausnahme ist in Art. 49 Abs. 1 S. 1 Buchst. a DS-GVO formuliert und fordert **46** somit eine (bzgl. der Risiken und des Fehlens sonstiger Rechtfertigungen) informierte und ausdrückliche Einwilligung in den Drittlandtransfer. Somit scheiden opt-out Lösungen oder konkludente Einwilligungen aus. Die Person muss aktiv durch Unterschrift oder Abhaken eines gesonderten Dokuments die Zustimmung zur Übermittlung erklären. Diese Einwilligung ist wiederum zu unterscheiden von einer Einwilligung in die eigentliche Datenverarbeitung (1. Stufe, → Kap. 12 Rn. 12).

bb) Ist die Übermittlung für die Erfüllung eines Vertrags oder von vorvertraglichen Maßnahmen erforderlich?

Gem. Art. 49 Abs. 1 Satz 1 Buchst. b DS-GVO sind Drittlandübermittlungen im Rah- **47** men einer Vertragserfüllung gerechtfertigt. Eine Bestellung bei einem US Webshop unterliegt somit keinen weiteren Beschränkungen. Dies gilt andererseits zugunsten eines EU Webshops, der etwa einen Cloud-CRM-Dienst eines US Anbieters nutzt. Denn im Verhältnis zum Online-Käufer ist die Übermittlung dessen Daten nicht erforderlich.

cc) Liegen sonstige Ausnahmen gem. Art. 49 Abs. 1 S. 1 DS-GVO vor?

Die weiteren Ausnahmen gem. Art. 49 Abs. 1 S. 1 Buchst. c–g DS-GVO, namentlich **48** Vertragserfüllung zugunsten der Person, öffentliches Interesse, Rechtsdurchsetzung, Schutz lebenswichtiger Interessen sowie Übermittlung aus einem Register.

dd) Handelt es sich um eine gelegentliche Drittlandübermittlung nach Art. 49 Abs. 1 S. 2–4 DS-GVO?

Eine Drittlandübermittlung kann zulässig sein, wenn sie **nicht wiederholt** erfolgt, nur **49** eine begrenzte Zahl von Personen betrifft, für die **Wahrung der zwingenden berechtigten Interessen des Verantwortlichen erforderlich** ist, sofern die **Interessen oder Rechte der Person nicht überwiegen,** und der Verantwortliche **alle Umstände der Datenübermittlung beurteilt** und auf der Grundlage dieser Beurteilung **geeignete Garantien** in Bezug auf den Schutz personenbezogener Daten vorgesehen hat. Dabei muss der Verantwortliche die **Aufsichtsbehörden** entsprechend **informieren.**

---

[72] Paal/Pauly/*Pauly* DS-GVO Art. 46 Rn. 41.
[73] Paal/Pauly/*Pauly* DS-GVO Art. 46 Rn. 42.

3. Werden die erweiterten Auskunfts- und Informationspflichten vom Verantwortlichen erfüllt?

50 Die Datenübermittlungen an Drittländer oder an internationale Organisationen sind an erweiterte Informationspflichten geknüpft (siehe dazu → Kap. 5 Rn. 121 ff.). Gemäß Art. 15 Abs. 2 DS-GVO hat die betroffene Person das Recht auf Unterrichtung bezüglich der geeigneten Garantien iSd Art. 46 DS-GVO bei der Übermittlung personenbezogener Daten an ein Drittland oder an eine internationale Organisation. Diese Vorschrift entspricht teilweise den **Informationspflichten** nach Art. 13 Abs. 1 Buchst. f DS-GVO sowie Art. 14 Abs. 1 Buchst. f DS-GVO, wobei die Pflicht nach Art. 15 DS-GVO niedriger ist als bei Art. 13, 14 DS-GVO. Nach Art. 13 Abs. 1 Buchst. f DS-GVO und Art. 14 Abs. 1 Buchst. f DS-GVO ist der Verantwortliche verpflichtet, über das Vorhandensein, das Fehlen des Angemessenheitsbeschlusses gem. Art. 45 Abs. 3 DS-GVO oder im Falle von Übermittlungen, die auf Art. 46, 47 DS-GVO oder Art. 49 Abs. 1 UAbs. 2 DS-GVO beruhen, jeweils auf die geeigneten oder angemessenen Garantien zu verweisen. Zudem muss der betroffenen Person die Möglichkeit gewährt werden, eine **Kopie der Garantien** zu erhalten, oder ihm muss mitgeteilt werden, wo sie verfügbar ist. Zudem ist der Verantwortliche nach Art. 49 Abs. 1 S. 4 DS-GVO verpflichtet, die betroffene Person über die Übermittlung und seine zwingenden berechtigten Interessen zu unterrichten. Diese Pflicht besteht nach Art. 49 Abs. 1 S. 4 Hs. 2 DS-GVO neben den Informationspflichten nach Art. 13 Abs. 1 Buchst. f DS-GVO. und Art. 14 Abs. 1 Buchst. f DS-GVO. Ferner muss der Verantwortliche gem. Art. 30 Abs. 1 Buchst. e DS-GVO jede Datenübermittlung, die an ein Drittland oder an eine internationale Organisation erfolgt, in das Verzeichnis der Verarbeitungstätigkeiten aufnehmen sowie das betreffende Drittland und die geeigneten Garantien auflisten (→ Kap. 3 Rn. 18).

Stichwortverzeichnis

Die **fett gedruckten Zahlen** bezeichnen die Kapitel, die mager gedruckten Randnummern.